LICITAÇÕES SUSTENTÁVEIS NA NOVA LEI DE LICITAÇÕES

(LEI Nº 14.133, DE 1º DE ABRIL DE 2021)

Sustentabilidade nas contratações públicas

SIDNEY BITTENCOURT

Clovis Celso Velasco Boechat
Prefácio

LICITAÇÕES SUSTENTÁVEIS NA NOVA LEI DE LICITAÇÕES

(LEI Nº 14.133, DE 1º DE ABRIL DE 2021)

Sustentabilidade nas contratações públicas

Belo Horizonte
FÓRUM
CONHECIMENTO
2025

FÓRUM
CONHECIMENTO

Luís Cláudio Rodrigues Ferreira
Presidente e Editor

Coordenação editorial: Leonardo Eustáquio Siqueira Araújo / Thaynara Faleiro Malta
Revisão: Carolina Sueto Moreira
Capa e projeto gráfico: Walter Santos
Diagramação: Derval Braga

Rua Paulo Ribeiro Bastos, 211 – Jardim Atlântico – CEP 31710-430
Belo Horizonte – Minas Gerais – Tel.: (31) 99412.0131
www.editoraforum.com.br – editoraforum@editoraforum.com.br

Dados Internacionais de Catalogação na Publicação (CIP) de acordo com ISBD

B624l Bittencourt, Sidney

Licitações sustentáveis na nova lei de licitações (Lei nº 14.133, de 1º de abril de 2021): sustentabilidade nas contratações públicas / Sidney Bittencourt. Belo Horizonte: Fórum, 2025.

396p. 14,5x21,5cm
ISBN impresso 978-85-450-0799-9
ISBN digital 978-85-450-0788-3

1. Licitações públicas. 2. Contratos administrativos. 3. Licitações sustentáveis. 4. Nova Lei de Licitações. 5. Lei 14.133/2021. 6. Contratações públicas sustentáveis. 7. Sustentabilidade nas compras governamentais. 8. Critérios ambientais nas licitações.9. Compras públicas e sustentabilidade. 10. Direito administrativo ambiental. 11. Sustentabilidade e governança pública. I. Título.

CDD 342
CDU 342

Ficha catalográfica elaborada por Lissandra Ruas Lima – CRB/6 – 2851

Informação bibliográfica deste livro, conforme a NBR 6023:2018 da Associação Brasileira de Normas Técnicas (ABNT):

BITTENCOURT, Sidney. *Licitações sustentáveis na nova lei de licitações (Lei nº 14.133, de 1º de abril de 2021)*: sustentabilidade nas contratações públicas. Belo Horizonte: Fórum, 2025. 396p. ISBN 978-85-450-0799-9.

Nem o sol
Nem o mar
Nem o brilho
Das estrelas
Tudo isso não tem valor
Sem ter você.
(Beto Guedes)

Este trabalho é dedicado à minha Marcia Helena, pessoa que pratica a sustentabilidade em sua forma mais genuína.

Ciclo

Sol a pino
Muito quente,
Bate o sino,
Brinca o menino,
Manhã.

Sol se esconde
Sombra avança,
Risos se vão,
Breve descanso,
Tarde.

Estrela brilha
Contemplar profundo,
A noite chega,
Mistérios do mundo,
Noite.

SUMÁRIO

CAPÍTULO 5

As licitações públicas têm se consolidado como um dos mais relevantes instrumentos de política pública no Brasil, desempenhando um papel estratégico na orientação e modelagem dos rumos do desenvolvimento econômico, social e ambiental do país. A promulgação da Lei nº 14.133, de 1º de abril de 2021, inaugura uma nova era no processo licitatório nacional, incorporando conceitos e práticas que respondem às demandas contemporâneas e à necessidade urgente de promover práticas mais sustentáveis. Entre as inovações trazidas por essa legislação, destacam-se as licitações sustentáveis como elemento essencial para fomentar uma economia mais responsável, inclusiva e comprometida com o futuro.

O presente livro, de autoria do professor Sidney Bittencourt, emerge em um cenário no qual a sustentabilidade deixou de ser uma preocupação periférica para ocupar posição central nas agendas públicas e privadas. Aceleradas pelas mudanças climáticas, pela crescente escassez de recursos naturais e pela ampliação das desigualdades sociais, as exigências do contexto atual impõem ao Poder Público a obrigação de assumir uma postura de liderança no desenvolvimento de políticas que harmonizem crescimento econômico, preservação ambiental e justiça social.

A Lei nº 14.133/2021, ao reformular o regime jurídico das licitações e contratos administrativos, inaugura um novo paradigma ao estabelecer que as contratações públicas devem adotar critérios que promovam o desenvolvimento nacional sustentável. Esta orientação, presente nos princípios que regem a nova lei, não apenas reafirma compromissos internacionais assumidos pelo Brasil, como os Objetivos de Desenvolvimento Sustentável (ODS) da ONU, mas também impõe ao gestor público a responsabilidade de conduzir as licitações sob uma ótica que transcende o mero cumprimento da legalidade.

No livro *Licitações sustentáveis na nova lei de licitações (Lei nº 14.133, de 1º de abril de 2021): Sustentabilidade nas contratações públicas*, o leitor encontrará uma análise rigorosa e profunda dos aspectos jurídicos, econômicos e sociais que permeiam as licitações sustentáveis. A obra, que combina com maestria a teoria e a prática, oferece uma visão abrangente sobre as novas possibilidades abertas pela Lei nº 14.133/2021, destacando como a inclusão de critérios ambientais e sociais nos processos licitatórios pode ser harmonizada com os princípios de eficiência e economicidade, pilares fundamentais da boa gestão dos recursos públicos.

Ao longo do trabalho são explorados temas relevantes como o ciclo de vida dos produtos, a promoção da economia circular, a valorização das micro e pequenas empresas e a inclusão social por meio das compras públicas. O autor demonstra de forma clara que a integração desses elementos ao processo licitatório não é apenas viável, mas indispensável para que o Estado brasileiro possa cumprir seu papel de protagonista no estímulo a um desenvolvimento sustentável.

Fruto de uma reflexão madura e criteriosa, esta obra reflete a profunda experiência e o compromisso de Sidney Bittencourt com o avanço das compras públicas no Brasil. O autor, um dos mais renomados doutrinadores no campo das licitações e contratos administrativos, alia sua vasta bagagem teórica à prática acumulada ao longo de anos de atuação, oferecendo aos leitores uma análise minuciosa e prática dos dispositivos da nova legislação relacionados ao desenvolvimento sustentável.

Com a clareza e a profundidade que lhe são características, Bittencourt reafirma a relevância das licitações sustentáveis, que, sob a égide da nova lei, não são apenas desejáveis, mas necessárias, dado que o desenvolvimento nacional sustentável figura como princípio e objetivo da norma.

Por fim, vale destacar que a transição para um modelo de desenvolvimento sustentável é um desafio que exige a colaboração de todos os setores da sociedade. Tenho plena convicção de que esta obra será uma referência indispensável para o fortalecimento das práticas de licitação sustentável no Brasil, contribuindo para a construção de um futuro mais justo, próspero e equilibrado para as atuais e futuras gerações.

Clovis Celso Velasco Boechat

Advogado da União

NOTA DO AUTOR

Em 2014, publicamos o livro *Licitações Sustentáveis: o uso do poder de compra do Estado fomentando o desenvolvimento sustentável* (Editora Del Rey), no qual abordamos, de forma detalhada, diversos aspectos relacionados à integração da sustentabilidade no âmbito das contratações públicas. Na obra, discutimos o conceito de sustentabilidade em suas várias dimensões, incluindo os aspectos econômicos, sociais e ambientais, e a importância de incorporar esses critérios nas aquisições feitas pelo Estado. Enfatizamos, também, a normatização das compras sustentáveis, a adoção de margens de preferência nas licitações com o intuito de promover o desenvolvimento econômico sustentável e as normas pertinentes do regime diferenciado de contratações (RDC), que, na época, regulamentavam as aquisições públicas com um foco especial em critérios de sustentabilidade. Além disso, oferecemos comentários aprofundados sobre a Instrução Normativa SLTI/MPOG nº 1, de 19 de janeiro de 2010, que estabelecia as diretrizes para a inclusão de critérios ambientais nas compras públicas federais. Evidentemente, na época, o trabalho se centrava na legislação vigente, ou seja, na Lei nº 8.666/1993, o então Estatuto de Licitações e Contratos Administrativos.

Com a promulgação da Lei nº 14.133, de 1º.04.2021, o panorama das licitações no Brasil passou por uma significativa transformação. A Nova Lei de Licitações e Contratos Administrativos, no que tange às licitações sustentáveis, mesmo incorporando de forma detalhada muitos dos conceitos e diretrizes que pioneiramente haviam sido introduzidos pela IN nº 1/2010, não configurou de forma alguma uma mera adaptação, mas, sim, uma verdadeira evolução, refletindo as mudanças nos parâmetros legais nas necessidades sociais e nas exigências ambientais que surgiram ao longo da última década. O novo marco legal trouxe a necessária adaptação do ordenamento jurídico às demandas contemporâneas, estabelecendo regras claras para a implementação de licitações sustentáveis e a promoção de práticas de desenvolvimento sustentável nas compras públicas.

Nesse passo, neste novo livro, agora sob os auspícios da querida editora Fórum, conceitos e discussões apresentados no trabalho de 2014 são revisitados, com amplas atualizações e complementações. A obra, de certa forma, mantém a linha de raciocínio desenvolvida no trabalho anterior, mas agora com ênfase nas mudanças significativas que ocorreram ao longo de mais de uma década de transformações contínuas, em especial no que diz respeito à evolução do cenário das licitações e à crescente importância dos critérios de sustentabilidade. E como ponto culminante, o corpo central do texto é sustentado pelos comentários detalhados e minuciosos dos dispositivos da Nova Lei de Licitações que possuem conexão direta com a sustentabilidade, abordando as implicações práticas e legais de cada regra, e oferecendo uma análise crítica sobre sua aplicação. Este esforço visa não apenas elucidar a normativa vigente, mas também fornecer aos leitores uma compreensão mais robusta de como as contratações sustentáveis podem (e devem) ser efetivamente integradas ao processo licitatório, proporcionando benefícios tangíveis para a sociedade, o meio ambiente e a economia.

Portanto, a abordagem expande a discussão para abranger as inovações trazidas pela Lei nº 14.133/2021, incluindo a ampliação dos princípios da sustentabilidade, que agora permeiam todo o processo licitatório, apontando como as novas diretrizes e os mecanismos de incorporação de práticas sustentáveis a ser aplicados de forma prática, visando, ao mesmo tempo, o cumprimento das exigências legais e a promoção de benefícios sociais, econômicos e ambientais.

O trabalho se configura, por conseguinte, como uma continuidade natural do livro anterior, agora atualizado e enriquecido, refletindo a evolução das políticas públicas e das exigências normativas, e trazendo novas perspectivas sobre a implementação de licitações sustentáveis no contexto atual, oferecendo uma análise detalhada, técnica e crítica dos dispositivos que regem as contratações públicas sustentáveis, abordando, com profundidade, as ferramentas e os instrumentos disponíveis para a efetiva promoção de um desenvolvimento sustentável nas compras e contratações públicas.

APRESENTAÇÃO

Diante dos diversos desafios contemporâneos – como mudanças climáticas, degradação ambiental, crises econômicas e sociais, secas, chuvas intensas e incêndios –, tornou-se imperativo adoção pelo Poder Público de postura proativa e responsável em suas compras e contratações, considerando seu papel como o maior agente de contratações no mercado. Sendo o maior comprador institucional, o Estado possui uma capacidade singular de influenciar o mercado, promover a sustentabilidade e incentivar práticas responsáveis.

A contratação pública responsável vai bem além da avaliação de custos imediatos, exigindo uma análise dos impactos ambientais, sociais e econômicos a longo prazo. Essa abordagem envolve a seleção de fornecedores que adotem práticas sustentáveis, priorizando o uso de materiais com menor impacto ambiental e promovendo soluções que gerem benefícios sociais mais amplos.

Nesse sentido, as contratações públicas assumem uma função normativa significativa na mitigação dos desafios contemporâneos, promovendo investimentos em infraestrutura resiliente, tecnologias limpas, práticas agrícolas sustentáveis e soluções sociais inovadoras, entre outros avanços.

Ao focar no desenvolvimento sustentável, o Poder Público não apenas protege o meio ambiente, mas também gera economias a longo prazo, com a redução do consumo de energia, água, a minimização de resíduos e maior eficiência no uso de recursos. Essa estratégia responde às demandas atuais por responsabilidade ambiental e social, além de contribuir para um presente mais equitativo e sustentável.

Com a promulgação da Lei nº 14.133/2021, que incorpora o princípio do desenvolvimento sustentável nas licitações, a sustentabilidade deixou de ser uma escolha opcional ou um conceito abstrato a ser perseguido apenas quando conveniente. Agora, trata-se de uma obrigação legal vinculante, exigindo que o gestor público observe e implemente práticas sustentáveis em todas as etapas do processo licitatório. Essa legislação impõe ao agente público o dever de garantir que as contratações contribuam efetivamente para a proteção ambiental, a responsabilidade social e o desenvolvimento econômico equilibrado.

Portanto, sustentabilidade nas licitações públicas não é mais uma iniciativa discricionária. Ela deve ser sistematicamente integrada às decisões de compra governamental, com o gestor público agindo de forma proativa para compatibilizar os interesses públicos com as exigências ambientais e sociais. O não cumprimento desse dever poderá gerar responsabilidades administrativas, civis e até mesmo penais, considerando que o desenvolvimento sustentável, como destacado, constitui agora um princípio fundamental que deve orientar todas as etapas do processo licitatório.

Em suma, as licitações sustentáveis, sob o novo marco legal, passaram de uma opção subjetiva para uma obrigação normativa, impondo ao gestor público uma atuação diligente e comprometida com o desenvolvimento sustentável e os compromissos ambientais firmados pelo Estado.

Visando alcançar essa meta, em agosto de 2008, os líderes dos Três Poderes da República – Executivo, Legislativo e Judiciário – firmaram, em Brasília, o Pacto do Estado Brasileiro sobre Transformação Ecológica. O evento, realizado no Palácio do Planalto, contou com a presença do presidente da República, dos presidentes do Senado e da Câmara dos Deputados, e do presidente do Supremo Tribunal Federal. Esse pacto, uma iniciativa inédita de colaboração entre os Poderes, tem como objetivos promover mudanças nos paradigmas econômicos, tecnológicos, sociais e culturais do país, com foco na sustentabilidade, no desenvolvimento sustentável, na proteção dos direitos das futuras gerações, na resiliência diante de eventos extremos e na promoção de justiça social, ambiental e climática.

As ações previstas no pacto estão organizadas em três eixos principais: ordenamento territorial e fundiário (eixo 1); transição energética (eixo 2); e desenvolvimento sustentável com justiça social, ambiental e climática (eixo 3). Entre as principais medidas, destaca-se a implementação de ações de gestão para minimizar os impactos das atividades dos Poderes sobre o meio ambiente, incluindo a redução do consumo de recursos naturais, a melhoria da eficiência energética, a destinação adequada de resíduos e, sobretudo, a adoção de licitações sustentáveis.

Contudo, para que as iniciativas dos chefes dos poderes não permanecer apenas na intenção, é essencial que os agentes públicos envolvidos na elaboração de editais e na implementação de contratações adotem, de forma eficaz, práticas sustentáveis em seu trabalho. Somente assim será possível traduzir a legislação, pautada em princípios e objetivos, em ações concretas. É indispensável, portanto, uma transformação cultural e comportamental.

E mais: atores que possuem papel crucial nesse processo são as autoridades superiores e os órgãos fiscalizadores, pois serão os garantidores da execução das práticas, efetuando uma constante monitoração de sua aplicação.

Como enfatizam Medeiros-Costa e Terra, para a solidificação das licitações sustentáveis realizadas no País, as modificações deverão ir muito além de meras alterações legislativas e acordos de autoridades, sendo necessária a promoção de uma ampla transformação, com a realização de mudanças drásticas em áreas como governança, gestão e controle, entre outras.[1]

Enfrentar os desafios ambientais e sociais, bem como outros aspectos ligados à sustentabilidade em um mundo globalizado, exige a colaboração entre as instituições e a transformação de atitudes por parte de todos os agentes envolvidos no processo licitatório. Como ressalta Anderson Macêdo, a conscientização sobre a base constitucional e as normas pertinentes, que oferecem segurança jurídica aos gestores públicos para a implementação de licitações sustentáveis, é de fundamental importância.[2]

É crucial, portanto, compreender os fundamentos constitucionais e as normas pertinentes, que asseguram a segurança jurídica necessária para que os gestores públicos implementem práticas de licitação sustentáveis.

Evidentemente, diversos fatores comprometem e dificultam a implementação das licitações sustentáveis, exigindo atenção e enfrentamento adequados, conforme enumerados por Macêdo, baseando-se nas observações de Freitas e Teixeira: a resistência da cultura organizacional a mudanças, que dificulta bastante o sucesso do processo; a falta de apoio político por parte dos gestores, que não priorizam o desenvolvimento sustentável; a estrutura do sistema de compras, que pode ser prejudicada pela descentralização, que reduz o poder de compra do Estado, ou pela centralização, que concentra os recursos financeiros, mas limita o desenvolvimento social e econômico local; e, logicamente, os aspectos financeiros, considerando as limitações orçamentárias dos órgãos administrativos, que tornam imperativa, nos processos licitatórios, a busca pela melhor proposta econômica, uma

---

1 MEDEIROS-COSTA, Caio César de; TERRA, Antônio Carlos Paim. *Compras públicas*: para além da economicidade. Brasília: Enap, 2019.

2 MACÊDO, Anderson Lino Braz de. *Licitação sustentável*: a prática da aquisição como ferramenta de proteção ambiental. João Pessoa: Editora UFPB, 2021.

vez que os produtos sustentáveis, em comparação aos não sustentáveis, frequentemente apresentam custos superiores.[3]

Certo é que, num cenário onde a sustentabilidade deixou de ser apenas uma necessidade para se tornar uma responsabilidade coletiva, a vigilância e o comprometimento de todos os envolvidos são fundamentais para o êxito das contratações públicas.

---

3 MACÊDO, Anderson Lino Braz de. *Licitação sustentável*: a prática da aquisição como ferramenta de proteção ambiental. João Pessoa: Editora UFPB, 2021.

INTRODUÇÃO

Se Deus quiser, um dia eu viro semente
E quando a chuva molhar o jardim
Ah, eu fico contente
E na primavera, vou brotar na terra.
(Rita Lee)

1.1 Sustentabilidade – Desenvolvimento sustentável

Originalmente restrita ao campo da Biologia, especialmente nas questões relacionadas à Ecologia,[1] a expressão "sustentabilidade" gradualmente foi incorporada por diversas áreas do conhecimento que analisam a sociedade, tornando-se um conceito amplamente utilizado em múltiplas disciplinas.

Embora haja uma distinção conceitual entre "sustentabilidade" e "desenvolvimento sustentável" – sendo a primeira um termo mais amplo que abrange o equilíbrio entre aspectos econômicos, sociais e ambientais, e a segunda uma abordagem mais restrita que busca esse equilíbrio por meio de práticas e políticas específicas – as duas expressões se entrelaçam na busca pelo mesmo objetivo: satisfazer as

[1] Ecologia é a ciência que estuda as interações entre os organismos e seu ambiente, ou seja, é o estudo científico da distribuição e abundância dos seres vivos e das interações que determinam a sua distribuição.

necessidades das gerações atuais sem comprometer a capacidade das futuras gerações de atenderem às suas próprias demandas.

Nesse contexto, a sustentabilidade tornou-se um componente essencial de um desenvolvimento que não se preocupa apenas com a qualidade de vida das pessoas, mas também com a preservação do meio ambiente para as gerações futuras. Isso significa que qualquer ação da sociedade necessita atender às necessidades humanas sem comprometer os ciclos naturais, ou seja, proceder à retirada dos recursos necessários de forma que a natureza possa se recuperar, e, quando for impossível essa recuperação, pensar em alternativas que evitem o seu uso.[2]

Diante do cenário atual, em que estilos de vida e padrões de produção ameaçam a sustentabilidade dos recursos naturais, o desenvolvimento sustentável emerge como um dos maiores desafios enfrentados pela humanidade. Nesse contexto, José Jungs pondera que o desenvolvimento sustentável não pode ser definido apenas pelas puras necessidades humanas, mas pela complexidade ambiental da reprodução da vida num ecossistema.[3]

A história registra que a "definição oficial" de desenvolvimento sustentável veio à tona no documento intitulado "Nosso Futuro Comum" (*Our Common Future)*,[4] publicado em 1987, por intermédio do qual a Comissão Mundial sobre o Meio Ambiente concebeu-o como aquele que "satisfaz as necessidades presentes, sem comprometer a capacidade das gerações futuras de suprir suas próprias necessidades",[5] definição que foi ratificada posteriormente pela Conferência das Nações Unidas de 1992. Esse evento representou, sem dúvida, um marco de vital importância, pois é considerado o precursor da proposição de medidas voltadas para o desenvolvimento sustentável com a preservação do meio ambiente e o criterioso cuidado com o uso dos recursos naturais.

Diante de todo o contexto, conclui-se que a concepção de sustentabilidade pressupõe uma relação equilibrada com o meio ambiente,

---

2 SERRÃO, Mônica; ALMEIDA, Aline; CARESTIATO, Andréa. *Sustentabilidade*: Uma questão de todos nós. Rio de Janeiro: SENAC, 2012.

3 JUNGES, José Roque. *(Bio)ética ambiental*. 2. ed. São Leopoldo: Unisinos, 2010.

4 Também conhecido como "Relatório Brundtland".

5 Anote-se, ainda, a Conferência de Estocolmo na Suécia, sobre o Meio Ambiente Humano, ocorrida em 1972, que, certamente, estabeleceu o primeiro grande encontro das nações para discutir as questões ambientais, considerada um marco em face dos resultados obtidos, como, por exemplo, a criação de agências, secretarias e ministérios do meio ambiente. Sublinhe-se, também, o Programa das Nações Unidas para o Meio Ambiente (PNUMA), lançado em 1982, comemorativo dos dez anos da Conferência de Estocolmo, que estimulou diversos programas ambientais em vários países do mundo.

uma vez que todos os elementos afetam e são afetados reciprocamente pela ação humana, mantendo, por conseguinte, conexão direta com as escolhas sobre as formas de produção, consumo, habitação, comunicação, alimentação, transporte, além dos relacionamentos interpessoais e os entre os indivíduos e o meio ambiente, com plena atenção aos valores solidários e éticos.

Assim, a sustentabilidade se afirmou como a busca pelo equilíbrio entre as dimensões social, econômica e ambiental, constituindo um alicerce essencial para a construção de uma sociedade mais justa, equitativa e responsável.

Nessa linha, não resta dúvida quanto a imprescindibilidade de minucioso planejamento para o alcance do almejado desenvolvimento sustentável. Objetivo extremante difícil, mas não impossível.

Na perseguição desse ideal, consigne-se que, nas últimas décadas, importantes degraus foram galgados, em eventos que registraram a importância da sustentabilidade no mundo. Esses eventos, ao longo do tempo, têm desempenhado um papel crucial na formação e ampliação das discussões sobre o futuro sustentável do planeta, criando uma base sólida para as transformações necessárias:

a) a Conferência sobre Meio Ambiente e Desenvolvimento, a Eco-92, no Rio de Janeiro, por exemplo, foi um momento histórico no qual o desenvolvimento sustentável ganhou relevância. Encontro no qual foram celebrados acordos sobre diversidade biológica e mudança do clima, com a assinatura da chamada "Carta da Terra", que declara os princípios fundamentais para a construção de uma sociedade global sustentável, e a aprovação de um complexo relatório, denominado "Agenda 21", com as obrigações de cada país participante.

Entre outros quesitos, esse relatório faz menção à parceria global visando à integração entre ambiente e desenvolvimento, com inclusão social. O evento resultou em resultados práticos, porquanto, a partir dele, Canadá, Estados Unidos e Japão, além de alguns países da Europa, adotaram políticas contra padrões insustentáveis de produção.

O Capítulo 4 da "Agenda 21" apresentava como finalidades a promoção de padrões de consumo e produção que reduzam as pressões ambientais e atendam às necessidades básicas da humanidade; o desenvolvimento de uma melhor compreensão do papel do consumo e da forma de implementar padrões de consumo mais sustentáveis, dispondo, ainda, que os governos deverão estimular o surgimento de um público consumidor informado, inclusive pelo exercício da liderança por meio das suas aquisições, pois os governos também desempenham um papel no consumo, especialmente nos países em que o setor público ocupa uma posição preponderante na economia;[6]

b) a Conferência Rio+5, em 1997, realizada no Rio de Janeiro, como objetivo de avaliar os avanços da Agenda 21;

c) a Cúpula Mundial sobre Desenvolvimento Sustentável – Rio+10, ocorrida em Johanesburgo, na África do Sul, em 2002, avaliando os encaminhamentos da Agenda 21 e fortalecendo as iniciativas locais;

d) a Conferência Rio+15, realizada no Rio de Janeiro, em 2007, com o objetivo de debater as consequências da Eco-92, apreciando os avanços e o que precisava ser fortalecido ou alterado; e

e) a Conferência das Nações Unidas sobre Desenvolvimento Sustentável (Rio+20), no Rio de Janeiro, em 2012, que avançou no ideal do desenvolvimento urbano sustentável e da economia verde.

f) a Cúpula das Nações Unidas para o Desenvolvimento Sustentável, ocorrida em 2015, na cidade de Nova Iorque, delineada pela Organização das Nações Unidas (ONU), na qual os líderes mundiais e representantes da sociedade civil adotaram a Agenda 2030, configurando um plano de ação que visa erradicar a pobreza, proteger o planeta e garantir que as pessoas alcancem a paz e a prosperidade até 2030, composta por 17 Objetivos de Desenvolvimento Sustentável (ODS), envolvendo esforço conjunto de países, empresas, instituições e sociedade civil.

- ODS 1 – Erradicação da pobreza: acabar com a pobreza em todas as suas formas, em todos os lugares.
- ODS 2 – Fome zero e agricultura sustentável: acabar com a fome, alcançar a segurança alimentar e melhoria da nutrição e promover a agricultura sustentável.
- ODS 3 – Saúde e bem-estar: assegurar uma vida saudável e promover o bem-estar para todos, em todas as idades.

---

[6] As recomendações do Capítulo 4 da Agenda 21 foram determinantes para a criação da Agenda Ambiental na Administração Pública (A3P), que objetiva pôr em execução a gestão socioambiental sustentável das atividades administrativas e operacionais governamentais, tendo como prática a inserção dos critérios ambientais, que englobam as contratações públicas e a gestão adequada dos resíduos gerados e dos recursos naturais.

- ODS 4 – Educação de qualidade: assegurar a educação inclusiva, equitativa e de qualidade, e promover oportunidades de aprendizagem ao longo da vida para todos.
- ODS 5 – Igualdade de gênero: alcançar a igualdade de gênero e empoderar todas as mulheres e meninas.

- ODS 6 – Água potável e saneamento: garantir disponibilidade e manejo sustentável da água e saneamento para todos.
- ODS 7 – Energia limpa e acessível: garantir acesso à energia barata, confiável, sustentável e renovável para todos.
- ODS 8 – Trabalho decente e crescimento econômico: promover o crescimento econômico sustentado, inclusivo e sustentável, emprego pleno e produtivo, e trabalho decente para todos.
- ODS 9 – Indústria, inovação e infraestrutura: construir infraestrutura resiliente, promover a industrialização inclusiva e sustentável, e fomentar a inovação.
- ODS 10 – Redução das desigualdades: reduzir as desigualdades dentro dos países e entre eles.
- ODS 11 – Cidades e comunidades sustentáveis: tornar as cidades e os assentamentos humanos inclusivos, seguros, resilientes e sustentáveis.
- ODS 12 – Consumo e produção responsáveis: assegurar padrões de produção e de consumo sustentáveis.
- ODS 13 – Ação contra a mudança global do clima: tomar medidas urgentes para combater a mudança climática e seus impactos.
- ODS 14 – Vida na água: conservação e uso sustentável dos oceanos, dos mares e dos recursos marinhos para o desenvolvimento sustentável.
- ODS 15 – Vida terrestre: proteger, recuperar e promover o uso sustentável dos ecossistemas terrestres, gerir de forma sustentável as florestas, combater a desertificação, deter e reverter a degradação da Terra e deter a perda da biodiversidade.
- ODS 16 – Paz, justiça e instituições eficazes: promover sociedades pacíficas e inclusivas para o desenvolvimento sustentável, proporcionar o acesso à justiça para todos e construir instituições eficazes, responsáveis e inclusivas em todos os níveis.
- ODS 17 – Parcerias e meios de implementação: fortalecer os meios de implementação e revitalizar a parceria global para o desenvolvimento sustentável.

Destaca-se que a meta nº 12.7 do ODS 12 é a promoção de práticas de compras públicas sustentáveis, de acordo com as políticas e prioridades nacionais.

g) a "Cúpula do Futuro", realizada em setembro de 2024 na sede das Nações Unidas, em Nova Iorque, que deu origem no relatório denominado "A Nossa Agenda Comum", consignando uma resposta do secretário-geral das Nações Unidas, António Guterres, a um pedido dos Estados-membros por ideias sobre a melhor forma de responder aos desafios atuais e futuros, que teve três momentos principais:

- Dias de Ação: reunindo representantes dos Estados-membros, juventude, sociedade civil, setor privado, meio acadêmico e autoridades locais e regionais, os Dias de Ação proporcionarão uma oportunidade de amplo engajamento e inclusão, com programa concentrado em três temas prioritários:
  · Inovação digital e tecnologia;
  · Paz e segurança; e
  · Desenvolvimento sustentável e financiamento.
- Diálogos Interativos: abordando quatro eixos:
  · Transformando a governança global e turbinando a implementação da Agenda 2030 para o Desenvolvimento sustentável;
  · Aprimorando o multilateralismo para a paz e a segurança internacionais;
  · Rumo a um futuro digital comum, fortalecendo a inovação e a cooperação inclusivas para eliminar os hiatos digitais; e
  · O futuro começa agora, melhorando a governança global para as gerações atuais e futuras.

h) para 2025, está agendada para ocorrer em Belém, Brasil, a COP30 (Conferência das Nações Unidas sobre Mudanças Climáticas), onde se discutirão políticas de mudanças climáticas e sustentabilidade global, com foco na proteção da Amazônia e ações de desmatamento zero, abordando questões de mitigação de emissões, proteção ambiental e a transição para uma economia de baixo carbono. A realização no Brasil, particularmente na Amazônia, reflete a importância crítica dessa região para a regulação climática global, devido ao seu papel fundamental no armazenamento de carbono e na preservação da biodiversidade.

Preocupados com o andamento da reunião, em dezembro de 2024, um grupo de cidadãos publicou um manifesto em jornais sobre a COP-30, destacando a importância do evento e a oportunidade de o Brasil demonstrar sua responsabilidade ambiental. O manifesto menciona várias ações já em andamento:

- Discussão da regulação do mercado de carbono pelo Congresso Nacional.
- Melhoria do balanço de carbono do Brasil graças aos esforços conjuntos do governo e da sociedade.
- Desenvolvimento do Plano de Carbono Neutro no estado do Pará, com metas específicas como restauração de florestas, rastreabilidade do rebanho bovino e pagamento de serviços ambientais.

O objetivo do manifesto, segundo informado, é a construção de uma posição sólida para o Brasil na convenção, alinhando interesses nacionais e a imagem positiva do país, ressaltando o compromisso dos cidadãos em colaborar com essas metas, visando a sobrevivência do planeta e a melhoria da vida das pessoas.

1.1.1 A relevância dos eventos

Todos os eventos listados evidenciaram as mutações ocorridas na sociedade a partir da necessidade de implementação de formas que permitam a sustentabilidade, transformações claramente percebidas ao se observar as alterações na concepção de desenvolvimento puro e simples até o conceito de desenvolvimento sustentável.

Como bem destacou Maria Beatriz da Silva, é fundamental reafirmar a ideia de desenvolvimento como um processo pluridimensional, cuja dimensão ambiental operou uma mudança de paradigma, alterando a própria concepção de desenvolvimento e, no campo jurídico, ampliou este conceito, já que, ao conjunto de direitos e liberdades que constituem o direito ao desenvolvimento foi acrescido o direito ao meio ambiente equilibrado. Dessa forma, o direito ao desenvolvimento evoluiu para se consolidar como direito ao desenvolvimento sustentável.[7] [8]

---

[7] SILVA, Maria Beatriz Oliveira da. Desenvolvimento sustentável: um conceito em disputa, um direito a ser (re)afirmado. *Revista Justiça do Direito*, Passo Fundo, v. 23, n. 1, 2009.

[8] Pesquisa realizada pelo Instituto Akatu voltada para a detectação da percepção do brasileiro quanto ao termo "sustentabilidade" constatou o aumento do contingente de brasileiros que "tinham ouvido falar" na expressão (de 44% para 60%), verificando também a maximização do interesse na busca informações sobre o tema, que passou de 14% para 24%. Entre os 60% que "ouviram falar", predominava um entendimento ambiental do termo (40%) ou limitado a alguns exemplos (23%), geralmente também com viés ambiental. Uma parcela importante da sociedade desconhecia o significado do termo, ou detinha um

É inconteste que o desenvolvimento sustentável depende da colaboração contínua de três atores: o *Poder Público*, as *empresas* e a *sociedade civil*. Essa interação foi destacada, inclusive, no VI Congresso Internacional Sustentável de 2013, organizado pelo Conselho Empresarial Brasileiro para o Desenvolvimento Sustentável (CEBDS), ocorrido no Rio de Janeiro, no qual se concluiu que a falta de articulação entre esses setores constituía um dos maiores obstáculos para a implementação de ações de sustentabilidade no âmbito corporativo.

Os desafios do desenvolvimento sustentável são complexos e interconectados, exigindo que um ator desempenhe um papel ativo: o Poder Público é essencial na criação de políticas e regulamentos que incentivem práticas sustentáveis, inclusive nas suas contratações, as empresas são relevantes ao adotarem modelos de negócios que priorizem a responsabilidade social e ambiental; e a sociedade civil detém o papel de cobrar ações, engajar-se em iniciativas e promover a conscientização sobre a importância da sustentabilidade.

Essa sinergia, portanto, se mostra fundamental para a superar as barreiras existentes e garantir que os objetivos de desenvolvimento sustentável sejam alcançados, promovendo um futuro mais equilibrado e justo para todos.

1.2 As dimensões da sustentabilidade

As dimensões da sustentabilidade referem-se aos diferentes aspectos que precisam ser equilibrados para o alcance do desenvolvimento sustentável.

As seis principais dimensões da sustentabilidade são: social, espacial, cultural, política, econômica e ambiental.[9] Essas dimensões não devem ser tratadas de forma isolada, pois são interdependentes e devem ser trabalhadas de maneira integrada. O desenvolvimento verdadeiramente

---

entendimento equivocado (25%). Apenas 12% dos que "ouviram falar" (correspondendo a 7% do total de consumidores) possuía um entendimento correto do termo, incluindo as noções de permanência ao longo do tempo e/ou de respeito aos limites planetários e às necessidades sociais. A correlação entre entendimento correto de sustentabilidade e as categorias de adesão ao consumo consciente era baixa, não permitindo dizer que os mais conscientes se destacavam por ter um entendimento mais claro sobre esse conceito ou vice-versa (INSTITUTO AKATU. *Pesquisa Akatu 2012 rumo à sociedade do bem-estar*: assimilação e perspectivas do consumo consciente no Brasil – percepção da responsabilidade social empresarial pelo consumidor brasileiro. São Paulo: Instituto Akatu, 2013).

[9] Bem além, portanto, que antigo tripé da sustentabilidade, baseado em apenas três dimensões: ambiental, econômica e social.

sustentável precisa considerá-las e equilibrá-las de maneira harmoniosa, respeitando os limites ambientais, promovendo a justiça social, garantindo o crescimento econômico inclusivo e sustentável, e, ao mesmo tempo, considerando os aspectos espaciais, culturais e políticos que são fundamentais para a construção de soluções sustentáveis.

A sustentabilidade social abrange a necessidade de recursos, objetivando maior equidade na distribuição da renda, de modo a melhorar substancialmente as condições da população, com a ampliação da homogeneidade social; a possibilidade de trabalho que assegure qualidade de vida e igualdade no acesso aos recursos e serviços sociais. Seu objetivo principal, portanto, é a construção de uma civilização com redução de desigualdades sociais.

A sustentabilidade espacial persegue uma melhor distribuição territorial dos assentamentos humanos e atividades econômicas e melhorias no ambiente urbano.

A sustentabilidade cultural constitui dimensão que busca o equilíbrio entre o respeito à tradição e a pesquisa por inovações tecnológicas, garantindo continuidade e equilíbrio entre a tradição e a inovação. Na busca de novos modelos de desenvolvimento, preservar-se a pluralidade de soluções e a valorização da diversidade das culturas locais, com respeito às especificidades de cada ecossistema, de cada cultura e cada local.[10]

A sustentabilidade política objetiva o fortalecimento das instituições democráticas e da cidadania ativa. Consoante Jefferson Mendes, no âmbito nacional, a sustentabilidade se fulcra na democracia, apropriação universal dos direitos humanos, desenvolvimento da capacidade do Estado para implementar o projeto nacional em parceria com empreendedores e em coesão social; já no aspecto internacional, tem sua eficácia na prevenção de guerras, na garantia da paz e na promoção da cooperação internacional.[11]

A sustentabilidade econômica está relacionada à gestão eficiente dos recursos econômicos: busca o desenvolvimento local, onde a eficácia econômica não se resume ao lucro, mas à manutenção do equilíbrio econômico da sociedade,[12] preconizando estabelecer a diminuição

---

[10] SERRÃO, Mônica; ALMEIDA, Aline; CARESTIATO, Andréa. *Sustentabilidade*: Uma questão de todos nós. Rio de Janeiro: SENAC, 2012.

[11] MENDES, Jefferson Marcel Gross. Dimensões da sustentabilidade. *Revista das Faculdades Santa Cruz*, [s. l.], v. 7, n. 2, 2009.

[12] "Durante muitos anos, o conceito de sustentabilidade foi tratado como uma 'pedra no sapato' por alguns empresários. Para eles, trabalhar com a sustentabilidade era sinônimo

das desigualdades de renda e de padrões de consumo, favorecendo uma distribuição mais equilibrada dos benefícios sociais gerados pela economia, contribuindo para a diminuição da pobreza.[13]

A sustentabilidade ambiental, também conhecida como sustentabilidade ecológica, busca o uso dos ecossistemas com a mínima destruição, a preservação dos recursos naturais na produção; limitação do consumo de combustíveis fósseis e de outros recursos esgotáveis ou ambientalmente prejudiciais, substituindo-os por recursos renováveis e inofensivos; redução do volume de resíduos e de poluição, por meio de conservação e reciclagem; autolimitação do consumo material; utilização de tecnologias limpas; definição de normas para proteção ambiental. Para o alcance dessa dimensão, faz-se necessário a promoção de mudanças de padrão de produção e consumo, com a valorização dos produtos pautados no equilíbrio ambiental.

1.2.1 As dimensões da sustentabilidade e as contratações públicas

Quando todas as dimensões da sustentabilidade são levadas em conta nas contratações realizadas pela Administração Pública, tem-se o que se convencionou chamar de *licitações*[14] *sustentáveis*, que podem ser conceituadas como as competições públicas objetivando contratações efetuadas pelo Poder Público que consideram critérios sociais, espaciais, culturais, políticos, econômicos e, sobretudo, ambientais em todos os estágios de seu processo, transformando o poder de compra do Estado em um fortíssimo indutor do desenvolvimento sustentável.[15]

---

de aumento de custos, licença para operar ou, na melhor das hipóteses, uma ação de marketing para melhorar a imagem da empresa. Hoje, nas grandes organizações, predomina o entendimento de que a sustentabilidade deve fazer parte da estratégia competitiva, pois ajuda a gerar e proteger valor, sendo fundamental para a longevidade dos negócios" (ARAÚJO, Roberto. A gestão que gera lucratividade sustentável. *Instituto Ethos*, [s. l.], 9 abr. 2014.).

[13] SILVA, Antonio Sergio da; SOUZA, José Gilberto de; LEAL, Antonio Cezar. A sustentabilidade e suas dimensões como fundamento da qualidade de vida. *Revista Geografia em Atos*, Presidente Prudente, n. 12, v. 1, 2012.

[14] A expressão "licitação" é utilizada na legislação nacional com o objetivo de significar o procedimento administrativo formal adotado pela Administração Pública para contratar serviços ou obras e adquirir bens, de forma que se garanta a isonomia entre os participantes e a escolha da proposta mais vantajosa para o interesse público, atualmente regrado pela Lei nº 14.133/2021, conhecida como a nova Lei de Licitações e Contratos Administrativos.

[15] Marçal Justen censura a ideia de que a busca de desenvolvimento nacional ocorra por intermédio da licitação, sustentando que deveria, sim, ser realizada por meio da contratação administrativa, uma vez que a licitação configura mero procedimento para a seleção dos fornecedores (JUSTEN FILHO, Marçal. Desenvolvimento nacional sustentado: con-

Minudenciando:

- Critérios sociais: as licitações buscando promover a inclusão social e a equidade, podendo incluir a preferência por empresas que empregam grupos vulneráveis, como pessoas com deficiência. O objetivo é utilizar o poder de compra do Estado para fomentar oportunidades e melhorar as condições de vida dessas populações.
- Critérios espaciais: refere-se à consideração da localização geográfica dos fornecedores e da relevância regional dos produtos e serviços oferecidos. Licitações poderão priorizar empresas locais para reduzir o impacto ambiental do transporte e incentivar a economia local.
- Critérios culturais: envolvem a valorização das especificidades culturais e a promoção da diversidade, como na escolha de fornecedores que respeitem e promovam a cultura local.[16]
- Critérios políticos: envolvem a consideração de fatores que avaliam o comprometimento das empresas com princípios éticos, responsabilidade social e práticas sustentáveis durante o processo de contratação pública. Em uma licitação, esses critérios podem incluir a análise da adoção de princípios relacionados à justiça social, respeito aos direitos humanos, transparência e contribuição para a sustentabilidade ambiental e social por parte das empresas.
- Critérios econômicos: além de avaliar o custo imediato das propostas, as licitações poderão considerar a viabilidade econômica a longo prazo, como o potencial de gerar economias futuras e a criação de empregos, implicando, por exemplo, análise do ciclo de vida dos produtos e serviços, levando em conta a eficiência e a redução de custos operacionais ao longo do tempo.

---

tratações administrativas e o regime introduzido pela Lei 12.349. *Justen, Pereira, Oliveira e Talamini Advogados*: Boletim Informativo, [*s. l.*], n. 50, abr. 2011). Evidentemente, não deixa de ter razão o jurista, de vez que é por intermédio dos contratos que são aplicadas efetivamente as medidas de sustentabilidade. Contudo, há de se ter em mente que é na licitação que se estabelecem os critérios a serem implementados nos acordos. No mesmo sentido, Luciano Reis anui parcialmente com a posição "porque a contratação é o ato ou o efeito de contratar que abarca o contrato e todos os procedimentos anteriores à sua feitura, o que *per si* alberga a licitação" (REIS, Luciano Elias. *Compras Públicas Inovadoras*, Belo Horizonte: Fórum, 2022).

[16] Embora a Lei n 14.133/2021 não trate de forma explícita de "cultura local" de maneira isolada, ela contempla princípios e diretrizes que podem ser utilizados para valorizar a cultura local nos processos de contratação pública.

- Critérios ambientais: as licitações poderão priorizar a minimização do impacto ambiental, considerando aspectos como o uso sustentável de recursos naturais, a redução da poluição e a promoção de práticas que favoreçam a preservação e a recuperação ambiental, sempre com o objetivo de assegurar que as contratações públicas contribuam positivamente para a proteção do meio ambiente, estimulando fornecedores que adotem tecnologias e processos mais sustentáveis.

Como maior contratante do País, a Administração Pública, nas suas compras e contratações, tende a influenciar sobremaneira o mercado, apoiando negócios locais, incentivando micro e pequenas empresas, atraindo desenvolvimento e inovação, estimulando a competição saudável etc., configurando um vetor relevantíssimo de sustentabilidade.[17]

Considerando a influência do governo como consumidor, com decisões de compra que poderão afetar as deliberações de empresas quanto à qualidade de seus bens e serviços, as licitações e contratações públicas poderão atuar como um poderoso incentivador de sustentabilidade, provendo incentivos para investimento, inovação e expansão de empresas, bens, serviços e infraestrutura sustentáveis nos setores público e privado.[18]

Nesse contexto, o Estado detém a possibilidade de persuadir o comportamento das pessoas, fazendo surgir um mercado novo de produtos limpos, com melhores preços, induzindo mudança de hábitos, e, em consequência, produzindo um consumo sustentável.[19]

E mais: além de influenciar, ao injetar vultosos recursos na economia, as contratações públicas são poderosas molas propulsoras de setores como infraestrutura, saúde, educação e tecnologia, gerando empregos e promovendo o crescimento econômico.

---

[17] Apreciações técnicas concluíram que as compras públicas representaram, nas duas primeiras décadas do século XXI, uma média de aproximadamente 12,5% do PIB brasileiro, conforme estudo realizado por Cássio Ribeiro e Edmundo Inácio Júnior, pesquisadores visitantes do Instituto de Pesquisa Econômica Aplicada (Ipea), em trabalho que mensurou o mercado brasileiro de compras públicas entre 2006 e 2017 (RIBEIRO, Cássio Garcia; INÁCIO JÚNIOR, Edmundo. *O mercado de compras governamentais brasileiro [2006-2017]*: mensuração e análise. Brasília: IPEA, 2019.). Para 2024, o montante de gastos da Administração com contratações públicas no Brasil está estimado em cerca de R$ 725 bilhões, considerando-se todas as despesas dos órgãos e entidades públicas em contratações de obras, serviços, compras e locações.

[18] BRAUCH, Martin Dietrich. *Licitações e Contratações Sustentáveis no Governo do Estado de São Paulo*: Um estudo de caso aprofundado. Winnipeg: The International Institute for Sustainable Development, 2012.

[19] SANTOS, Fabrício Vieira dos. *Licitação sustentável*: instrumento concretizador do direito ao meio ambiente. Campo Grande: Life, 2013.

AS LICITAÇÕES SUSTENTÁVEIS[20]

Enquanto você sonha, você está
fazendo o rascunho do seu futuro.
(Charles Chaplin)

2.1 As contratações públicas

O desenvolvimento econômico constitui um fenômeno histórico. De um lado, relacionado com o surgimento das nações e a formação dos Estados-nações, e, de outro, com a acumulação de capital e a incorporação de progresso técnico ao trabalho e ao próprio capital, que ocorrem sob a coordenação das instituições e principalmente de mercados relativamente competitivos. O desenvolvimento, por conseguinte, relaciona-se com o surgimento das duas instituições fundamentais do novo sistema capitalista: o Estado e os mercados.[21]

[20] Também são conhecidas como "licitações positivas" ou, de maneira inadequada, como "compras verdes", "ecoaquisições" ou "compras ambientalmente amigáveis", termos que podem induzir à falsa impressão de que se referem exclusivamente a contratações voltadas para questões ambientais. Andre Luiz dos Santos, em artigo específico, critica essa visão, observando que muitos autores, equivocadamente, abordam o tema de forma restrita, adotando uma perspectiva puramente ecológica (SANTOS, Andre Luiz Trajano dos. As contribuições da Lei nº 14.133/21 para a agenda ESG: uma perspectiva das compras públicas sustentáveis. *In:* OLIVEIRA, Rafael Carvalho Rezende (coord.). *A nova lei de licitações e contratos administrativos em debate*. Rio de Janeiro: Processo, 2024).

[21] BRESSER-PEREIRA, Luiz Carlos. *O conceito histórico de desenvolvimento econômico*. São Paulo: Editora 34, 2002.

Fomentar o desenvolvimento econômico e social faz parte do elenco de finalidades do Estado. Afinal, o art. 3º da Constituição Federal indica como objetivos fundamentais do Estado brasileiro "garantir o desenvolvimento nacional" e "reduzir as desigualdades sociais".[22] Nesse sentido, a partir da década de 1990, o país experimentou uma evolução significativa em diversas áreas.[23]

Um dos instrumentos que pode ser utilizado para cumprir essa norma constitucional é, sem dúvida, a licitação: a utilização do chamado "poder de compra do Estado" como uma dinâmica e eficaz ferramenta para fomento efetivo do mercado.

O uso dessa política é justificado quando se constata que o direcionamento do poder de compra estatal, por sua própria natureza e flexibilidade, e que também possui um viés redistributivo, tem todos os atributos necessários para gerar impacto na competitividade industrial e tecnológica, já que o Estado, enquanto consumidor em grande escala de bens e serviços, está em posição ideal para a implantação de um sistema de indução de produtividade, controle de qualidade, transferência de tecnologia e promoção de benefícios sociais, principalmente quando se trata da geração de emprego e renda e desenvolvimento.[24]

A possibilidade de o Estado utilizar-se deste potencial, não somente sob a ótica do paradigma da eficiência estrita, traduzindo-se por comprar mais, mais rápido e por um menor preço, mas também para alcançar outros resultados que, vistos globalmente, possam ser mais vantajosos para a Administração Pública e, indiretamente, para a sociedade, colocou-se como uma questão de grande complexidade a ser enfrentada.

Embora se mantenha a preocupação com a eficiência das compras públicas, com a adoção do uso do poder de compra do Estado, há uma ponderação entre redistribuição e eficiência, o que é um ponto central no debate econômico.[25]

---

[22] "Art. 3º Constituem objetivos fundamentais da República Federativa do Brasil:
I - construir uma sociedade livre, justa e solidária;
II - garantir o desenvolvimento nacional;
III - erradicar a pobreza e a marginalização e reduzir as desigualdades sociais e regionais;
IV - promover o bem de todos, sem preconceitos de origem, raça, sexo, cor, idade e quaisquer outras formas de discriminação".

[23] Partindo da base da estabilização da moeda estabelecida na década de 90, o Estado brasileiro avançou na modernização da administração e na expansão da política social.

[24] SILVA, Erivam Paulo da. *O uso do poder de compra do Estado como instrumento de política pública*: a Lei Complementar nº 123/2006, sua implementação. 2008. Dissertação (Mestrado em Administração Pública) – Escola Brasileira de Administração de Empresas, Fundação Getúlio Vargas, Rio de Janeiro, 2008

[25] É o que reconhece o Instituto de Estudos para o Desenvolvimento Industrial (IEDI-FGV), na publicação Políticas para a promoção da economia verde: a experiência internacional

Por outro lado, o processo de adaptação de um sistema de compra enfrenta o desafio de provar que os benefícios desta política são maiores do que os seus custos.

Sobre a questão, Luciano Ferraz destaca a importância de a licitação ser utilizada como um instrumento de regulação de mercado, de modo a torná-lo mais livre e competitivo, além da possibilidade de ser concebida como mecanismo de indução de determinadas práticas que produzam resultados sociais benéficos, imediatos ou futuros.[26]

Nessa perseguição ao desenvolvimento sustentável, elevou-se a necessidade do estabelecimento de novos paradigmas no seio das compras públicas nacionais, com alteração do enfoque que prevalecia até então no sentido de que as licitações se estabeleciam exclusivamente sob o prisma da busca do melhor preço.[27]

2.1.1 A primeira quebra de paradigma: o tratamento diferenciado nas aquisições públicas para microempresas

O primeiro paradigma quebrado emergiu a partir do estabelecimento de regras diferenciadas para as contratações públicas de microempresas e empresas de pequeno porte, preconizadas pela Lei Complementar nº 123/2006, quando a licitação passou a ser adotada como ferramenta de promoção de objetivos sociais e econômicos, eliminando desigualdades, originando no ordenamento jurídico pátrio o que denominamos "Função Social da Licitação".

Consoante ressaltamos em obra específica,[28] esse tratamento diferenciado não conflitou com o princípio da isonomia, porquanto resultou da própria situação de desigualdade dessas empresas em relação

---

e o Brasil: "As licitações, em geral, consideram apenas o preço mínimo de compra e não incorporam análises dos desdobramentos ao longo do ciclo de vida dos produtos adquiridos e dos serviços contratados. O melhor comportamento dos diversos entes governamentais resultaria em conservação e redução de gastos com energia em prédios públicos como escritórios e escolas, o que é de interesse da sociedade como um todo" (MONZONI NETO, Mario; CARVALHO, Andre; CANELAS, Pedro; VELLOSO, Gustavo; BARTOLOMEI, Mariana; LIMA, Gabriel. Políticas para a promoção da economia verde: a experiência internacional e o Brasil. São Paulo: IEDI: FGV, 2010.).

[26] FERRAZ, Luciano. Função regulatória da licitação. *Revista Eletrônica de Direito Administrativo Econômico*, [s. l.], n. 19, 2009.

[27] Vide que a antiga lei de licitações públicas (Lei nº 8.666/1993) e a então lei do pregão (Lei nº 10.520/2002) já objetivavam o preço mais vantajoso.

[28] BITTENCOURT, Sidney. *As Licitações Públicas e o Estatuto Nacional das Microempresas*. 2 ed. Belo Horizonte: Fórum, 2010.

a outras de natureza diversa, pois envolveu o tratamento desigual a ser oferecido aos desiguais, com intuito de promover o desenvolvimento econômico.[29]

Também considerando a constitucionalidade da LC nº 123/2006 sob o prisma da isonomia, Jacoby Fernandes:

> É que todo o sistema jurídico da licitação foi construído para a busca da proposta mais vantajosa, somente após atendido o princípio da isonomia. Já às pequenas e microempresas, a Constituição permite estabelecer simplificação de suas obrigações administrativas, tributárias, previdenciárias e creditícias ou pela eliminação ou redução destas, mas não estabelece que essa preferência possa comprometer a isonomia. Parece evidente que a simplificação desiguala as empresas, afetando a isonomia por via reflexa. Uma análise mais profunda do instituto revela, no entanto, que a isonomia não impõe tratamento igualitário a todos indistintamente, na medida em que não há igualdade absoluta. Ao elaborar normas que privilegiem determinado setor da sociedade o legislador busca reduzir uma desigualdade preexistente e, se agir com sabedoria e cautela, pode equacionar o princípio da isonomia na medida da desigualdade indispensável à satisfação eficiente do interesse público.[30]

Do mesmo modo, o Tribunal de Contas da União (TCU), que, lastreado nas lições de Zanella Di Pietro, considerou inexistir inconstitucionalidade, sustentando a inexistência de mácula ao princípio da isonomia:

> registro que, ao relatar o TC 020.253/2007-0 referente à Representação formulada por licitante, apresentando questionamento a respeito da Lei Complementar 123/06, mencionei que, entre os vários aspectos inovadores da lei, estava o tratamento diferenciado e favorecido a ser dispensado às microempresas e empresas de pequeno porte no âmbito dos Poderes da União, dos Estados, do Distrito Federal e dos Municípios, no que se refere ao acesso ao mercado, inclusive quanto

[29] Na mesma, Liane Ventim: "Esse respaldo disponibilizado às microempresas é decorrente do Estado neoliberal. Com essa forma de organização da economia do país, o Estado passa a intervir na economia, regulamentando e direcionando as relações e transações econômicas, preservando a ordem política, ampliando e tornando mais racional e eficiente o estado de bem-estar social. Dessa forma, proporciona o desenvolvimento econômico e social do país. O tratamento diferenciado e favorecido fomenta as atividades no setor responsável por 20% do Produto Interno Brasileiro e por 60% dos empregados no setor privado, objetivando aumentar a geração de emprego e renda, com isso, reduzindo as desigualdades sociais." (VENTIM, Liane. Compatibilizar o uso da licitação como fomento, respeitando o princípio da competitividade. *Netsaber*, [s. l.], [2014]).

[30] FERNANDES, Jorge Ulisses Jacoby. *Parecer JUJF*, [s. l.], jul. 2007.

à preferência nas aquisições de bens e serviços pelos Poderes. Na oportunidade, defendi que a lei vinha com o intento bastante positivo, materializando, efetivamente, o princípio do "tratamento favorecido" às microempresas e empresas de pequeno porte, conforme previsão do artigo 170, inciso IX, da Constituição Federal. Dessa forma, por compartilhar integralmente com a proposição [...] é que destaco de vosso relatório o excerto transcrito da obra de Maria Sylvia Zanella di Pietro, que examinou a questão de constitucionalidade do tratamento diferenciado dado às microempresas nos seguintes termos: "As exceções mencionadas não conflitam com o princípio da isonomia, uma vez que o art. 5º da Constituição somente assegura igualdade entre os brasileiros e estrangeiros em matéria de direitos fundamentais. Além disso, no caso das microempresas e empresas de pequeno porte, o tratamento diferenciado resulta da própria situação de desigualdade dessas empresas em relação a outras que não têm a mesma natureza; por outras palavras, trata-se de tratar desigualmente os desiguais".[31]

2.1.2 A segunda quebra de paradigma: as licitações e contratações sustentáveis

No que concerne à realização de licitações, a Constituição Federal prevê isonomia entre os concorrentes, vedadas exigências que venham comprometer o caráter isonômico da licitação.

> Art. 37. [...] XXI - ressalvados os casos especificados na legislação, as obras, serviços, compras e alienações serão contratados mediante processo de licitação pública que assegure igualdade de condições a todos os concorrentes, com cláusulas que estabeleçam obrigações de pagamento, mantidas as condições efetivas da proposta, nos termos da lei, o qual somente permitirá as exigências de qualificação técnica e econômica indispensáveis à garantia do cumprimento das obrigações.

Por sua vez, o art. 170, VI, com redação dada pela Emenda Constitucional nº 42, de 19.12.2003, preconiza que a ordem econômica deverá observar a defesa do meio ambiente, inclusive mediante tratamento diferenciado conforme o impacto ambiental dos produtos e serviços e de seus processos de elaboração e prestação.

> Art. 170. A ordem econômica, fundada na valorização do trabalho humano e na livre iniciativa, tem por fim assegurar a todos existência

[31] TCU – Acórdão nº 1231/2008, Plenário. Rel. Min. Aroldo Cedraz.

> digna, conforme os ditames da justiça social, observados os seguintes princípios:
> [...]
> VI - defesa do meio ambiente, inclusive mediante tratamento diferenciado conforme o impacto ambiental dos produtos e serviços e de seus processos de elaboração e prestação.

O art. 23, VI, determina que é de competência dos entes federativos a proteção do meio ambiente:

> Art. 23. É competência comum da União, dos Estados, do Distrito Federal e dos Municípios:
> [...]
> VI - proteger o meio ambiente e combater a poluição em qualquer de suas formas.

O *caput* do art. 225 impõe ao Poder Público o dever de defender e preservar o meio ambiente para as gerações presentes e futuras.

> Art. 225. Todos têm direito ao meio ambiente ecologicamente equilibrado, bem de uso comum do povo e essencial à sadia qualidade de vida, impondo-se ao Poder Público e à coletividade o dever de defendê-lo e preservá-lo para a presente e futuras gerações.

Vê-se, portanto, que a CF possui, entre os princípios que regem a atividade econômica, a defesa do meio ambiente e a livre concorrência, denotando, por conseguinte, a preocupação com o desenvolvimento sustentável.

Assim, o desenvolvimento sustentável tem sede constitucional, e está previsto, inclusive, como dever da União e de todos aqueles que exercem atividade econômica.

Em função das determinações constitucionais relacionadas, é possível afirmar que o Poder Público, quando da realização de contratações, deverá buscar selecionar bens, serviços e obras que atendam a critérios de desenvolvimento sustentável, sem, todavia, estabelecer condições que comprometam o tratamento isonômico nas competições.

A quebra de paradigma é flagrante, uma vez que, como observou Juarez de Freitas, o sistema de avaliação de custos, sob pena de violação ao princípio constitucional, necessitou ser reformulado, com a inserção dos custos indiretos, com a intenção de estimar os dispêndios futuros a serem efetuados em função dos previsíveis impactos sistêmicos das decisões administrativas tomadas.

> Ou seja, antes de licitar, não se podem mais ignorar, candidamente, os custos ambientais, sociais e econômicos de cada escolha administrativa. Afinal, a má licitação quase sempre começa antes da abertura do procedimento licitatório [...]. Nessa prospecção, o gestor público responsável não pode mais realizar juízos adstritos ao imediato ou à pressão empobrecedora do curto prazo, típico comportamento daqueles que não apenas desprezam os princípios como se alienam a interesses secundários.[32]

No mesmo prisma, as sensatas ponderações de Flávio Garcia e Leonardo Ribeiro:

> A inclusão de critérios de sustentabilidade ambiental em licitações públicas é um primeiro e importante passo que permite dar força a ideia de desenvolvimento sustentável, mudando os paradigmas de consumo pelos órgãos e entidades públicas, o que tem um importante efeito prático na forma como se comportam os agentes econômicos no país. As contratações sustentáveis, nesse particular, situam-se no contexto do que se chamou de "função regulatória da licitação", já que se propõem à concretização de outro valor constitucional. [33]

Insignes nomes, como Alécia Bicalho, Daniel Ferreira, Egon Moreira e Fernando Guimarães, obtemperam da mesma forma, robustecendo a matéria com alicerçado suporte técnico-jurídico:

> Essa mudança tornou visivelmente mais densa a responsabilidade do Administrador Público no desempenho da boa administração, ressignificando a maneira com que o gestor deverá lidar com o poder de compra do Estado.[34]
>
> Pode-se afirmar que a utilização das licitações e dos contratos administrativos em caráter instrumental, de maximização da responsabilidade socioambiental das empresas, não é apenas material e juridicamente viável, porém – hodiernamente – constitui um dever acometido a todos os agentes públicos com direta ou indireta atuação no segmento. E não só porque a referida "função social" passou a (também) ser uma das finalidades das concorrências públicas – e, por decorrência, das próprias

---

[32] FREITAS, Juarez. Licitações e sustentabilidade: ponderação obrigatória dos custos e benefícios sociais, ambientais e econômicos. *Interesse Público*, Belo Horizonte, ano 13, n. 70, 2011.

[33] GARCIA, Flávio Amaral; RIBEIRO, Leonardo Coelho. Licitações públicas sustentáveis. *Revista de Direito Administrativo*, Rio de Janeiro, v. 260, 2012.

[34] BICALHO, Alécia Paolucci Nogueira. A ressignificação do princípio da finalidade da licitação à luz do desenvolvimento nacional sustentável. *Fórum de Contratação e Gestão Pública*, Belo Horizonte, ano 12, n. 139, 2013.

> contratações –, mas porque o desenvolvimento (nacional sustentável) configura direito fundamental".[35]
>
> Em suma, fato é que o desenvolvimento nacional sustentável precisa estar dentre os objetivos primais de todas as licitações promovidas no Brasil – sejam elas locais, regionais, nacionais ou internacionais. E as licitações públicas podem (e devem) em muito contribuir para o cumprimento desse objetivo.[36]

Como as normas baixadas são de caráter geral, é de suma importância, para que haja uma aplicação eficaz em todo território nacional, que os governadores e prefeitos se empenhem na adoção imediata.

Não por acaso, o saudoso arquiteto e urbanista Jaime Lerner, ex-consultor da ONU em questões de urbanismo e ex-prefeito da cidade de Curitiba,[37] sustentava que os governos deveriam enfrentar com destemor essa necessidade, averbando que os prefeitos precisariam ter coragem e inteligência para decidir que tipos de investimentos gostariam de atrair para seus municípios, porque "a verdade é que, se a qualidade de vida cresce, os investimentos chegam".[38]

Aliás, o "pioneiro do verde", como era conhecido, alinhavou algumas opiniões específicas sobre a licitações sustentáveis:

- Com relação a compra consciente e eficiência: defendia a ideia de que as compras públicas deveriam ser feitas de forma consciente e eficiente, levando em consideração não apenas o custo inicial, mas também o impacto ambiental e social a longo prazo. Via a sustentabilidade como um critério fundamental para garantir que os recursos públicos fossem utilizados de maneira responsável.
- Inovação e exemplos Práticos: enfatizava a importância de adotar práticas inovadoras e sustentáveis nos processos de compras e licitações, mostrando como a inovação pode gerar economias e benefícios para a sociedade. Em Curitiba, implementou vários projetos que combinavam sustentabilidade com eficiência administrativa, servindo de exemplo para outras cidades.

---

35 FERREIRA, Daniel. Inovações para a incrementação da responsabilidade socioambiental das empresas: o papel das licitações e dos contratos administrativos, *Revista JML de Licitações e Contratos*, [*s. l.*], n. 3, 2012.

36 MOREIRA, Egon Bockmann; GUIMARÃES, Fernando Vernalha. *Licitação pública*. São Paulo: Malheiros, 2012.

37 Única cidade da América Latina inserida pelo estudo Centros de Sustentabilidade Global 2020, do Instituto Ethisphere, de Nova York, na lista das dez mais sustentáveis do mundo.

38 LERNER, Jaime. Usar menos o carro e separar o lixo caseiro. *O Globo*, [*s. l.*], 6 jun. 2012. Economia.

- Mudança de mentalidade: acreditava que era necessário mudar a mentalidade dos gestores públicos e da sociedade em relação ao consumo e às compras. Para ele, incorporar a sustentabilidade nas compras públicas era um passo crucial para transformar a maneira como as cidades e governos operam, promovendo um futuro mais verde e sustentável.

Contudo, como observou Luciana Betiol, convencer os governantes a adotarem práticas de sustentabilidade nas licitações é, de fato, um desafio considerável:

> São muitos os desafios para a implementação da licitação sustentável no Brasil. Um deles é o convencimento dos tomadores de decisão da importância e dos impactos positivos que essas ações podem trazer. A adoção de políticas públicas e normas também se coloca como questão fundamental para a criação de um ambiente propício para tais ações. É preciso agora que os agentes públicos ajam, efetivando as compras e contratações com base em critérios de sustentabilidade.[39]

A resistência ou a falta de entendimento sobre a sustentabilidade pode ser um obstáculo significativo à adoção.

Essa dificuldade pode ser atribuída a vários fatores:

- Interesses econômicos e políticos: muitas vezes, decisões de governo estão influenciadas por interesses de curto prazo, como a redução imediata de custos. Isso pode levar à resistência em investir em práticas sustentáveis que, embora possam resultar em economia e benefícios a longo prazo, exigem um comprometimento financeiro inicial maior.
- Falta de informação e capacitação: muitos governantes e tomadores de decisão carecem de informações claras sobre os benefícios das licitações sustentáveis. A falta de capacitação em sustentabilidade e gestão de compras públicas impede a compreensão plena de como implementar e monitorar essas práticas.
- Cultura organizacional: muitas vezes há resistência à mudança nas práticas de contratação, que estão enraizadas em tradições e normas estabelecidas. Mudar essa mentalidade exige tempo e um esforço contínuo de sensibilização e educação.

[39] BETIOL, Luciana Stocco. Licitações sustentáveis: o poder de compra do governo em prol da sustentabilidade. *Revista Construção Mercado*, São Paulo, n. 131, 2009.

- Complexidade das normas: a implementação de critérios de sustentabilidade em licitações pode parecer complexa para muitos, o que poderá levar a uma hesitação, especialmente em contextos em que a burocracia e as normas legais já são vistas como um entrave.

Superar esses desafios exige muita colaboração. Só o trabalho conjunto poderá promover práticas sustentáveis e construir um futuro mais equilibrado e justo.

Registre-se, nesse sentido, a reflexão de Cícero Almeida:

> Meditando sobre licitações e contratações públicas, podemos dizer que, assim como na vida, colhemos o que plantamos. Nossas escolhas no presente moldam o futuro que desejamos construir. Investir em práticas sustentáveis nos processos de contratação pública é semear um futuro mais responsável, onde o desenvolvimento econômico caminha lado a lado com a preservação ambiental e social. Assim, em cada contrato assinado, construiremos um legado, pautado em escolhas que refletem nossa responsabilidade com o mundo ao nosso redor e com as gerações futuras.[40]

Realizar contratações sustentáveis é uma forma de agir com visão de longo prazo, pois cada contrato assinado representa uma oportunidade de fazer escolhas conscientes que promovam a justiça social, a proteção ambiental e o crescimento econômico.

---

40 ALMEIDA, Cícero. Transformações e avanços nas licitações públicas. *Revista de Licitações e Contratos Administrativos*, São Paulo, ano XIV, n. 134, 2024.

CAPÍTULO 3

A NORMATIZAÇÃO DAS COMPRAS PÚBLICAS SUSTENTÁVEIS

Quantos de nós somos capazes
de reconhecer um jequitibá,
as folhas de uma dormideira,
o aroma de um jasmim, as floradas
de um ipê ou um fruto de ingá?
(Rejan Guedes-Bruni)

3.1 A normatização de compras sustentáveis pelo mundo

Em várias partes do mundo se debate a opção por compras governamentais sustentáveis. Alguns países, entretanto, já evoluíram nessa seara, estabelecendo regras legais que incorporam a sustentabilidade nas contratações públicas. Destacam-se, nesse campo, Coréia do Sul, Estados Unidos, Canadá, Estados Unidos, Espanha, Reino Unido, Países Baixos, Noruega, Suécia, Áustria, Dinamarca, Japão, Itália, México e Suíça.

- A Coreia do Sul foi o primeiro país a estabelecer uma lei de compras sustentáveis, tendo desenvolvido um sistema governamental de certificação ambiental e selos verdes para identificação de produtos e serviços nessa categoria.

- Na Espanha, houve a exitosa experiência de implantação da gestão ambiental na administração da cidade de Barcelona, que agregou, com grande eficácia, cláusulas ambientais e éticas para as licitações.
- Na Áustria, o governo da cidade de Viena, aproveitando o poder de influência que os gastos públicos têm sobre os fornecedores, adotou a política de compras considerando a necessidade real de efetuá-la, bem como as circunstâncias de geração de tais produtos, levando em conta os materiais e as condições de trabalho, a avaliação de como os produtos se comportarão em sua vida útil e a sua disposição final.
- Nos Estados Unidos, há o *Executive Order number 12.873*, que prescreve regras de respeito ao meio ambiente e à cidadania nas contratações públicas, prevendo a obrigatoriedade da aquisição de materiais reciclados, como o papel, óleos lubrificantes refinados e pneus reaproveitados. Anote-se também que a agência estatal de energia de Nova York prevê requisitos legais de construção e arquitetura sustentáveis.

Há também as diretrizes consubstanciadas no *Buy American Act*, em vigor desde 1933, que estabelecem preferência a produtos manufaturados no país, desde que aliados à qualidade satisfatória, provisão em quantidade suficiente e disponibilidade comercial em bases razoáveis.

- A União Europeia já adota normas sobre licitação sustentável (diretivas) desde 2004. Sobressai-se o Projecto Landmark – Compras Públicas Mais Justas e Sustentáveis,[41] um projeto internacional cofinanciado pela União Europeia (Programa Atores Não Estatais e Autoridades Locais, gerido pela *Europe-Aid)* e desenvolvido com base numa parceria entre sete organizações europeias, incluindo municípios, governos regionais e organizações especializadas nacionais e internacionais. Com abordagem concentrada nas práticas de compra de autoridades públicas da Europa, em especial das autarquias locais, o projeto canaliza o poder de compras públicas para produtos e serviços produzidos em condições justas e equitativas, com impacto considerável na melhoria das cadeias globais de fornecimento, capacitando-as para agirem como principais atores nas cadeias globais de produção, em relação a certos produtos adquiridos pelo setor público europeu, focando os

[41] http://www.landmark-project.eu/pt/inicio/

trabalhos na alteração de padrões de consumo dos compradores estatais, de modo a melhorar as condições de vida e de trabalho dos trabalhadores.[42]

Houve também o Projeto GPP 2020, cofinanciado pelo Programa *Intelligent Energy Europe* da Comissão Europeia e coordenado pelo ICLEI – *Local Governments for Sustainability* – maior associação mundial de cidades e de governos locais dedicada ao desenvolvimento sustentável –, que visou a implementação de sistemática de procedimentos de compras de baixo carbono na União Europeia, como forma de contribuir para o cumprimento dos objetivos de redução nas emissões de gases com efeito estufa, aumento na utilização de fontes de energia renováveis e de eficiência energética.

Além desses projetos, a UE tem feito progressos contínuos na integração de critérios ambientais, sociais e de governança (ESG) nas compras públicas. A Diretiva de Compras Públicas Sustentáveis, revisada em 2023, expande a ênfase na sustentabilidade ao longo da cadeia de suprimentos, além de exigir mais transparência e rastreabilidade dos impactos ambientais dos produtos adquiridos.

- O Canadá atualizou formalmente nos últimos anos o seu Programa de Compras Públicas Sustentáveis, principalmente com a introdução de novos critérios ambientais e sociais. A atualização ocorreu especialmente após 2016, quando o governo canadense começou a adotar um foco mais robusto em sustentabilidade em suas políticas públicas, alinhado com os objetivos globais para combater as mudanças climáticas, tendo implementado a Estratégia Nacional de Compras Verdes (*Green Procurement*), a qual orienta os departamentos e agências do governo federal a priorizarem compras que atendam a critérios ambientais e de responsabilidade social. As reformas mais significativas aconteceram dentro do Plano Climático do Canadá de 2016, que procurou estabelecer novas diretrizes e metas ambiciosas para reduzir as emissões de gases de efeito estufa e para promover o uso de produtos mais ecológicos e recicláveis em contratos governamentais.

---

[42] Interessante trabalho elaborado sob os auspícios do Projeto Landmark é o *Boas práticas de contratação pública socialmente responsável: abordagens aos processos de verificação na Europa*, onde estão elencadas diversas situações de sucesso nas mais diversas cidades (PROJECTO LANDMARK. *Boas práticas de contratação pública socialmente responsável*: abordagens aos processos de verificação na Europa. Tradução de Tiago Tavares. [*S. l.*]: Landmark, [entre 2011 e 2014]).

- O Reino Unido ampliou em 2021 suas políticas de compras públicas para incorporar *value for money* (valor pelo dinheiro), levando em consideração o impacto ambiental e social dos contratos, tendo também estabelecido metas de *net zero emissions* para as compras públicas até 2050.
- O Japão desenvolveu um moderno modelo de compras públicas sustentáveis, com a criação de uma rede de compras verdes (*Green Purchasing Network).* Em conjunto com as indústrias, os governos locais criaram uma organização privada que promove iniciativas de consumo sustentável, utilizada por mais de 2.800 entidades públicas e privadas para promoção de suas compras sustentáveis.
- A Suécia tem um programa de licitação sustentável com a criação de uma entidade composta por instituições públicas e empresas, que possui a função de definir prioridades de ação para compras sustentáveis, com decisões tomadas com base em estudos científicos, sendo os resultados desses estudos e as definições da comissão publicados na internet para uso público.
- Na Noruega, o Ministério do Meio Ambiente tem decreto editado determinando medidas de licitação sustentável. Nas medidas, o governo considera os impactos de exploração de recursos naturais e de despejos finais sobre o meio ambiente. Os noruegueses dispõem de diretrizes para as compras públicas ecológicas com enfoque inicial nos setores automotivo, de transportes, de construção, têxtil, de papéis e impressos e de equipamentos de escritório.
- Os Países Baixos, além de possuírem programa de compras públicas sustentáveis, possuem metas para a sustentabilidade em suas licitações. Além disso, há na Holanda o Centro de Especialização em Compras Públicas (PIANOo), que associado ao projeto GPP 2020 (compras de baixo carbono), objetiva profissionalizar o setor das compras em todas as entidades governamentais, de modo a melhorar a eficiência e a cumprir os regulamentos referentes às compras públicas.
- O México possui lei de licitação que trata de princípios de competição sustentável, exigindo eficiência energética e de economia no uso de água nos contratos e aquisições do governo.
- Na Itália, a província de Bologna tem critérios para compras públicas sustentáveis, exigindo que os produtos tenham

algum tipo de rótulo ambiental ou certificação de produção controlada.

- Na Dinamarca, o município de Kolding adota políticas de compras públicas sustentáveis desde 1998. Atualmente essas compras estão incorporadas nas aquisições de produtos, serviços e construções, assegurando o cumprimento de exigências e critérios ambientais. O município também tem trabalhado com iniciativas de inovação através de licitações sustentáveis, em colaboração com fornecedores nas etapas preparatórias de processos licitatórios.

3.2 A evolução das normas de contratações sustentáveis no Brasil

Como já registrado, a antiga lei de licitações brasileira (Lei nº 8.666/1993) estabelecia, originariamente, que a licitação configurava procedimento administrativo pelo qual a Administração Pública, no exercício da sua função administrativa, abria aos interessados a possibilidade de apresentação de propostas, dentre as quais selecionaria a mais vantajosa para a celebração de um contrato. Assim, inicialmente, o objetivo da licitação se cingia ao tratamento isonômico dos interessados com o intuito de obtenção da proposta mais vantajosa.

Em alteração textual ocorrida em 2010, considerando deliberação ocorrida no Congresso Nacional referente ao projeto de lei de conversão da Medida Provisória nº 495/2010, houve importante modificação nessa seara: a inserção, como novo objetivo, do desenvolvimento nacional sustentável.

A Exposição de Motivos Interministerial nº 104/MPOG/MF/MEC/MCT, de 18 de junho de 2010, apresentou as razões que ensejaram a alteração:

> 2. Com referência às modificações propostas na Lei nº 8.666/1993, é importante ressaltar que a mesma contempla diretrizes singulares para balizar os processos de licitação e contratação de bens e serviços no âmbito da Administração Pública. A norma consubstancia, portanto, dispositivos que visam conferir, sobretudo, lisura e economicidade às aquisições governamentais. Os procedimentos assim delineados são embasados em parâmetros de eficiência, eficácia e competitividade, em estrita consonância aos princípios fundamentais que regem a ação do setor público. 3. Paralelamente, impõe-se a necessidade de adoção de medidas que agreguem ao perfil de demanda do setor público diretrizes claras atinentes ao papel do Estado na promoção do desenvolvimento

econômico e fortalecimento de cadeias produtivas de bens e serviços domésticos. Nesse contexto, torna-se particularmente relevante a atuação privilegiada do setor público com vistas à instituição de incentivos à pesquisa e à inovação que, reconhecidamente, consubstanciam poderoso efeito indutor ao desenvolvimento do país. 4. Com efeito, observa-se que a orientação do poder de compra do Estado para estimular a produção doméstica de bens e serviços constitui importante diretriz de política pública. [...] 6. A modificação do *caput* do artigo 3º visa agregar às finalidades das licitações públicas o desenvolvimento econômico nacional. Com efeito, a medida consigna em lei a relevância do poder de compra governamental como instrumento de promoção do mercado interno, considerando-se o potencial de demanda de bens e serviços domésticos do setor público, o correlato efeito multiplicador sobre o nível de atividade, a geração de emprego e renda e, por conseguinte, o desenvolvimento do país.

Observe-se que, durante a tramitação da MP nº 495/2010, o Congresso Nacional adicionou a expressão "sustentável" ao corpo da nova redação conferida ao art. 3º da Lei nº 8.666/1993, pois a EM, ao referir-se à ordem econômica nacional, não mencionou o inc. VI do art. 170 da CF, que versa sobre a defesa do meio ambiente, o que explica porque a alteração pretendida pela MP restringia-se à inserção da expressão "promoção do desenvolvimento nacional".

Com essa providência, a licitação, que se estabelecera inicialmente como mero mecanismo de contratação pública, passou a ser adotada como ferramenta de alavancagem do desenvolvimento sustentável.

Nesse momento instituiu-se o marco legal das licitações sustentáveis no País.[43]

Destarte, com a mencionada alteração da Lei nº 8.666/1993, os objetivos da licitação passaram a ser:

a) propiciar oportunidades iguais a todos que desejarem contratar com a Administração Pública (isonomia), desde que, comprovadamente, possuam qualificação – de ordem jurídica, técnica, econômico-financeira e fiscal – para realizar o objeto pretendido pela Administração;
b) selecionar a proposta mais vantajosa para a Administração Pública; e
c) promover o desenvolvimento nacional sustentável.

[43] Evidentemente, como já sustentado, os art. 23, VI, 170, VI, e 225 da Constituição Federal já autorizavam a realização de licitações sustentáveis.

Era o que dispunha o art. 3º da lei, com redação dada pela Lei nº 12.349, de 15 de dezembro de 2010:

> Art. 3º A licitação destina-se a garantir a observância do princípio constitucional da isonomia, a seleção da proposta mais vantajosa para a administração e a promoção do desenvolvimento nacional sustentável e será processada e julgada em estrita conformidade com os princípios básicos da legalidade, da impessoalidade, da moralidade, da igualdade, da publicidade, da probidade administrativa, da vinculação ao instrumento convocatório, do julgamento objetivo e dos que lhes são correlatos.

Dessa forma, a concepção das contratações públicas sustentáveis restou inserida de forma expressa na legislação pátria.

Essa nova faceta implicou a edição de normas que visavam a implementação das chamadas licitações sustentáveis, advindo daí contratos administrativos com cláusulas de sustentabilidade.

Passou-se a entender que as licitações sustentáveis configurariam certames públicos que exigiriam das contratadas o atendimento de critérios ambientais, sociais e econômicos, tendo como fim o desenvolvimento da sociedade em seu sentido amplo e a preservação de um meio ambiente equilibrado. Portanto, baseavam-se na premissa de que a Administração deveria adotar o certame não só como ferramenta da compra do melhor produto/serviço pelo menor preço, mas, também, para fazer valer a obrigação constitucional do Poder Público garantir um meio ambiente equilibrado (art. 225 da CF).[44] [45]

---

[44] Na época, em função da volatilidade da expressão, Ivan Barbosa Rigolin fez constar a sua preocupação: "Tomara que as autoridades mantenham a cabeça no lugar e não deem asas à criatividade de eleger alguma proposta, acaso em desacordo com o respectivo critério de julgamento previsto no edital, que no momento lhes pareça mais favorável ao desenvolvimento nacional [...]. Esta lei de licitações contempla quatro critérios de julgamento, dos quais o do menor preço é praticamente a regra geral, e quase todas as licitações no Brasil são por menor preço. Muito bem, então como se poderia conciliar a meta de perseguição ao desenvolvimento nacional numa licitação de menor preço? Acaso poderia uma proposta que não fosse a de menor preço, também por acaso julgada pela comissão julgadora mais apta a propiciar o desenvolvimento nacional do que a de menor preço, ser declarada vencedora nesse certame? É evidente que não, e desse modo resta a pergunta: onde entra em cena, num caso assim, o desenvolvimento nacional? Que papel representa? (RIGOLIN, Ivan Barbosa. Lei das licitações é novamente alterada: a MP nº 495, de 19.07.10. *Fórum de Contratação e Gestão Pública*, Belo Horizonte, ano 9, n. 104).

[45] Relatório elaborado pela Secretaria Geral da Comissão de Desenvolvimento Sustentável da ONU, em 01.04.2010, identificava implicações que poderiam decorrer da chamada "economia verde", com reflexo direto no desenvolvimento sustentável. Entre as conclusões, dispôs sobre internalização das externalidades dos custos sociais e ambientais, apontando que as políticas para fomento denotariam a valoração dos recursos naturais por meio de taxas e incentivos fiscais às práticas sustentáveis. Ao final, o relatório listou as

Ao afirmar que boas práticas licitatórias de otimização de recursos/redução de desperdícios/menor poluição passaram a ser fundamentais para a Administração, com a adoção de meios de instrução dos agentes públicos nesse sentido, Vania Pereira da Silva acrescentou:

> Observa-se que para a efetiva implementação das ações faz-se necessária a elaboração de novas normas internas que regulamentem, por exemplo, a utilização racional da água e da energia, a aquisição de lâmpadas de maior eficiência e de processo produtivo sustentável, procedimentos de descarte dos materiais eletrônicos de pequena dimensão, implementação da reciclagem, dentre outros.[46]

Há de se ressaltar que, antes mesmo da inserção objetivo do desenvolvimento sustentável na Lei nº 8.666/1996, o então Ministério do Planejamento, Orçamento e Gestão (MPOG), por intermédio de sua Secretaria de Logística e Tecnologia da Informação do Ministério do Planejamento, Orçamento e Gestão (SLTI), numa iniciativa precursora – certamente respaldada nas regras constitucionais mencionadas –, já havia publicado a importante Instrução Normativa nº 1, de 19 de janeiro de 2010, que dispunha sobre os critérios de sustentabilidade na aquisição de bens, contratação de serviços ou obras pela Administração Pública federal direta, autárquica e fundacional. Por prudência, apesar de informar que os instrumentos convocatórios das licitações (editais e convites) deveriam conter exigências nesse sentido, o normativo ressalvava que as imposições jamais poderiam frustrar a competitividade inerente ao procedimento licitatório.[47]

A IN nº 01/2010 teve o grande mérito de ser primeira norma federal que ousou propor disposições sobre os critérios de sustentabilidade

---

políticas sugeridas: viabilizar a regularização fundiária, incentivar investimentos públicos em áreas prioritárias e promover licitações com critérios sustentáveis.

46 SILVA, Vania Menezes Pereira da. O dinamismo das normas administrativas nas contratações públicas: impedâncias na implementação de novos procedimentos. *Revista Obras Civis*, [s. *l.*], ano 2, n. 2. 2010.

47 O inc. I, do §1º, do art. 3º da Lei nº 8.666/1993 vedava a admissão, previsão, inclusão ou tolerância, nos atos licitatórios, de cláusulas ou condições que comprometam, restrinjam ou frustrem o caráter competitivo do certame e estabeleçam preferências ou distinções em razão da naturalidade, da sede ou do domicílio dos licitantes ou de qualquer outra circunstância impertinente ou irrelevante para o específico objeto do contrato, ressalvando o disposto nos §§5º a 12 do próprio art. 3º e no art. 3º da Lei nº 8.248/1991. O art. 30, §5º, do mesmo diploma, por sua vez, proibia a exigência de comprovação de atividade ou de aptidão com limitações de tempo ou de época ou ainda em locais específicos, ou quaisquer outras não previstas nessa Lei, que inibam a participação na licitação.

ambiental na aquisição de bens e execução de serviços ou obras pela Administração Pública federal direta, autárquica e fundacional, ou seja, dispôs corajosa e audaciosamente sobre as licitações sustentáveis.

Em sequência, dando vazão ao tema, veio à tona o Decreto nº 7.746/2012, que regulamentou o citado art. 3º da Lei nº 8.666/1993, estabelecendo critérios, práticas e diretrizes para a promoção do desenvolvimento nacional sustentável nas contratações realizadas pela administração pública federal, e instituindo a Comissão Interministerial de Sustentabilidade na Administração Pública (CISAP), que, conforme disposto no art. 9º, é de natureza consultiva e de caráter permanente, tendo como finalidade propor a implementação de critérios, práticas e ações de logística sustentável no âmbito da Administração Pública federal direta, autárquica e fundacional e das empresas estatais dependentes.

Evidentemente, não obstante os claros sinais de que a conduta era benéfica, muitos eram os desafios para a implementação da licitação sustentável no Brasil. Um deles era o convencimento dos tomadores de decisão da importância e dos impactos positivos que essas ações poderiam trazer. E, nesse diapasão, a adoção de políticas públicas e normas se colocavam como questão fundamental para a criação de um ambiente propício para tais ações.[48] Nesse contexto, ao comemorar o Dia Mundial do Meio Ambiente, celebrado no dia 5 de junho de 2012, a então Presidente da República Dilma Roussef editou uma série de medidas para desenvolver políticas de sustentabilidade no Brasil.

Ao justificar as medidas, a presidente distinguiu a prioridade da compra de produtos sustentáveis:

> Além disso, o governo define uma política muito concreta, no que se refere às suas compras governamentais, ao definir em decreto a prioridade para compras do Estado brasileiro, que tem um poder significativo no que se refere a todas as cadeias produtivas. E isso nós fazemos para fortalecer essas cadeias produtivas comprometidas com a preservação, a chamada economia verde inclusiva, e, ao mesmo tempo, estimulando o mercado de bens e serviços ambientais. Ao fazer isso sinalizamos a importância que economicamente o meio ambiente tem para o governo federal no que se refere ao fornecimento de bens e serviços.[49] [50]

---

[48] BETIOL, Luciana Stocco. Licitações sustentáveis: o poder de compra do governo em prol da sustentabilidade. *Revista Construção Mercado*, São Paulo, n. 131, 2009.

[49] Discurso da então Presidente da República, Dilma Rousseff, na cerimônia de comemoração do Dia Mundial do Meio Ambiente.

[50] Registrem-se as críticas à época às medidas por parte de Agostinho Vieira, especialista em questões ambientais: "Pode ser um embrulho e não um pacote. [...]. As nove medidas ambientais anunciadas pela presidente [...] nada mais eram que projetos antigos

Curiosamente, essa nova regulamentação não impôs a adoção de licitações sustentáveis, pois estabelecia que os órgãos e entidades da Administração federal direta, autárquica e fundacional "poderiam" adquirir bens e contratar serviços e obras considerando critérios e práticas de sustentabilidade, que deveriam ser justificados e estabelecidos no edital licitatório.[51] Contudo, determinou para tal a necessidade de elaboração e implementação de Planos de Gestão de Logística Sustentável.

Contudo, era induvidoso que as regras constitucionais e legais consolidavam a obrigatoriedade de fixação de critérios e práticas de sustentabilidade nos editais para contratação de compras, serviços ou obras.[52] Assim, as disposições do decreto regulamentar, apesar do inusitado "poderão", não deveriam ser entendidas como mera faculdade, mas, sim, como determinantes, nas hipóteses em que fosse possível a adoção dos critérios e práticas no sentido do desenvolvimento sustentável.

Com essa ótica, Jessé Torres e Marinês Dotti sustentaram que, na condição de cláusula geral, toda contratação de obra, serviço ou compra pela Administração Pública deveria atingir, necessariamente, a promoção do desenvolvimento nacional sustentável, sob pena de

---

desengavetados às vésperas da Rio+20. Fernando Collor, antes da Eco-92 homologou a terra indígena yanomami. Lula anunciou metas voluntárias de redução de emissões na COP-15. A estratégia não é original. O marketing é que ficou pior. A rádio corredor falava ou torcia por ações mais espetaculares. Uma grande reserva em Abrolhos, um ambicioso programa de educação ambiental, metas setoriais de redução de CO2 e até um inovador Conselho de Desenvolvimento Sustentável. Nada. Em lugar disso, Dilma enviou ao Congresso mensagem sobre o Protocolo de Nagoya, que trata de recursos genéticos e deveria estar lá desde 2010. Já as esperadas medidas para acabar com os lixões no Brasil até 2014 não foram à festa. Enquanto isso, dez entidades e especialistas ligados ao meio ambiente, a pedido da coluna, avaliavam os 18 primeiros meses do governo do ponto de vista ambiental. [...]. Dos dez ouvidos, sete chegaram a dar notas, de zero a dez. Mas mesmo entre os que não puseram números, fica claro o desapontamento. Representantes de três ONGs, de diferentes matizes, dois responsáveis por entidades empresariais, três cientistas respeitados, um economista e um teólogo. Um grupo equilibrado que, na média, deu nota 4,3 para o desempenho ambiental do governo. Entre as críticas, falta de uma política ambiental clara, falta de integração entre os ministérios, falta de ligação entre discurso e prática, falta de compromisso com o desenvolvimento sustentável. Com tantas faltas, não há muito que discutir. A falta de ousadia no Dia do Meio Ambiente só confirmou a justiça da nota vermelha" (VIEIRA, Agostinho. O embrulho é verde, mas a nota é vermelha. *O Globo*, [*s. l.*], 8 jun. 2012. Caderno Economia verde).

[51] Instrução Normativa SLTI nº 10/2012 – "Art. 2º A administração pública federal direta, autárquica e fundacional e as empresas estatais dependentes poderão adquirir bens e contratar serviços e obras considerando critérios e práticas de sustentabilidade objetivamente definidos no instrumento convocatório, conforme o disposto neste Decreto.
Parágrafo Único. A adoção de critérios e práticas de sustentabilidade deverá ser justificada nos autos e preservar o caráter competitivo do certame".

[52] Outros diplomas legais que, aliados ao texto da Lei nº 8.666/1993, justificavam a contratação sustentável: Leis Federais nºs 6.938/1981 (Política Nacional do Meio Ambiente); 10.257/2001 (Política Nacional de Desenvolvimento Urbano); 12.187/2009 (Política Nacional sobre Mudanças Climáticas); e 12.305/2010 (Política Nacional de Resíduos Sólidos).

padecer de ilegalidade o contrato cuja execução não apenas deixasse de promovê-lo, mas chegasse a comprometê-lo, a demandar invalidação e responsabilização.[53] Da mesma forma, Cirlene Zimmermann, ao defender que se tratava de exigência de observância obrigatória, inclusive como meio de concretização do dever constitucional imposto ao Poder Público de defender e preservar o meio ambiente ecologicamente equilibrado em prol da coletividade.[54]

Veio à tona então a relevante Instrução Normativa SLTI nº 10, de 12.11.2012, que prescreveu regras para a elaboração dos Planos de Gestão de Logística Sustentável, de acordo com o art. 16 do Decreto nº 7.746/2012, ferramentas de planejamento que permitiam às entidades e órgãos da Administração Pública instituírem práticas de sustentabilidade e racionalização de processos e gastos.

Posteriormente, foram relevantes as seguintes normas:

- Lei nº 13.303, de 30.06.2016, que dispôs sobre estatuto jurídico da empresa pública, da sociedade de economia mista e de suas subsidiárias, no âmbito da União, dos Estados, do Distrito Federal e dos Municípios (Lei das Estatais), que prevê a adoção de normas de sustentabilidade nas licitações instauradas pelas estatais, preceituando, em seu art. 31, que "as licitações realizadas e os contratos celebrados por empresas públicas e sociedades de economia mista destinam-se a assegurar a seleção da proposta mais vantajosa, inclusive no que se refere ao ciclo de vida do objeto, e a evitar operações em que se caracterize sobrepreço ou superfaturamento, devendo observar os princípios da impessoalidade, da moralidade, da igualdade, da publicidade, da eficiência, da probidade administrativa, da economicidade, do desenvolvimento nacional sustentável, da vinculação ao instrumento convocatório, da obtenção de competitividade e do julgamento objetivo".
- Decreto nº 9.178, de 23.10.2017, que alterou o Decreto nº 7.746/2012 e impôs outras regras de obrigatoriedade de adoção de práticas e critérios de sustentabilidade nas contratações públicas.
- Decreto nº 10.024, de 20.09.2019, que instituiu o então novo Pregão Eletrônico, trazendo o desenvolvimento sustentável

[53] PEREIRA JUNIOR, Jessé Torres; DOTTI, Marinês Restelatto. *Políticas públicas nas licitações e contratações administrativas*. 2. ed. Belo Horizonte: Fórum, 2012.

[54] ZIMMERMANN, Cirlene Luiza. A Administração Pública e o consumo sustentável. *Revista Zênite*: Informativo de Licitações e Contratos, Curitiba, n. 232, 2013.

como objetivo e princípio.

- Instrução Normativa SEGES/ME nº 40, de 22.05.2020, que dispôs sobre a elaboração dos Estudos Técnicos Preliminares (ETP) para a aquisição de bens e a contratação de serviços e obras, no âmbito da Administração Pública federal direta, autárquica e fundacional, e sobre o Sistema ETP digital, no âmbito da Lei nº 8.666/1993.

Até que, em 1º de abril de 2021, foi editada a Nova Lei de Licitações e Contratos Administrativos, a Lei nº 14.133, que inovou completamente a matéria, pois, além de manter o desenvolvimento sustentável como um dos objetivos do processo licitatório, elevou-o à categoria de princípio, incorporando diversas regras de sustentabilidade de forma explícita e abrangente, estabelecendo, por exemplo, que a licitação tem como um de seus objetivos a observância ao princípio da seleção da proposta que apresente um resultado mais vantajoso em sua contratação, levando em conta, para tal, o ciclo de vida do objeto, o que envolve o seu desenvolvimento, a obtenção de matérias-primas e insumos, o processo produtivo, o consumo e a disposição final.[55]

Originando, daí em diante, normas infralegais sobre a matéria:

- Instrução Normativa SEGES/ME nº 58, de 8.08.2022, que dispôs sobre a elaboração dos Estudos Técnicos Preliminares (ETP), para a aquisição de bens e a contratação de serviços e obras, no âmbito da Administração Pública federal direta, autárquica e fundacional, e sobre o Sistema ETP digital, no âmbito da Lei nº 14.133/2021.
- Portaria SEGES/MGI nº 5.376, de 14.09.2023, que instituiu o modelo de referência do Plano Diretor de Logística Sustentável (PLS) de que trata o art. 7º da Portaria Seges/ME nº 8.678, de 19 de julho de 2021.
- Decreto nº 11.890, de 22.01.2024, que regulamenta o art. 26 da Lei nº 14.133/2021, para dispor sobre a aplicação da margem de preferência no âmbito da administração pública federal direta, autárquica e fundacional, e institui a Comissão Interministerial de Contratações Públicas para o Desenvolvimento Sustentável.[56]

---

55 Vale ressaltar que diversos pontos da importante Instrução Normativa nº 1/2010 foram incorporados à Lei nº 14.133/2021.

56 A Resolução SEGES-CICS/MGI nº 2, de 2.07.2024, aprovou o Regimento Interno da Comissão Interministerial de Contratações Públicas para o Desenvolvimento Sustentável (CICS).

CAPÍTULO 4

LICITAÇÕES SUSTENTÁVEIS: NORMAS CORRELATAS

Faz escuro, mas eu canto,
porque a manhã vai chegar.
(Thiago de Mello)

4.1 Normas com correlação

Como anteriormente exposto, o sistema jurídico nacional conta com outras leis que, de diferentes formas, justificam e fundamentam a adoção de contratações sustentáveis, a saber:

- Lei nº 6.938/81 (Política Nacional do Meio Ambiente);
- Lei nº 10.257/01 (Política Nacional de Desenvolvimento Urbano);
- Lei nº 12.187/09 (Política Nacional sobre Mudanças Climáticas); e
- Lei nº 12.305/10 (Política Nacional de Resíduos Sólidos).

4.1.1 Política Nacional do Meio Ambiente (Lei nº 6.938, de 31.08.1981)

A Conferência das Nações Unidas para o Meio Ambiente, realizada em 1972, na cidade de Estocolmo, Suécia, já estabelecera metas para o alcance do desenvolvimento e consumo sustentáveis. Nesse contexto, foi editada no Brasil a Lei nº 6.938/81, que estabeleceu a Política Nacional do Meio Ambiente, buscando a preservação, melhoria e recuperação da qualidade ambiental propícia à vida, visando assegurar condições ao desenvolvimento socioeconômico, aos interesses da segurança nacional e à proteção da dignidade da vida humana.

Para atingir ao almejado, estabeleceu-se, entre outros objetivos, a necessidade da compatibilização do desenvolvimento econômico social com a preservação da qualidade do meio ambiente e do equilíbrio ecológico (art. 41, inc. I). Tal objetivo, sem margem de dúvidas, tem conexão direta com o desenvolvimento sustentável.

Conforme observou Lilian Castro de Souza, no âmbito da economia e do desenvolvimento, não há como apartar o consumo da ideia de produção de bens e serviços, uma vez que o destino da produção é o consumo. Se a produção deve ser sustentável, o consumo também deve ser. Assim, nas contratações públicas, deve-se evitar o desperdício e buscar a implementação das compras que fomentem o desenvolvimento sustentável.[57]

Nesse cenário, evidencia-se que a Política Nacional do Meio Ambiente se alicerça no estabelecimento de procedimentos que buscam tornar possível o desenvolvimento sustentável.

4.1.2 Política Nacional de Desenvolvimento Urbano (Lei nº 10.257, de 10.07.2001)

A Política Nacional de Desenvolvimento Urbano estabeleceu-se através de um conjunto de princípios, diretrizes e normas norteadores das atividades do Poder Público e da sociedade em geral na produção e gestão das cidades.

Essa Política Nacional teve início com a Constituição Federal de 1988, em especial os artigos 6º, 182 e 183, solidificando-se com a posterior aprovação do chamado Estatuto das Cidades, a Lei nº. 10.257/2001.[58]

---

[57] SOUZA, Lilian Castro de. Política nacional do meio ambiente e licitações sustentáveis. *In:* SANTOS, Murilo Giordan; BARKI, Teresa Villac Pinheiro (coord.). *Licitações e contratações públicas sustentáveis*. Belo Horizonte: Fórum, 2013.

[58] Tendo continuidade com a criação do Sistema e Fundo Nacional de Habitação de Interesse Social (Lei nº 11.124/2005); a aprovação da Política Nacional de Saneamento Básico (Lei nº 11.445/2007); a Lei de Consórcios Públicos (Lei nº 11.107/2005); e a Lei de regularização fundiária em áreas da União (Lei nº 11.481/2007).

Segundo o art. 2º da lei, a política urbana tem por objetivo ordenar o pleno desenvolvimento das funções sociais da cidade e da propriedade urbana, mediante a garantia do direito a cidades sustentáveis, entendido como o direito à terra urbana, à moradia, ao saneamento ambiental, à infraestrutura urbana, ao transporte e aos serviços públicos, ao trabalho e ao lazer, para as presentes e futuras gerações.

Vê-se, por conseguinte, que os objetivos da norma buscam a garantia da sustentabilidade e, por assim dizer, estimulam a adoção de licitações sustentáveis.

4.1.3 Política Nacional sobre Mudança de Clima (Lei nº 12.187, de 29.12.2009)

A Lei nº 12.187/2009, que institui a Política Nacional sobre Mudança do Clima, estabelecendo diversos princípios, objetivos, diretrizes e instrumentos, destaca-se como uma eficiente ferramenta no combate ao tão propalado e preocupante aquecimento global.

Celebrada em função do compromisso assumido no Protocolo de Quioto,[59] o diploma legal, que proclama o dever de redução das emissões de CO2, contribuiu, indubitavelmente, para a questão da sustentabilidade global.

Entre as ações nele dispostas, destacam-se, no âmbito das licitações sustentáveis e programas de gestão socioambiental, as preconizadas no inciso XII do art. 6º, que versam sobre *o estabelecimento de critérios de preferência nas competições públicas:*

[59] O Protocolo de Quioto é consequência de uma série de eventos iniciada com a *Toronto Conference on the Changing Atmosphere*, no Canadá (outubro de 1988), seguida pelo *IPCC's First Assessment Report* em Sundsvall, Suécia (agosto de 1990) e que culminou com a *Convenção-Quadro das Nações Unidas sobre a Mudança Climática* (CQNUMC, ou UNFCCC em inglês) na ECO-92 no Rio de Janeiro, Brasil (junho de 1992). Constitui-se no protocolo de um tratado internacional com compromissos mais rígidos para a redução da emissão dos gases que agravam o efeito estufa, considerados, de acordo com a maioria das investigações científicas, como causa antropogênicas do aquecimento global. Discutido e negociado em Quioto, no Japão, em 1997, foi aberto para assinaturas em 11.12.1997 e ratificado em 15.03.1999. Houve necessidade de que 55 países, que juntos, produzem 55% das emissões, o ratificassem, para que entrasse em vigor em 16.12.2005, depois que a Rússia o ratificou em novembro de 2004. Por ele se propõe um calendário pelo qual os países-membros (principalmente os desenvolvidos) têm a obrigação de reduzir a emissão de gases do efeito estufa em, pelo menos, 5,2% em relação aos níveis de 1990 no período entre 2008 e 2012, também chamado de *primeiro período de compromisso* (para muitos países, como os membros da UE, isso corresponde a 15% abaixo das emissões esperadas para 2008).

> Art. 6º São instrumentos da Política Nacional sobre Mudança do Clima:
> [...]
> XII - as medidas existentes, ou a serem criadas, que estimulem o desenvolvimento de processos e tecnologias, que contribuam para a redução de emissões e remoções de gases de efeito estufa, bem como para a adaptação, dentre as quais o estabelecimento de critérios de preferência nas licitações e concorrências públicas, compreendidas aí as parcerias público-privadas e a autorização, permissão, outorga e concessão para exploração de serviços públicos e recursos naturais, para as propostas que propiciem maior economia de energia, água e outros recursos naturais e redução da emissão de gases de efeito estufa e de resíduos

Como observa Maria Augusta Ferreira, é seguramente possível, por intermédio de programas de gestão pública socioambiental, modificar os padrões de produção e consumo da Administração Pública, através da adoção de novos referenciais de desempenho e atuação, pela inserção da variável socioambiental nas atividades diárias, gerando economia de recursos públicos e fomentando a consciência ambiental nas instituições públicas, contribuindo, dessa forma, com a redução na emissão de gases estufa e o consequente desaquecimento do planeta:

> Desse modo, as licitações sustentáveis, a coleta seletiva solidária, a educação ambiental, o uso racional dos bens públicos, bem como a promoção da melhoria do ambiente de trabalho, representam algumas das ações desenvolvidas através destes programas. Exemplo de gestão pública ambiental é o que ocorre hoje no Brasil com o programa A3P (Agenda Ambiental da Administração Pública) do Ministério do Meio Ambiente. A adoção pelo Estado brasileiro de programas de gestão pública socioambiental vem ao encontro do texto Constitucional, art. 225, que determina ao Poder Público o dever de defender e preservar o meio ambiente, de modo a controlar o emprego de técnicas, métodos e substâncias que comportem risco para o meio ambiente, assim como o art. 170, inciso VI, que estabelece como um dos princípios da ordem econômica: "a defesa do meio ambiente, inclusive mediante tratamento diferenciado conforme o impacto ambiental dos produtos e serviços e de seus processos de elaboração e prestação".[60]

[60] FERREIRA, Maria Augusta Soares de Oliveira. A nova Lei da Política Nacional sobre Mudanças do Clima e a Gestão Pública Socioambiental. Revista AEC. Disponível em: https://www.revistaaec.com/index.php/revistaaec/article/view. Acesso em: 20 dez. 2024.

4.1.4 Política Nacional de Resíduos Sólidos (Lei nº 12.305, de 2.08.2010)

A Lei nº 12.305/2010, que instituiu a Política Nacional de Resíduos Sólidos, contém mecanismos importantes para o enfrentamento dos principais problemas ambientais, sociais e econômicos decorrentes do manejo inadequado dos resíduos sólidos,[61] preceituando: a prevenção e a redução na geração de resíduos, com a prática de hábitos de consumo sustentável e a criação de instrumentos que permitam o aumento da reciclagem, da reutilização dos resíduos sólidos e a destinação ambientalmente adequada dos rejeitos;[62] a instituição da responsabilidade compartilhada dos geradores de resíduos; a estipulação de metas importantes para a eliminação dos lixões; a instituição de instrumentos de planejamento nos níveis nacional, estadual e municipal; e impondo aos particulares a elaboração de Planos de Gerenciamento de Resíduos Sólidos.

Os arts. 7º, XI, 25, 27, 30 a 33, 38, 42 e 47 da lei possuem fina sintonia com as licitações sustentáveis.

> Art. 7º São objetivos da Política Nacional de Resíduos Sólidos:
>
> [...]
>
> XI - prioridade, nas aquisições e contratações governamentais, para:
>
> a) produtos reciclados e recicláveis;
>
> b) bens, serviços e obras que considerem critérios compatíveis com padrões de consumo social e ambientalmente sustentáveis [...].
>
> Art. 25. O poder público, o setor empresarial e a coletividade são responsáveis pela efetividade das ações voltadas para assegurar a observância da Política Nacional de Resíduos Sólidos e das diretrizes e demais determinações estabelecidas nesta Lei e em seu regulamento.
>
> Art. 27. As pessoas físicas ou jurídicas referidas no art. 20 são responsáveis pela implementação e operacionalização integral do plano de gerenciamento de resíduos sólidos aprovado pelo órgão competente na forma do art. 24.
>
> §1º A contratação de serviços de coleta, armazenamento, transporte, transbordo, tratamento ou destinação final de resíduos sólidos, ou de disposição final de rejeitos, não isenta as pessoas físicas ou jurídicas referidas no art. 20 da responsabilidade por danos que vierem a ser provocados pelo gerenciamento inadequado dos respectivos resíduos ou rejeitos.

---

[61] Aquilo que tem valor econômico e pode ser reciclado ou reaproveitado.

[62] Aquilo que não pode ser reciclado ou reutilizado.

§2º Nos casos abrangidos pelo art. 20, as etapas sob responsabilidade do gerador que forem realizadas pelo poder público serão devidamente remuneradas pelas pessoas físicas ou jurídicas responsáveis, observado o disposto no §5º do art. 19.

Art. 30. É instituída a responsabilidade compartilhada pelo ciclo de vida dos produtos, a ser implementada de forma individualizada e encadeada, abrangendo os fabricantes, importadores, distribuidores e comerciantes, os consumidores e os titulares dos serviços públicos de limpeza urbana e de manejo de resíduos sólidos, consoante as atribuições e procedimentos previstos nesta Seção.

Parágrafo único. A responsabilidade compartilhada pelo ciclo de vida dos produtos tem por objetivo:

I - compatibilizar interesses entre os agentes econômicos e sociais e os processos de gestão empresarial e mercadológica com os de gestão ambiental, desenvolvendo estratégias sustentáveis;

II - promover o aproveitamento de resíduos sólidos, direcionando-os para a sua cadeia produtiva ou para outras cadeias produtivas;

III - reduzir a geração de resíduos sólidos, o desperdício de materiais, a poluição e os danos ambientais;

IV - incentivar a utilização de insumos de menor agressividade ao meio ambiente e de maior sustentabilidade;

V - estimular o desenvolvimento de mercado, a produção e o consumo de produtos derivados de materiais reciclados e recicláveis;

VI - propiciar que as atividades produtivas alcancem eficiência e sustentabilidade;

VII - incentivar as boas práticas de responsabilidade socioambiental.

Art. 31. Sem prejuízo das obrigações estabelecidas no plano de gerenciamento de resíduos sólidos e com vistas a fortalecer a responsabilidade compartilhada e seus objetivos, os fabricantes, importadores, distribuidores e comerciantes têm responsabilidade que abrange:

I - investimento no desenvolvimento, na fabricação e na colocação no mercado de produtos:

a) que sejam aptos, após o uso pelo consumidor, à reutilização, à reciclagem ou a outra forma de destinação ambientalmente adequada;

b) cuja fabricação e uso gerem a menor quantidade de resíduos sólidos possível;

II - divulgação de informações relativas às formas de evitar, reciclar e eliminar os resíduos sólidos associados a seus respectivos produtos;

III - recolhimento dos produtos e dos resíduos remanescentes após o uso, assim como sua subsequente destinação final ambientalmente adequada, no caso de produtos objeto de sistema de logística reversa na forma do art. 33;

IV - compromisso de, quando firmados acordos ou termos de compromisso com o Município, participar das ações previstas no plano municipal de gestão integrada de resíduos sólidos, no caso de produtos ainda não inclusos no sistema de logística reversa.

Art. 32. As embalagens devem ser fabricadas com materiais que propiciem a reutilização ou a reciclagem.

§1º Cabe aos respectivos responsáveis assegurar que as embalagens sejam:

I - restritas em volume e peso às dimensões requeridas à proteção do conteúdo e à comercialização do produto;

II - projetadas de forma a serem reutilizadas de maneira tecnicamente viável e compatível com as exigências aplicáveis ao produto que contêm;

III - recicladas, se a reutilização não for possível.

§2º O regulamento disporá sobre os casos em que, por razões de ordem técnica ou econômica, não seja viável a aplicação do disposto no *caput*.

§3º É responsável pelo atendimento do disposto neste artigo todo aquele que:

I - manufatura embalagens ou fornece materiais para a fabricação de embalagens;

II - coloca em circulação embalagens, materiais para a fabricação de embalagens ou produtos embalados, em qualquer fase da cadeia de comércio.

Art. 33. São obrigados a estruturar e implementar sistemas de logística reversa, mediante retorno dos produtos após o uso pelo consumidor, de forma independente do serviço público de limpeza urbana e de manejo dos resíduos sólidos, os fabricantes, importadores, distribuidores e comerciantes de:

I - agrotóxicos, seus resíduos e embalagens, assim como outros produtos cuja embalagem, após o uso, constitua resíduo perigoso, observadas as regras de gerenciamento de resíduos perigosos previstas em lei ou regulamento, em normas estabelecidas pelos órgãos do Sisnama, do SNVS e do Suasa, ou em normas técnicas;

II - pilhas e baterias;

III - pneus;

IV - óleos lubrificantes, seus resíduos e embalagens;

V - lâmpadas fluorescentes, de vapor de sódio e mercúrio e de luz mista;

VI - produtos eletroeletrônicos e seus componentes.

§1º Na forma do disposto em regulamento ou em acordos setoriais e termos de compromisso firmados entre o poder público e o setor empresarial, os sistemas previstos no *caput* serão estendidos a produtos comercializados em embalagens plásticas, metálicas ou de vidro, e aos demais produtos e embalagens, considerando, prioritariamente, o grau e a extensão do impacto à saúde pública e ao meio ambiente dos resíduos gerados.

§2º A definição dos produtos e embalagens a que se refere o §1º considerará a viabilidade técnica e econômica da logística reversa, bem como o grau e a extensão do impacto à saúde pública e ao meio ambiente dos resíduos gerados.

§3º Sem prejuízo de exigências específicas fixadas em lei ou regulamento, em normas estabelecidas pelos órgãos do Sisnama e do SNVS, ou em acordos setoriais e termos de compromisso firmados entre o poder público e o setor empresarial, cabe aos fabricantes, importadores, distribuidores e comerciantes dos produtos a que se referem os incisos II, III, V e VI ou dos produtos e embalagens a que se referem os incisos I e IV do *caput* e o §1º tomar todas as medidas necessárias para assegurar a implementação e operacionalização do sistema de logística reversa sob seu encargo, consoante o estabelecido neste artigo, podendo, entre outras medidas:

I - implantar procedimentos de compra de produtos ou embalagens usados;

II - disponibilizar postos de entrega de resíduos reutilizáveis e recicláveis;

III - atuar em parceria com cooperativas ou outras formas de associação de catadores de materiais reutilizáveis e recicláveis, nos casos de que trata o §1º.

§4º Os consumidores deverão efetuar a devolução após o uso, aos comerciantes ou distribuidores, dos produtos e das embalagens a que se referem os incisos I a VI do *caput,* e de outros produtos ou embalagens objeto de logística reversa, na forma do §1º.

§5º Os comerciantes e distribuidores deverão efetuar a devolução aos fabricantes ou aos importadores dos produtos e embalagens reunidos ou devolvidos na forma dos §§3º e 4º.

§6º Os fabricantes e os importadores darão destinação ambientalmente adequada aos produtos e às embalagens reunidos ou devolvidos, sendo o rejeito encaminhado para a disposição final ambientalmente adequada, na forma estabelecida pelo órgão competente do Sisnama e, se houver, pelo plano municipal de gestão integrada de resíduos sólidos.

§7º Se o titular do serviço público de limpeza urbana e de manejo de resíduos sólidos, por acordo setorial ou termo de compromisso firmado com o setor empresarial, encarregar-se de atividades de responsabilidade dos fabricantes, importadores, distribuidores e comerciantes nos sistemas de logística reversa dos produtos e embalagens a que se refere este artigo, as ações do poder público serão devidamente remuneradas, na forma previamente acordada entre as partes.

§8º Com exceção dos consumidores, todos os participantes dos sistemas de logística reversa manterão atualizadas e disponíveis ao órgão municipal competente e a outras autoridades informações completas sobre a realização das ações sob sua responsabilidade.

Art. 38. As pessoas jurídicas que operam com resíduos perigosos, em qualquer fase do seu gerenciamento, são obrigadas a se cadastrar no Cadastro Nacional de Operadores de Resíduos Perigosos.

§1º O cadastro previsto no *caput* será coordenado pelo órgão federal competente do Sisnama e implantado de forma conjunta pelas autoridades federais, estaduais e municipais.

§2º Para o cadastramento, as pessoas jurídicas referidas no *caput* necessitam contar com responsável técnico pelo gerenciamento dos resíduos perigosos, de seu próprio quadro de funcionários ou contratado, devidamente habilitado, cujos dados serão mantidos atualizados no cadastro.

§3º O cadastro a que se refere o *caput* é parte integrante do Cadastro Técnico Federal de Atividades Potencialmente Poluidoras ou Utilizadoras de Recursos Ambientais e do Sistema de Informações previsto no art. 12.

Art. 42. O poder público poderá instituir medidas indutoras e linhas de financiamento para atender, prioritariamente, às iniciativas de:

I - prevenção e redução da geração de resíduos sólidos no processo produtivo;

II - desenvolvimento de produtos com menores impactos à saúde humana e à qualidade ambiental em seu ciclo de vida;

III - implantação de infraestrutura física e aquisição de equipamentos para cooperativas ou outras formas de associação de catadores de materiais reutilizáveis e recicláveis formadas por pessoas físicas de baixa renda;

IV - desenvolvimento de projetos de gestão dos resíduos sólidos de caráter intermunicipal ou, nos termos do inciso I do *caput* do art. 11, regional;

V - estruturação de sistemas de coleta seletiva e de logística reversa;

VI - descontaminação de áreas contaminadas, incluindo as áreas órfãs;

VII - desenvolvimento de pesquisas voltadas para tecnologias limpas aplicáveis aos resíduos sólidos;

VIII - desenvolvimento de sistemas de gestão ambiental e empresarial voltados para a melhoria dos processos produtivos e ao reaproveitamento dos resíduos.

Art. 47. São proibidas as seguintes formas de destinação ou disposição final de resíduos sólidos ou rejeitos:

I - lançamento em praias, no mar ou em quaisquer corpos hídricos;

II - lançamento *in natura* a céu aberto, excetuados os resíduos de mineração;

III - queima a céu aberto ou em recipientes, instalações e equipamentos não licenciados para essa finalidade;

IV - outras formas vedadas pelo poder público.

Consigne-se, ainda, a Lei nº 10.295, de 17.10.2001, que trata da Política Nacional de Conservação e Uso Racional de Energia e visa à alocação eficiente de recursos energéticos e a preservação do meio ambiente, regulamentada pelo Decreto nº 4.059, de 19.10. 2001, e o

Decreto nº 2.783, de 17.09.1998, que dispõe sobre proibição de aquisição de produtos ou equipamentos que contenham ou façam uso das Substâncias que Destroem a Camada de Ozônio (SDO), pelos órgãos e pelas entidades da Administração Pública Federal direta, autárquica e fundacional.

CAPÍTULO 5

COMENTÁRIOS AOS DISPOSITIVOS SOBRE LICITAÇÕES SUSTENTÁVEIS DA NOVA LEI DE LICITAÇÕES E CONTRATOS ADMINISTRATIVOS (LEI Nº 14.133/2021)

É triste pensar que a natureza fala e
que o gênero humano não a ouve.
(Victor Hugo)

A série de mudanças climáticas e intempéries que se avolumam dia após dia,[63] todas originárias da má conservação do planeta pelo próprio homem, são um alerta de que é necessário tomar uma rápida providência.

Nesse pé, finalmente parece que a humanidade está se dando conta de que é fundamental preservar a sua própria casa.

Em todas as áreas é preciso um repensar de atitudes. E as contratações públicas não poderiam ficar de fora dessa tomada de consciência.

Foi com esse pensamento que todos que participaram da elaboração da nova lei de licitações se dedicaram a registrar importantes determinações legais investidas de sustentabilidade.

[63] Secas severas, enchentes e chuvas intensas, aumento da temperatura média, queimadas etc.

Como antes registrado, em 1º de abril de 2021, foi editada a Nova Lei de Licitações e Contratos Administrativos, Lei nº 14.133, que inovou completamente a matéria, porquanto, além de manter o desenvolvimento sustentável como um dos objetivos do processo licitatório, elevou-o à categoria de princípio, incorporando diversas regras de sustentabilidade de forma explícita e abrangente.

Diversamente da lei anterior (Lei nº 8.666/1993), que apenas alinhavava alguns esparsos dispositivos sobre o tema, a nova lei trouxe uma grande quantidade de "disposições sustentáveis", configurando, indiscutivelmente, um diploma legal progressivo, consciente das necessidades do País e do mundo.

A Lei nº 14.133/2021 é considerada um marco da sustentabilidade por várias razões:

- Inserção expressa da sustentabilidade: pela primeira vez, a legislação brasileira de licitações incluiu explicitamente a sustentabilidade como um princípio a ser seguido pela Administração Pública.
- Critérios de julgamento sustentáveis: permite que critérios relacionados à sustentabilidade sejam usados para julgar propostas em licitações, especialmente na escolha de soluções que considerem o impacto ambiental e social ao longo do ciclo de vida do produto ou serviço.
- Política de contratações públicas sustentáveis: pois incentiva que a Administração Pública adote práticas que minimizem impactos ambientais, promovendo o uso de materiais e tecnologias sustentáveis, devendo fomentar a inovação e o desenvolvimento nacional sustentável.
- Responsabilidade compartilhada: promove uma visão de responsabilidade compartilhada entre os entes públicos e os fornecedores, enfatizando a importância de práticas responsáveis e sustentáveis.
- Inovações nas contratações sustentáveis: incentiva que os contratos públicos sejam mais flexíveis e inovadores, permitindo que a Administração selecione soluções que atendam aos critérios de sustentabilidade, tais como a adoção de tecnologias verdes e produtos reciclados.

Com o estabelecimento de vários dispositivos legais com foco na sustentabilidade, faz-se necessário avaliá-los com cautela e profundidade, de modo que, ao serem colocados em prática, surtam os desejados alcances, sob pena de, se assim não forem postos, perecerem, sucumbidos em simples textos, sem efetividade.

Com esse objetivo, selecionamos e analisamos cuidadosamente os dispositivos da Nova Lei de Licitações e Contratos Administrativos que, de alguma forma, se conectam à temática da sustentabilidade, aprofundando-nos nos detalhes de cada um deles.

Para maior clareza, os dispositivos estão destacados em itálico ao longo dos artigos.

CAPÍTULO II

DOS PRINCÍPIOS

Art. 5º *Na aplicação desta Lei, serão observados os princípios* da legalidade, da impessoalidade, da moralidade, da publicidade, da *eficiência*, do interesse público, da probidade administrativa, da igualdade, do *planejamento*, da transparência, da *eficácia*, da segregação de funções, da motivação, da vinculação ao edital, do julgamento objetivo, da segurança jurídica, da razoabilidade, da competitividade, da proporcionalidade, da celeridade, da economicidade e do *desenvolvimento nacional sustentável*, assim como as disposições do Decreto-Lei nº 4.657, de 4 de setembro de 1942 (Lei de Introdução às Normas do Direito Brasileiro).

> *Tudo tem uma fenda. É assim que a luz entra.*
> *(Leonard Cohen)*

5.1 Artigo 5º – Dos princípios

O ano de 2020 – que nos trouxe esse execrável coronavírus, ceifador de inúmeras vidas – guardou para o seu final uma surpresa para os que lidam com contratações públicas no Brasil. Quando já não mais se esperava, resolveu o Senado Federal aprovar em dezembro, a toque de caixa, o Projeto de Lei nº 4.253/2020, que deu origem à Nova Lei de Licitações brasileira, que, além de consolidar regras de três importantes leis: a Lei Geral de Licitações anterior (Lei nº 8.666/1993); a chamada Lei do Pregão (Lei nº 10.520/2002); e da Lei do Regime Diferenciado de Contratações (RDC) (Lei nº 12.462/2011), buscou inserir inovações importantes, sob a plausível alegação de que tais diplomas se encontravam defasados.

Veio à tona, então, a Lei nº 14.133, em 1º.04.2021, intitulada oficialmente de *Lei de Licitações e Contratos Administrativos.*

Acertadamente, Jonas Lima resumiu o diploma como uma lei que reúne demandas já esperadas, entendimentos já firmados na jurisprudência e soluções que estavam sendo colocadas em operação como boas práticas de gestão pública, inovando em medidas para melhorar a fase de planejamento e enfatizando a necessidade de estudo técnico preliminar, que envolve documentar soluções de mercado na definição de estratégia de contratação.[64]

A nova lei licitatória, com um total de 194 artigos, dentre várias inovações, traz como um ponto de destaque a ênfase no tema da sustentabilidade, com uma abordagem mais abrangente e detalhada em relação ao desenvolvimento sustentável nas contratações públicas.

Assim, a sustentabilidade, que envolve aspectos sociais, espaciais, culturais, políticos, econômicos e ambientais, permeia diversos dispositivos, refletindo um compromisso do Estado com a promoção de políticas públicas alinhadas aos objetivos globais de sustentabilidade, incluindo os Objetivos de Desenvolvimento Sustentável (ODS) da Agenda 2030 da Organização das Nações Unidas (ONU).

Nesse viés, conceituamos a licitações sustentáveis como as competições públicas que objetivam contratações efetuadas pelo Poder Público que considerem critérios sociais, espaciais, culturais, políticos, econômicos e, sobretudo, ambientais em todos os estágios de seu processo, transformando o poder de compra do Estado em um fortíssimo indutor do desenvolvimento sustentável.

Ao assentar que essas licitações consignam o processo administrativo por meio do qual a Administração busca obter a proposta mais vantajosa, respeitando a isonomia entre os participantes, desde que promovam o desenvolvimento nacional sustentável, Fabrício dos Santos averba se tratar do processo em que o gestor público prima pela contratação de um bem ou serviço economicamente viável, socialmente justo e ambientalmente correto.[65]

5.1.1 Os princípios licitatórios

Quase sempre relegado a plano secundário pelos responsáveis pela elaboração dos editais e desenvolvimento da licitação, o art. 5º deve receber um destaque especial, pois configura, sem a menor dúvida, um dos mais importantes da Lei nº 14.133/2021, porquanto dá ênfase a parâmetros éticos e morais, estabelecendo os princípios a serem atendidos na aplicação da norma.

---

64 LIMA, Jonas. Senado aprova nova Lei de Licitações. *Consultor Jurídico*, [*s. l.*], 10 dez. 2020.

65 SANTOS, Fabrício Vieira dos. *Licitação sustentável*: instrumento concretizador do direito ao meio ambiente. Campo Grande: Life, 2013.

Além de constituírem uma bússola de interpretação do Direito, os princípios possuem também o mote de suprir as lacunas e as imperfeições da Lei.[66]

Nas lições de Bandeira de Mello, os princípios, por definição, são os mandamentos nucleares de um sistema, verdadeiros alicerces, disposições fundamentais que se irradiam sobre diferentes normas compondo-lhes o espírito e servindo de critérios para sua exata compreensão e inteligência, por definirem a lógica e a racionalidade do sistema normativo, lhe conferindo a tônica e lhe dando sentido harmônico.[67]

Não raro, o exame da validade dos atos praticados durante uma licitação passa pela apreciação à luz deles.

É importante, contudo, não confundir regra com princípio, uma vez que uma norma comporta as duas espécies. A distinção entre regras e princípios, como averba Inocêncio Mártires Coelho, é que os princípios são mandatos de otimização, caracterizados pelo fato de poderem ser cumpridos em diferentes graus, e a medida do seu cumprimento não depende apenas das possibilidades reais, mas também das possibilidades jurídicas. As regras, ao contrário, podem ser cumpridas ou não. Se uma regra é válida, então há de se fazer exatamente o que ela exige, nem mais, nem menos. Por conseguinte, as regras contêm determinações no âmbito do que é fática e juridicamente possível. Isto significa que a diferença entre regras e princípios é qualitativa e não de grau.[68]

Assim, violar um princípio é muito mais grave que transgredir uma norma qualquer. A desatenção ao princípio implica ofensa não apenas a um específico mandamento obrigatório, mas a todo o sistema de comandos. É a mais grave forma de ilegalidade ou inconstitucionalidade, conforme o escalão do princípio atingido, porque representa uma insurgência contra todo o sistema, subversão de seus valores fundamentais, contumélia irremissível a seu arcabouço lógico e corrosão de sua estrutura mestra.[69]

---

[66] ZAGO, Lívia Maria Armentano K. Princípios, aplicabilidade, modalidade. *In:* MEDAUAR, Odete (org.). *Licitações e contratos administrativos*: coletânea de estudos. São Paulo: NDJ, 1998.

[67] MELLO, Celso Antônio Bandeira de. *Curso de Direito Administrativo*. 25. ed. São Paulo: Malheiros, 2008.

[68] COELHO, Inocêncio Mártires. *Interpretação Constitucional*. 3. ed. São Paulo: Saraiva, 2007.

[69] MELLO, Celso Antônio Bandeira de. *Curso de Direito Administrativo*. 25. ed. São Paulo: Malheiros, 2008.

A enumeração dos princípios licitatórios vincula-se diretamente ao art. 37 da CF.[70]

Consoante o ditame constitucional, a Lei nº 14.133/2021 exige que as licitações sejam processadas e julgadas em conformidade com diversos princípios.

O dispositivo elenca um extenso rol de 22 princípios, determinando também o seguimento às disposições do Decreto-Lei nº 4.657/1942 (Lei de Introdução às Normas do Direito Brasileiro – LINDB), notadamente em função dos artigos acrescidos por meio da Lei nº 13.655/2018, que teve como principal objetivo incrementar os níveis de segurança jurídica e eficiência na criação e aplicação do Direito Público.

Consoante o preceptivo legal, os princípios licitatórios, dos quais os participantes de licitações – sejam agentes públicos ou licitantes – nunca poderão se afastar, são: legalidade, impessoalidade, moralidade, publicidade, eficiência, interesse público, probidade administrativa, igualdade, planejamento, transparência, eficácia, segregação de funções, motivação, vinculação ao edital, julgamento objetivo, segurança jurídica, razoabilidade, competitividade, proporcionalidade, celeridade, economicidade e desenvolvimento nacional sustentável.

Alguns desses têm conexão direta com as licitações sustentáveis: o da eficiência, o do planejamento, o da eficácia e, claro, o do desenvolvimento nacional sustentável.

Destacando-se o Princípio do Desenvolvimento Nacional Sustentável como eixo central em torno do qual gravitam os demais aspectos relacionados à sustentabilidade no texto legal, conferindo às contratações públicas o papel de indutoras de desenvolvimento, se impõe a necessidade de apreciá-lo inicialmente.

5.1.1.1 Princípio do Desenvolvimento Nacional Sustentável

O fomento ao desenvolvimento econômico e social é parte preponderante do elenco de finalidades do Estado, pois o art. 3º da CF elenca como seus objetivos fundamentais "garantir o desenvolvimento nacional" e "reduzir as desigualdades sociais".

[70] CF – "Art. 37. A administração pública direta e indireta de qualquer dos Poderes da União, dos Estados, do Distrito Federal e dos Municípios obedecerá aos princípios de legalidade, impessoalidade, moralidade, publicidade e eficiência e, também, ao seguinte [...]" (Redação dada pela Emenda Constitucional nº 19, de 1998).

Como essa intenção, foi editada inicialmente a Lei nº 12.349/2010, em face da conversão em Lei da MP nº 495/2010, estabelecendo o pioneiro mecanismo fomentador do desenvolvimento nacional nas licitações públicas. Esse diploma, de suma importância para o impulsionamento das contratações públicas sustentáveis, dispunha que a licitação se destinava a garantir a observância do princípio constitucional da isonomia, a seleção da proposta mais vantajosa e a promoção do desenvolvimento nacional sustentável.

A inserção da promoção do desenvolvimento nacional sustentável como um objetivo da licitação revigorou o propósito anteriormente deflagrado, com a edição da LC nº 123/2006 – que oferece tratamento favorecido e diferenciado para microempresas e empresas de pequeno porte –, do uso do poder de compra do Estado como instrumento de difusão de políticas públicas.

Assim, mais do que apenas satisfazer as necessidades da Administração, o contrato administrativo passou a servir como indutor de políticas públicas, em especial aquelas voltadas ao fomento e ao desenvolvimento de segmentos econômicos, sociais e ambientais reputados estratégicos.

Nesse pé, as contratações públicas passaram a ser fitadas como ferramentas de alavancagem de desenvolvimento, promovendo, inclusive, incentivo à produção tecnológica brasileira.

A partir da década de 1990, houve grandiosa evolução. Era indiscutível que, entre os instrumentos que o Poder Público detinha para serem adotados no atendimento da regra constitucional, um dos mais fortes era a licitação, ou seja, a utilização do "poder de compra do Estado" como uma eficaz ferramenta para fomento efetivo do mercado, bandeira deflagrada há tempos por Luciano Ferraz e Marcos Juruena, que sempre ponderaram que a licitação deveria ser utilizada como instrumento de regulação de mercado, de modo a torná-lo mais livre e competitivo, além da possibilidade de mecanismo de indução de determinadas práticas que produziriam resultados sociais e ambientais benéficos, imediatos ou futuros.

Com a Nova Lei de Licitações (Lei nº 14.133/2021), o Desenvolvimento Nacional Sustentável subiu de nível, sendo alçado à categoria de Princípio.[71]

---

[71] Como já anotado, na Lei nº 8.666/1993, o Desenvolvimento Nacional Sustentável era indicado como uma finalidade.

No acórdão exarado na ADI-MC 3540/DF, rel. Ministro Celso de Mello, o Tribunal de Contas da União (TCU) assentou que "o princípio do desenvolvimento sustentável, além de impregnado de caráter eminentemente constitucional, encontra suporte legitimador em compromissos internacionais assumidos pelo Estado brasileiro e representa fator de obtenção do justo equilíbrio entre as exigências da economia e as da ecologia, subordinada, no entanto, a invocação desse postulado, quando ocorrente situação de conflito entre valores constitucionais relevantes, a uma condição inafastável, cuja observância não comprometa nem esvazie o conteúdo essencial de um dos mais significativos direitos fundamentais: o direito à preservação do meio ambiente, que traduz bem de uso comum da generalidade das pessoas, a ser resguardado em favor das presentes e futuras gerações".

Destarte, assumindo na nova lei licitatória a posição de eixo central em torno do qual gravitarão os demais aspectos relacionados à sustentabilidade, o Desenvolvimento Nacional Sustentável conferiu às licitações públicas o papel de indutoras de desenvolvimento, promovendo, inclusive, incentivo à produção tecnológica nacional.

Certo é que, por ter recebido posição de destaque na lei, elevado, como sublinhado, à categoria máxima de princípio, o desenvolvimento sustentável deve ser encarado como um norte para as licitações instauradas pela Administração, configurando-se, dessa forma, o reconhecimento de que o Estado, por intermédio de suas contratações, tem a responsabilidade de promover o equilíbrio entre as necessidades econômicas, sociais e ambientais, consolidando uma diretriz fundamental para a promoção de políticas públicas.

Há, contudo, um grande desafio: utilizar as licitações para fomentar o desenvolvimento nacional sustentável sem criar prejudicar outros princípios, como o da competitividade e o da economicidade. Como sublinha Ronny Charles, a busca da ponderação equilibrada consigna um propósito a ser alcançado na fase de planejamento da licitação, uma vez que o desenvolvimento nacional sustentável não pode servir como justificativa para a imposição irrazoável de restrições à competitividade.[72]

Da mesma forma, o alerta de Di Pietro, ao ressaltar que a necessidade de se levar em conta que o desenvolvimento nacional sustentável é apenas um dos princípios da licitação previstos no art. 5º em comento,

---

[72] TORRES, Ronny Charles Lopes de. *Leis de licitações públicas comentadas*. 15. ed. Salvador: Juspodivm, 2024.

o que vale dizer que tem que conviver com os demais princípios, não podendo prejudicar a seleção da proposta mais vantajosa, a isonomia (com a justa competição), o sobrepreço ou preços manifestamente inexequíveis e o superfaturamento na execução do contrato, e não pode impedir a inovação.[73]

Também sustentando que, nas contratações públicas, a aplicação do princípio do desenvolvimento nacional sustentável deve ser equilibrada e proporcional, evitando discriminações indevidas ou abusos por parte de quem elabora o edital ou a minuta contratual, Luciano Reis arrazoa:

> De qualquer modo, seja deduzida por interpretação sistemática ou literal, o fato é que cerzir a teoria e a prática erige um grande obstáculo aos operadores diários das contratações públicas. A medida razoável e proporcional para que o desenvolvimento nacional sustentável não desencadeie discriminação ilegítima ou abuso de direito pelo redator do instrumento convocatório ou da minuta contratual faz com que o referido princípio do desenvolvimento nacional sustentável por diversas vezes não passe de mera retórica quando da sua aplicação.[74]

Reflexivo, Rigolin avalia como se poderia conciliar a meta de perseguição ao desenvolvimento nacional numa licitação de menor preço:

> Acaso poderia uma proposta que não fosse a de menor preço, também por acaso julgada pela comissão julgadora mais apta a propiciar o desenvolvimento nacional do que a de menor preço, ser declarada vencedora nesse certame? É evidente que não, e desse modo resta a pergunta: onde entra em cena, num caso assim, o desenvolvimento nacional? Que papel representa?[75]

A nosso ver, o agente público responsável pela análise das propostas deverá exercer um raciocínio crítico e cuidadoso, considerando não apenas o valor monetário, mas também os princípios da economicidade e da sustentabilidade.

---

[73] DI PIETRO, Maria Sylvia Zanella. Sustentabilidade nas contratações públicas. *Solução em Licitações e Contratos*, São Paulo, n. 78, 2024.

[74] REIS, Luciano Elias. *Compras públicas inovadoras*: o desenvolvimento científico, tecnológico e inovativo como perspectiva do desenvolvimento nacional sustentável. Belo Horizonte: Fórum, 2022.

[75] RIGOLIN, Ivan Barbosa. Lei das licitações é novamente alterada: a MP nº 495, de 19.07.10. *Fórum de Contratação e Gestão Pública*, Belo Horizonte, ano 9, n. 104, 2010.

Dessa forma, apesar da licitação ser do tipo menor preço, poderá concluir que a proposta mais vantajosa para a Administração não é necessariamente a de menor preço absoluto, mas, sim, aquela que equilibra qualidade, eficiência e sustentabilidade.

Ao adotar essa postura, estará cumprindo seu dever de zelar pela boa aplicação dos recursos públicos, indo além da visão restrita de que o menor preço sempre representa a melhor escolha, pois, ao se pautar pelos princípios da economicidade e do desenvolvimento sustentável, estará apreciando a totalidade dos benefícios, considerando aspectos como durabilidade, impacto ambiental e social, e até mesmo custos indiretos, que podem surgir ao longo do ciclo de vida do objeto.

O menor preço inicial pode não ser uma solução mais econômica quando analisada sob uma perspectiva mais abrangente, especialmente quando uma proposta mais vantajosa envolver soluções inovadoras ou sustentáveis que gerarão economia a longo prazo.

Dessa maneira, estará em sintonia com as metas da Administração de promover uma gestão eficiente e responsável, que leva em conta não apenas os custos imediatos, mas também os resultados futuros, em conformidade com o interesse público.

Esse é também o raciocínio de Anderson Pedra, ao sustentar que a obediência ao princípio da economicidade significa realizar a contratação da melhor proposta (proposta mais vantajosa), e não do menor preço:

> Ao se homenagear uma contratação com vantagens não econômicas, como uma dimensão ambiental ou econômico-social, é possível que ocorra uma elevação do preço da contratação pela Administração Pública, o que deverá ser suportado pelo erário dentro de parâmetros razoáveis e não configura, de per si, uma conduta irregular ou desvantajosa, até porque nem sempre a proposta mais adequada para a proteção do meio ambiente será aquela economicamente mais vantajosa, devendo ser analisada para além de um critério meramente econômico e restrito, levando em conta, inclusive, o ciclo de vida do objeto nos termos do art. 11, inc. I da Nova Lei de Licitações.[76]

Nesse passo, a busca de uma solução de equilíbrio deverá ser a tônica do agente envolvido com a matéria, com a adoção de rigorosa

---

[76] PEDRA, Anderson Sant'Ana. Princípios da contratação pública (art. 5º). *In:* FORTINI, Cristiana; OLIVEIRA, Rafael Sérgio Lima de; CAMARÃO, Tatiana (coord.). *Comentários à Lei de Licitações e Contratos Administrativos*: Lei nº 14.133, de 1º de abril de 2021. Belo Horizonte: Fórum, 2022. v. 1.

diligência no adequado balanceamento entre o princípio do desenvolvimento sustentável e os demais princípios.

Tal precaução revelar-se-á de extrema importância na confecção dos editais licitatórios, pois, como professa Gina Copola, é nos instrumentos convocatórios das licitações que é possível a inserção de exigências que visem à proteção do meio ambiente, ou o fornecimento de bens e serviços que não causem relevante impacto ou agressão ambiental, além dos referentes a critérios de sustentabilidade econômicas e sociais.

> Nosso entendimento é no sentido de que a Administração deve buscar sempre a proteção ambiental, e o consumo sustentável, motivo pelo qual é de império que adote medidas eficazes nesse sentido, inclusive em seus processos de licitação que devem obedecer ao princípio da sustentabilidade.[77]

A inserção de diretrizes sustentáveis deve ser operacionalizada de modo a garantir uma integração harmônica, sempre em estrita observância ao interesse público, assegurando que os princípios sejam atendidos com equidade.

Aliás, quanto a isso, cabe uma censura ao art. 5º. A enumeração de muitos princípios é um fator de insegurança jurídica, porquanto, como averba Marçal Justen, a potencial contradição de soluções propiciadas em face da existência de múltiplos princípios amplia o risco de interpretações distintas e conflitantes entre os órgãos administrativos e as instituições de controle.[78]

Registre-se que, para não ficar só na teoria, na esfera federal, foram estabelecidas as seguintes medidas práticas, que permitirão que Administração Pública materialize a aplicação do princípio do desenvolvimento nacional sustentável (conforme indicado no Parecer nº 00001/2021/CNS/CGU/AGU, emitido pela Câmara Nacional de Sustentabilidade da Consultoria-Geral da União – CGU/AGU):

a) órgãos e entidades que compõem a Administração são obrigados a adotar critérios e práticas de sustentabilidade socioambiental e de acessibilidade nas contratações públicas, nas fases de planejamento, seleção de fornecedor, execução contratual, fiscalização e na gestão dos resíduos sólidos;

---

[77] COPOLA, Gina. As licitações sustentáveis na Lei nº 14.133, de 2021. *Solução em Licitações e Contratos*, São Paulo, n. 78, 2024.

[78] JUSTEN FILHO, Marçal. *Comentários à Lei de Licitações e Contratações Administrativas*. São Paulo: Revista dos Tribunais, 2021.

b) a impossibilidade de adoção de tais critérios e práticas de sustentabilidade nas contratações públicas deverá ser justificada pelo gestor competente nos autos do processo administrativo, com a indicação das pertinentes razões de fato e/ou direito; e
c) recomenda-se aos agentes da administração pública federal encarregados de realizar contratações públicas, que, no exercício de suas atribuições funcionais, consultem o Guia Nacional de Contratações Sustentáveis da Advocacia-Geral da União, que tem o propósito de auxiliar a adoção, nas contratações públicas, de critérios e práticas de sustentabilidade.

5.1.1.2 Princípio da Eficiência

O Princípio da Eficiência impõe à Administração o exercício de suas atribuições de forma imparcial, transparente, eficaz e sem burocracia, sempre em busca da qualidade.

Ao longo de várias décadas, a eficiência não figurava entre os princípios do ordenamento jurídico brasileiro, sendo a irresponsabilidade na gestão dos recursos públicos uma constante.

Esse cenário começou a ser alterado com a promulgação da Emenda Constitucional nº 19/1998, que elevou o princípio da eficiência a um dos pilares fundamentais da Administração Pública, orientando a atuação estatal rumo a uma maior responsabilidade e otimização dos gastos públicos.[79]

Como observa Eduardo Rodrigues, o princípio é gradualmente concretizado por meio da adoção de condutas que simplifiquem, desburocratizem, agilizem, flexibilizem e aumentem a qualidade da atuação da Administração Pública.[80]

Nesse passo, tal como várias outras leis que surgiram após a Emenda,[81] a Nova Lei de Licitações incorporou o princípio, com ênfase

[79] "Art. 37. A administração pública direta e indireta de qualquer dos Poderes da União, dos Estados, do Distrito Federal e dos Municípios obedecerá aos princípios de legalidade, impessoalidade, moralidade, publicidade e *eficiência* e, também, ao seguinte [...]" (Redação dada pela Emenda Constitucional nº 19, de 1998).

[80] RODRIGUES, Eduardo Azeredo. *O princípio da eficiência à luz da teoria dos princípios*. Rio de Janeiro: Lumen Juris, 2014.

[81] Com o intuito de aumentar a eficiência da Administração Pública, buscando desburocratização, inovação e transformação digital, além da participação do cidadão, o governo federal editou, por exemplo, a importante Lei nº 14.129, de 29.03.2021 (Lei do Governo Digital), que, orientada pelo Princípio da Eficiência, determina: desburocratização; modernização; fortalecimento e simplificação do relacionamento entre Poder Público e sociedade civil; transparência; uso da tecnologia para otimizar a entrega dos serviços; e atuação integrada

na promoção de uma gestão pública mais ágil, econômica e sustentável, tendo como foco a garantia da otimização dos recursos públicos e a obtenção de resultados que atendam melhor ao interesse público.

E, nesse âmbito, a conexão entre o princípio da eficiência e a sustentabilidade ocorre quando se busca essa otimização, garantindo que as contratações sejam feitas de forma a gerar o benefício máximo. O objetivo passou a ser alcançar resultados que não apenas atendam às necessidades imediatas da Administração, mas que também promovam o uso racional dos recursos públicos.

Ao conectar o princípio da eficiência com a sustentabilidade, a Lei 14.133/2021 reforça a ideia de que a Administração Pública deve adotar uma abordagem que transcenda a mera economicidade, não se resumindo apenas à busca pelo menor preço, mas, sim, pela melhor relação custo-benefício, incluindo considerações sociais, espaciais, culturais, políticas e ambientais.

Note-se que a CF prevê a avaliação de resultados quanto à eficiência no seu art. 74, inc. II:

> Art. 74. Os Poderes Legislativo, Executivo e Judiciário manterão, de forma integrada, sistema de controle interno com a finalidade de:
> [...]
> II - comprovar a legalidade e avaliar os resultados, quanto à eficácia e *eficiência*, da gestão orçamentária, financeira e patrimonial nos órgãos e entidades da administração federal, bem como da aplicação de recursos públicos por entidades de direito privado.

5.1.1.3 Princípio do Planejamento

O Princípio do Planejamento deve ser entendido como o conjunto de medidas tomadas para que sejam atingidos os objetivos desejados.

Atualmente, o chamado "planejamento estratégico" constitui a principal ferramenta de gerenciamento de uma organização, seja ela pública ou privada. Na medida em que é realizado o planejamento, os ambientes político (externo) e administrativo (interno) da organização passam por importantes mudanças, determinando o emprego de uma variedade de técnicas gerenciais de enfrentamento.

Para a organização, o planejamento estratégico permite que se desenvolvam sentido de direção, conceito do futuro e forma de

---

dos serviços e compartilhamento dos dados pessoais nos termos da Lei nº 13.709, de 14.08.2018 (Lei Geral de Proteção de Dados Pessoais).

controlar aspectos nos quais a organização tem interesse, gerando informações preliminares com as quais se pode avançar na planificação de longo prazo para decisões organizacionais, oferecendo, dessa forma, a possibilidade de melhorias significativas na gestão e nos programas. É nesse contexto que é afirmado que o planejamento estratégico está intimamente relacionado com objetivos de longo prazo e com estratégias e ações para alcançá-los.

No âmbito da Administração Pública, o vetusto Decreto-lei nº 200/1967, que estabeleceu diretrizes para uma importante Reforma Administrativa, erigiu o planejamento como princípio fundamental das atividades da Administração federal.

Contudo, nem esse Decreto-lei nem as leis licitatórias anteriores (DL nº 2.300/1986 e Lei nº 8.666/1993) faziam menção expressa ao planejamento das licitações.

Por sua vez, a Nova Lei de Licitações trouxe como novidade a necessidade de se levar em conta nos certames licitatórios o Princípio do Planejamento.

Como bem registrou André Cantarino, ao trazer o Princípio do Planejamento para o bojo da lei, procurou o legislador tornar explícita, conferindo-lhe contornos jurídicos, uma atividade que é própria e inerente a qualquer ação administrativa, incluindo tudo aquilo que se faz na Administração Pública,[82] como já determinara o citado DL nº 200/1967.

Afinal, como assentou Edgar Guimarães, é inegável que, com raras exceções, havia graves deficiências de planejamento nas contratações, o que gerava significativos riscos para as entidades públicas e para os agentes envolvidos no processo.[83]

Para se ter ideia da preocupação do legislador com o planejamento nas licitações, verifica-se que a expressão consta 12 vezes no novo diploma, ressaltando, no art. 18, que a fase preparatória do processo licitatório é caracterizada pelo planejamento, que deverá abordar todas as considerações técnicas, mercadológicas e de gestão que podem interferir na contratação.[84] E mais: exige o alinhamento do planejamento

[82] CANTARINO, André. Planejamento: a pedra de toque da Nova Lei de Licitações. *Lage e Portilho Jardim*: Advocacia e Consultoria, [*s. l.*], 26 maio 2021.

[83] GUIMARÃES, Edgar. Inovações no planejamento na fase interna das contratações. *In:* DI PIETRO, Maria Sylvia Zanella. *Licitações e Contratos Administrativos*: inovações da Lei 14.133 de abril de 2021. 2 ed. Rio de Janeiro: Forense, 2022.

[84] Segundo a IN SECES nº 81/2022, que dispõe sobre a elaboração do Termo de Referência (TR), para a aquisição de bens e a contratação de serviços, no âmbito da administração pública federal direta, autárquica e fundacional, o planejamento deverá ser realizado

de cada contratação com o plano de contratações anual e o planejamento estratégico, pois o aparelho estatal é organizado com a função de executar serviços, visando à satisfação das necessidades da população, motivo pelo qual suas contratações devem estar correlacionadas com o negócio do órgão ou da entidade.[85]

Mesmo não constando nas leis anteriores, não é de hoje que afirmamos que um dos pontos fundamentais das contratações públicas é o planejamento minucioso.

Planejar é o processo desenvolvido para alcance de uma situação desejada de um modo eficiente, eficaz e efetivo, com o maior aproveitamento de esforços e recursos disponíveis. Configura, portanto, um conjunto de providências a serem tomadas para promoção de um futuro diferente do passado, em torno de variáveis possíveis de serem atacadas pela organização planejadora.[86]

Logo, doravante, por exigência legal, nas licitações, com o objetivo de identificar necessidades, a Administração deverá planejar previamente e, a partir desse diagnóstico, definir todas as especificações que comporão o objeto a ser adquirido, evitando, com isso, a feitura de "licitações aventureiras".[87]

Realizado o planejamento,[88] deverá o Poder Público voltar-se para o mercado e examinar as opções disponíveis, escolhendo a de melhor relação custo-benefício, livrando-se de desperdícios, garantindo a economicidade e maximizado a eficiência.

O Princípio do Planejamento exige, portanto, que, nas licitações, sejam estabelecidas metas claras detalhando necessidades e previsão de impactos, de modo que a contratação atenda plenamente ao pretendido.

---

por uma equipe multissetorial: "Art. 3º Para fins do disposto nesta Instrução Normativa, considera-se: [...] V - equipe de planejamento da contratação: conjunto de agentes que reúnem as competências necessárias à completa execução das etapas de planejamento da contratação, o que inclui conhecimentos sobre aspectos técnicos-operacionais e de uso do objeto, licitações e contratos, dentre outros".

85 SÁ, Vanessa de Mesquita e. Afinal, para que estudo técnico preliminar? *In*: LEMOS JUNIOR, Andryu; STROPPA, Christianne; CRUZ, Márcio Motta Lima da (coord.). *Nova Lei de Licitações e Contratos Administrativos*: estudos em homenagem ao professor Ronny Charles Lopes de Torres. Salvador: Juspodivm, 2024.

86 ROVER, Oscar José. *Noções básicas de planejamento*. Campina Grande: UFCG, 2010.

87 NIEBUHR, Joel Menezes (coord.). *Nova lei de licitações e contratos administrativos*. 2. ed. Curitiba: Zênite, 2021.

88 Documento de Formalização da Demanda; Estudo Técnico Preliminar; Verificação de Riscos; Elaboração do Termo de Referência ou do Projeto Básico; Orçamento Estimado; e Elaboração da Minuta do Edital.

O grande desafio é fomentar a evolução de um planejamento funcional e eficiente, produzindo resultados significativos na evolução da organização administrativa ou mesmo no aperfeiçoamento da pretensão contratual ou definição do objeto da licitação.[89]

Não é difícil concluir, portanto, à luz de tudo que foi exposto, que o entrelaçamento entre o princípio do planejamento e a sustentabilidade nas licitações é um aspecto central para a condução de contratações públicas mais eficazes e responsáveis, sendo possível afirmar que o planejamento tem como uma de suas metas a sustentabilidade, pois a inclusão de critérios sustentáveis nessa fase permitirá que se defina requisitos dessa ordem para os bens, serviços ou obras a serem contratados, incluindo-se, por exemplo, a preferência por materiais recicláveis, produtos com menor impacto ambiental ou a contratação de serviços que sigam boas práticas sociais.[90] [91]

Para dar rumo ao tema, o governo federal tem editado normas que primam pela necessidade de planejar. A Instrução Normativa nº 5, de 26.05.2017, alterada pela IN nº 49, de 30.06.2020, por exemplo, que versa sobre a contratação de serviços, impõe que essas contratações sejam precedidas de planejamento, em harmonia com o planejamento estratégico da instituição.

5.1.1.4 Princípio da Eficácia

A eficácia é a qualidade daquilo que alcança os resultados pretendidos e está diretamente relacionada à ideia de competência. De um ponto de vista mais amplo, podemos entender a eficácia como a ação que produz os efeitos desejados. Sua aplicação começou no vocabulário médico, para definir a validade dos tratamentos e abordagens clínicas,

---

[89] TORRES, Ronny Charles Lopes de. *Leis de licitações públicas comentadas*. 15. ed. Salvador: Juspodivm, 2024.

[90] O Decreto nº 7.746/2012 que, como já exposto, regulamentou o art. 3º da Lei nº 8.666/1993, estabelecendo pioneiramente critérios e práticas para a promoção do desenvolvimento nacional sustentável nas contratações realizadas pela administração pública (originado em função do Acórdão 1752/2011, Plenário, do TCU, teve como grande inovação, na institucionalização das contratações sustentáveis, a exigência do planejamento sustentável por intermédio dos Planos de Gestão de Logística Sustentável (PLS).

[91] Nessa toada, Marcos Porta e Antonio Dal Pozzo afirmam categoricamente que o desenvolvimento nacional sustentável somente será exequível mediante cuidadoso planejamento (PORTA, Marcos de Lima: DAL POZZO, Antonio Araldo Ferraz. Artigo 5º. *In*: DAL POZZO, Augusto Neves; CAMMAROSANO, Márcio; ZOCKUN, Maurício. *Lei de licitações e contratos administrativos comentada*: Lei nº 14.133/21. São Paulo: Revista dos Tribunais, 2021).

tendo se popularizado e passado a ser utilizada em diversas áreas do conhecimento, como Educação, Administração, Psicologia e Direito.[92]

Muito se confunde os conceitos dos Princípios da Eficácia e da Eficiência. O da Eficácia configura a concreção dos objetivos desejados por determinada ação do Estado, não sendo levados em consideração os meios e os mecanismos utilizados para tanto. Assim, o Estado pode ser eficaz em resolver o problema do analfabetismo no Brasil, mas pode estar fazendo isso com mais recursos do que necessitaria. Na eficiência, por sua vez, há clara preocupação com os mecanismos que foram usados para a obtenção do êxito na atividade do Estado. Assim, procura-se buscar os meios mais econômicos e viáveis, para maximizar os resultados e minimizar os custos. Em síntese: é atingir o objetivo com o menor custo e os melhores resultados possíveis.[93]

No âmbito da ciência da Administração, eficácia e eficiência são consideradas fundamentais. Em qualquer planejamento há de se determinar os objetivos corretos e escolher os meios certos para alcançá-los. Por óbvio, da correlação entre os princípios da eficiência e da eficácia, a vontade da lei manifesta-se em processos eficientes e resultados eficazes.[94]

Especificamente no contexto do Direito Administrativo, a eficácia implica que as ações do administrador público devem atender ao interesse público, sem que a economia para os cofres públicos seja tratada como um valor absoluto. Assim, a decisão será considerada eficaz, além de ser financeiramente vantajosa, quando respeitar o interesse público e a economicidade, incorporando também a sustentabilidade, o que garantirá o uso equilibrado dos recursos para beneficiar tanto as gerações atuais quanto as futuras.

A integração de eficácia e de sustentabilidade impõe um compromisso com a adaptação e inovação nas práticas administrativas. A eficácia não pode ser avaliada apenas pelo cumprimento das metas imediatas, mas deve incorporar uma análise dos impactos ambientais e sociais de longo prazo. Neste sentido, a aplicação prática do Princípio da Eficácia exige uma abordagem dinâmica e integrada, que promova a sinergia entre desenvolvimento econômico, equidade social e preservação ambiental.

---

92 SOCIEDADE BRASILEIRA DE COACHING. Eficácia: Significado, sinônimos e diferenças de eficácia e eficiência. *Blog SBCoaching*, [*s. l.*], [2021].

93 TORRES, Marcelo Douglas de Figueiredo. *Estado, democracia e administração pública no Brasil*. Rio de Janeiro: Fundação Getúlio Vargas, 2004.

94 CAPAGIO, Álvaro do Canto; COUTO, Reinaldo. *Nova Lei de Licitações e Contratos Administrativos*: Lei n. 14.133/2021. São Paulo: Saraiva Jur, 2021.

Um exemplo nítido de preocupação com a eficácia na Lei nº 14.133/2021 se verifica na determinação de que a licitação assegure a seleção da proposta apta a gerar o resultado de contratação mais vantajoso para a Administração Pública levando em conta o ciclo de vida do objeto pretendido.

Destaque-se que a CF também prevê a avaliação de resultados quanto à eficácia no seu art. 74, inc. II:

> Art. 74. Os Poderes Legislativo, Executivo e Judiciário manterão, de forma integrada, sistema de controle interno com a finalidade de:
>
> [...]
>
> II - comprovar a legalidade e avaliar os resultados, quanto à *eficácia* e eficiência, da gestão orçamentária, financeira e patrimonial nos órgãos e entidades da administração federal, bem como da aplicação de recursos públicos por entidades de direito privado.

CAPÍTULO III

DAS DEFINIÇÕES

Art. 6º *Para os fins desta Lei, consideram-se:*

[...]

XII - *obra*: toda atividade estabelecida, por força de lei, como privativa das profissões de arquiteto e engenheiro que implica *intervenção no meio ambiente* por meio de um conjunto harmônico de ações que, agregadas, formam um todo que inova o espaço físico da natureza ou acarreta alteração substancial das características originais de bem imóvel;

[...]

XVIII - *serviços técnicos especializados de natureza predominantemente intelectual*: aqueles realizados em trabalhos relativos a:

[...]

h) controles de qualidade e tecnológico, análises, testes e ensaios de campo e laboratoriais, instrumentação e monitoramento de parâmetros específicos de obras e do *meio ambiente* e demais serviços de engenharia que se enquadrem na definição deste inciso;

[...]

XXIII - *termo de referência*: documento necessário para a contratação de bens e serviços, que deve conter os seguintes parâmetros e elementos descritivos:

[...]

c) *descrição da solução como um todo, considerado todo o ciclo de vida do objeto;*

[...]

XXIV - *anteprojeto*: peça técnica com todos os subsídios necessários à elaboração do projeto básico, que deve conter, no mínimo, os seguintes elementos:

[...]

e) parâmetros de adequação ao interesse público, de economia na utilização, de facilidade na execução, de *impacto ambiental e de acessibilidade;*

[...]

XXV - *projeto básico*: conjunto de elementos necessários e suficientes, com nível de precisão adequado para definir e dimensionar a obra ou o serviço, ou o complexo de obras ou de serviços objeto da licitação, elaborado com base nas indicações dos estudos técnicos preliminares, que assegure a viabilidade técnica e o *adequado tratamento do impacto ambiental* do empreendimento e que possibilite a avaliação do custo da obra e a definição dos métodos e do prazo de execução, devendo conter os seguintes elementos:

a) levantamentos topográficos e cadastrais, sondagens e ensaios geotécnicos, ensaios e análises laboratoriais, *estudos socioambientais* e demais dados e levantamentos necessários para execução da solução escolhida;

Olhei o poente e vi as aves carregando o sol,
empurrando o dia para outros aléns.
(Mia Couto)

5.2 Artigo 6º – Definições para os fins da Nova Lei de Licitações

Procurando ser didático, o art. 6º foi pródigo em definições, buscando dar significação precisa aos termos relevantes encontrados na Lei. São 60 incisos, 40 a mais do que o artigo equivalente da revogada Lei nº 8.666/1993.

Embora parte da doutrina defenda que essa atribuição lhe cabe,[95] é inegável que a inclusão de definições no texto normativo facilita significativamente a interpretação dos dispositivos, uma vez que os termos usados na lei devem ser entendidos de acordo com elas. Como assentaram Jacoby *et al.*, a vantagem é a possibilidade de interpretar conforme desejado pela lei, economizando-se tempo e conseguindo-se maior segurança jurídica no processo hermenêutico.[96]

O dispositivo contém diversas definições que, de uma forma ou de outra, estão relacionadas às contratações sustentáveis. As apresentadas no quadro anterior se destacam por abordarem o tema de maneira mais explícita.

5.2.1 Art. 6º – Inciso XII – Obra: intervenção no meio ambiente

Consoante a definição do inc. XII, "obra" é toda atividade estabelecida, por força de lei, como privativa das profissões de arquiteto e engenheiro que implica intervenção no meio ambiente por meio de

[95] Como, por exemplo, Marcos Juruena Villela Souto, em palestra proferida em 1995 na Escola de Magistratura do Rio de Janeiro.

[96] FERNANDES, Ana Luiza Jacoby; FERNANDES, Jorge Ulisses Jacoby; FERNANDES, Murilo Jacoby. *Tratado de Licitações e Contratos Administrativos*: Lei nº 14.133/2021. Arts. 1º ao 52, Belo Horizonte: Fórum, 2024.

um conjunto harmônico de ações que, agregadas, formam um todo que inova o espaço físico da natureza ou acarreta alteração substancial das características originais de bem imóvel, diversamente de "serviço", que o inc. XI indica ser atividade ou conjunto de atividades destinadas a obter determinada utilidade, intelectual ou material.

Em relação à lei pretérita, a Lei nº 14.133/2021 evoluiu bastante, pois, antes, na definição de obra, em vez de conceituar, se limitava a listar os trabalhos envolvidos.[97]

Além de enfatizar o aspecto legal do termo, restringindo às atividades que, por exigência legal, são exclusivas das profissões de arquiteto e engenheiro, o legislador tentou apartar a questão, identificando obra – consoante consagrado conceito de engenharia – como uma realização material, e serviço, como atividade (não obstante ter utilizado o termo "atividade" na definição de obra).[98]

Ao mencionar que obra implica intervenção no meio ambiente por intermédio de ações que inova o espaço físico da natureza ou acarreta alteração substancial das propriedades originais de bem imóvel, a *mens legislatoris* foi sinalizar que as atividades, para se caracterizarem como obras, deverão resultar em mudanças significativas no ambiente natural ou nas características de um imóvel, ficando claro que vai além de meros ajustes, pois envolve mudanças que impactarão diretamente o meio ambiente ou a configuração física do imóvel.

Cabe registrar que, havendo a conjugação de obras e serviços num único objeto, a distinção, seguindo clássica lição de Hely Lopes Meirelles, dar-se-á por meio da avaliação de predominância. Predominando o material sobre a mão de obra, caracterizar-se-ia obra; ocorrendo o contrário, o serviço.

Importante registrar que, consoante o prescrito no inc. XXI do mesmo art. 6º, qualquer atividade ou conjunto de atividades destinadas a obter determinada utilidade, intelectual ou material, estabelecidas, por força de lei, como privativas das profissões de arquiteto e engenheiro ou de técnicos especializados não enquadradas no conceito de "obra", configurará um "serviço de engenharia".[99]

---

97 Dispunha o in. I do art. 6º da Lei nº 8.666/1993: "Obra – toda construção, reforma, fabricação, recuperação ou ampliação, realizada por execução direta ou indireta".

98 O que desapontou Ivan Rigolin: "Péssima definição. Atividade é serviço, trabalho, e não obra, que é uma modificação da natureza, em geral por acréscimo material, mas que pode ser por redução, nunca uma atividade. Atividade é o que o profissional realiza para alguém chegar à obra, mas são duas realidades absolutamente diferentes" (RIGOLIN, Ivan Barbosa. *Lei nº 14.133/2021 comentada*: uma visão crítica. Belo Horizonte: Fórum, 2022).

99 "Art. 6º [...] XXI - serviço de engenharia: toda atividade ou conjunto de atividades destinadas a obter determinada utilidade, intelectual ou material, de interesse para a

Aliás, sempre houve discussão e confusão sobre a distinção entre obra e serviço de engenharia. O legislador então buscou estabelecer a diferenciação, tentando afastar dificuldade que, em função de pontos comuns, se arrasta há tempos.

Pormenorizando a matéria, estabeleceu dois tipos de serviços de engenharia:

a) o serviço comum de engenharia, definido como aquele que tem por objeto ações, objetivamente padronizáveis em termos de desempenho e qualidade, de manutenção, de adequação e de adaptação de bens móveis e imóveis, com preservação das características originais dos bens; e
b) o serviço especial de engenharia, que é aquele que, por sua alta heterogeneidade ou complexidade, não pode se enquadrar como comum.

Registre-se que o art. 144 da Lei estabelece que, na contratação de obras, poderá ser estabelecida remuneração variável vinculada ao desempenho do contratado com base em critérios de sustentabilidade ambiental, padrões de qualidade, metas e prazos de entrega definidos no edital de licitação e no contrato.[100] Tais permissibilidades representam uma oportunidade para que as licitações e contratações públicas se alinhem com os princípios de desenvolvimento sustentável, incentivando práticas que promovam não apenas a eficiência econômica, mas também a proteção socioambiental.

5.2.2 Art. 6º – Inciso XVIII – Alínea "h" – Classificação do Monitoramento de Parâmetros Ambientais como Serviço Técnico Especializado de Natureza Predominantemente Intelectual

Apesar do art. 6º se prestar para estabelecer definições, o inc. XVIII não define o que seria um serviço técnico especializado de

---

Administração e que, não enquadradas no conceito de obra a que se refere o inciso XII do *caput* deste artigo, são estabelecidas, por força de lei, como privativas das profissões de arquiteto e engenheiro ou de técnicos especializados, que compreendem:
a) serviço comum de engenharia: todo serviço de engenharia que tem por objeto ações, objetivamente padronizáveis em termos de desempenho e qualidade, de manutenção, de adequação e de adaptação de bens móveis e imóveis, com preservação das características originais dos bens;
b) serviço especial de engenharia: aquele que, por sua alta heterogeneidade ou complexidade, não pode se enquadrar na definição constante da alínea 'a' deste inciso [...]".

[100] O dispositivo permite o mesmo para fornecimentos e serviços, inclusive de engenharia.

natureza predominantemente intelectual, pois apenas lista os trabalhos que configurariam essa hipótese.

Segundo o dispositivo, seriam eles os relativos a:

- estudos técnicos, planejamentos, projetos básicos e projetos executivos (al. "a");
- pareceres, perícias e avaliações em geral (al. "b");
- assessorias e consultorias técnicas e auditorias financeiras e tributárias (al. "c");
- fiscalização, supervisão e gerenciamento de obras e serviços (al. "d");
- patrocínio ou defesa de causas judiciais e administrativas (al. "e");
- treinamento e aperfeiçoamento de pessoal (al. "f");
- restauração de obras de arte e de bens de valor histórico (al. "g"); e
- controles de qualidade e tecnológico, análises, testes e ensaios de campo e laboratoriais, instrumentação e monitoramento de parâmetros específicos de obras e do meio ambiente e demais serviços de engenharia (al. "h");

No contexto da Lei, a caracterização do serviço como técnico-especializado e de natureza predominantemente intelectual é autorizativa para um regime diferenciado de contratação.

Vide que o inc. III do art. 74 os configura como enquadráveis em inexigibilidade de licitação.[101]

Contudo, apesar do elenco do art. 74 III ser idêntico ao deste inciso, verifica-se que a Lei permite a instauração de licitação para serviços

---

[101] "Art. 74. É inexigível a licitação quando inviável a competição, em especial nos casos de:
[...]
III - contratação dos seguintes serviços técnicos especializados de natureza predominantemente intelectual com profissionais ou empresas de notória especialização, vedada a inexigibilidade para serviços de publicidade e divulgação:
a) estudos técnicos, planejamentos, projetos básicos ou projetos executivos;
b) pareceres, perícias e avaliações em geral;
c) assessorias ou consultorias técnicas e auditorias financeiras ou tributárias;
d) fiscalização, supervisão ou gerenciamento de obras ou serviços;
e) patrocínio ou defesa de causas judiciais ou administrativas;
f) treinamento e aperfeiçoamento de pessoal;
g) restauração de obras de arte e de bens de valor histórico;
h) controles de qualidade e tecnológico, análises, testes e ensaios de campo e laboratoriais, instrumentação e monitoramento de parâmetros específicos de obras e do meio ambiente e demais serviços de engenharia que se enquadrem no disposto neste inciso;
IV - objetos que devam ou possam ser contratados por meio de credenciamento;
V - aquisição ou locação de imóvel cujas características de instalações e de localização tornem necessária sua escolha".

dessa natureza, pois o art. 36, ao versar sobre o julgamento por técnica e preço, dispõe, no §1º e no inc. I, que esse critério de julgamento deverá ser escolhido quando o estudo técnico preliminar demonstrar que a avaliação e a ponderação da qualidade técnica das propostas que superarem os requisitos mínimos estabelecidos no edital forem relevantes aos fins pretendidos pela Administração nas licitações para contratação de serviços técnicos especializados de natureza predominantemente intelectual.[102] Assim, restou afastada a controvérsia sobre a natureza exemplificativa ou exaustiva do elenco.

A alínea "h" enquadra os trabalhos de controle de qualidade e tecnológico, análises, testes e ensaios de campo e laboratoriais, instrumentação e monitoramento de parâmetros específicos de obras e do meio ambiente, bem como outros serviços de engenharia, no grupo de serviços técnicos especializados de natureza predominantemente intelectual. Esses trabalhos são especialmente relevantes para a sustentabilidade, pois sinalizam a necessidade de acompanhamento e avaliação dos impactos ambientais ao longo da execução das obras ou serviços de engenharia, alinhando-se com as práticas de mitigação de impactos ambientais.

Como afirmaram Jacoby *et al.*, ao definir a qualificação de serviços que são essenciais para garantir a qualidade das obras, do meio ambiente e de outros serviços de engenharia, o regramento representa uma importante inovação na nova Lei de Licitações.[103]

5.2.3 Art. 6º – Inciso XXIII – Alínea "c" – Consideração do ciclo de vida como parâmetro no Termo de Referência

O inc. XXIII define o "Termo de Referência (TR)" como um documento essencial para a contratação de bens e serviços. Nesse

---

[102] "Art. 36. O julgamento por técnica e preço considerará a maior pontuação obtida a partir da ponderação, segundo fatores objetivos previstos no edital, das notas atribuídas aos aspectos de técnica e de preço da proposta.
§1º O critério de julgamento de que trata o *caput* deste artigo será escolhido quando estudo técnico preliminar demonstrar que a avaliação e a ponderação da qualidade técnica das propostas que superarem os requisitos mínimos estabelecidos no edital forem relevantes aos fins pretendidos pela Administração nas licitações para contratação de:
I - serviços técnicos especializados de natureza predominantemente intelectual, caso em que o critério de julgamento de técnica e preço deverá ser preferencialmente empregado [...]".

[103] FERNANDES, Ana Luiza Jacoby; FERNANDES, Jorge Ulisses Jacoby; FERNANDES, Murilo Jacoby. *Tratado de Licitações e Contratos Administrativos*: Lei nº 14.133/2021. Arts. 1º ao 52, Belo Horizonte: Fórum, 2024.

dispositivo, o legislador não apenas estabeleceu seu significado, como também listou os indicadores e requisitos para sua elaboração. Dessa forma, o TR deve conter diversos parâmetros e elementos descritivos, especificados em dez alíneas, da seguinte maneira:

- definição do objeto, incluídos sua natureza, os quantitativos, o prazo do contrato e, se for o caso, a possibilidade de sua prorrogação;
- fundamentação da contratação, que consiste na referência aos estudos técnicos preliminares correspondentes ou, quando não for possível divulgar esses estudos, no extrato das partes que não contiverem informações sigilosas;
- descrição da solução como um todo, considerado todo o ciclo de vida do objeto;
- requisitos da contratação;
- modelo de execução do objeto, que consiste na definição de como o contrato deverá produzir os resultados pretendidos desde o seu início até o seu encerramento;
- modelo de gestão do contrato, que descreve como a execução do objeto será acompanhada e fiscalizada pelo órgão ou entidade;
- critérios de medição e de pagamento;
- forma e critérios de seleção do fornecedor;
- estimativas do valor da contratação, acompanhadas dos preços unitários referenciais, das memórias de cálculo e dos documentos que lhe dão suporte, com os parâmetros utilizados para a obtenção dos preços e para os respectivos cálculos, que devem constar de documento separado e classificado; e
- adequação orçamentária.

E mais: o §1º do art. 40, que trata de compras, elenca outros elementos obrigatórios:

- especificação do produto, preferencialmente conforme catálogo eletrônico de padronização, observados os requisitos de qualidade, rendimento, compatibilidade, durabilidade e segurança;
- indicação dos locais de entrega dos produtos e das regras para recebimentos provisório e definitivo, quando for o caso; e
- especificação da garantia exigida e das condições de manutenção e assistência técnica, quando for o caso.

A definição detalhada, com a previsão de parâmetros e elementos descritivos obrigatórios, juntamente com o complemento do §1º, ressalta a relevância do TR como um documento crucial para a contratação de bens e serviços.

O TR sempre gerou discussões, principalmente porque sua introdução no ordenamento jurídico não se deu por lei, mas por meio de decreto regulamentar. Esse fato levantou questionamentos sobre sua legitimidade e aplicabilidade.

Seu embrião surgiu no Regulamento do Pregão Presencial, instituído pelo Decreto nº 3.555/2000, que o apontava, no art. 8º, II, como o documento com elementos capazes de propiciar a avaliação do custo pela Administração, diante de orçamento detalhado, considerando os preços praticados no mercado, a definição dos métodos, a estratégia de suprimento e o prazo de execução do contrato. O inc. I definia o início da fase preparatória do pregão com observação da definição do objeto de forma precisa, suficiente e clara, vedadas especificações que, por excessivas, irrelevantes ou desnecessárias, limitassem ou frustrassem a competição ou a realização do fornecimento, que deveria estar refletida no TR.

Observamos em livro:

> O Regulamento traz à baila a necessidade da elaboração de um "termo de referência", documento que conterá elementos que propiciarão a avaliação do custo pela Administração, diante de orçamento detalhado, considerando os preços praticados no mercado, a definição dos métodos, a estratégia de suprimento e o prazo de execução contratual.
>
> Como não há previsão na Lei nº 10.520/2002 desse termo de referência, e há indicação na Lei nº 8.666/1993 no sentido de elaboração de um projeto básico, indagar-se-ia se no pregão um substituiria o outro, o que determinaria a eliminação do segundo como anexo do instrumento convocatório da licitação.
>
> Conforme informado, o termo de referência, consoante a regulamentação, deverá conter elementos que propiciem a avaliação dos custos pela Administração, diante de orçamento detalhado, considerando diversos fatores. Verifica-se, por conseguinte, que o processo licitatório do pregão deve ser instruído com esse termo, o qual conterá informações essenciais para o correto andamento da competição.
>
> Entrementes, não nos parece que o termo de referência venha substituir o projeto básico. Ao contrário, vislumbramos, em avaliação conjugada dos textos dos dispositivos que delineiam a matéria, que, pelas informações que conterão, um servirá de suporte para a elaboração do outro, quando o projeto básico, em face do objeto pretendido, for necessário. Contudo, é evidente que, em certas ocasiões, o termo fará as vezes de projeto básico.
>
> É cediço, entrementes, que o termo de referência trará em seu bojo informações simplificadas do objeto da contratação, do custo envolvido e dos

métodos necessários. Já o projeto básico, quando necessário, conterá uma descrição detalhada do objeto, com todos os requisitos necessários.[104]

Sementeira que deu frutos, o Termo de Referência foi prontamente aceito no mundo jurídico, sendo reafirmado no Decreto nº 5.450/2005, que regulamentava o pregão na modalidade eletrônica. Posteriormente, recebeu ainda mais detalhamento no Decreto nº 10.024/2019, que regulamentou o chamado "Novo Pregão Eletrônico".[105]

Reiteramos, em análise do então novo decreto,[106] que, considerando a ausência de previsão legal expressa e a orientação da então Lei Geral para a elaboração de um Projeto Básico,[107] o TR não substituiria o Projeto Básico, servindo, sim, como um suporte para sua elaboração, sempre que o projeto fosse necessário em função do objeto a ser contratado. No entanto, em determinadas situações, o Termo de Referência poderia desempenhar o papel do Projeto Básico, especialmente quando o objeto não exigisse a complexidade de um projeto formal.

Niebuhr também abordou a questão:

> Percebe-se que o termo de referência previsto no Decreto Federal nº 10.024/19, que trata do pregão eletrônico, é bem mais amplo do que o previsto no Decreto Federal nº 3.555/00, que trata do pregão presencial. [...] De mais a mais, consagrou-se a prática de utilizar o termo de

---

[104] BITTENCOURT, Sidney. *Pregão Presencial*: comentários ao Decreto nº 3.555/2000 e ao regulamento do pregão. 2. ed. Belo Horizonte: Fórum, 2012.

[105] Decreto nº 10.024/2019: "Art. 3º Para fins do disposto neste Decreto, considera-se: [...] XI - termo de referência – documento elaborado com base nos estudos técnicos preliminares, que deverá conter: a) os elementos que embasam a avaliação do custo pela administração pública, a partir dos padrões de desempenho e qualidade estabelecidos e das condições de entrega do objeto, com as seguintes informações: 1. A definição do objeto contratual e dos métodos para a sua execução, vedadas especificações excessivas, irrelevantes ou desnecessárias, que limitem ou frustrem a competição ou a realização do certame; 2. O valor estimado do objeto da licitação demonstrado em planilhas, de acordo com o preço de mercado; e 3. O cronograma físico-financeiro, se necessário; b) o critério de aceitação do objeto; c) os deveres do contratado e do contratante; d) a relação dos documentos essenciais à verificação da qualificação técnica e econômico-financeira, se necessária; e) os procedimentos de fiscalização e gerenciamento do contrato ou da ata de registro de preços; f) o prazo para execução do contrato; e g) as sanções previstas de forma objetiva, suficiente e clara".

[106] BITTENCOURT, Sidney. *Novo Pregão Eletrônico*: Comentários ao novo Decreto nº 10.024, de 20 de setembro de 2019. Leme: JHMizuno, 2020.

[107] A Lei nº 8.666/1993 definia o Projeto Básico como o conjunto de elementos necessários e suficientes, com nível de precisão adequado, para caracterizar a obra ou serviço, ou complexo de obras ou serviços objeto da licitação, elaborado com base nas indicações dos estudos técnicos preliminares, que assegurem a viabilidade técnica e o adequado tratamento do impacto ambiental do empreendimento, e que possibilite a avaliação do custo da obra e a definição dos métodos e do prazo de execução.

> referência como anexo ao edital, veiculando nele detalhamento das especificações técnicas pertinentes ao objeto licitado. Nesse sentido, o termo de referência parece projeto básico, talvez um pouco mais simples. O projeto básico é o documento anexo ao edital que comunica aos licitantes as especificidades técnicas de obra ou serviço de engenharia objeto de licitação, já o termo de referência é o documento anexo ao edital que comunica aos licitantes as especificidades técnicas de bem ou serviço comum objeto de licitação, que não seja de engenharia. Ou seja, o termo de referência é o equivalente ao projeto básico para objetos que não se constituem em obra e serviço de engenharia.[108]

Sobre o tema, o Tribunal de Contas da União (TCU) também se manifestou, defendendo que a escolha do documento a ser elaborado – Termo de Referência ou Projeto Básico – deveria considerar a modalidade de licitação. Para licitações na modalidade pregão, o TCU propôs o uso do TR em substituição ao Projeto Básico, uma vez que essa modalidade, geralmente voltada para aquisições mais simples e diretas, não requereria a complexidade do projeto.

> Acórdão nº 5.865/2005: [...] 4. Por meio da decisão embargada, o Tribunal recomendou à empresa que, na fase preparatória da licitação na modalidade pregão eletrônico, elabore termo de referência, conforme previsto no art. 9º, inciso I, do Decreto nº 5.450/2005.
> 5. Tal recomendação decorreu da constatação da ocorrência de impropriedade formal, caracterizada pela utilização da denominação projeto básico em lugar do termo de referência de que tratam as normas legais e regulamentares do pregão.
> 6. Embora constasse do projeto básico anexado ao edital do Pregão Eletrônico nº 460/2009 os elementos que devem integrar o termo de referência, concordei com a recomendação sugerida pela unidade técnica na instrução da representação em foco, uma vez que a Administração deve utilizar os termos peculiares à modalidade de licitação que estiver processando, evitando o uso indevido da denominação projeto básico em substituição a termo de referência, por ser esta a nomenclatura empregada pelo decreto regulamentador do pregão.

Certo é que, com a Lei nº 14.133/2021, o Termo de Referência tomou um norte definitivo. Como destacou Tatiana Camarão, com o roteiro definido, o documento tornou-se mais uniforme e padronizado, o que trouxe maior clareza sobre os itens essenciais que devem constar.

---

[108] NIEBUHR, Joel de Menezes. *Pregão presencial e eletrônico*. 8. ed. Belo Horizonte: Fórum, 2020.

Dessa forma, a elaboração do TR deixou de depender do livre arbítrio da Administração, assegurando que os elementos essenciais estejam sempre presentes e bem delineados.[109]

Nas atuais vestes, equiparou-se definitivamente em importância ao Projeto Básico, consolidando-se como um elemento fundamental nas contratações públicas.

Pois bem, entre os elementos listados para compor esse importante documento, consta, na alínea "c", a exigência de uma descrição completa da solução, levando em consideração todo o ciclo de vida do objeto.

O ciclo de vida de um produto refere-se às diversas etapas que ele atravessa, desde seu desenvolvimento inicial até sua descontinuação no mercado.

Observa-se que o art. 11 da Lei, ao definir os objetivos da licitação, destaca a importância de garantir a seleção da proposta que resulte na contratação mais vantajosa para a Administração, considerando inclusive o ciclo de vida do objeto.

Da mesma forma, o art. 18, ao elencar considerações técnicas, mercadológicas e de gestão que podem interferir na contratação, salienta, entre outras, a escolha da modalidade de licitação, o critério de julgamento, o modo de disputa e a adequação e eficiência da forma de combinação desses parâmetros, para os fins de seleção da proposta apta a gerar o resultado de contratação mais vantajoso para a Administração Pública, também sempre levando em conta todo o ciclo de vida do objeto pretendido.

Esse cuidado da Lei com o ciclo de vida do produto a ser adquirido demonstra a preocupação do legislador contemporâneo de garantir que as contratações públicas sejam mais eficientes, sustentáveis e vantajosas a longo prazo. Ao considerar esse ciclo, a Lei vai além do custo imediato de aquisição, abrangendo todas as fases, desde a produção, uso, manutenção e descarte, até a destinação final, reforçando a necessidade de se avaliar não apenas o custo inicial, mas também os impactos ao longo de toda a existência do bem ou serviço, assegurando maior sustentabilidade e eficiência nas contratações públicas.

Dessa forma, ao elaborar o Termo de Referência, o responsável deverá se empenhar em descrever detalhadamente o objeto pretendido, avaliando, na medida do possível, todo o ciclo de vida do item desejado, assegurando assim uma contratação eficiente e sustentável.

---

[109] CAMARÃO, Tatiana. Nova Lei de Licitações: os desafios das mudanças na garantia de execução contratual. *Jusbrasil*, [*s. l.*], 1º set. 2017.

5.2.4 Art. 6º – Inciso XXIV – Alínea "e" – Necessidade de incorporar parâmetros de economia na utilização, facilidade na execução, impacto ambiental e acessibilidade no anteprojeto

No âmbito da engenharia e da arquitetura, o Anteprojeto configura uma espécie de esboço ou conhecimento prévio acerca de um tema que, depois de analisado ou modificado, transforma-se na base do projeto final de uma obra.

Seguindo esse conceito, o inc. XXIV define Anteprojeto como peça técnica com todos os subsídios necessários à elaboração do Projeto Básico, que, consoante definição constante no inc. XXV, constitui conjunto de elementos necessários e suficientes, com nível de precisão adequado para definir e dimensionar a obra ou o serviço, ou o complexo de obras ou de serviços objeto da licitação, elaborado com base nas indicações dos estudos técnicos preliminares, que assegure a viabilidade técnica e o adequado tratamento do impacto ambiental do empreendimento e que possibilite a avaliação do custo da obra e a definição dos métodos e do prazo de execução.

Como disposto no art. 18, a fase preparatória do processo licitatório caracteriza-se pelo planejamento, devendo abordar todas as considerações técnicas, mercadológicas e de gestão que podem interferir na contratação, compreendendo, dentre outros elementos, a definição do objeto para o atendimento da necessidade, que deverá ocorrer meio de termo de referência, anteprojeto, projeto básico ou projeto executivo, conforme o caso.

Este inc. XXIV elenca as informações mínimas que deverão conter no Anteprojeto:

- demonstração e justificativa do programa de necessidades, avaliação de demanda do público-alvo, motivação técnico-econômico-social do empreendimento, visão global dos investimentos e definições relacionadas ao nível de serviço desejado;
- condições de solidez, de segurança e de durabilidade;
- prazo de entrega;
- estética do projeto arquitetônico, traçado geométrico e/ou projeto da área de influência, quando cabível;
- parâmetros de adequação ao interesse público, de economia na utilização, de facilidade na execução, de impacto ambiental e de acessibilidade;

- proposta de concepção da obra ou do serviço de engenharia;
- projetos anteriores ou estudos preliminares que embasaram a concepção proposta;
- levantamento topográfico e cadastral;
- pareceres de sondagem; e
- memorial descritivo dos elementos da edificação, dos componentes construtivos e dos materiais de construção, de forma a estabelecer padrões mínimos para a contratação.

Observa-se, portanto, que o Anteprojeto é um passo obrigatório e prévio ao Projeto Básico, funcionando como elemento técnico que o fundamenta e subsidia.

Anote-se que, nas hipóteses de contratação integrada, o Anteprojeto será peça fundamental, uma vez que, de acordo com o §2º do art. 46, a Administração, nesses casos, restará dispensada da elaboração de Projeto Básico.[110]

Como se viu, entre as informações que deverão conter no Anteprojeto, há a necessidade de indicação dos parâmetros de adequação ao interesse público, de economia na utilização, de facilidade na execução, de impacto ambiental e de acessibilidade.

Verifica-se, portanto, que, nele, a sustentabilidade assume um papel importante, sendo abordada de forma ampla, começando pela economia na utilização, que visa otimizar o uso de materiais e energia, reduzindo desperdícios ao longo de todo o ciclo de vida do que se projeta, passando pela verificação do impacto ambiental, que exige que contemple soluções que minimizem danos ao meio ambiente, como o controle de emissões, o uso eficiente de recursos naturais e a destinação adequada de resíduos, culminando com a preocupação com a acessibilidade, que abarca a garantia de que seja inclusivo e acessível a todos, independentemente de limitações físicas ou sensoriais.

Dessa forma, o Anteprojeto não apenas promove a eficiência e a preservação ambiental, como também assegura que os princípios de equidade e acessibilidade sejam incorporados desde as fases iniciais do planejamento, contribuindo para uma contratação pública mais responsável e alinhada com os interesses sociais e ambientais.

---

[110] "Art. 46. Na execução indireta de obras e serviços de engenharia, são admitidos os seguintes regimes:

[...]

§2º A Administração é dispensada da elaboração de projeto básico nos casos de contratação integrada, hipótese em que deverá ser elaborado anteprojeto de acordo com metodologia definida em ato do órgão competente, observados os requisitos estabelecidos no inciso XXIV do art. 6º desta Lei".

5.2.5 Art. 6º – Inciso XXV – Projeto Básico: obrigatoriedade de verificação do impacto ambiental, com a inserção de estudos socioambientais

Na mesma linha da definição dada ao Projeto Básico na revogada Lei nº 8.666/1993, a Nova Lei de Licitações o define como um conjunto de elementos necessários e suficientes, com nível de precisão adequado para definir e dimensionar a obra ou o serviço, ou o complexo de obras ou de serviços objeto da licitação, elaborado com base nas indicações dos estudos técnicos preliminares, que assegure a viabilidade técnica e o adequado tratamento do impacto ambiental do empreendimento e que possibilite a avaliação do custo da obra e a definição dos métodos e do prazo de execução.

Pela preocupação do legislador em aperfeiçoar o conceito, evidencia-se sua importância para a precisa definição do objeto a ser licitado.

Geralmente, a expressão "projeto" é empregada no sentido de um plano traçado antecipadamente, de modo que, por ele, se realize algo ou alguma coisa.

A Lei nº 14.133/2021, que, como já mencionado, praticamente aperfeiçoa o texto da lei anterior, com acolhimento das normas da Associação Brasileira de Normas Técnicas (ABNT),[111] amplia o conceito de projeto.

Verifica-se, avaliando-se a definição, que esse projeto tem muito pouco de básico, porquanto deve oferecer uma excelente visão da obra ou do serviço, identificando-os com absoluta clareza.

Contudo, como repisou o texto pretérito, perduraram os questionamentos relativos aos níveis adequados de precisão. Um bom parâmetro pode ser o previsto na alínea "f" do art. 3º da Resolução nº 361/1991 do CONFEA, norma que dispõe sobre a conceituação de projeto básico em consultoria de engenharia, arquitetura e agronomia. Tal dispositivo define que o projeto básico deve ser composto de quantidades e custos de serviços e fornecimentos compatíveis com o tipo e porte da obra,

---

111 A ABNT é entidade civil, sem fins lucrativos, fundada em 1940 por entidades e profissionais na III Reunião dos Laboratórios Nacionais de Ensaios de Materiais, no Rio de Janeiro, reconhecida como órgão de utilidade pública em 1962, e considerada como Foro Nacional de Normalização, possuindo a atribuição de elaborar normas técnicas que estabeleçam padrão de qualidade, utilidade, resistência e segurança que devam ser obedecidos nas contratações públicas ou privadas.

de tal forma que ensejem a determinação do custo global em torno de 15% (quinze por cento).

Anote-se que a definição de "projeto básico" demonstra claramente que sua concepção legal foi incisiva para obras, e apenas subsidiariamente para serviços.

> Súmula nº 271 – TCU: Em licitações de obras e serviços de engenharia, é necessária a elaboração de projeto básico adequado e atualizado, assim considerado aquele aprovado com todos os elementos descritos [...], constituindo prática ilegal a revisão de projeto básico ou a elaboração de projeto executivo que transfigurem o objeto originalmente contratado em outro de natureza e propósito diversos.

Assente-se que, em Acórdão, o TCU determinou que fosse dado conhecimento às unidades jurisdicionadas ao Tribunal que as orientações constantes de Orientação Técnica editada pelo Instituto Brasileiro de Obras Públicas (IBRAOP), passassem a ser observadas quando da fiscalização de obras públicas:

> Acórdão nº 632/2012 – Plenário – [...] 9.1.1 para os órgãos/entidades que dispõem de normativos próprios para regular a elaboração de projetos básicos das obras por eles licitadas e contratadas, os conceitos da referida norma serão aplicados subsidiariamente; 9.1.2. a adoção da OT IBR nº 01/2006 não dispensa os gestores de providenciar os elementos técnicos adicionais, decorrentes das especificidades de cada obra auditada; 9.2 determinar à Segecex que, nas fiscalizações de futuras licitações de obras públicas, passe a avaliar a compatibilidade, do projeto básico com a OT IBR nº 01/2006 e, na hipótese de inconformidades relevantes, represente ao relator com proposta de providências [...].[112]

Como o art. 18 da Lei determina que, na fase de planejamento, deverá a Administração elaborar o Projeto Básico, verifica-se que se trata de requisito indispensável para a confecção do edital licitatório.[113]

---

112 Nesse contexto, o Instituto Brasileiro de Auditoria de Obras Públicas (IBRAOP) emitiu a Orientação Técnica OT-IBR 004/2012, resultado de debates em âmbito nacional envolvendo especialistas diretamente ligados à auditoria de obras públicas. Elaborada em conformidade com a legislação e normas aplicáveis, essa orientação visa estabelecer a margem de erro admissível nos orçamentos de obras públicas, facilitando a detecção de eventuais casos de superfaturamento. Em face da vigência da Nova Lei de Licitações e com o objetivo de dirimir eventuais controvérsias, o instituto emitiu a Nota Técnica 2/2024 esclarecendo que todas as produções técnicas editadas permanecem válidas, desde que não sejam incompatíveis com a nova legislação. Nos casos em que houver incompatibilidade, prevalecerão as disposições da Lei nº 14.133/2021, até que as produções sejam devidamente atualizadas.

113 "Art. 18. A fase preparatória do processo licitatório é caracterizada pelo planejamento e deve compatibilizar-se com o plano de contratações anual de que trata o inciso VII do

Utilizado para o dimensionamento da obra ou serviço, deverá se basear, entre outros elementos, nas indicações dos estudos técnicos preliminares que assegurem a viabilidade técnica e o adequado tratamento do impacto ambiental do empreendimento.

A Avaliação de Impacto Ambiental (AIA) é um processo técnico utilizado para analisar e prever os impactos ambientais causados por atividades ou empreendimentos, que tem como principal função fornecer subsídios para o processo de licenciamento ambiental, permitindo que sejam tomadas decisões com base na avaliação dos possíveis efeitos sobre o meio ambiente.

A exigência de licenciamento ambiental prévio está prevista no art. 10 da Lei nº 6.938, de 31.08.1981, que trata da Política Nacional do Meio Ambiente, conforme a redação dada pela Lei Complementar nº 140/2011:

> Art. 10. A construção, instalação, ampliação e funcionamento de estabelecimentos e atividades utilizadores de recursos ambientais, efetiva ou potencialmente poluidores ou capazes, sob qualquer forma, de causar degradação ambiental dependerão de prévio licenciamento ambiental.

Os critérios básicos e diretrizes gerais para a avaliação de impacto ambiental estão disciplinados na Resolução CONAMA nº 1, de 23.01.1986.[114]

Ao exigir que o Projeto Básico considere o impacto ambiental do empreendimento, a Nova Lei de Licitações destaca a relevância da sustentabilidade e da proteção ambiental no desenvolvimento de obras e serviços públicos, refletindo um compromisso mais robusto com o desenvolvimento sustentável e a preservação dos recursos naturais, garantindo um crescimento responsável e a proteção do meio ambiente para as gerações futuras.[115]

Além de conceituar o Projeto Básico, o legislador fez questão de detalhar os elementos mínimos que o compõem, apresentando-os em seis alíneas, conforme segue:

---

caput do art. 12 desta Lei, sempre que elaborado, e com as leis orçamentárias, bem como abordar todas as considerações técnicas, mercadológicas e de gestão que podem interferir na contratação, compreendidos:
[...] II - a definição do objeto para o atendimento da necessidade, por meio de termo de referência, anteprojeto, projeto básico ou projeto executivo, conforme o caso [...]".

114 Alterada pelas Resoluções CONAMA nºs 11/1986, 5/1987 e 237/1997.

115 DOMPIERI, Bruno Motta. Nova Lei de Licitações e Contratações Sustentáveis. *Jusbrasil*, [*s. l.*], 24 out. 2023.

a) levantamentos topográficos e cadastrais, sondagens e ensaios geotécnicos, ensaios e análises laboratoriais, estudos socioambientais e demais dados e levantamentos necessários para execução da solução escolhida;
b) soluções técnicas globais e localizadas, suficientemente detalhadas, de forma a evitar, por ocasião da elaboração do projeto executivo e da realização das obras e montagem, a necessidade de reformulações ou variantes quanto à qualidade, ao preço e ao prazo inicialmente definidos;
c) identificação dos tipos de serviços a executar e dos materiais e equipamentos a incorporar à obra, bem como das suas especificações, de modo a assegurar os melhores resultados para o empreendimento e a segurança executiva na utilização do objeto, para os fins a que se destina, considerados os riscos e os perigos identificáveis, sem frustrar o caráter competitivo para a sua execução;
d) informações que possibilitem o estudo e a definição de métodos construtivos, de instalações provisórias e de condições organizacionais para a obra, sem frustrar o caráter competitivo para a sua execução;
e) subsídios para montagem do plano de licitação e gestão da obra, compreendidos a sua programação, a estratégia de suprimentos, as normas de fiscalização e outros dados necessários em cada caso; e
f) orçamento detalhado do custo global da obra, fundamentado em quantitativos de serviços e fornecimentos propriamente avaliados, obrigatório exclusivamente para os regimes de execução previstos nos incisos I, II, III, IV e VII do art. 46.[116]

Vide que a alínea "a" impõe a existência de levantamentos topográficos e cadastrais, sondagens e ensaios geotécnicos, análises laboratoriais e estudos socioambientais para execução da solução escolhida.

Como assinala Domingos Dissei, essa exigência determina a necessidade de elaboração de soluções técnicas globais e localizadas, suficientemente detalhadas, de forma a evitar, por ocasião da elaboração do projeto executivo e da realização das obras e montagem, reformula-

[116] "Art. 46. Na execução indireta de obras e serviços de engenharia, são admitidos os seguintes regimes:
I - empreitada por preço unitário;
II - empreitada por preço global;
III - empreitada integral;
IV - contratação por tarefa; [...]
VII - fornecimento e prestação de serviço associado".

ções ou variantes quanto à qualidade, ao preço e ao prazo inicialmente definidos, sendo imprescindível a identificação dos tipos de serviços a executar e dos materiais e equipamentos a incorporar à obra, bem como das suas especificações, de modo a assegurar os melhores resultados para o empreendimento e a segurança executiva na utilização do objeto, para os fins a que se destina, considerados os riscos e os perigos identificáveis, sem frustrar o caráter competitivo para a sua execução.[117]

A inclusão obrigatória de estudos socioambientais no Projeto Básico configura um marco fundamental para a promoção de uma gestão pública responsável e sustentável. Essa exigência não apenas demonstra um compromisso com a proteção do meio ambiente, mas também garante que o desenvolvimento leve em consideração as necessidades sociais da população.

José de Souza Pinto destaca que essa medida transcende a mera legalidade, pois é um passo crucial para assegurar a responsabilidade social e ambiental da Administração Pública.

> Alinhada aos princípios constitucionais e internacionais de proteção ambiental e direitos humanos, essa exigência contribui para a execução de obras que atendem à demanda por infraestrutura, ao mesmo tempo em que preservam os recursos naturais e promovem o bem-estar social.[118]

Também alinhados à sustentabilidade, levantamentos topográficos e cadastrais, sondagens, ensaios geotécnicos e análises laboratoriais configuram atividades que ajudam a embasar decisões técnicas que levam à execução de soluções mais sustentáveis, equilibrando o progresso econômico com a proteção ambiental.

E mais: outro elemento de composição do Projeto Básico que tem significativa relação com o desenvolvimento sustentável é o prescrito na alínea "c", voltado para a identificação dos tipos de serviços a executar e dos materiais e equipamentos a incorporar à obra, bem como das suas especificações, buscando assegurar os melhores resultados para o empreendimento e a segurança na utilização do objeto, uma vez que a escolha de materiais e equipamentos que sejam eficientes e de menor impacto ambiental, além de especificações técnicas adequadas, contribui diretamente para a sustentabilidade, ao reduzir riscos e danos ambientais.

---

117 DISSEI, Domingos. A importância do Projeto Básico. *Tribunal de Contas do Município de São Paulo*, São Paulo, 12 ago. 2021.

118 PINTO, José de Souza. *Sustentabilidade na gestão pública*. Rio de Janeiro: Ideias, 1999.

TÍTULO II

DAS LICITAÇÕES

CAPÍTULO I

DO PROCESSO LICITATÓRIO

Art. 11. *O processo licitatório tem por objetivos:*
I - assegurar a seleção da proposta apta a gerar o resultado de contratação mais vantajoso para a Administração Pública, *inclusive no que se refere ao ciclo de vida do objeto;*
II - assegurar tratamento isonômico entre os licitantes, bem como a justa competição;
III - evitar contratações com sobrepreço ou com preços manifestamente inexequíveis e superfaturamento na execução dos contratos;
IV - *incentivar* a inovação e *o desenvolvimento nacional sustentável.*
Parágrafo único. A alta administração do órgão ou entidade é responsável pela *governança das contratações* e deve implementar processos e estruturas, inclusive de gestão de riscos e controles internos, para avaliar, direcionar e monitorar os processos licitatórios e os respectivos contratos, com o intuito de alcançar os objetivos estabelecidos no *caput* deste artigo, promover um ambiente íntegro e confiável, assegurar o alinhamento das contratações ao planejamento estratégico e às leis orçamentárias e promover eficiência, efetividade e eficácia em suas contratações.

A natureza não faz milagres,
faz revelações.
(Carlos Drummond de Andrade)

5.3 Artigo 11 – Objetivos do processo licitatório

O processo licitatório é o conjunto de atos administrativos, seriados e ordenados, que visam selecionar a proposta mais vantajosa para a Administração Pública. Esses atos seguem uma sequência legal vinculada prevista, buscando garantir transparência, isonomia e a melhor utilização dos recursos públicos. Ele envolve etapas como a elaboração do edital, habilitação dos participantes, julgamento das propostas e homologação, sempre visando a garantir a competição justa.

Essa descrição reflete o procedimento formal e estruturado que o processo licitatório deve seguir, conforme os princípios previstos no art. 37, inc. XXI, da Constituição Federal, que estabelece a obrigatoriedade de respeito aos princípios da legalidade, impessoalidade, moralidade, publicidade e eficiência.

Com base nas inovações trazidas pela Lei das Estatais (Lei nº 13.303/2016), este art. 11 da Nova Lei de Licitações reforça e amplia os objetivos do processo licitatório, estabelecendo objetivos garantidores de maior eficiência, equidade e responsabilidade nas contratações públicas.

São objetivos do processo licitatório:

- garantir a seleção da proposta apta a gerar o resultado de contratação mais vantajoso para a Administração Pública, inclusive no que se refere ao ciclo de vida do objeto;
- assegurar tratamento isonômico entre os licitantes;
- manter a justa competição;
- impedir contratações com sobrepreços;
- afastar contratações com preços manifestamente inexequíveis;
- não permitir superfaturamento na execução dos contratos;
- incentivar a inovação; e
- estimular o desenvolvimento nacional sustentável.

5.3.1 Art. 11 – Inciso I – Seleção da proposta para uma contratação mais vantajosa, considerando o *ciclo de vida* do objeto pretendido

O objetivo traçado no inc. I tem íntima relação com a sustentabilidade, pois preceitua a necessidade de o processo licitatório garantir da seleção da proposta apta a gerar o resultado de contratação mais vantajoso para a Administração Pública, levando em conta, entre outros fatores, o *ciclo de vida* do objeto.[119] Essa determinação, de suma relevância, implica avaliação não somente do custo imediato, mas também dos impactos ambientais e econômicos ao longo de todo o período de utilização, manutenção e descarte do objeto, promovendo decisões mais responsáveis e alinhadas ao desenvolvimento sustentável.

---

[119] Vide que, conforme já destacado, o art. 6º, ao definir o Termo de Referência, já fez menção, no inc. XXIII, à necessidade de nele conter a descrição da solução como um todo, considerando todo o *ciclo de vida* do objeto.

Substituindo a tradicional busca da "proposta mais vantajosa", o novo texto, mais conectado com a realidade, propugna que se assegure a seleção da "proposta apta a gerar o resultado de contratação mais vantajoso". Vê-se, pois, que a análise do ganho, do proveito, da vantagem (ou da "vantajosidade", como adotam alguns administrativistas) não mais se dará no âmbito da proposta em si, mas, sim, na mensuração de seu resultado no contrato.

Esse enfoque no resultado da execução contratual, em vez de uma avaliação estrita da proposta inicial, reflete os princípios da Administração Pública gerencial. Nessa abordagem, os controles administrativos são direcionados aos resultados obtidos e aplicados de forma posterior, em vez de se concentrar rigidamente em cada etapa do processo administrativo.[120]

Assim, ao elaborarem suas propostas, os licitantes não apenas precisarão evidenciar sua capacidade formal para a execução do contrato, mas também demonstrar a habilidade de alcançar os resultados esperados com a contratação.

O *ciclo de vida* de um produto está intrinsecamente relacionado a outro objetivo das licitações, o incentivo ao desenvolvimento nacional sustentável,[121] uma vez que abrange uma série de etapas que incluem o seu desenvolvimento, a obtenção de matérias-primas e insumos, o processo produtivo, o consumo e a disposição final.[122]

Nesse contexto, a avaliação do *ciclo de vida* de um objeto não se pautará somente no custo econômico imediato, mas também nos custos econômicos e ambientais e até mesmo sociais ao longo de toda a vida útil.

> Uma das formas de considerar o ciclo de vida dos produtos é a partir da noção de preço ecológico, que é o preço de um produto ou serviço que internalizou os custos ambientais negativos (ao reverso, o preço não é ecológico quando os custos ambientais de produção, consumo ou disposição final são externalizados e transferidos para toda a sociedade). Será, nos termos da lei, mais vantajosa não somente a proposta de menor

---

[120] FRAZÃO, Alexandre Costeira. A nova Lei de Licitações e Contratos Administrativos e o princípio da "vantajosidade". *LinkedIn*, [*s. l.*], 18 jan. 2017.

[121] Que também é um princípio licitatório, como antes anotado.

[122] Conforme, inclusive, definido no inc. IV do art. 3º da Lei nº 12.305/2010 (que institui a Política Nacional de Resíduos Sólidos): "Art. 3º Para os efeitos desta Lei, entende-se por:
[...]
IV - ciclo de vida do produto: série de etapas que envolvem o desenvolvimento do produto, a obtenção de matérias-primas e insumos, o processo produtivo, o consumo e a disposição final".

preço imediato, mas aquela que produza menores custos econômico e ambiental ao longo do ciclo de vida de seu objeto.[123]

Portanto, doravante, a Administração deverá, ao determinar o objeto, delinear as etapas de seu *ciclo de vida*, visando definir especificações que minimizem os impactos socioambientais ao longo de toda a sua cadeia produtiva, incluindo considerações sobre a produção e o consumo de energia, o processo produtivo, a manutenção, o transporte, além dos impactos relacionados ao uso e reúso.

Na prática, a Administração deverá focar nas etapas de produção, distribuição, utilização e descarte, assegurando que cada etapa do ciclo de vida do objeto seja gerida de maneira a minimizar impactos negativos e promover a sustentabilidade.

Dessa forma, ao descrever o objeto de uma contratação, será fundamental analisar os aspectos ambientais e sociais relacionados a escolhas mais sustentáveis.

Como bem elencou Caroline Silva, do ponto de vista ambiental, poderão ser considerados, entre outros: a) água – priorizando alternativas que minimizem o consumo de água; b) ar – reduzindo a emissão de gases de efeito estufa; c) resíduos – optando por produtos reciclados, recicláveis, biodegradáveis ou por bens, serviços e obras que atendam a critérios de consumo social e ambientalmente responsáveis; d) matéria-prima – preferindo materiais naturais, atóxicos, orgânicos, reciclados, recicláveis ou biodegradáveis, sem substâncias perigosas; e) energia – escolhendo objetos que promovam a eficiência energética e o uso de fontes renováveis; e f) biodiversidade – priorizando a origem ambientalmente regular; e g) rotulagem – dando preferência a produtos com certificações ambientais, como o selo verde (Tipo I), autodeclarações ambientais (Tipo II) e avaliação do ciclo de vida (Tipo III). Já nos aspectos sociais, poderão ser considerados, entre outros: a) localidade – apoiando o desenvolvimento local e a geração de empregos; b) pequenas empresas – conforme a Lei Complementar nº 123/2006, visando o fomento de pequenos empreendimentos; c) cooperativas e associações – contratando essas formas organizacionais; d) minorias vulneráveis – incentivando a contratação de mulheres, pessoas com deficiência, negros, estrangeiros e egressos do sistema prisional; e) programas sociais – promovendo iniciativas que estimulem a cultura

---

123 SANTOS, José Anacleto Abduch. Licitações e contratos na nova Lei das Estatais: breves apontamentos. *Revista Zênite*: Informativo de Licitações e Contratos, Curitiba, n. 270, p. 776-787, 2016.

local, saúde e educação comunitária; e f) certificação de responsabilidade social - priorizando empresas com selos sociais; e g) uso de Equipamentos de Proteção Individual (EPIs) – garantindo a saúde e segurança dos trabalhadores.[124]

Desse modo, ao considerar o *ciclo de vida* da contratação pública, estar-se-á abordando a sustentabilidade em todas as suas fases, que incluem, entre outras, o planejamento da contratação, a conformidade com a legislação ambiental, a execução do contrato e a disposição correta dos resíduos e rejeitos gerados ao longo do processo.

5.3.2 Art. 11 – Inciso IV – Inovação e desenvolvimento nacional sustentável

O inc. IV destaca dois objetivos fundamentais da licitação: a inovação e o desenvolvimento nacional sustentável. Estes objetivos estão interligados de maneira clara, frequentemente se entrelaçando, devido à sua natureza complementar.

Não é de hoje que sustentamos que as contratações públicas devem ter um propósito mais nobre, pois, em vez de servirem tão somente para suprir as necessidades da Administração, deveriam ser utilizadas com inteligência, como ferramenta de desenvolvimento nacional. Nessa contextura, observe-se, por exemplo, que a União Europeia, pós-crise 2008, estabeleceu nova Diretiva na regulação das contratações públicas na região, tomando como ponto de partida a relevância do poder de compra estatal como instrumento apto não apenas a fomentar a recuperação econômica, mas também a incentivar a inovação do setor produtivo.

Nesse sentido, as justificativas trazidas pela Diretiva:

> As autoridades públicas deverão fazer a melhor utilização estratégica da contratação pública para fomentar a inovação. A aquisição de produtos, obras e serviços inovadores desempenha um papel fundamental na melhoria da eficiência e da qualidade dos serviços públicos dando simultaneamente resposta aos grandes desafios societais. Contribui para a utilização mais rentável dos fundos públicos, bem como para maiores benefícios econômicos, ambientais e societais no que respeita ao surgimento de novas ideias, à sua tradução em produtos e serviços

[124] SILVA, Caroline Rodrigues da. Breves anotações sobre a etapa preparatória. *In:* RODRIGUES, Caroline; LEAL, Jander (org.). *Brevidades sobre Sustentabilidade nas contratações públicas*. São Paulo: Sollicita, 2023.

inovadores e, consequentemente, à promoção de um crescimento económico sustentável.[125]

Após comentar os fatores que influenciaram essa nova função das contrações públicas, Marina Zago observa:

> É preciso destacar o papel do poder de compra estatal no estímulo de produtos e de processos inovadores, que não seriam buscados de forma espontânea pelo mercado, em razão dos desincentivos existentes. Tendo em vista a relevância da inovação para gerar desenvolvimento socioeconômico, o poder público pode atuar de variadas formas para estimular investimentos na área de inovação – por exemplo, por meio da criação de instituições públicas destinadas a pesquisas ou da concessão de incentivos para novas empresas inovadoras. Um dos instrumentos de destaque é, justamente, o poder de compra estatal, por meio do qual o Estado antecipa e fomenta a criação de mercado para produtos e processos tecnológicos e acelera o tempo de maturação comercial desses investimentos, reduzindo seus riscos e neutralizando o "price gap" tipicamente existente nos processos inovativos.[126]

Com esse pensamento, o legislador da Lei nº 14.133/02021 previu o uso das contratações públicas com o objetivo de incentivar a inovação.

Para Anderson Diniz, além de diretriz destinada aos atores do processo licitatório em todas as fases da licitação, constitui-se em objetivo precípuo quando se buscar no mercado as opções para o atendimento das necessidades da Administração.

> Por exemplo, na escolha do produto ou serviço que melhor atenda às necessidades administrativas, deve-se dar prevalência àquele produto ou serviço inovador, que produzirá uma maior eficiência na aplicação desejada, quer por meio de uma nova ideia, quer por meio de melhoria de ideia já existente. Tal atitude visa imprimir no empresariado uma necessidade de melhoria de seus produtos ou ser viços, de forma a não só produzir melhores produtos ou serviços, mas de torná-los mais eficientes e adaptados às necessidades impostas pela Administração Pública.[127]

---

[125] Directiva do Parlamento Europeu e do Conselho relativa a contratos públicos.

[126] ZAGO, Marina Fontão. *Poder de compra estatal como instrumento de políticas públicas*. Brasília: Enap, 2018.

[127] DINIZ, Anderson Morais. *Tratado da Nova Lei de Licitações e Contratos Administrativos*. Lei 14.133/21 Comentada por Advogados Públicos. Organização de Leandro Sarai. 4. ed. Salvador: Juspodivm, 2024.

Assim, as contratações públicas, historicamente tratadas como uma "atividade-meio" do Estado, com foco exclusivo na aquisição eficiente e isonômica de bens e serviços, evoluíram para desempenhar um papel mais abrangente. Hoje, essas contratações não se limitam apenas à compra de itens necessários ao funcionamento da Administração Pública, mas assumem uma função derivada, com a finalidade de atingir objetivos adicionais. Entre esses novos propósitos estão o fomento à inovação, a promoção do desenvolvimento sustentável e a geração de impactos sociais positivos, ampliando a atuação do Estado para além da mera obtenção de bens, obras ou serviços.

Relembra-se que a Lei nº 10.973/2004, alterada pela Lei nº 13.243/2016 (denominada como o Marco Legal da Ciência, Tecnologia e Inovação), que dispõe sobre incentivo à inovação e à pesquisa científica e tecnológica no ambiente produtivo, com vistas à capacitação tecnológica, ao alcance da autonomia tecnológica e ao desenvolvimento do sistema produtivo nacional e regional do País, prevê, dentre os instrumentos de estímulo à inovação nas empresas, o uso do poder de compra do Estado, dispondo que as iniciativas para promoção e incentivo à pesquisa e ao desenvolvimento de produtos, serviços e processos inovadores em empresas brasileiras e em entidades brasileiras de direito privado sem fins lucrativos poderão ser estendidas a ações visando à indução de inovação por meio de compras públicas.[128]

Como antes verificamos, o art. 5º da Lei elenca "desenvolvimento nacional sustentável" como princípio aplicável às licitações e contratações públicas. Nesse norte, em reforço, este inc. IV afirma que o estímulo ao desenvolvimento nacional sustentável é também um dos objetivos licitatórios. E isso não é novidade da Nova Lei, pois, apesar de, em sua redação original, a lei de licitações anterior (nº 8.666/1993) só aludir à isonomia e seleção da melhor proposta, passou a prever o desenvolvimento sustentável como mais um fim a ser alcançado a partir da alteração promovida pela Lei nº 12.349/2010.

[128] "Art. 19. A União, os Estados, o Distrito Federal, os Municípios, as ICTs e suas agências de fomento promoverão e incentivarão a pesquisa e o desenvolvimento de produtos, serviços e processos inovadores em empresas brasileiras e em entidades brasileiras de direito privado sem fins lucrativos, mediante a concessão de recursos financeiros, humanos, materiais ou de infraestrutura a serem ajustados em instrumentos específicos e destinados a apoiar atividades de pesquisa, desenvolvimento e inovação, para atender às prioridades das políticas industrial e tecnológica nacional. (Redação pela Lei nº 13.243, de 2016); [...] §2º-A. São instrumentos de estímulo à inovação nas empresas, quando aplicáveis, entre outros: (Redação pela Lei nº 13.243, de 2016); [...] VIII - uso do poder de compra do Estado; (Incluído pela Lei nº 13.243, de 2016); [...] §6º As iniciativas de que trata este artigo poderão ser estendidas a ações visando a: (Incluído pela Lei nº 13.243, de 2016); [...] IX - indução de inovação por meio de compras públicas [...]" (Incluído pela Lei nº 13.243, de 2016).

As licitações sustentáveis, como repisamos, são os certames públicos que exigem das futuras contratadas o atendimento a critérios ambientais, sociais e econômicos, com a finalidade do desenvolvimento da sociedade em seu sentido amplo e a preservação de um meio ambiente equilibrado. Tais licitações se fundam na premissa de que o comprador público deve adotar a licitação não só como ferramenta da compra do melhor produto/serviço pelo melhor preço, mas também para fazer valer a obrigação constitucional do Poder Público de garantir um meio ambiente equilibrado (art. 225 da CF).

Destarte, tendo como princípio e objetivo da licitação o desenvolvimento sustentável,[129] tornou-se essencial a atuação do Estado como agente indutor de comportamentos na economia e na sociedade. A expressiva participação das contratações públicas no mercado permite ao Poder Público influenciar diretamente as práticas empresariais, promovendo padrões sustentáveis de produção e consumo, o que incentiva uma mudança de mentalidade tanto no setor privado quanto na coletividade em geral.

Verifica-se, assim, que o desenvolvimento sustentável tem forte vínculos com a inovação, uma vez que a sustentabilidade não se restringe à preservação ambiental, pois envolve também a inclusão social e o desenvolvimento econômico a longo prazo. Inovações que respeitem o *ciclo de vida* dos produtos e serviços, desde a extração de matérias-primas até o descarte, poderão gerar benefícios para a sociedade e, ao mesmo tempo, promover um desenvolvimento econômico sustentável e inclusivo.

Nesse sentido, as observações de Puccetti e Estefam:

> Lado a lado estão a inovação e o desenvolvimento nacional sustentável, podendo este ser considerado um dos principais desideratos daquela. O desenvolvimento sustentável está diretamente relacionado com as atividades de pesquisa, ciência, tecnologia e inovação, já que, por óbvio, resulta dessas atividades que devem ser estimuladas, fomentadas e financiadas pelos estados, cooperados entre si e individualmente buscando soluções internas, por meio de políticas públicas locais.[130]

---

[129] Apesar de a lei mencionar o tema em dois momentos, há quem considere essas referências insuficientes. Um exemplo disso é o comentário de Henrique Miranda: "Com isso, lamentavelmente, a nova Lei de Licitações faz referências bastante modestas à sustentabilidade ambiental, não representando evolução em relação ao tratamento que já vinha sendo dado à matéria, deixando a cargo do poder regulamentar a prerrogativa de disciplinar o assunto" (MIRANDA, Henrique Savonitti. *Licitações e contratos administrativos*. São Paulo: Revista dos Tribunais, 2021).

[130] PUCCETTI, Renata Fiori; ESTEFAM, Felipe Faiwichow. Artigos 11 a 17. *In:* DAL POZZO,

A reflexão de Candeia:

> O processo licitatório também deverá incentivar a inovação e o desenvolvimento nacional sustentável. Não há falar em o certame licitatório e desconsiderar o desenvolvimento nacional sustentável ou atentar contra a sustentabilidade na realização do objeto a ser contratado pela Administração. A sustentabilidade ambiental é pressuposto para realização do objeto a ser contratado pela Administração.[131]

As considerações de Di Pietro e Marrara:

> Os objetivos desempenham papel instrumental essencial ao viabilizar o juízo de razoabilidade ou proporcionalidade em sentido amplo, cuja primeira prova consiste na verificação da aptidão de uma medida para a consecução de finalidades públicas. Seguindo-se esse raciocínio, a definição de certo objeto contratual poderá parecer lícita, mas o art. 11 restará violado se o contrato administrativo, em vez de promover o desenvolvimento nacional sustentável, ocasionar a degradação ambiental, por exemplo. [...] Na verdade, nem seria necessário que a lei de licitações se referisse a desenvolvimento nacional sustentável, quer como princípio, quer como objetivo, da mesma forma que menciona a ordem urbanística, a saúde pública e a proteção da cultura. Não importa se esses interesses públicos estão ou não reproduzidos no texto da Lei de Licitações. Afinal, o Estado, ao licitar e contratar, não deixa de ser Estado, não renuncia à sua missão originária de agir pelo povo e para o povo.[132]

E as anotações de Dalenogare e Matos, alinhadas às ideias de Luciano Reis:

> É impraticável que o Estado se restrinja a ser apenas um observador ou um consumidor comum; ele está obrigado a agir para utilizar as compras públicas de forma estratégica, visando o avanço da ciência, da tecnologia e da inovação, em consonância com o com- promisso de promover o desenvolvimento nacional sustentável.[133]

Augusto Neves; CAMMAROSANO, Márcio; ZOCKUN, Maurício. *Lei de licitações e contratos administrativos comentada*: Lei nº 14.133/21. São Paulo: Revista dos Tribunais, 2021.

[131] CANDEIA, Remilson Soares. *Curso de Licitações e Contratos Administrativos*. São Paulo: Dialética, 2023.

[132] DI PIETRO, Maria Sylvia Zanella; MARRARA, Thiago. Objetivos e princípios da contratação pública na Lei nº 14.133/2021. *In:* GUIMARÃES, Edgar; MOTTA, Fabrício; FERRAZ, Luciano; MARRARA, Thiago; AMORIM, Victor. *Manual de licitações e contratos administrativos: Lei 14.133, de 1º de abril de 2021*. Coordenação de Maria Sylvia Zanella Di Pietro. 3. ed. Rio de Janeiro: Forense, 2023.

[133] ALVES, Felipe Dalenogare; MATOS, Marilene Carneiro. *Manual de Licitações e Contratos Administrativos*. São Paulo: Saraiva Jur, 2024.

A implementação de padrões de sustentabilidade nas contratações públicas sempre representou um desafio em um cenário incerto. Nesse sentido, Tatiana Camarão assenta que a Lei nº 14.133/2021 surgiu como um verdadeiro farol, não apenas reafirmando a sustentabilidade como um dos objetivos centrais das contratações públicas, mas também fortalecendo sua execução prática.[134]

Como já mencionado, o art. 144, ao regulamentar os parâmetros para a fixação de remuneração variável vinculada ao desempenho do contratado, estabelece, entre outros requisitos, a necessidade de observância dos "critérios de sustentabilidade ambiental".

Os critérios de sustentabilidade devem estar incorporados nos editais licitatórios, o que implica que, desde a fase de planejamento da licitação, os responsáveis pela elaboração dos instrumentos licitatórios devem dedicar atenção especial à sua definição, conforme a natureza do objeto a ser contratado. Essa abordagem garante que as questões relacionadas à sustentabilidade sejam consideradas desde o início do processo, promovendo a adoção de práticas que respeitem os princípios de desenvolvimento sustentável e que atendam às necessidades sociais e ambientais da sociedade.

Como bem registraram Flávio Garcia e Leonardo Ribeiro, a inclusão de critérios de sustentabilidade ambiental em licitações públicas constitui importante passo para a concretização da ideia de desenvolvimento sustentável, alterando os paradigmas de consumo pelos órgãos e entidades públicas, com importante efeito prático na forma como se comportam os agentes econômicos no país, fazendo com que as licitações se situem no contexto do que se chamou de "função regulatória da licitação", concretizando um valor constitucional.

Eis alguns exemplos de critérios de sustentabilidade que poderão integrar o edital, que poderão ser comprovados mediante apresentação de certificação emitida por instituição pública oficial ou instituição credenciada, ou, ainda, por qualquer outro meio de prova que ateste que o bem fornecido cumpre as exigências do edital.[135] [136]

---

134 CAMARÃO, Tatiana. Objetivo de selecionar o resultado de contratação mais vantajoso, observado o ciclo de vida. *In:* FORTINI, Cristiana; OLIVEIRA, Rafael Sérgio Lima de; CAMARÃO, Tatiana (coord.). *Comentários à Lei de Licitações e Contratos Administrativos*: Lei nº 14.133, de 1º de abril de 2021. Belo Horizonte: Fórum, 2022. v. 1.

135 Conforme, inclusive, registrado na Instrução Normativa nº 01/2010 da SLTI/MPOG.

136 Visando a auxiliar os gestores públicos na implementação de critérios de sustentabilidade nas contratações públicas, com foco na perspectiva operacional e de gestão, a Câmara Nacional de Sustentabilidade da Advocacia-Geral da União (AGU) publicou a *Cartilha Como Inserir Critérios de Sustentabilidade nas Contratações Públicas*, abordando os tipos de contratação mais comuns na Administração Pública, como compras, serviços e obras.

- *Produção*
  - Materiais: preferência por materiais reciclados, biodegradáveis e atóxicos, bem como madeira oriunda de reflorestamento com certificação adequada.
  - Métodos de produção: garantir que os processos de fabricação não utilizem trabalho escravo ou infantil e que empreguem máquinas que minimizem a geração de resíduos industriais, além de reduzirem o consumo de água e energia.
  - Redução do consumo de recursos naturais: implementar práticas que visem a diminuição da extração e utilização de recursos naturais.
  - Valorização de materiais, tecnologias e matérias-primas de origem local: priorizar a aquisição de insumos que sejam produzidos e disponibilizados na região, estimulando a economia local e reduzindo a pegada de carbono.
  - Incorporação de inovações sustentáveis: adotar soluções inovadoras que diminuam a pressão sobre os recursos naturais, promovendo uma utilização mais eficiente e responsável.
- *Distribuição*
  - Utilização de embalagens compactas e recicláveis, ou que sejam passíveis de logística reversa: priorizar embalagens que não apenas ocupem menos espaço, mas que também possam ser recicladas ou retornadas ao ciclo produtivo, promovendo a redução de resíduos e a eficiência na gestão de materiais.
  - Priorização na contratação de indústrias ou produtores locais, visando reduzir as distâncias de transporte e promover o uso de modais logísticos mais eficientes, contribuindo para a minimização da pegada de carbono associada ao transporte, mas também fortalecendo a economia local e apoiando a sustentabilidade regional.
  - Redução dos impactos ambientais: priorizar fornecedores que adotam práticas que minimizam os danos ao meio ambiente, contribuindo para a proteção dos ecossistemas e a preservação dos recursos naturais.
  - Redução da presença de materiais perigosos ou tóxicos: limitando ou eliminando esses materiais, com promoção de ambientes de trabalho mais seguros e protetores da saúde pública.

- *Uso*
  - Priorização de produtos que promovam a economia de água e energia, garantindo que os recursos sejam utilizados de maneira eficiente, incluindo a seleção de tecnologias que minimizem o consumo durante o uso, contribuindo para a redução de custos operacionais e o impacto ambiental.
  - Priorização de produtos educacionais que incentivem a conscientização ambiental, assegurando que promovam o aprendizado sobre práticas sustentáveis e o respeito ao meio ambiente.
  - Priorização de produtos que gerem menos resíduos ou que sejam recicláveis, além de favorecer aqueles que se enquadram em sistemas de logística reversa, contribuindo para a redução do impacto ambiental e a promoção da sustentabilidade.
  - Priorização de produtos que possam ser mantidos, consertados, remanufaturados ou que permitam a troca de peças, assegurando assim uma vida útil prolongada e reduzindo o descarte, valorizando a maior vida útil dos produtos e serviços.
  - Priorização de produtos com maior eficiência energética, garantindo que equipamentos e materiais utilizados consumam menos energia, reduzindo os custos operacionais e o impacto ambiental como, por exemplo, emissões de gases de efeito estufa.
  - Priorização de menor geração de resíduos, escolhendo produtos e serviços que produzam menos detritos e dejetos, incentivando práticas de reciclagem, reutilização e descarte adequado, contribuindo para a sustentabilidade ambiental, promovendo a economia circular e a preservação dos recursos.
- *Destinação final*
  - Priorização de produtos recicláveis, biodegradáveis, atóxicos, com possibilidade para o reúso, reciclagem ou para remanufatura, considerando todas as fases do ciclo de vida.

Em relação aos critérios objetivos, a Instrução Normativa nº 01/2010 da SLTI/MPOG apresenta um conjunto sugestivo de requisitos que podem ser exigidos nas licitações públicas, que, inclusive, comentamos em livro:

- Que os bens sejam de material reciclado; atóxico; biodegradável, fazendo menção a duas normas da ABNT, NBR 15448-1 e NBR 15448-2, que tratam de embalagens plásticas degradáveis e/ou de fontes renováveis.

A primeira define os termos técnicos e a outra especifica os requisitos e os métodos de ensaio para determinar a compostabilidade, visando à revalorização de resíduos pós-consumo, por meio de apontamento das características de biodegradação aeróbia seguida da desintegração e impacto no processo de compostagem.

- Que sejam observados os requisitos ambientais para a obtenção de certificação do instituto nacional de metrologia, normalização e qualidade industrial (Inmetro) como produtos sustentáveis ou de menor impacto ambiental em relação aos seus similares;
- Que os bens devam ser, preferencialmente, acondicionados em embalagem individual adequada, com o menor volume possível, que utilize materiais recicláveis, de forma a garantir a máxima proteção durante o transporte e o armazenamento; e
- Que os bens não contenham substâncias perigosas em concentração acima da recomendada na diretiva RoHS (*Restriction of Certain Hazardous Substances),* tais como mercúrio (Hg), chumbo (Pb), cromo hexavalente (Cr), cádmio (Cd), bifenil-polibromados (PBBs), éteres difenil-polibromados (PBDEs).

A RoHS – Restrição de Certas Substâncias Perigosas é uma diretiva europeia, que entrou em vigor no dia 1º.07.2006, que veda o uso de certas substâncias perigosas a elencadas, em processos de fabricação de produtos elétricos e eletrônicos.

É certo que a Administração, caso pretenda adotar a exigência, deverá cercar-se de cuidados, haja vista que, dentre outros fatores, os produtos nacionais, na sua maioria, ainda não são produzidos atendendo às determinações, pois a diretiva está voltada para o mercado Europeu. A exigência privilegiaria, portanto, os que importam do mercado europeu ou aqueles que laboram visando atender esse mercado, com mácula ao princípio da competitividade. Tanto é assim, que, ao julgar representação para contratação de serviços de produção de materiais gráficos pelo Instituto Chico Mendes de Conservação da Biodiversidade (ICMBIO) (TC 019.377/2011-8), o TCU concluiu que não ficaram demonstradas a pertinência e a imprescindibilidade da exigência relativa à comprovação do cumprimento das metas da diretiva RoHS.

5.3.3 Art. 11 – Parágrafo Único – Governança

O parágrafo único deste art. 11 traz para o âmbito das licitações públicas o exercício da governança.

Assim, com o intuito de alcançar os objetivos estabelecidos, preceitua que a alta administração do órgão ou entidade será responsável pela governança das contratações e deverá implementar processos e estruturas, inclusive de gestão de riscos e controles internos, para avaliar, direcionar e monitorar os processos licitatórios e os respectivos contratos, promovendo um ambiente íntegro e confiável, assegurando o alinhamento das contratações ao planejamento estratégico e às leis orçamentárias e promover eficiência, efetividade e eficácia em suas contratações.[137]

Quando se fala em governança na Administração Pública, está se referindo ao conjunto de práticas, processos e estruturas que garantem tomadas de decisões eficazes e transparentes, visando o bem-estar da sociedade e a eficiência na gestão dos recursos públicos. Tendo como principais elementos a transparência, a responsabilidade, a participação, a eficiência, a eficácia, a ética e a gestão dos riscos, a governança pública visa promover uma gestão que não só cumpra as normas legais, mas que também atenda às expectativas e necessidades da sociedade, contribuindo para o desenvolvimento sustentável e a melhoria da qualidade de vida.

Não há dúvidas que a utilização de ferramentas de governança evita a má gestão de recursos públicos e garante a prestação de serviços de alta qualidade à comunidade. É o que também observa Tatiana Camarão, ao assentar que a governança será a bússola que guiará a atuação da gestão para entrega de melhores resultados.[138]

---

[137] O Decreto nº 9.203/2017 estabelece a política de governança da Administração Pública federal direta, autárquica e fundacional, definindo "governança pública" como um conjunto de mecanismos de liderança, estratégia e controle implementados para avaliar, direcionar e monitorar a gestão, visando à condução de políticas públicas e à prestação de serviços que atendam ao interesse da sociedade.
De forma objetiva, é fundamental compreender que, na condução da política de governança, a governança pública abrange todas as ações de uma instituição pública para garantir que suas atividades estejam alinhadas aos objetivos da sociedade. É nesse contexto que, ao adotar esse conceito no âmbito das licitações e contratações, a legislação estabelece que a alta administração do órgão ou entidade será responsável pela governança das contratações.

[138] CAMARÃO, Tatiana. Objetivo de selecionar o resultado de contratação mais vantajoso, observado o ciclo de vida. *In:* FORTINI, Cristiana; OLIVEIRA, Rafael Sérgio Lima de; CAMARÃO, Tatiana (coord.). *Comentários à Lei de Licitações e Contratos Administrativos*: Lei nº 14.133, de 1º de abril de 2021. Belo Horizonte: Fórum, 2022. v. 1.

Destaque-se a existência de acórdãos do Tribunal de Contas da União (TCU) que enfatizam a importância da governança nas administrações públicas, e, ainda mais, mencionando inclusive a adoção de práticas de governança integradas a práticas de responsabilidade socioambiental (ESG),[139] como, por exemplo, o Acórdão nº 1205/2023 – Plenário, aprimorando, dessa forma, não só a eficiência da gestão pública, mas também assegurando um compromisso com a sustentabilidade e a ética, contribuindo para resultados mais positivos para a sociedade.

Vale destacar também o importante Acórdão TCU nº 2.622/2015, considerado por Tatiana Camarão, com justa razão, um marco para as organizações públicas, que recomendou a adoção de várias medidas necessárias à implementação da governança e apontou pontos vulneráveis decorrentes de sua ausência.[140]

Inegavelmente, portanto, a governança está intrinsicamente ligada à sustentabilidade, o que se evidencia por meio das chamadas "decisões sustentáveis", que consideram os impactos sociais e ambientais nas escolhas; integram políticas que alinhem iniciativas de sustentabilidade em diferentes setores; gerenciam riscos, com a identificação e a mitigação de ameaças ambientais; e inovam, incentivando tecnologias limpas e práticas sustentáveis.

É importante destacar, no contexto da governança nas contratações públicas, a Portaria SEGES/ME nº 8.678, de 19.07.2021, que estabelece diretrizes sobre a governança das contratações no âmbito da Administração Pública federal direta, autárquica e fundacional, determinando que a alta administração desses entes implemente e mantenha mecanismos e instrumentos eficazes de governança nessa seara, visando garantir a eficiência, a transparência e a responsabilidade na gestão dos recursos públicos.

---

139 ESG, sigla que se refere a Ambiental, Social e Governança, é um conjunto de práticas e políticas que visa a melhorar a governança, o cuidado com o planeta e as pessoas de uma organização.

140 O TCU desenvolveu o índice iESGo, que avalia práticas de governança, sustentabilidade e gestão nas organizações públicas. Este índice identificou que muitas instituições ainda não têm equipes dedicadas ou metas claras relacionadas a questões de governança e sustentabilidade, o que reforça a necessidade de melhorias nesse aspecto.

Art. 12. No processo licitatório, observar-se-á o seguinte:

I - os documentos serão produzidos por escrito, com data e local de sua realização e assinatura dos responsáveis;

II - os valores, os preços e os custos utilizados terão como expressão monetária a moeda corrente nacional, ressalvado o disposto no art. 52 desta Lei;

III - o desatendimento de exigências meramente formais que não comprometam a aferição da qualificação do licitante ou a compreensão do conteúdo de sua proposta não importará seu afastamento da licitação ou a invalidação do processo;

IV - a prova de autenticidade de cópia de documento público ou particular poderá ser feita perante agente da Administração, mediante apresentação de original ou de declaração de autenticidade por advogado, sob sua responsabilidade pessoal;

V - o reconhecimento de firma somente será exigido quando houver dúvida de autenticidade, salvo imposição legal;

VI - os atos serão preferencialmente digitais, de forma a permitir que sejam produzidos, comunicados, armazenados e validados por meio eletrônico;

VII - a partir de documentos de formalização de demandas, os órgãos responsáveis pelo planejamento de cada ente federativo poderão, na forma de regulamento, elaborar plano de contratações anual, com o objetivo de racionalizar as contratações dos órgãos e entidades sob sua competência, garantir o alinhamento com o seu planejamento estratégico e subsidiar a elaboração das respectivas leis orçamentárias.

§1º O plano de contratações anual de que trata o inciso VII do caput deste artigo deverá ser divulgado e mantido à disposição do público em sítio eletrônico oficial e será observado pelo ente federativo na realização de licitações e na execução dos contratos.

§2º É permitida a identificação e assinatura digital por pessoa física ou jurídica em meio eletrônico, mediante certificado digital emitido em âmbito da Infraestrutura de Chaves Públicas Brasileira (ICP-Brasil).

Art. 13. Os atos praticados no processo licitatório são públicos, ressalvadas as hipóteses de informações cujo sigilo seja imprescindível à segurança da sociedade e do Estado, na forma da lei.

Parágrafo único. A publicidade será diferida:

I - quanto ao conteúdo das propostas, até a respectiva abertura;

II - quanto ao orçamento da Administração, nos termos do art. 24 desta Lei.

Sustentabilidade é você deixar um planeta melhor para os seus filhos e você deixar filhos melhores para o seu planeta.
(Ailton Krenak)

5.4 Artigo 12 – Informações do processo licitatório

O art. 12 elenca informações primordiais do processo licitatório, regulando a produção e organização dos documentos e atos praticados, estabelecendo diretrizes que serão aplicadas não apenas no processo de licitação propriamente dito, mas também nas etapas que envolvem os instrumentos auxiliares da licitação e no processo de contratação.

Essas regras garantem a organização e o cumprimento adequado de todos os requisitos formais, o que reforça a transparência e eficiência do processo, possibilitando maior controle e fiscalização.

O rol de informações apresentado no dispositivo não é exaustivo, permitindo à Administração incluir quaisquer outros dados que considerar pertinentes.

Assim, no processo licitatório, deverão ser observados, no mínimo, as seguintes regras:

- os documentos deverão ser produzidos por escrito, com data e local de sua realização e assinatura dos responsáveis;
- os valores, os preços e os custos deverão ter como expressão monetária a moeda corrente nacional;
- o desatendimento de exigências meramente formais que não comprometam a aferição da qualificação do licitante ou a compreensão do conteúdo de sua proposta não importará no afastamento desses da licitação ou na invalidação do processo;
- a prova de autenticidade de cópia de documento público ou particular poderá ser feita perante agente da Administração, mediante apresentação de original ou de declaração de autenticidade por advogado, sob sua responsabilidade pessoal;
- o reconhecimento de firma somente será exigido quando houver dúvida de autenticidade, salvo imposição legal;

- os atos deverão ser preferencialmente digitais, de forma a permitir que sejam produzidos, comunicados, armazenados e validados por meio eletrônico;[141]
- a partir de documentos de formalização de demandas, os órgãos responsáveis pelo planejamento de cada ente federativo poderão, na forma de regulamento, elaborar Plano de Contratações Anual, com o intuito de racionalizar as contratações, garantir o alinhamento com o planejamento estratégico e subsidiar a elaboração das respectivas leis orçamentárias.

O dispositivo possui sete incisos, sendo que dois se destacam por sua conexão direta com o desenvolvimento sustentável, abordando a necessidade de incluir critérios de sustentabilidade ambiental nas contratações: O inc. VI, que versa sobre digitalização dos processos, e o inc. VII, que está voltado para o planejamento das contratações.

5.4.1 Art. 12 – Inciso VI – Digitalização dos Processos

Disciplina o inciso que os atos do processo licitatório deverão ser preferencialmente digitais, de forma a permitir que sejam produzidos, comunicados, armazenados e validados por meio eletrônico.

Na trilha da Lei nº 13.105/2015 (Código de Processo Civil), que, implantando mudanças na prática processual, inseriu o trâmite na realidade eletrônica, em total harmonia com a vida atual, definindo, no art. 193, quc os atos processuais poderão ser total ou parcialmente digitais, de forma a permitir que sejam produzidos, comunicados, armazenados e validados por meio eletrônico, este inciso, de quase idêntico teor, disciplina que, nos processos licitatórios, os atos deverão ser preferencialmente realizados em formato digital, o que possibilitará que sejam gerados, comunicados, armazenados e validados eletronicamente.

A digitalização dos processos licitatórios busca aprimorar a eficiência e a transparência nas contratações públicas, conseguindo agilizar a produção e o trâmite dos atos, reduzindo o tempo de resposta e minimizando a burocracia.

---

[141] Sobre o assunto, registre-se o ENUNCIADO 9 – CONSELHO DE JUSTIÇA FEDERAL, aprovado no 1º Simpósio de Licitações e Contratos da Justiça Federal, ocorrido em 16 e 17.08.2022: "Em sede de diligência, o agente de contratação poderá realizar, de ofício, consultas junto aos sítios eletrônicos e às bases de dados oficiais para verificação do atendimento de condições de habilitação do licitante, inclusive no tocante a documentos eventualmente não apresentados (Inciso VI do art. 12; §3º do art. 67; §1º do art. 68 e art. 87, todos da Lei n. 14.133/2021)".

Ademais, facilita o acesso à informação, permitindo que todos os envolvidos acompanhem e verifiquem os processos de forma mais clara.

Sem dúvida, o processo eletrônico é um avanço, pois elimina atos humanos custosos, tanto em termos de esforço, temporais, quanto de custo.[142]

A digitalização dos atos do processo licitatório não apenas reduz o uso de papel e outros recursos físicos, mas também traz benefícios significativos para a eficiência administrativa e a preservação ambiental.[143] Essa transição para formatos eletrônicos ajuda a minimizar o desperdício, promovendo práticas mais sustentáveis e alinhadas com os objetivos de desenvolvimento sustentável.[144]

5.4.2 Art. 12 – Inciso VII e Parágrafo 1º – Planejamento de Contratações

Ao analisarmos o Princípio do Planejamento, mencionado no art. 5º, já evidenciamos a conexão com o desenvolvimento sustentável. O planejamento não apenas estabelece diretrizes claras para a execução de projetos e ações, mas também assegura que as decisões tomadas levem em consideração os aspectos de sustentabilidade.

Este inc. VII prevê a possibilidade de os órgãos de planejamento de cada ente federativo elaborarem um Plano de Contratações Anual, conforme regulamentação, a partir de documentos de formalização de demandas. Esse plano tem o objetivo de otimizar as contratações, garantir o alinhamento com o planejamento estratégico e apoiar a formulação das leis orçamentárias.[145] Conforme destacado por Rafael

---

142 NEVES, Daniel Amorim Assumpção. *Novo Código de Processo Civil Comentado*. Salvador: Juspodivm, 2016.

143 Ao eliminar a necessidade de documentos físicos, também se contribuirá para a redução da pegada de carbono associada à impressão e ao transporte de papel.

144 No âmbito federal, destaque-se o Decreto nº 10.278, de 18.03.2020, que regulamenta o disposto no inc. X do art. 3º da Lei nº 13.874, de 20.09.2019, e no art. 2º-A da Lei nº 12.682, de 9.07.2012, que estabelece a técnica e os requisitos para a digitalização de documentos públicos ou privados, a fim de que os documentos digitalizados produzam os mesmos efeitos legais dos documentos originais.

145 Tal plano tomou corpo, no âmbito da administração federal, quando da edição da Instrução Normativa nº 1/2019, do secretário de gestão do Ministério da Economia, que dispõe sobre o Plano Anual de Contratações de bens, serviços, obras e soluções de tecnologia da informação e comunicações no âmbito da Administração Pública federal e sobre o Sistema de Planejamento e Gerenciamento de Contratações, com a intenção de consolidar todas as compras e contratações que o órgão ou a entidade pretende realizar ou prorrogar no ano seguinte, substituída posteriormente pela Instrução Normativa SGD/ME nº 94, de 23.12.2022, que dispõe sobre o processo de contratação de soluções de Tecnologia da

Carvalho, o dispositivo é uma clara demonstração da relevância do planejamento para a eficiência nas contratações públicas.[146]

Elaborado com base nas demandas formalizadas pelos órgãos responsáveis e requisitantes, o Plano de Contratações visa não apenas organizar as compras e contratações, mas também contribuir para a eficiência e eficácia da gestão pública.

O planejamento anual de contratações possibilita à Administração alinhar suas aquisições a objetivos sustentáveis, garantindo que as compras não atendam apenas às necessidades imediatas, mas também promovam o desenvolvimento econômico, social e ambiental. Como destacam Jacoby *et al.*, além de assegurar a efetividade dos princípios da impessoalidade e da transparência, ele beneficia o mercado, pois a Administração desempenha um papel fundamental como indutora do processo produtivo e econômico no país:

> Conhecendo esse documento, o mercado vai se preparar para atender as grandes demandas nacionais. Se a ferramenta assumir a dimensão pretendida, em breve entidades da organização civil poderão organizar arranjos produtivos locais e logística de fornecimento e manutenção[147].

Conforme consta no §1º, quando elaborado, o Plano de Contratações Anual deverá ser divulgado e mantido à disposição do público em sítio eletrônico oficial, devendo ser observado pelo ente federativo na realização de licitações e na execução dos contratos.

Ao tratar da instrução do processo licitatório, o art. 18 da Lei destaca que a fase preparatória é essencialmente voltada ao planejamento, devendo ser compatível com o Plano de Contratações Anual, quando este for elaborado, e com as leis orçamentárias.

Embora os dispositivos não imponham a obrigatoriedade da elaboração do Plano de Contratações Anual, muitos especialistas defendem a sua compulsoriedade. Para Miguel Pereira, por exemplo, o Plano só poderá ser dispensado mediante justificativa técnica razoável, sob o risco de violar o princípio da licitação e possibilitar o uso inadequado de dispensas em casos de emergência fabricados de forma artificial.

Informação e Comunicação (TIC) pelos órgãos e entidades integrantes do Sistema de Administração dos Recursos de Tecnologia da Informação (SISP) do Poder Executivo Federal.

[146] OLIVEIRA, Rafael Carvalho. *Nova Lei de Licitações e Contratos Administrativos*. 2 ed. Rio de Janeiro: Forense, 2021.

[147] FERNANDES, Ana Luiza Jacoby; FERNANDES, Jorge Ulisses Jacoby; FERNANDES, Murilo Jacoby. *Tratado de Licitações e Contratos Administrativos*: Lei nº 14.133/2021. Arts. 1º ao 52, Belo Horizonte: Fórum, 2024.

> É adoção de prática ilegal brasileira o gestor não realizar a tempo a licitação e, na última hora, alegar emergência para aquisição ou contratação, passando a adotar a dispensa da licitação, com prejuízo à competitividade, já que não será necessário edital de chamamento público.[148]

Para a maioria, no entanto, o plano é opcional. Niebuhr, por exemplo, destaca que, na Lei, o plano "é meramente facultativo e deve ser elaborado pelo ente federativo, não por cada órgão ou entidade".[149] [150]

Pelo sim, pelo não, é inegável que, considerando os benefícios do Plano, conforme demonstrado, embora a elaboração não seja obrigatória, sua implementação é altamente recomendada, pois trata-se de um instrumento que racionaliza os processos de contratações e garante a compatibilidade com a programação orçamentária.

Registre-se que o Decreto nº 10.947, de 25.01.2022, regulamentou este inc. VII, estabelecendo a obrigatoriedade da elaboração do Plano de Contratações Anual no âmbito da Administração federal direta, autárquica e fundacional, além de instituir o Sistema de Planejamento e Gerenciamento de Contratações.[151]

Em resumo, à luz do que foi apresentado, tanto o inc. VI, que aborda a digitalização dos processos licitatórios, quanto o inc. VII, que se refere ao planejamento das contratações anuais, estabelecem diretrizes que não apenas regulam o processo licitatório, mas também incorporam princípios de sustentabilidade, promovendo uma abordagem integrada que beneficia tanto a Administração Pública quanto a sociedade como um todo.

---

148 PEREIRA, Miguel Ribeiro. *Manual sobre a nova lei de licitações e contratos administrativos*. Belo Horizonte: Fórum, 2024.

149 NIEBUHR, Joel de Menezes. *Licitação pública e contrato administrativo*. 5 ed. Belo Horizonte: Fórum, 2022.

150 No Acórdão nº 1.637/2021, o Tribunal de Contas da União (TCU) posicionou-se no sentido de que o Plano de Contratações Anual não é obrigatório: "Ainda que o legislador não tenha previsto, ao menos de modo expresso, a obrigatoriedade de utilização do referido plano (art. 12, inciso VII), é forçoso reconhecer que se trata de mecanismo integralmente alinhado aos princípios expressos do planejamento e da eficiência (Lei nº 14.133/2021, art. 5º, *caput*) e, no tocante às compras, da responsabilidade fiscal (art. 40, inciso V, alínea 'c'), além de fomentar a transparência das atividades logísticas do Estado (Lei nº 14.133/2021, art. 12, §1º)".

151 O Decreto nº 11.137, de 18.07.2022, alterou o Decreto nº 10.947/2022, tornando dispensável a elaboração do Plano de Contratações Anual pelos Comandos da Marinha, do Exército e da Aeronáutica, sem prejuízo da observância do princípio do planejamento de que trata o art. 5º da Nova Lei.

5.5 Artigo 13 – Publicidade dos atos licitatórios

O dispositivo, repetindo, com algumas alterações, o §3º do art. 3º da revogada Lei nº 8.666/1993,[152] reforça o princípio da publicidade. Nesse sentido, exige a ampla divulgação da licitação, assegurando que os interessados tenham pleno acesso ao conteúdo do edital, às decisões e demais informações pertinentes

Dessa forma, a previsão legal está em conformidade com o previsto no art. 37 da Constituição Federal, que determina a observância do princípio da publicidade, e dá concretude ao disposto no art. 5º, XXXIII, também da Constituição, que garante a todos o direito de acesso às informações, sob pena de responsabilização.[153]

A inobservância do princípio da publicidade implicará a nulidade do procedimento licitatório.

Evidentemente, a divulgação das propostas de preços apresentadas pelos licitantes deverá ocorrer exclusivamente no momento processual adequado. O parágrafo único, nesse sentido, dispõe que o conteúdo das propostas será revelado apenas na data previamente estipulada para esse fim, em conformidade com as normas editalícias.

Importante salientar que a publicidade deverá ser postergada, quando orçamento da Administração, devidamente justificado, tiver caráter sigiloso, não prevalecendo, é claro, para os órgãos de controle interno e externo. O orçamento deverá ser tornado público apenas e imediatamente após a fase de julgamento de propostas, sem prejuízo da divulgação do detalhamento dos quantitativos e das demais informações necessárias para a elaboração das propostas.

Destaque-se também, no que se refere à transparência, que o art. 174 da Lei cria o Portal Nacional de Contratações Públicas (PNCP), uma plataforma eletrônica oficial destinada a centralizar as informações relativas à gestão de licitações e contratos administrativos.[154]

Essa transparência dos atos licitatórios promove a responsabilidade social e permite que a sociedade civil fiscalize as ações do governo, garantindo que as contratações estejam alinhadas com princípios sustentáveis e éticos.

---

[152] Que informava que a licitação não seria sigilosa, sendo públicos e acessíveis todos os atos de seu procedimento, salvo quanto ao conteúdo das propostas, até a respectiva abertura.

[153] Regramento amplamente disciplinado pela Lei nº 12.527/2011 (Lei de Acesso à Informação).

[154] "Art. 174. É criado o Portal Nacional de Contratações Públicas (PNCP), sítio eletrônico oficial destinado à:
I - divulgação centralizada e obrigatória dos atos exigidos por esta Lei;
II - realização facultativa das contratações pelos órgãos e entidades dos Poderes Executivo, Legislativo e Judiciário de todos os entes federativos".

Art. 14. Não poderão disputar licitação ou participar da execução de contrato, direta ou indiretamente:

I - autor do anteprojeto, do projeto básico ou do projeto executivo, pessoa física ou jurídica, quando a licitação versar sobre obra, serviços ou fornecimento de bens a ele relacionados;

II - empresa, isoladamente ou em consórcio, responsável pela elaboração do projeto básico ou do projeto executivo, ou empresa da qual o autor do projeto seja dirigente, gerente, controlador, acionista ou detentor de mais de 5% (cinco por cento) do capital com direito a voto, responsável técnico ou subcontratado, quando a licitação versar sobre obra, serviços ou fornecimento de bens a ela necessários;

III - pessoa física ou jurídica que se encontre, ao tempo da licitação, impossibilitada de participar da licitação em decorrência de sanção que lhe foi imposta;

IV - aquele que mantenha vínculo de natureza técnica, comercial, econômica, financeira, trabalhista ou civil com dirigente do órgão ou entidade contratante ou com agente público que desempenhe função na licitação ou atue na fiscalização ou na gestão do contrato, ou que deles seja cônjuge, companheiro ou parente em linha reta, colateral ou por afinidade, até o terceiro grau, devendo essa proibição constar expressamente do edital de licitação;

V - empresas controladoras, controladas ou coligadas, nos termos da Lei nº 6.404, de 15 de dezembro de 1976, concorrendo entre si;

VI - pessoa física ou jurídica que, nos 5 (cinco) anos anteriores à divulgação do edital, tenha sido condenada judicialmente, com trânsito em julgado, por exploração de trabalho infantil, por submissão de trabalhadores a condições análogas às de escravo ou por contratação de adolescentes nos casos vedados pela legislação trabalhista.

§1º O impedimento de que trata o inciso III do *caput* deste artigo será também aplicado ao licitante que atue em substituição a outra pessoa, física ou jurídica, com o intuito de burlar a efetividade da sanção a ela aplicada, inclusive a sua controladora, controlada ou coligada, desde que devidamente comprovado o ilícito ou a utilização fraudulenta da personalidade jurídica do licitante.

§2º A critério da Administração e exclusivamente a seu serviço, o autor dos projetos e a empresa a que se referem os incisos I e II do *caput* deste artigo poderão participar no apoio das atividades de planejamento da contratação, de execução da licitação ou de gestão do contrato, desde que sob supervisão exclusiva de agentes públicos do órgão ou entidade.

§3º Equiparam-se aos autores do projeto as empresas integrantes do mesmo grupo econômico.

§4º O disposto neste artigo não impede a licitação ou a contratação de obra ou serviço que inclua como encargo do contratado a elaboração do projeto básico e do projeto executivo, nas contratações integradas, e do projeto executivo, nos demais regimes de execução.

§5º Em licitações e contratações realizadas no âmbito de projetos e programas parcialmente financiados por agência oficial de cooperação estrangeira ou por organismo financeiro internacional com recursos do financiamento ou da contrapartida nacional, não poderá participar pessoa física ou jurídica que integre o rol de pessoas sancionadas por essas entidades ou que seja declarada inidônea nos termos desta Lei.

Brincar, estudar e viver.
Trabalhar só quando crescer.
(Maria Montessori)

5.6 Artigo 14 – Inciso VI – Vedação a condenado por exploração de trabalho infantil e por submissão a condições análogas às de escravo

Alude o art. 14 a pré-requisitos a serem avaliados para participação em licitação ou da execução de contrato, direta ou indiretamente. Pelo dispositivo, estarão impedidos de tomar parte dos certames ou executar contratos aqueles que incidirem nas vedações nele elencadas.

A intenção é garantir a integridade do princípio da competitividade, impedindo a participação de empresas ou indivíduos que, em tese, possuam vantagens indevidas, assim como aqueles que, no momento da licitação, estejam impedidos de participar em razão de sanções impostas, além dos que tenham cometido infrações, como a exploração do trabalho infantil, a sujeição de trabalhadores a condições análogas à escravidão ou a contratação de adolescentes em situações proibidas pela legislação trabalhista.

Dessa forma, são listados em seis incisos os indivíduos ou entidades que estão impedidos de participar da licitação ou da execução do contrato, seja de forma direta ou indireta.

Entre eles, o inc. IV veda a participação de pessoa física ou jurídica que, nos 5 (cinco) anos anteriores à divulgação do edital, tenha sido condenada judicialmente, com trânsito em julgado, por exploração de trabalho infantil, por submissão de trabalhadores a condições análogas às de escravo ou por contratação de adolescentes nos casos vedados pela legislação trabalhista.

Conforme o inc. XXXIII do art. 7º CF, é proibido o trabalho noturno, perigoso ou insalubre a menores de dezoito anos e qualquer trabalho a menores de dezesseis anos, salvo na condição de aprendiz, a partir de quatorze anos. Ainda na CF, o §3º do inc. I do art. 227 prevê que o direito à proteção especial abrangerá a idade mínima de quatorze anos para admissão ao trabalho.

Nesse contexto, o inc. XXIII do art. 611-B do Decreto-Lei nº 5.452/1943 (CLT), incluído pela Lei nº 13.467/2017, prevê que constitui objeto ilícito de convenção coletiva ou de acordo coletivo de trabalho a supressão do direito de proibição de trabalho noturno, perigoso ou insalubre a menores de dezoito anos e de qualquer trabalho a menores de dezesseis anos, salvo na condição de aprendiz, a partir de quatorze anos.

Como observa Lu Sudré,[155] diante da grande vulnerabilidade socioeconômica das famílias brasileiras, aprofundada em função dos impactos da pandemia do coronavírus, o número de crianças exploradas pelo trabalho infantil tende a aumentar no Brasil. Essa grave ameaça foi denunciada pela campanha nacional "Covid-19: agora mais do que nunca, protejam crianças e adolescentes do trabalho infantil", protagonizada pelo Ministério Público do Trabalho (MPT), pelo Fórum de Prevenção e Erradicação do Trabalho Infantil e pela Justiça do Trabalho, ocorrida ao longo de todo o mês de junho de 2020. De acordo com dados do Instituto Brasileiro de Geografia e Estatística (IBGE) de 2016, mesmo proibido, o trabalho infantil no Brasil atinge mais de 2 milhões de meninos e meninas entre 5 e 17 anos. Somente em 2019, das mais de 159 mil denúncias de violações a direitos humanos recebidas pelo Disque 100, cerca de 86 mil tinham como vítimas crianças e adolescentes. Conforme informações do Ministério da Mulher, da Família e do Direitos Humanos, mais de 4,2 mil desses registros eram relacionados ao trabalho ilegal de crianças e adolescentes.

Por sua vez, o art. 149 do Código Penal (Decreto-Lei nº 2.848/1940), com redação dada pela Lei nº 10.803/2003, prescreve como

---

155 SUDRÉ, Lu. Crescimento da exploração do trabalho infantil é risco iminente durante pandemia. *Brasil de Fato*, São Paulo, 12 jun. 2020.

crime contra a liberdade pessoal a redução de alguém a condição análoga à de escravo, quer submetendo-o a trabalhos forçados ou a jornada exaustiva, quer sujeitando-o a condições degradantes de trabalho, quer restringindo, por qualquer meio, sua locomoção em razão de dívida contraída com o empregador ou preposto, prevendo pena de reclusão, de dois a oito anos, e multa, além da pena correspondente à violência.

Consoante anotado no *Manual de combate ao trabalho em condições análogas às de escravo*, do antigo Ministério do Trabalho e Emprego, ao contrário do estereótipo que surge no imaginário da maioria das pessoas, no qual o trabalho escravo é ilustrado pelo trabalhador acorrentado, morando na senzala, açoitado e ameaçado constantemente, o trabalho em condição análoga à de escravo não se caracteriza apenas pela restrição da liberdade de ir e vir, pelo trabalho forçado ou pelo endividamento ilegal, mas também pelas más condições de trabalho impostas ao trabalhador.

O citado manual detalha como se caracteriza a redução do trabalhador a condição análoga à de escravos:

> Diversas são as denominações dadas ao fenômeno de exploração ilícita e precária do trabalho, ora chamado de trabalho forçado, trabalho escravo, exploração do trabalho, semiescravidão, trabalho degradante, entre outros, que são utilizados indistintamente para tratar da mesma realidade jurídica. Malgrado as diversas denominações, qualquer trabalho que não reúna as mínimas condições necessárias para garantir os direitos do trabalhador, ou seja, cerceie sua liberdade, avilte a sua dignidade, sujeite-o a condições degradantes, inclusive em relação ao meio ambiente de trabalho, há que ser considerado trabalho em condição análoga à de escravo. A degradação mencionada vai desde o constrangimento físico e/ou moral a que é submetido o trabalhador – seja na deturpação das formas de contratação e do consentimento do trabalhador ao celebrar o vínculo, seja na impossibilidade desse trabalhador de extinguir o vínculo conforme sua vontade, no momento e pelas razões que entender apropriadas – até as péssimas condições de trabalho e de remuneração: alojamentos sem condições de habitação, falta de instalações sanitárias e de água potável, falta de fornecimento gratuito de equipamentos de proteção individual e de boas condições de saúde, higiene e segurança no trabalho; jornadas exaustivas; remuneração irregular, promoção do endividamento pela venda de mercadorias aos trabalhadores (*truck system*).

Sob essa perspectiva, com o objetivo de utilizar as contratações públicas como instrumento para combater as injustiças sociais, este inc. VI impõe a proibição de participação em licitações a pessoas físicas ou jurídicas que, nos cinco anos anteriores à publicação do edital, tenham sido condenadas judicialmente, com decisão transitada em julgado, por envolvimento em exploração de trabalho infantil, submissão de trabalhadores a condições análogas à escravidão ou contratação irregular de adolescentes em situações vedadas pela legislação trabalhista vigente.

Essas proibições refletem um compromisso com a justiça social, um pilar essencial do desenvolvimento sustentável.

A responsabilidade social por parte do Poder Público é de grande relevância para o desenvolvimento sustentável e a promoção do bem-estar social. Ela reflete a obrigação das instituições governamentais atenderem às necessidades e aos interesses da sociedade de maneira justa e eficiente, considerando tanto o impacto de suas ações no presente quanto no futuro.

Art. 15. Salvo vedação devidamente justificada no processo licitatório, pessoa jurídica poderá participar de licitação em consórcio, observadas as seguintes normas:
I - comprovação de compromisso público ou particular de constituição de consórcio, subscrito pelos consorciados;
II - indicação da empresa líder do consórcio, que será responsável por sua representação perante a Administração;
III - admissão, para efeito de habilitação técnica, do somatório dos quantitativos de cada consorciado e, para efeito de habilitação econômico-financeira, do somatório dos valores de cada consorciado;
IV - impedimento de a empresa consorciada participar, na mesma licitação, de mais de um consórcio ou de forma isolada;
V - responsabilidade solidária dos integrantes pelos atos praticados em consórcio, tanto na fase de licitação quanto na de execução do contrato.
§1º O edital deverá estabelecer para o consórcio acréscimo de 10% (dez por cento) a 30% (trinta por cento) sobre o valor exigido de licitante individual para a habilitação econômico-financeira, salvo justificação.
§2º O acréscimo previsto no §1º deste artigo não se aplica aos consórcios compostos, em sua totalidade, de microempresas e pequenas empresas, assim definidas em lei.
§3º O licitante vencedor é obrigado a promover, antes da celebração do contrato, a constituição e o registro do consórcio, nos termos do compromisso referido no inciso I do *caput* deste artigo.
§4º Desde que haja justificativa técnica aprovada pela autoridade competente, o edital de licitação poderá estabelecer limite máximo para o número de empresas consorciadas.
§5º A substituição de consorciado deverá ser expressamente autorizada pelo órgão ou entidade contratante e condicionada à comprovação de que a nova empresa do consórcio possui, no mínimo, os mesmos quantitativos para efeito de habilitação técnica e os mesmos valores para efeito de qualificação econômico-financeira apresentados pela empresa substituída para fins de habilitação do consórcio no processo licitatório que originou o contrato.
Art. 16. Os profissionais organizados sob a forma de cooperativa poderão participar de licitação quando:
I - a constituição e o funcionamento da cooperativa observarem as regras estabelecidas na legislação aplicável, em especial a Lei nº 5.764, de 16 de dezembro de 1971, a Lei nº 12.690, de 19 de julho de 2012, e a Lei Complementar nº 130, de 17 de abril de 2009;
II - a cooperativa apresentar demonstrativo de atuação em regime cooperado, com repartição de receitas e despesas entre os cooperados;

III - qualquer cooperado, com igual qualificação, for capaz de executar o objeto contratado, vedado à Administração indicar nominalmente pessoas;
IV - o objeto da licitação referir-se, em se tratando de cooperativas enquadradas na Lei nº 12.690, de 19 de julho de 2012, a serviços especializados constantes do objeto social da cooperativa, a serem executados de forma complementar à sua atuação.

Sozinhos, pouco podemos fazer;
juntos, podemos fazer muito.
(Helen Keller)

5.7 Artigo 15 – Participação de empresas em consórcio em licitações

Listando as condições,[156] este art. 15 indica que consórcios de empresas podem participar de licitações, salvo vedação devidamente justificada no processo licitatório.

Dessa forma, a participação de consórcios passou a ser reconhecida como uma prática comum, tornando-se regra e não mera opção discricionária da Administração licitadora que, ao proceder a uma licitação em que se constate a inadequação, deverá justificar, por ato motivado e respaldado em estudos técnicos.[157]

A expressão "consórcio" conota união, combinação, associação, possuindo diversas acepções análogas, tanto no direito quanto em outras áreas de conhecimento, invocando sempre uma forma de junção.

---

[156] Sendo elas: I - comprovação de compromisso público ou particular de constituição de consórcio, subscrito pelos consorciados;
II - indicação da empresa líder do consórcio, que será responsável por sua representação perante a Administração;
III - admissão, para efeito de habilitação técnica, do somatório dos quantitativos de cada consorciado e, para efeito de habilitação econômico-financeira, do somatório dos valores de cada consorciado;
IV - impedimento de a empresa consorciada participar, na mesma licitação, de mais de um consórcio ou de forma isolada;
V - responsabilidade solidária dos integrantes pelos atos praticados em consórcio, tanto na fase de licitação quanto na de execução do contrato.

[157] PUCCETTI, Renata Fiori; ESTEFAM, Felipe Faiwichow. Artigos 11 a 17. *In:* DAL POZZO, Augusto Neves; CAMMAROSANO, Márcio; ZOCKUN, Maurício. *Lei de licitações e contratos administrativos comentada*: Lei nº 14.133/21. São Paulo: Revista dos Tribunais, 2021.

Derivado do latim *consortium* (que participa, partilha), no sentido técnico-jurídico, o vocábulo indica uma associação de empresários que se conservam independentes.[158]

O consórcio de empresas ocorre quando empresários, por meio de um contrato, juntam-se, sem perda de autonomia e conservando sua personalidade jurídica, para execução de determinado empreendimento. É importante, contudo, a utilização do adjetivo *empresarial* para especificar o objeto em comento (consórcio empresarial), uma vez que, por ser expressão bastante genérica e abrangente, tem sido empregada para designar várias formas associativas, notadamente as de fundos mútuos, formadas com o fim de coletar poupanças para a aquisição de bens, geralmente de consumo.[159]

Em regra, o consórcio empresarial é constituído com o intuito da realização de atividades que os participantes, isoladamente, não poderiam promover. A união em consórcio aumenta a capacidade de realização. Como assenta Arnoldo Wald o consórcio é um multiplicador de atividades que assegura uma nova faixa de atuação para o consorciado.[160]

É o que também expõe Henrique Miranda:

> A razão de ser dos consórcios de empresas, nas licitações públicas, é possibilitar o acesso ao certame e a execução do objeto contratual a pessoas jurídicas que, isoladamente, não seriam capazes de atender às exigências de participação e, consequentemente cumprir satisfatoriamente os encargos contratados.[161][162]

---

[158] MENDONÇA, André Luiz Dumortout de; GONÇALVES, Álvaro Thomaz. *Dicionário de sociedades comerciais e mercado de capitais*. Rio de Janeiro: Forense, 1983.

[159] TARREGA, Maria Cristina Vidotte Blanco. *Associações consorciais*. Barueri: Manole, 2004.

[160] WALD, Arnoldo. *Estudos e pareceres de direito comercial*: problemas comerciais e fiscais da empresa contemporânea. São Paulo: Revista dos Tribunais, 1972.

[161] MIRANDA, Henrique Savonitti. *Licitações e contratos administrativos*. São Paulo: Revista dos Tribunais, 2021.

[162] Em oposição, como adverte Marçal Justen, a formação de consórcios no campo das licitações pode conduzir à redução do universo da disputa, com o surgimento de nefastas tramas, como os conluios descobertos no âmbito da chamada Operação Lava-Jato: "O consórcio poderia retratar uma composição entre eventuais interessados: em vez de estabelecerem disputa entre si, formalizariam acordo para eliminar a competição. Aliás, a composição entre os potenciais interessados para participar de licitação pode alcançar a dimensão da criminalidade" (JUSTEN FILHO, Marçal. *Comentários à Lei de Licitações e Contratos Administrativos*. 12. ed. São Paulo: Dialética, 2008).

Sobre os consórcios empresariais, observamos:

> Em função do que registra o art. 278 da Lei nº 6.404/1976, que dispõe sobre as Sociedades por Ações, os consórcios são associações corporativas nas quais duas ou mais pessoas jurídicas se unem para a realização de um objeto específico.[163]
> Disciplinam o consórcio os artigos 278 e 279 da Lei nº 6.404/1976, discernindo que se trata de uma associação entre sociedades, sem personalidade jurídica, onde os consorciados somente se obrigam nas condições previstas no respectivo contrato, respondendo cada um por suas obrigações, sem presunção de solidariedade.
> Verifica-se, assim, que o consórcio nada mais é que uma união de esforços, numa associação temporária de duas ou mais sociedades, visando à consecução de determinado objetivo, caracterizando-se pela transitoriedade e pela manutenção da autonomia jurídica de cada ente consorciado.[164]

Nesse viés, a Lei nº 14.133/2021 entende o consórcio[165] como a associação de empresas objetivando a participação em licitação, tornando possível que, detendo atributos diversos, conjuguem interesses e esforços de modo a formularem proposta unitária.[166]

---

163 BITTENCOURT, Sidney. *Licitações internacionais*. 3. ed. Belo Horizonte: Fórum, 2011.

164 BITTENCOURT, Sidney. Alteração de composição de consórcio criado com o objetivo de atender a Administração Pública. *In:* BITTENCOURT, Sidney (org.). *Temas controvertidos sobre licitações e contratos administrativos*. Rio de Janeiro: Temas & Ideias, 1999.

165 Os artigos 278 e 279 da Lei nº 6.404/76 (Lei das Sociedades Anônimas) disciplinam a associação entre sociedades denominada consórcio. "Art. 278. As companhias e quaisquer outras sociedades, sob o mesmo controle ou não, podem constituir consórcio para executar determinado empreendimento, observado o disposto neste Capítulo. §1º O consórcio não tem personalidade jurídica e as consorciadas somente se obrigam nas condições previstas no respectivo contrato, respondendo cada uma por suas obrigações, sem presunção de solidariedade. §2º A falência de uma consorciada não se estende às demais, subsistindo o consórcio com as outras contratantes; os créditos que porventura tiver a falida serão apurados e pagos na forma prevista no contrato de consórcio. Art. 279. O consórcio será constituído mediante contrato aprovado pelo órgão da sociedade competente para autorizar a alienação de bens do ativo não circulante, do qual constarão: (Redação dada pela Lei nº 11.941, de 2009); I - a designação do consórcio se houver; II - o empreendimento que constitua o objeto do consórcio; III - a duração, endereço e foro; IV - a definição das obrigações e responsabilidade de cada sociedade consorciada, e das prestações específicas; V - normas sobre recebimento de receitas e partilha de resultados; VI - normas sobre administração do consórcio, contabilização, representação das sociedades consorciadas e taxa de administração, se houver; VII - forma de deliberação sobre assuntos de interesse comum, com o número de votos que cabe a cada consorciado; VIII - contribuição de cada consorciado para as despesas comuns, se houver. Parágrafo único. O contrato de consórcio e suas alterações serão arquivados no registro do comércio do lugar da sua sede, devendo a certidão do arquivamento ser publicada".

166 Jonas Lima chama a atenção para a necessidade de se compreender a classificação dos consórcios no contexto licitatório, especialmente quando se trata de contratos administrativos

Na elaboração do edital licitatório, caberá à Administração avaliar se será permitida a participação no certame de empresas consorciadas, partindo do pressuposto de que empresas isoladamente dificilmente teriam condições para execução do objeto pretendido.

Por outro lado, a vedação à participação dos consórcios poderá ser plenamente justificável, como, por exemplo, quando da opção pelo fracionamento do objeto, que poderá ser determinante para a ampliação da disputa.

É possível também a ocorrência de situações que amparem a limitação do número de empresas consorciadas num certame, como, por exemplo, a capacidade de gestão da própria Administração.

Nesse sentido, o TCU já se manifestou favoravelmente, desde que devidamente justificada:

> Acórdão nº 718/2011 – Plenário: Denúncia formulada ao TCU indicou possíveis irregularidades, em concorrência internacional, quanto ao impedimento em cláusula editalícia de participação de consórcios, o que poderia restringir o caráter competitivo do certame. O órgão jurisdicionado, ao ser consultado, solicitou ao Tribunal autorização em caráter excepcional para que aceitasse a formação de consórcios com, no máximo, três empresas. A unidade técnica ressaltou que "o Tribunal tem decidido que, por ausência de previsão legal, é irregular a condição que estabeleça número mínimo ou máximo de empresas participantes no consórcio". [...] Entretanto, no caso concreto, por tratar-se de obra relativa à infraestrutura aeroportuária para a Copa do Mundo de 2014, o Relator concordou com a análise da unidade técnica em relação à possibilidade de limitação do número máximo de empresas participantes do consórcio, como forma de impedir a "pulverização de responsabilidades". Ressaltou, no entanto, que o órgão jurisdicionado deverá justificar a decisão de eventual limitação a um número máximo de empresas integrantes em cada consórcio.

Nesse viés, a Lei nº 14.133/2021 trouxe a previsão, no §4º, de que, havendo justificativa técnica aprovada pela autoridade competente,

---

de grande porte. Nessa seara, dois tipos se destacam: os consórcios homogêneos e os heterogêneos. Os primeiros são formados por empresas que atuam em áreas similares ou com igual expertise, o que conferem uma maior robustez na competitividade ao agregarem suas capacidades. Já os consórcios heterogêneos são constituídos por empresas de ramos distintos, possibilitando a execução segmentada de diferentes partes de um mesmo contrato, ou que se mostram essenciais em licitações que exigem a conjugação de múltiplas empresas técnicas e operacionais (LIMA, Jonas. Consórcios se tornaram regra após mudanças na Lei de Licitações. *Consultor Jurídico*, [*s. l.*], 26 jan. 2024).

o edital de licitação poderá estabelecer limite máximo ao número de empresas consorciadas.[167]

Certo é que a formação de consórcios possibilita que pequenas e médias empresas se unam para participar de licitações, promovendo maior inclusão e diversificação no mercado. Essa estratégia fomenta o fortalecimento da economia local, ao permitir que acessem projetos de maior porte, o que contribui para o desenvolvimento econômico regional. Além disso, ao ampliar a competitividade e distribuir oportunidades de maneira mais equitativa, estará favorecendo a sustentabilidade econômica de longo prazo.

5.8 Artigo 16 – Participação de cooperativas em licitações

O art. 16 da Nova Lei de Licitações claramente estabelece que os profissionais organizados em cooperativas poderão participar de processos licitatórios, prescrevendo, contudo, alguns requisitos a serem observados, assegurando que as cooperativas concorram em condições de igualdade com outras entidades.

Assim, os profissionais organizados sob a forma de cooperativa poderão participar de certames licitatórios quando:

a) a constituição e o funcionamento da cooperativa observarem as regras estabelecidas na legislação aplicável, em especial a Lei nº 5.764, de 16.12.1971 (que define a Política Nacional de Cooperativismo), a Lei nº 12.690, de 19.07.2012 (que dispõe sobre a organização e o funcionamento das cooperativas de trabalho), e a Lei Complementar nº 130, de 17.04.2009 (que dispõe sobre o Sistema Nacional de Crédito Cooperativo);
b) a cooperativa apresentar demonstrativo de atuação em regime cooperado, com repartição de receitas e despesas entre os cooperados;
c) qualquer o cooperado, com igual qualificação, for capaz de executar o objeto contratado, vedado à Administração indicar nominalmente pessoas; e
d) o objeto da licitação referir-se, no caso de cooperativas enquadradas na Lei nº 12.690, de 19.07.2012, a serviços especializados constantes do objeto social da cooperativa, a serem executados de forma complementar à sua atuação.

---

[167] "§4º Desde que haja justificativa técnica aprovada pela autoridade competente, o edital de licitação poderá estabelecer limite máximo para o número de empresas consorciadas."

Sempre se debateu sobre a participação de cooperativas em licitações públicas.

Os contrários alegavam lesão aos princípios da isonomia e da competitividade, diante dos incentivos que essas organizações possuem no ordenamento pátrio. Por não possuírem com seus integrantes (cooperados) uma relação empregatícia, as cooperativas teriam custos bastante reduzidos, o que seria fator determinante para a violação desses princípios.

Questionando essa forma imprópria de se encarar as cooperativas, relembrando que a crise econômica e de desemprego enfrentada pelo Brasil na década de 1980 – que se prolongou até a metade dos anos 1990 –, fez com que o movimento cooperativista tomasse novos rumos, pois, embora a área rural já abrigasse um número significativo de experiências, só a partir desse período é que o cooperativismo urbano tomou força no País, com a constituição de um número expressivo de cooperativas de trabalho, Vera Lúcia Correa observou que esse tipo de cooperativa, sobretudo após o advento da Lei nº 8.949/1994,[168] surgiu como uma alternativa para a prestação de serviços de atividades onde há necessidade de mão de obra intensiva (tais como asseio, conservação, vigilância, alimentação, transporte de cargas e pessoas), sendo que, no mesmo período, ocorrera grande esforço de modernização do aparelho estatal, que optou por um modelo de gestão com tendência à terceirização das atividades consideradas secundárias ou acessórias à prestação de serviços públicos.

Nesse cenário, sublinhou:

> Se, por um lado, novos rumos trazem perspectivas para as cooperativas inserirem-se no mercado, por outro, esta etapa de transição propicia a atuação de organizações que não seguem os princípios do cooperativismo, fragilizando o movimento e dando munição àqueles que equivocadamente rotulam todas as cooperativas como organizações pouco confiáveis. O encontro destes fatores impulsionou consideravelmente o surgimento de novas cooperativas, porém não diminuiu a forte resistência ao movimento. Esta resistência está associada ao pouco conhecimento que a sociedade brasileira detém sobre o cooperativismo. Assistimos discussões infindáveis abordando aspectos como o regime jurídico das cooperativas, a concorrência de mercado, a natureza tributária,

[168] Que acrescenta parágrafo ao art. 442 da Consolidação das Leis do Trabalho (CLT) para declarar a inexistência de vínculo empregatício entre as cooperativas e seus associados.

os encargos sociais e até a preservação do princípio da isonomia, dentre outros.[169]

Sob o argumento de que as cooperativas de trabalho gerariam muitas reclamações trabalhistas, o Ministério Público do Trabalho (MPT) e a Advocacia Geral da União (AGU) firmaram um acordo, em 2003, homologado na 20ª Vara do Trabalho de Brasília/DF, limitando a participação dessas sociedades em licitações na Administração federal.

Em função de tal ajuste, a União comprometia-se a não mais contratar cooperativas de mão de obra quando o labor, por sua própria natureza, demandasse a execução em estado de subordinação, quer em relação ao tomador, quer em relação ao fornecedor dos serviços.

Contudo, esse acordo, muito contestado pela doutrina especializada, perdeu sua razão de ser em face da edição da Lei nº 12.690/2012, que dispõe sobre a organização e o funcionamento das cooperativas de trabalho, a qual dispõe, no §2º do art. 10, que essas cooperativas não poderão ser impedidas de participar de procedimentos de licitação pública que tenham por escopo os mesmos serviços, operações e atividades previstas em seu objeto social.[170] [171]

---

[169] BITTENCOURT, Sidney. *A participação de cooperativas em licitações públicas*. Rio de Janeiro: Temas & Ideias, 2001.

[170] "Art. 10. A Cooperativa de Trabalho poderá adotar por objeto social qualquer gênero de serviço, operação ou atividade, desde que previsto no seu Estatuto Social. [...] §2º A Cooperativa de Trabalho não poderá ser impedida de participar de procedimentos de licitação pública que tenham por escopo os mesmos serviços, operações e atividades previstas em seu objeto social."

[171] Não obstante, manifestando-se a respeito das repercussões do preceituado neste art. 16 em relação à participação de sociedades cooperativas nas licitações, especialmente acerca das condições de atuarem nos certames para a contratação de serviços terceirizados, com dedicação exclusiva de mão de obra, tendo em vista o citado Termo de Conciliação firmado entre o Ministério Público do Trabalho (MPT) e a Advocacia Geral da União (AGU), a AGU voltou a examinar a matéria, tendo emitido o Parecer nº 00002/2023/DECOR/CGU/AGU, da lavra do advogado da União Ronny Charles Lopes de Torres, no qual, lastreado na inegável existência de falsas cooperativas, que na verdade são empresas que adotam ilegitimamente tal regime jurídico, mesmo estabelecendo relação de subordinação com os trabalhadores atuantes na execução da atividade contratada, mas que figuram temporariamente como cooperados, e que tal situação costuma ser detectada só posteriormente pela Justiça Trabalhista, o que pode gerar a responsabilização trabalhista do tomador dos serviços, entende ser fundamental compreender que a vedação do Termo de Conciliação decorreu da própria essência dos serviços, não se tratando de vedação genérica à participação de cooperativas em licitação. Desse Parecer se extrai os seguintes trechos: "Da leitura do dispositivo, nota-se que a Lei nº 14.133/2021, diferentemente da Lei nº 8.666/1993, indica expressamente as condicionantes para a participação das cooperativas nas licitações. [...] Realmente, uma vez que a Lei nº 14.133/2021 trouxe tal regramento acerca da participação das cooperativas nas licitações, não mencionando qualquer restrição quanto ao objeto da licitação em que cooperativas possam participar ou não, há fundamento para dúvida e incerteza quanto à eficácia do Termo de Conciliação firmado entre o MPT e a AGU, tendo

Observe-se que, nesse contexto, o art. 9º da Nova Lei vedou ao agente público designado para atuar na área de licitações e contratos, ressalvados os casos previstos em lei, admitir, prever, incluir ou tolerar, nos atos que praticar, situações que comprometam, restrinjam ou frustrem o caráter competitivo do processo licitatório, inclusive nos casos de participação de sociedades cooperativas.[172]

Faz tempo que nos posicionamos sobre a impossibilidade da existência de uma *cláusula de barreira* nos editais licitatórios, impeditiva de participação de cooperativas em certames.[173]

Alguns, mais conscienciosos, buscam na prática da equalização das propostas uma forma de levar isonomia ao certame, uma vez que as cooperativas gozam de benefícios que, certamente, propiciam condições para o oferecimento de um preço reduzido, o que desestabilizaria a competição, desatendendo, dessa forma, o princípio da competitividade. Nessa linha de raciocínio sempre se pautou, por exemplo, Toshio Mukai, conforme brilhantes explanações em congressos, seminários, cursos e palestras, quando indagado sobre o assunto.

---

em vista, principalmente, o disposto no art. 9º, inciso I, alínea 'a' da Lei nº 14.133/2021 (repetição do art. 3º, §1º, I da Lei nº 8.666/93). [...] Contudo, não parece adequado presumir que a regra disposta pela Nova Lei teve o condão de invalidar o regramento anteriormente construído pelo tema, até porque não parece existir relação de contradição e sim de complementariedade. Apesar da redação legal trazida pela Lei nº 14.133/21 (art. 16) e da disposição prevista no seu art. 9º, inciso I, alínea 'a', parece evidente que continua a persistir a necessidade de uma visão pragmática em relação à participação das cooperativas em certames licitatórios específicos, como ocorre na hipótese de contratação de serviços terceirizados com dedicação exclusiva de mão de obra. [...] Dessa forma, o art. 16 da Lei nº 14.133/2021 deve ser interpretado sistematicamente, de acordo com o arcabouço jurídico que envolve a matéria das Cooperativas, não tendo o condão de afastar a aplicabilidade do Termo de Conciliação firmado entre Ministério Público do Trabalho – MPT e a Advocacia Geral da União – AGU."

Por fim, conclui o Parecer: "Diante de todo o exposto, como proposta de uniformização do tema, defendemos que o art. 16 da Lei nº 14.133/2021 deve ser interpretado sistematicamente, e acordo com o arcabouço jurídico que envolve a matéria das Cooperativas, não prejudicando a vigência do Termo de Conciliação firmado entre o Ministério Público do Trabalho – MPT e a Advocacia Geral da União – AGU. Nesta linha, legítimo o entendimento de que a União deve se abster de celebrar contratos administrativos com cooperativas de trabalho nas hipóteses em que a execução dos serviços terceirizados, por sua própria natureza, demande vínculo de emprego dos trabalhadores em relação à contratada, nos termos definidos pelo Termo de Conciliação Judicial homologado pela Justiça do Trabalho nos autos da ação civil pública nº 01082-2002-020-10-00-0, firmado entre o Ministério Público do Trabalho e a União".

172 "Art. 9º É vedado ao agente público designado para atuar na área de licitações e contratos, ressalvados os casos previstos em lei: [...] a) comprometam, restrinjam ou frustrem o caráter competitivo do processo licitatório, inclusive nos casos de participação de sociedades cooperativas [...]."

173 Vide BITTENCOURT, Sidney. *A participação de cooperativas em licitações públicas*. Rio de Janeiro: Temas & Ideias, 2001.

Apesar de tal postura ser mais coerente do que a simples proibição de participação, dela também, com as vênias necessárias, ousamos discordar.

Jacoby Fernandes, apesar de entender que as cooperativas não podem ser impedidas de participar de licitações, considera que o tema é de difícil delineamento, pois "a questão, em termos práticos, oferece dificuldades, notadamente em razão da evolução de institutos como terceirização, de obras e serviços, incentivo constitucional e governamental às cooperativas, parcerias com órgãos públicos".[174]

Certo é que, como nós, esmagadora maioria jamais vislumbrou qualquer tipo de óbice.

Vide alguns exemplos:

Vera Lúcia Corrêa:

> De outra parte, as diferentes instâncias governamentais têm efetuado políticas para redução de déficit público, de modo que, a contratação de serviços para implementação das suas atividades observando-se o princípio orçamentário do custo-benefício é um dos procedimentos adotados pelos administradores públicos para a consecução da redução dos seus gastos. É, inclusive, dever do Estado controlar o gasto público, através dos seus órgãos de controle externo, cuidando para que os serviços sejam executados dentro dos princípios de economicidade e de efetividade. É neste contexto que vêm ganhando espaço as cooperativas, ao descobrir e implantar formas de gestão que incorporam vantagens comparativas em relação às empresas capitalistas para poder competir com elas.[175]

Marcos Juruena:

> A licitação, visando à seleção de proposta mais vantajosa para a Administração, não pode afastar licitantes que legalmente estejam disponíveis no mercado, nem estabelecer distinções artificiais para neutralizar os benefícios constitucionais e legais atribuídos a determinada categoria que se pretende constitucional e legalmente estimular.[176]

---

174 FERNANDES, Jorge Ulisses Jacoby. *Contratação direta sem licitação*: modalidades, dispensa e inexigibilidade de licitação. 5. ed. Brasília: Brasília Jurídica, 2004.

175 CORRÊA, Vera Lucia de Almeida. A participação de cooperativas nas licitações públicas. *Revista Interação*, n. 1, 2000.

176 SOUTO, Marcos Juruena Villela. Igualdade e competitividade em face da participação de cooperativas nas licitações. *Informativo de Licitações e Contratos*, Curitiba, n. 48, fev. 1998.

Amilcar Barca e Lívio Ciotti:

Não existe qualquer obstáculo jurídico que impeça que esse tipo de sociedade possa participar de licitações promovidas pela Administração Pública em qualquer de seus níveis. Obstaculizar a participação de cooperativas em procedimentos licitatórios, caracteriza grande ofensa à nossa Constituição, pois, em pelo menos sete pontos de nossa Carta Política, o legislador enfatizou com muita propriedade a necessidade de se apoiar e estimular esse tipo societário. Ninguém pode negar que o mecanismo de funcionamento das cooperativas é o mais salutar para a organização da sociedade civil. Os governos sérios, notadamente os daqueles países chamados de Primeiro Mundo, enxergaram essa grande possibilidade, e não é por acaso que esses países estão na dianteira do desenvolvimento, enquanto aqueles países que não abriram os olhos para o cooperativismo continuam patinando na esteira da pobreza e da miséria.[177]

Renato Becho:

Dentre as doutrinas da igualdade substancial, formal e jurídica proporcional, a aplicada à licitação é a formal, que determina igual tratamento jurídico dos licitantes. O princípio será atendido se houver isonomia de oportunidade para os interessados em participar do certame. A igualdade perante a lei significa, em última análise, respeito aos princípios da legalidade. A isonomia de nosso texto constitucional significa igualdade na lei. Com isso, o princípio é primeiramente direcionado para o legislador, que não pode produzir leis que tragam desarmonia à igualdade de tratamento, exceto se houver correlação lógica entre o discrímen e o motivo da discriminação. O princípio da igualdade aplicada na licitação é o mesmo princípio geral de direito. Não há um princípio da igualdade específico, diferente dos demais, só para a licitação. Sendo assim, não há separação doutrinária entre os seus elementos, naquilo que sejam incidentes ao caso concreto. As particularidades das sociedades cooperativas são mais de natureza interna, societária, não sendo significativas para a Administração Pública, para fins de licitação. Não há motivo jurídico que permita a segregação das cooperativas dos processos licitatórios, de maneira geral. A vedação de participação dessas sociedades exige comprovação fática da correlação lógica analisada em cada caso particularmente. Alijar as cooperativas das licitações fere o princípio da igualdade. Se uma sociedade for excluída de uma licitação por ser cooperativa, estará havendo restrição ilegal, ou aplicação de um critério injusto (portanto desigual, na esteira do afirmado por Bobbio).

[177] TEIXEIRA JÚNIOR, Amilcar Barca; CIOTTI, Lívio Rodrigues. *Participação de cooperativas em procedimentos licitatórios*. Belo Horizonte: Mandamentos, 2002.

Lembremo-nos, por oportuno, que inclusive não desigualar pode ferir justamente o princípio da igualdade.[178]

Nesse contexto, para dissipar qualquer dúvida, este art. 16, de maneira bastante clara e didática, enumera as situações em que os profissionais organizados sob a forma de cooperativa estão autorizados a serem contratados pela Administração Pública.

É claro, contudo, como bem destacou Ronny Charles em seu parecer, que a Administração deve evitar a celebração de contratos administrativos com cooperativas fraudulentas. Deve-se rechaçar a intermediação indevida de mão de obra, caracterizadora de falsas cooperativas, que ocorre quando trabalhadores são fornecidos sob o rótulo de cooperados, mas acabam atuando para um único empregador, desvirtuando o verdadeiro cooperativismo. Em tais situações, como observa Rodrigo Carelli, o cooperativismo deixa de ser uma ferramenta de apoio social e se torna um mecanismo de precarização e exploração dos mais vulneráveis.

> O cooperativismo fraudulento atinge a parte mais prejudicada dos trabalhadores, atingindo somente aquele exército de reserva excluído, que aceita o trabalho qual for a qualquer preço pago. Os trabalhadores em cooperativas geralmente são aqueles em posições menos qualificadas, atingindo o máximo em desvalorização das funções ocupadas [...] realizando puro fornecimento de trabalhadores a preço vil, posando de modernidade e flexibilidade das relações de trabalho, quando na verdade têm como objetivo o simples fim do protecionismo estatal sobre os trabalhadores.[179]

Indubitavelmente, a participação de cooperativas em licitações promove o fortalecimento do cooperativismo e da economia solidária, elementos essenciais para um desenvolvimento econômico e social sustentável. Ao promoverem a repartição de receitas e a atuação em regime cooperado, as cooperativas reforçam a inclusão social e o fortalecimento de comunidades, além de potencializar o uso de práticas sustentáveis em suas operações.

---

[178] BECHO, Renato Lopes. A participação de cooperativas nas licitações da Administração Pública. *Revista da Ajufe*, São Paulo, v. 20, n. 66, p. 227-261, 2001.

[179] CARELLI, Rodrigo de Lacerda. *Cooperativas de mão-de-obra*: Manual contra a fraude. São Paulo: LTr, 2002.

CAPÍTULO II

DA FASE PREPARATÓRIA

Seção I

Da Instrução do Processo Licitatório

Art. 18. A fase preparatória do processo licitatório é caracterizada pelo planejamento e deve compatibilizar-se com o plano de contratações anual de que trata o inciso VII do caput do art. 12 desta Lei, sempre que elaborado, e com as leis orçamentárias, bem como abordar todas as considerações técnicas, mercadológicas e de gestão que podem interferir na contratação, compreendidos:

I - a descrição da necessidade da contratação fundamentada em estudo técnico preliminar que caracterize o interesse público envolvido;

II - a definição do objeto para o atendimento da necessidade, por meio de termo de referência, anteprojeto, projeto básico ou projeto executivo, conforme o caso;

III - a definição das condições de execução e pagamento, das garantias exigidas e ofertadas e das condições de recebimento;

IV - o orçamento estimado, com as composições dos preços utilizados para sua formação;

V - a elaboração do edital de licitação;

VI - a elaboração de minuta de contrato, quando necessária, que constará obrigatoriamente como anexo do edital de licitação;

VII - o regime de fornecimento de bens, de prestação de serviços ou de execução de obras e serviços de engenharia, observados os potenciais de economia de escala;

VIII - a modalidade de licitação, o critério de julgamento, o modo de disputa e a adequação e eficiência da forma de combinação desses parâmetros, para os fins de seleção da proposta apta a gerar o resultado de contratação mais vantajoso para a Administração Pública, considerado todo o ciclo de vida do objeto;

IX - a motivação circunstanciada das condições do edital, tais como justificativa de exigências de qualificação técnica, mediante indicação das parcelas de maior relevância técnica ou valor significativo do objeto, e de qualificação econômico-financeira, justificativa dos critérios de pontuação e julgamento das propostas técnicas, nas licitações com julgamento por melhor técnica ou técnica e preço, e justificativa das regras pertinentes à participação de empresas em consórcio;

X - a análise dos riscos que possam comprometer o sucesso da licitação e a boa execução contratual;

XI - a motivação sobre o momento da divulgação do orçamento da licitação, observado o art. 24 desta Lei.

§1º O estudo técnico preliminar a que se refere o inciso I do *caput* deste artigo deverá evidenciar o problema a ser resolvido e a sua melhor solução, de modo a permitir a avaliação da viabilidade técnica e econômica da contratação, e conterá os seguintes elementos:

I - descrição da necessidade da contratação, considerado o problema a ser resolvido sob a perspectiva do interesse público;

II - demonstração da previsão da contratação no plano de contratações anual, sempre que elaborado, de modo a indicar o seu alinhamento com o planejamento da Administração;

III - requisitos da contratação;

IV - estimativas das quantidades para a contratação, acompanhadas das memórias de cálculo e dos documentos que lhes dão suporte, que considerem interdependências com outras contratações, de modo a possibilitar economia de escala;

V - levantamento de mercado, que consiste na análise das alternativas possíveis, e justificativa técnica e econômica da escolha do tipo de solução a contratar;

VI - estimativa do valor da contratação, acompanhada dos preços unitários referenciais, das memórias de cálculo e dos documentos que lhe dão suporte, que poderão constar de anexo classificado, se a Administração optar por preservar o seu sigilo até a conclusão da licitação;

VII - descrição da solução como um todo, inclusive das exigências relacionadas à manutenção e à assistência técnica, quando for o caso;

VIII - justificativas para o parcelamento ou não da contratação;

IX - demonstrativo dos resultados pretendidos em termos de economicidade e de melhor aproveitamento dos recursos humanos, materiais e financeiros disponíveis;

X - providências a serem adotadas pela Administração previamente à celebração do contrato, inclusive quanto à capacitação de servidores ou de empregados para fiscalização e gestão contratual;

XI - contratações correlatas e/ou interdependentes;

XII - descrição de possíveis impactos ambientais e respectivas medidas mitigadoras, incluídos requisitos de baixo consumo de energia e de outros recursos, bem como logística reversa para desfazimento e reciclagem de bens e refugos, quando aplicável;

XIII - posicionamento conclusivo sobre a adequação da contratação para o atendimento da necessidade a que se destina.

§2º O estudo técnico preliminar deverá conter ao menos os elementos previstos nos incisos I, IV, VI, VIII e XIII do §1º deste artigo e, quando não

contemplar os demais elementos previstos no referido parágrafo, apresentar as devidas justificativas.
§3º Em se tratando de estudo técnico preliminar para contratação de obras e serviços comuns de engenharia, se demonstrada a inexistência de prejuízo para a aferição dos padrões de desempenho e qualidade almejados, a especificação do objeto poderá ser realizada apenas em termo de referência ou em projeto básico, dispensada a elaboração de projetos.

Quem me dera ao menos uma vez
que o mais simples fosse visto como o mais importante.
(Renato Russo)

5.9 Artigo 18 – Inciso VIII – Consideração obrigatória de todo o ciclo de vida do objeto pretendido na fase preparatória do processo licitatório

Atendendo ao Princípio do Planejamento indicado no art. 5º, este art. 18 anuncia que a fase preparatória do processo licitatório se caracteriza pelo planejamento, que deverá se compatibilizar com o Plano de Contratações Anual de que trata o inc. VII do art. 12, sempre que elaborado,[180] e com as leis orçamentárias, abordando todas as considerações técnicas, mercadológicas e de gestão que podem interferir na contratação.[181]

Entre as considerações técnicas, mercadológicas e de gestão que podem interferir na contratação, o inc. VIII aponta a necessidade de indicação da modalidade de licitação, do critério de julgamento, do modo de disputa e a adequação e eficiência da forma de combinação desses parâmetros, para os fins de seleção da proposta apta a gerar o resultado de contratação mais vantajoso, levando em conta todo o ciclo de vida do objeto.

---

[180] Relembra-se que, no âmbito federal, o Decreto nº 10.947/2022 regulamenta e detalha as diretrizes para a elaboração do Plano de Contratações Anual, estabelecendo de forma explícita a obrigatoriedade desse instrumento nessa esfera.

[181] Alerta-se que o citado inc. VII do art. 12 indica que, a partir de documentos de formalização de demandas, os órgãos responsáveis pelo planejamento de cada ente federativo poderão, na forma de regulamento, elaborar plano de contratações anual, com o objetivo de racionalizar as contratações dos órgãos e entidades sob sua competência, garantir o alinhamento com o seu planejamento estratégico e subsidiar a elaboração das respectivas leis orçamentárias.

Como já enfatizado, o ciclo de vida de um produto abrange todas as suas fases, desde a concepção e fabricação até a sua eliminação ou reciclagem. A análise do ciclo de vida do objeto contratado constitui um princípio essencial da sustentabilidade nas contratações públicas. Avaliar não apenas o custo de aquisição, mas também os custos operacionais, de manutenção e de descarte, garante uma contratação economicamente vantajosa e ambientalmente sustentável, atendendo aos princípios da eficiência e economicidade, além de reduzir impactos ambientais e desperdícios ao longo do tempo.

Dessa forma, reforçando e reiterando o que outros dispositivos legais já indicaram, ao elencar detalhadamente o que a licitação deve conter em relação a considerações técnicas, mercadológicas e de gestão, este inciso deixa claro que o agente público responsável deve se preocupar, sobretudo, com o ciclo de vida do objeto pretendido.

5.10 Artigo 18 – Parágrafo 1º – Inciso XII – Descrição de impactos ambientais e respectivas medidas mitigadoras como elemento do Estudo Técnico Preliminar (ETP)

Segundo definição presente no inc. XX do art. 6º da Lei, o Estudo Técnico Preliminar (ETP) configura o documento constitutivo da primeira etapa do planejamento de uma contratação que caracteriza o interesse público envolvido e a sua melhor solução e dá base ao anteprojeto, ao termo de referência ou ao projeto básico a serem elaborados caso se conclua pela viabilidade da contratação.

Em outras palavras, é um documento que visa fundamentar a contratação pública, que deve ser elaborado antes do processo de licitação e tem como objetivo garantir que a contratação atenda às necessidades da Administração Pública de forma eficiente e eficaz.

Na prática, como observa Ronny Charles, o ETP, a partir do documento de formalização da demanda, analisa a viabilidade dessa demanda e agrega novos elementos de planejamento. Entre esses elementos estão: requisitos de contratação, levantamento de mercado e justificativas técnicas, incluindo considerações sobre o parcelamento da solução, o uso de ferramentas permitidas para o procedimento licitatório, regime de execução, entre outros.[182]

[182] TORRES, Ronny Charles Lopes de. *Leis de licitações públicas comentadas*. 15. ed. Salvador: Juspodivm, 2024.

Tatiana Camarão destaca que o instrumento desempenha uma função estratégica nas contratações públicas, pois visa identificar e analisar as necessidades projetadas pela unidade administrativa ao elaborar seu planejamento estratégico, o plano de logística sustentável e o Plano Anual de Contratações, buscando evidenciar o problema a ser resolvido e as possíveis soluções, com o intuito de avaliar as informações necessárias para subsidiar o processo de contratação.[183]

Vanessa Sá enfatiza que se trata de artefato que a Lei nº 14.133/20221 oferece, entre os que disponibiliza para o planejamento licitatório, que consigna ferramenta colocada à disposição da Administração para minimização de todos os problemas históricos que ocorrem durante as fases de seleção do fornecedor e de execução contratual:

> Isso porque, a partir da compreensão da necessidade que demandou a deflagração do processo, com a devida identificação dos requisitos necessários e suficientes para a futura contratação, a equipe de planejamento realiza um diálogo com o mercado e, por conseguinte, mune o gestor público de dados para uma decisão dotada de qualidade com relação à solução mais adequada ao problema que se propõe resolver com a contratação pública.[184]

Sem a menor dúvida, o ETP proporcionará à Administração uma visão abrangente sobre a necessidade que deu origem ao processo, permitindo a identificação precisa dos requisitos indispensáveis para uma contratação eficaz.

Nesse contexto, este §1º define que o ETP deverá evidenciar o problema a ser resolvido e a melhor solução disponível, permitindo a avaliação da viabilidade técnica e econômica da contratação, devendo conter uma variedade de elementos.

Um desses elementos, indicado no inc. XII, é a descrição de possíveis impactos ambientais e das respectivas medidas mitigadoras, incluindo requisitos de baixo consumo de energia e de outros recursos, bem como a logística reversa para o desfazimento e reciclagem de bens e refugos, quando aplicável.

---

183 CAMARÃO, Tatiana. *In:* FORTINI, Cristiana; OLIVEIRA, Rafael Sérgio Lima de; CAMARÃO, Tatiana (coord.). *Comentários à Lei de Licitações e Contratos Administrativos*: Lei nº 14.133, de 1º de abril de 2021. Belo Horizonte: Fórum, 2022. v. 1.

184 SÁ, Vanessa de Mesquita e. Afinal, para que estudo técnico preliminar? *In:* LEMOS JUNIOR, Andryu; STROPPA, Christianne; CRUZ, Márcio Motta Lima da (coord.). *Nova Lei de Licitações e Contratos Administrativos*: estudos em homenagem ao professor Ronny Charles Lopes de Torres. Salvador: Juspodivm, 2024.

Os impactos ambientais referem-se às consequências que uma atividade ou projeto pode ter sobre o meio ambiente. Isso abrange alterações nos ecossistemas, na qualidade do ar e da água, na biodiversidade e no clima. Os impactos podem ser positivos ou negativos e influenciam tanto a saúde humana quanto a integridade dos recursos naturais. É fundamental que as licitações sustentáveis considerem esses impactos para garantir que as escolhas feitas minimizem os efeitos adversos no meio ambiente.

As medidas mitigadoras são ações planejadas e implementadas para reduzir ou eliminar os impactos negativos de uma atividade ou projeto sobre o meio ambiente. No contexto das licitações sustentáveis, essas medidas podem incluir o tratamento de resíduos, a restauração de habitats, o controle da poluição e a adoção de tecnologias mais limpas. O objetivo é minimizar os efeitos adversos e promover a sustentabilidade, assegurando que as contratações públicas contribuam para a conservação ambiental.

Os requisitos de baixo consumo de energia referem-se a normas e diretrizes que incentivam a utilização de tecnologias, processos ou materiais que demandem menos energia em sua operação. Isso pode incluir a adoção de fontes de energia renovável, a melhoria da eficiência energética em equipamentos e edificações e a implementação de práticas de conservação de energia. Considerar esses requisitos nas licitações sustentáveis objetiva reduzir o impacto ambiental associado ao consumo energético e diminuir os custos operacionais.

A logística reversa é o processo de planejamento e execução do fluxo de produtos e materiais a partir do consumidor de volta ao fabricante ou a um ponto de descarte apropriado. Esse conceito é fundamental nas licitações sustentáveis, pois permite a reciclagem e o reaproveitamento de materiais, contribuindo para a redução de desperdícios e a preservação de recursos naturais. A logística reversa pode incluir a coleta de produtos em fim de vida útil e a reintegração desses materiais no ciclo produtivo, promovendo a sustentabilidade.

O desfazimento refere-se ao processo de eliminação de produtos ou materiais que não são mais úteis ou que chegaram ao fim de sua vida útil. A reciclagem, por sua vez, é a transformação desses materiais em novos produtos, permitindo a recuperação de recursos e a redução do volume de resíduos destinados a aterros. Esses processos são essenciais para promover a economia circular e minimizar os impactos ambientais associados ao descarte inadequado, devendo ser considerados nas licitações sustentáveis para garantir uma gestão eficiente dos recursos.

A orientação da lei no sentido de a Administração considerar esses elementos está diretamente alinhada com o objetivo de promover práticas mais sustentáveis nas contratações públicas, contribuindo para a redução da pegada ecológica e estimulando a reciclagem e a reutilização de materiais.

Registre-se que o Tribunal de Contas da União (TCU), por intermédio do Acórdão nº 2273/2024 – Plenário, determinou que a Lei nº 14.133/2021 não torna obrigatória a inclusão do Estudo Técnico Preliminar (ETP) como parte do edital de licitação. Segundo a decisão, essa prática poderá causar sobreposição de informações e gerar conflitos com outros documentos essenciais, como o termo de referência e o projeto básico, o que poderia trazer mais complexidade ao processo licitatório e aumentar custos administrativos.

O ministro relator, Benjamin Zymler, argumentou que, embora não seja proibido anexar o ETP ao edital, não há obrigatoriedade. O TCU identificou diversos desafios, como o risco de inconsistências entre o ETP e documentos posteriores, que poderão ser alterados ao longo do processo licitatório. Além disso, segundo a Corte de Contas, incluí-lo poderá ampliar o volume de informações sem relevância direta para os licitantes, o que tornaria o processo mais caro e burocrático para a Administração Pública.

O relator observou que a própria a lei, em seu artigo 54, §3º, estabelece que documentos como o ETP só devem ser divulgados no Portal Nacional de Contratações Públicas (PNCP) após a homologação do certame.[185] Além disso, a Instrução Normativa Seges 58/2022 reforça que o ETP pode ser tratado como documento sigiloso em alguns casos, conforme previsto pela Lei de Acesso à Informação (Lei 12.527/2011).

---

185 "Art. 54. A publicidade do edital de licitação será realizada mediante divulgação e manutenção do inteiro teor do ato convocatório e de seus anexos no Portal Nacional de Contratações Públicas (PNCP).
[...] §3º Após a homologação do processo licitatório, serão disponibilizados no Portal Nacional de Contratações Públicas (PNCP) e, se o órgão ou entidade responsável pela licitação entender cabível, também no sítio referido no §2º deste artigo, os documentos elaborados na fase preparatória que porventura não tenham integrado o edital e seus anexos."

Art. 19. Os órgãos da Administração com competências regulamentares relativas às atividades de administração de materiais, de obras e serviços e de licitações e contratos deverão:
I - instituir instrumentos que permitam, preferencialmente, a centralização dos procedimentos de aquisição e contratação de bens e serviços;
II - criar catálogo eletrônico de padronização de compras, serviços e obras, admitida a adoção do catálogo do Poder Executivo federal por todos os entes federativos;
III - instituir sistema informatizado de acompanhamento de obras, inclusive com recursos de imagem e vídeo;
IV - instituir, com auxílio dos órgãos de assessoramento jurídico e de controle interno, modelos de minutas de editais, de termos de referência, de contratos padronizados e de outros documentos, admitida a adoção das minutas do Poder Executivo federal por todos os entes federativos;
V - promover a adoção gradativa de tecnologias e processos integrados que permitam a criação, a utilização e a atualização de modelos digitais de obras e serviços de engenharia.
§1º O catálogo referido no inciso II do *caput* deste artigo poderá ser utilizado em licitações cujo critério de julgamento seja o de menor preço ou o de maior desconto e conterá toda a documentação e os procedimentos próprios da fase interna de licitações, assim como as especificações dos respectivos objetos, conforme disposto em regulamento.
§2º A não utilização do catálogo eletrônico de padronização de que trata o inciso II do caput ou dos modelos de minutas de que trata o inciso IV do caput deste artigo deverá ser justificada por escrito e anexada ao respectivo processo licitatório.
*§3º Nas licitações de obras e serviços de engenharia e arquitetura, sempre que adequada ao objeto da licitação, será preferencialmente adotada a Modelagem da Informação da Construção (*Building Information Modeling – *BIM) ou tecnologias e processos integrados similares ou mais avançados que venham a substitui-la.*

Amanhã, outro dia
Lua sai, ventania
Abraça uma nuvem que passa no ar
Beija, brinca e deixa passar.
(Djavan)

5.11 Artigo 19 – Ferramentas para auxílio às atividades de licitações e contratos

Atento à função orgânica da Administração, o legislador buscou distribuir responsabilidades entre os diversos órgãos envolvidos nas contratações públicas, estruturando bases sólidas para a gestão de materiais, obras, serviços, licitações e contratos.

Para tanto, determinou que os órgãos com competências regulamentares nessas áreas instituam instrumentos de apoio que fortaleçam esses processos. Logo, a realização efetiva das ações e soluções nele delineadas requererá a elaboração de regulamentos que as incluam.

Dessa forma, ao incorporar diretrizes que promovam práticas sustentáveis nas contratações públicas, contribuindo para um equilíbrio entre eficiência econômica, social e ambiental, o dispositivo estabeleceu uma conexão direta com o desenvolvimento nacional sustentável.

Nessa contextura, os órgãos com tais competências regulamentares deverão:

a) instituir instrumentos que permitam, preferencialmente, a centralização dos procedimentos de aquisição e contratação de bens e serviços.

Essa atitude favorecerá a eficiência, resultando em economia de recursos e, consequentemente, na redução do desperdício. Como averba Justen, a concepção da centralização traduz-se na desnecessidade da fragmentação de procedimentos isolados, permitindo a simplificação burocrática e ganhos de escala, acarretando a ampliação de quantitativos a serem adquiridos em uma única licitação, com a entrega dos produtos ou a prestação dos serviços para uma pluralidade de órgãos e entidades distintos.[186]

Tal medida está intimamente ligada ao desenvolvimento sustentável, pois otimiza o uso de bens e serviços públicos.

Vale ressaltar um aspecto desfavorável: a possibilidade de inadequação dos produtos adquiridos, uma vez que itens padronizados podem não satisfazer as especificidades e necessidades de cada órgão.

b) criar catálogo eletrônico de padronização de compras, serviços e obras, que, consoante o preceituado no §1º, poderá ser adotado em licitações cujo critério de julgamento seja o de menor preço ou o de maior desconto e conterá toda a documentação e os procedimentos próprios da fase interna

---

[186] JUSTEN FILHO, Marçal. *Comentários à Lei de Licitações e Contratações Administrativas*. São Paulo: Revista dos Tribunais, 2021.

de licitações, assim como as especificações dos respectivos objetos, conforme disposto em regulamento.

O catálogo eletrônico permitirá a padronização das compras, facilitando a escolha de fornecedores que atendam a critérios de sustentabilidade. Isso contribuirá para que a Administração priorize fornecedores que adotem práticas sustentáveis, alinhando-se aos princípios do desenvolvimento sustentável.[187]

E mais: o §2º dispõe que a não utilização do catálogo eletrônico de padronização deverá ser justificada por escrito e anexada ao respectivo processo licitatório. Essa exigência incentiva a reflexão sobre as práticas adotadas nas contratações, promovendo a busca por alternativas que respeitem princípios de sustentabilidade.

Há de se ressaltar, entretanto, que a padronização traz uma série de desafios, pois há clara limitação em relação ao que pode ser padronizado.

Como observam Sundfeld e Jurksaitis, nem tudo é padronizável:

> Ao induzir uniformidades, a padronização tende a desestimular que os gestores atendam da melhor forma às peculiaridades de cada caso, pois fazê-lo supõe pagar um preço interno de desconfianças, trâmites e convencimentos que nem sempre eles se sentirão cobrados a pagar. Isso se resolve, em tese, tanto pelo desenvolvimento constante de variações customizadas dos modelos, segundo as situações concretas recorrentes, como pela criação de equipes de apoio especializadas em dar suporte eficiente a processos de adaptação das minutas às situações mais particulares. Mas há um risco grande, que não se pode desprezar, de o conforto burocrático da padronização acabar predominando e, assim, de se mediocrizar aos poucos toda a gestão pública.[188]

Efetivamente, há um risco significativo de que a segurança proporcionada pela padronização leve à estagnação, resultando em uma gestão pública cada vez mais rotineira e despersonalizada. Não obstante, como observado pelos analistas, é certo que nas administrações menos equipadas, como as municipais, as vantagens da padronização poderão, em muitos casos, superar seus desafios.

---

[187] Por intermédio da Portaria SEGES/ME nº 938, de 2.02.2022, o Governo federal instituiu o catálogo eletrônico de padronização de compras, serviços e obras, abrangendo a Administração Pública federal direta, autárquica e fundacional.

[188] SUNDFELD, Carlos Ari; JURKSAITIS Guilherme Jardim. Artigos 18 a 24. *In:* FORTINI, Cristiana; OLIVEIRA, Rafael Sérgio Lima de; CAMARÃO, Tatiana (coord.). *Comentários à Lei de Licitações e Contratos Administrativos*: Lei nº 14.133, de 1º de abril de 2021. Belo Horizonte: Fórum, 2022. v. 1.

c) instituir sistema informatizado de acompanhamento de obras, inclusive com recursos de imagem e vídeo.

Tal sistema permitirá um controle mais eficaz da execução dos projetos, facilitando a detecção de práticas que não sejam sustentáveis ou que apresentem ineficiências, assegurando, com isso, que as obras respeitem normas ambientais e promovam a sustentabilidade.

Há, no entanto, alguns riscos que devem ser avaliados e mitigados para garantir o sucesso de um sistema informatizado no acompanhamento de obras, como a dependência excessiva de tecnologia, que pode comprometer o controle em caso de falhas técnicas; a falsa sensação de supervisão completa, uma vez que o monitoramento digital pode não capturar todas as nuances da execução e o alto custo de implementação e manutenção.

d) instituir, com auxílio dos órgãos de assessoramento jurídico e de controle interno, modelos de minutas de editais, de termos de referência, de contratos padronizados e de outros documentos.

A instituição de modelos padronizados de editais e contratos possibilitará a inclusão de cláusulas que incentivem práticas sustentáveis, como a utilização de materiais ecológicos e a eficiência energética, assegurando que as contratações não apenas atendam às necessidades imediatas, mas também respeitem critérios sociais e ambientais.

Tal como estabelecido para o uso do catálogo eletrônico, o §2º também dispõe que a não utilização dos modelos de minutas deverá ser justificada por escrito e anexada ao respectivo processo licitatório.

É importante destacar, entrementes, que a utilização de modelos padronizados envolve uma série de desafios: a inadequação às necessidades específicas, pois tais modelos podem não refletir as particularidades de cada projeto ou situação, resultando em contratações que não atendem às demandas reais; a rigidez nos processos, já que a padronização pode criar uma estrutura inflexível, dificultando as adaptações essenciais a novas circunstâncias ou inovações; e o desestímulo à criatividade, que pode desencorajar a busca por soluções mais originais e eficientes, limitando, assim, a capacidade de inovação na administração pública.

e) promover a adoção gradativa de tecnologias e processos integrados que permitam a criação, a utilização e a atualização de modelos digitais de obras e serviços de engenharia.

A promoção de tecnologias e processos integrados, permite um planejamento mais sustentável.

Nesse contexto, a Lei avança ainda mais ao prever, no §3º, que, nas licitações de obras e serviços de engenharia e arquitetura, deverá ser adotada preferencialmente a Modelagem da Informação da Construção (*Building Information Modeling* – BIM), ou tecnologias e processos integrados equivalentes ou mais avançados que possam substituí-la.

A plataforma BIM é um sistema integrado que permite desenvolver digitalmente modelos virtuais da construção, simplificando sua execução e compreensão. Crescendo muito ao longo dos anos, hoje é a "expressão atual da inovação digital" em todo o setor de construção. Nada mais é, portanto, que uma maneira eficiente de reunir todas as informações de uma construção de forma integrada e organizada.

Esse conjunto de informações da construção é composto desde o modelo em si da edificação até, por exemplo, o seu orçamento, acompanhando a obra em todo o seu ciclo de vida.[189]

> É um dos mais promissores desenvolvimentos na indústria relacionada à arquitetura, engenharia e construção. Com a tecnologia BIM, um modelo virtual preciso de uma edificação é construído de forma digital. Quando completo, o modelo gerado computacionalmente contém a geometria exata e os dados relevantes, necessários para dar suporte à construção, à fabricação e ao fornecimento de insumos necessários para a realização da construção. Quando implementado de maneira apropriada, o BIM facilita um processo de projeto e construção mais integrado que resulta em construções de melhor qualidade com custo e prazo de execução reduzidos.[190]

Os benefícios de sua utilização incluem: redução de custos, maior produtividade com ciclos de vida mais curtos, melhoria na comunicação entre equipes, ampliação das oportunidades para pré-fabricação e construção modular, além de resultados de alta qualidade.

A adoção da tecnologia BIM ou de soluções similares contribui para minimizar desperdícios e otimizar o uso de recursos, promovendo a sustentabilidade na execução de obras e serviços. Seu emprego demonstra um compromisso com a inovação e a eficiência, pilares essenciais do desenvolvimento sustentável, pois não apenas eleva a eficácia dos projetos, mas também reduz de forma significativa os impactos ambientais.

---

[189] SIENGE. *Tecnologia BIM*: Guia Completo. *Sienge Blog*, [*s. l.*], [2023].

[190] EASTMAN, Chuck; TEICHOLZ, Paul; SACKS, Rafael. *Manual de BIM*: um guia de modelagem da informação da construção para arquitetos, engenheiros, gerentes, construtores e incorporadores. Tradução de Kathleen. Porto Alegre: Bookman, 2013.

Art. 25. O edital deverá conter o objeto da licitação e as regras relativas à convocação, ao julgamento, à habilitação, aos recursos e às penalidades da licitação, à fiscalização e à gestão do contrato, à entrega do objeto e às condições de pagamento.

§1º Sempre que o objeto permitir, a Administração adotará minutas padronizadas de edital e de contrato com cláusulas uniformes.

§2º *Desde que, conforme demonstrado em estudo técnico preliminar, não sejam causados prejuízos à competitividade do processo licitatório e à eficiência do respectivo contrato, o edital poderá prever a utilização de mão de obra, materiais, tecnologias e matérias-primas existentes no local da execução, conservação e operação do bem, serviço ou obra.*

§3º Todos os elementos do edital, incluídos minuta de contrato, termos de referência, anteprojeto, projetos e outros anexos, deverão ser divulgados em sítio eletrônico oficial na mesma data de divulgação do edital, sem necessidade de registro ou de identificação para acesso.

§4º *Nas contratações de obras, serviços e fornecimentos de grande vulto, o edital deverá prever a obrigatoriedade de implantação de programa de integridade pelo licitante vencedor, no prazo de 6 (seis) meses, contado da celebração do contrato, conforme regulamento que disporá sobre as medidas a serem adotadas, a forma de comprovação e as penalidades pelo seu descumprimento.*

§5º *O edital poderá prever a responsabilidade do contratado pela:*

I - obtenção do licenciamento ambiental;

II - realização da desapropriação autorizada pelo poder público.

§6º *Os licenciamentos ambientais de obras e serviços de engenharia licitados e contratados nos termos desta Lei terão prioridade de tramitação nos órgãos e entidades integrantes do Sistema Nacional do Meio Ambiente (Sisnama) e deverão ser orientados pelos princípios da celeridade, da cooperação, da economicidade e da eficiência.*

§7º Independentemente do prazo de duração do contrato, será obrigatória a previsão no edital de índice de reajustamento de preço, com data-base vinculada à data do orçamento estimado e com a possibilidade de ser estabelecido mais de um índice específico ou setorial, em conformidade com a realidade de mercado dos respectivos insumos.

§8º Nas licitações de serviços contínuos, observado o interregno mínimo de 1 (um) ano, o critério de reajustamento será por:

I - reajustamento em sentido estrito, quando não houver regime de dedicação exclusiva de mão de obra ou predominância de mão de obra, mediante previsão de índices específicos ou setoriais;

II - repactuação, quando houver regime de dedicação exclusiva de mão de obra ou predominância de mão de obra, mediante demonstração analítica da variação dos custos.
§9º O edital poderá, na forma disposta em regulamento, exigir que percentual mínimo da mão de obra responsável pela execução do objeto da contratação seja constituído por:
I - mulheres vítimas de violência doméstica;
II - oriundos ou egressos do sistema prisional.

É preciso que haja uma política pública diferenciada no âmbito das próprias políticas públicas.
Não basta proteger. É preciso promover, elevar, fazer com que os segmentos ascendam.
(Carlos Ayres Britto)

5.12 Artigo 25 – Parágrafo 2º – Previsão no edital de utilização de recursos locais

O edital licitatório é o instrumento que estabelece todas as condições da competição, sendo peça fundamental numa licitação.

Configurando o documento oficial de uma competição licitatória voltada para obras, serviços, compras, alienações, concessões, permissões ou locações, é, como assenta Bandeira de Mello, o ato em que a Administração torna público o propósito de licitar um objeto determinado, estabelecendo os requisitos exigidos dos proponentes e das propostas, regulando os termos segundo os quais os avaliará e fixando as cláusulas do eventual contrato a ser travado.

Este art. 25 estabelece que o edital licitatório deverá conter o objeto da licitação e as regras relacionadas à convocação, julgamento, habilitação, apresentação de recursos, penalidades, além de diretrizes sobre a fiscalização e gestão do contrato, entrega do objeto e condições de pagamento. Esse rol não é exaustivo, permitindo que outras exigências específicas sejam incluídas conforme a complexidade e peculiaridades de cada processo licitatório.

Todos os elementos mencionados são detalhadamente abordados em artigos específicos da Lei. Os parágrafos do dispositivo estabelecem nuances intrínsecas para situações peculiares, permitindo um regramento preciso das diversas circunstâncias envolvidas.

O §2º preceitua que, desde que, conforme demonstrado em Estudo Técnico Preliminar, não sejam causados prejuízos à competitividade do processo licitatório e à eficiência do respectivo contrato, poderá nele haver a previsão de utilização de mão de obra, materiais, tecnologias e matérias-primas existentes no local da execução, conservação e operação do bem, serviço ou obra.

Com a intenção de promover o emprego e o desenvolvimento econômico local, a regra legal estabelece ligação direta com o desenvolvimento sustentável, pois, ao favorecer o uso de materiais, tecnologias e matérias-primas existentes no local da execução, reduz a necessidade de transporte de insumos de regiões distantes, atenuando as emissões de carbono e promovendo a mitigação dos impactos ambientais. Como é cediço, o transporte de materiais, especialmente quando feito por longas distâncias e utilizando modais como caminhões e navios, é um grande gerador de emissões de gases de efeito estufa, que contribuem para as mudanças climáticas.

Além disso, a contratação de mão de obra local gera um impacto positivo na sustentabilidade social. Ao minimizar a necessidade de deslocamentos longos, essa prática não apenas eleva a segurança e o bem-estar dos trabalhadores, mas também fortalece os laços comunitários e promove a inclusão social dos habitantes da região. Isso se alinha ao conceito mais amplo de sustentabilidade, que não se limita ao meio ambiente, mas também considera a qualidade de vida e o bem-estar social.

5.13 Artigo 25 – Parágrafo 5º – Inciso I e Parágrafo 6º – Previsão no edital de repasse da responsabilidade pelo licenciamento ambiental

Os §§5º e 6º abordam questões ambientais, prescrevendo:

a) a possibilidade de o edital prever a responsabilidade do contratado pela obtenção do licenciamento ambiental (§5º, inc. I); e
b) que os licenciamentos ambientais de obras e serviços de engenharia licitados e contratados terão prioridade de tramitação nos órgãos e entidades integrantes do Sistema Nacional do Meio Ambiente (Sisnama), devendo ser orientados pelos princípios da celeridade, da cooperação, da economicidade e da eficiência (§6º).

Diversamente da revogada Lei nº 8.666/1993, que carecia de diretrizes específicas relacionadas ao meio ambiente – exceto nas exigências para projetos básicos e executivos de obras e serviços, onde o impacto ambiental deveria ser considerado entre outros requisitos – a Lei nº 14.133/2021 apresenta uma abordagem robusta em relação à questão ambiental. Essa nova legislação reafirma a preocupação com o impacto ambiental nos projetos básicos e também o inclui no anteprojeto. Além disso, entre outras exigências, requer que a comprovação da qualidade do produto apresentado pelos proponentes, semelhante às marcas indicadas no edital, leve em consideração aspectos ambientais. Ademais, nas licitações de obras e serviços de engenharia, estabelece a obrigatoriedade do cumprimento das normas que asseguram a disposição final ambientalmente adequada dos resíduos sólidos gerados pelas obras contratadas.

5.13.1 Parágrafo 5º – Inciso I – A possibilidade de previsão da obtenção de licenciamento ambiental pelo contratado

Instituído pela Lei nº 6.938/1981, que dispõe sobre a Política Nacional do Meio Ambiente, o licenciamento ambiental é um instrumento de prevenção que consiste na licença para localização, instalação e operação de um empreendimento ou atividade que possa causar danos ao meio ambiente.

Observamos sobre o tema:[191]

> Para a definição da manifestação de concordância do Poder Público com certa atividade ou obra adota-se, geralmente, o ato administrativo denominado "licença". No Direito Ambiental não poderia ser diferente. A legislação ambiental, a não ser em situações excepcionais que utiliza a "autorização" ou "anuência", opta pela expressão (licença).
>
> Licença é ato administrativo vinculado e definitivo por intermédio do qual o Poder Público faculta ao particular o desempenho de atividades ou a realização de fatos materiais (exemplo: exercício de uma profissão, construção de um prédio etc.).
>
> Por sua vez, a licença ambiental, como leciona Celso Fiorillo, deixa de ser um ato vinculado para ser um ato de discricionariedade *sui generis* (exemplifica o jurista informando que um estudo de impacto ambiental

[191] BITTENCOURT, Sidney. *Comentários à lei de crimes contra o meio ambiente e suas infrações administrativas*. 4. ed. Leme: JHMizuno, 2016.

> pode apontar um empreendimento como desfavorável e, mesmo assim, pode a autoridade competente proceder ao licenciamento ou vice-versa).[192]
>
> Já expusemos em outro trabalho[193] que, entre as ferramentas existentes para a manutenção do meio ambiente, uma das mais importantes é, indubitavelmente, o licenciamento ambiental – que se constitui num dos instrumentos da Política Nacional do Meio Ambiente –, cujo objetivo é a prevenção.
>
> A previsão do licenciamento ambiental veio à tona no ordenamento jurídico nacional com a Lei nº 6.938/1981, que, em seu art. 10, com redação dada pela Lei Complementar nº 140/2011, prevê: "A construção, instalação, ampliação e o funcionamento de estabelecimentos e atividades utilizadores de recursos ambientais, efetiva ou potencialmente poluidores ou capazes, sob qualquer forma, de causar degradação ambiental dependerão de prévio licenciamento ambiental".
>
> A licença ambiental, por conseguinte, constitui-se numa autorização emitida pela autoridade competente a todos que queiram exercer seu direito à livre iniciativa, desde que atendam às necessárias precauções que resguardem o direito coletivo ao meio ambiente. Conclui-se, consequentemente, que o sistema de licenciamento ambiental objetiva o asseguramento de que não sejam praticados atentados contra o meio ambiente.

Conforme previsto, o edital poderá prever a responsabilidade do contratado pela obtenção do licenciamento ambiental. A relação direta com a sustentabilidade é flagrante, já que o licenciamento ambiental é um instrumento que visa assegurar que as atividades potencialmente poluidoras ou degradantes sejam controladas, minimizando os impactos ao meio ambiente e garantindo o cumprimento das normas ambientais.

Contudo, como preceitua o §4º do art. 115, nas contratações de obras e serviços de engenharia, sempre que a responsabilidade pelo licenciamento ambiental for da Administração, a licença prévia deverá ser obtida antes da divulgação do edital.[194] Logo, a possibilidade de

---

[192] FIORILLO, Celso Antonio Pacheco. *Curso de direito ambiental brasileiro.* 4. ed. São Paulo: Saraiva, 2003.

[193] BITTENCOURT, Sidney. *Parceria público-privada passo a passo.* 2. ed. Belo Horizonte: Fórum, 2010.

[194] "Art. 115. O contrato deverá ser executado fielmente pelas partes, de acordo com as cláusulas avençadas e as normas desta Lei, e cada parte responderá pelas consequências de sua inexecução total ou parcial. [...] §4º Nas contratações de obras e serviços de engenharia, sempre que a responsabilidade pelo licenciamento ambiental for da Administração, a manifestação prévia ou licença prévia, quando cabíveis, deverão ser obtidas antes da divulgação do edital."

repasse dessa responsabilidade ao contratado é bastante remota, uma vez que, para evitar que a Administração elabore um projeto básico ou um anteprojeto que não atenda às exigências do licenciamento, esse procedimento deverá ocorrer antes da elaboração desses documentos.

5.13.2 Parágrafo 6º – Prioridade nos licenciamentos ambientais de obras e serviços de engenharia licitados

O processo de obtenção da licença ambiental é caracterizado por sua morosidade e por envolver diversas situações complexas.[195]

Nesse passo, com o objetivo de agilizar a execução de obras e serviços de engenharia contratados pela Administração, sempre com foco no interesse público, os licenciamentos ambientais para esses projetos deverão ter prioridade de tramitação nos órgãos e entidades que compõem o Sistema Nacional do Meio Ambiente (SISNAMA), devendo ser guiados pelos princípios da celeridade, cooperação, economicidade e eficiência.[196]

Como mencionado, o licenciamento ambiental é um mecanismo essencial da Política Nacional de Meio Ambiente, com o objetivo de equilibrar o desenvolvimento econômico-social com a preservação ambiental. Assim, essa prioridade e a orientação para a eficiência no licenciamento ambiental estão intrinsicamente ligadas ao desenvolvimento sustentável, pois garantem que as questões ambientais sejam

[195] Analistas criticam essa dificuldade. Júnia Rosa Soares, por exemplo, observa: "O procedimento de licenciamento ambiental do Brasil compreende um processo de três etapas, com diferentes graus de procedimentos, exigências e complexidade. Isso contrasta fortemente com os processos mais simplificados que são encontrados em economias emergentes e desenvolvidas. De acordo com estudo do Banco Mundial, entre 15 e 20% dos orçamentos de projetos hidrelétricos no Brasil são contabilizados como custos de licenciamento ambiental. O caso recente mais conhecido, que ilustra essa situação, é o projeto da barragem de Belo Monte que, na esteira das disputas ambientais, enfrentou repetidos atrasos e 'estouros' de orçamento" (SOARES, Júnia Rosa. A política nacional de infraestrutura: o imperativo categórico da sustentabilidade. *In:* WARPECHOWSKI, Ana Cristina Moraes; GODINHO, Heloísa Helena Antonacio Monteiro; IOCKEN, Sabrina Nunes (coord.). *Políticas públicas e os ODS da Agenda 2030*. Belo Horizonte: Fórum, 2021).

[196] Como alerta Jefferson dos Santos, essa dinâmica procedimental ainda pode ser alterada caso haja a necessidade de consulta prévia de povos originários atingidos (conforme determinado no art. 17 da Convenção 169 da OIT), ou exista requerimento de audiência pública (art. 2º da Resolução nº 9/1987 do CONAMA, o qual anota que, caso o órgão estadual não realize uma audiência pública solicitada, a licença concedida não terá validade) (SANTOS, Jefferson Lemes dos. A nova lei de licitações e a tramitação prioritária de controvérsias sobre licitações. *Justen, Pereira, Oliveira & Talamini Advogados*: Boletim Informativo, [*s. l.*], n. 189, 2022).

abordadas com a devida importância e agilidade, sem comprometer a qualidade dos projetos em termos de sustentabilidade.

5.14 Artigo 25 – Parágrafo 9º – Inciso I – Contratação de mulher vítima de violência doméstica

É amplamente reconhecido que a discriminação contra minorias é uma questão antiga, que remonta aos primórdios da humanidade. Seu enfrentamento tem sido buscado por meio de várias iniciativas criadas ao longo do tempo, todas com o objetivo de corrigir desigualdades e desvantagens históricas. Entre essas iniciativas, destaca-se a *ação afirmativa*.

O termo surgiu nos Estados Unidos em 1935, no contexto do Ato Nacional das Relações de Trabalho, que buscava impedir que empregadores tomassem medidas repressivas contra membros de sindicatos, ajudando aqueles discriminados a serem reassentados em posições de trabalho que poderiam ter alcançado sem a discriminação.

Seu primeiro uso oficial ocorreu foi durante a presidência de John Kennedy, na década de 1960, que editou a uma ordem executiva exigindo que as empresas contratadas pelos órgãos públicos priorizassem a contratação de pessoas de minorias social e juridicamente marginalizadas.

Hoje, após períodos desafiadores e com o avanço social, as ações afirmativas passaram a configurar políticas destinadas a promover a igualdade de oportunidades para grupos que historicamente enfrentaram discriminação ou marginalização, buscando mitigar os efeitos da discriminação baseada em fatores como raça, gênero, idade, origem nacional e condição física.

As ações afirmativas são, portanto, políticas sociais voltadas para combater a discriminação e promover a inclusão de minorias em diversas áreas. Exemplos dessas iniciativas incluem a oferta de bolsas de estudo para estudantes de grupos minoritários, empréstimos em condições especiais, cotas em concursos públicos e instituições de ensino, reserva de vagas em programas de habitação, auxílios financeiros variados, redistribuição de terras e incentivos à contratação de pessoas pertencentes a grupos sociais marginalizados.

São, por assim dizer, medidas que visam corrigir desigualdades históricas e proporcionar oportunidades mais justas para todos, contribuindo para uma sociedade mais inclusiva e equitativa.

Para Joaquim Barbosa, as ações afirmativas se definem como políticas públicas e privadas voltadas à concretização do princípio constitucional da igualdade material e à neutralização dos efeitos da discriminação racial, de gênero, de idade, de origem nacional e de compleição física.

> Na sua compreensão, a igualdade deixa de ser simplesmente um princípio jurídico a ser respeitado por todos, e passa a ser um objetivo constitucional a ser alcançado pelo Estado e pela sociedade. Impostas ou sugeridas pelo Estado, por seus entes vinculados e até mesmo por entidades puramente privadas, elas visam a combater não somente as manifestações flagrantes de discriminação, mas também a discriminação de fato, de fundo cultural, estrutural, enraizada na sociedade.[197]

Historicamente, as ações afirmativas no Brasil têm se destacado por uma abordagem social, com a implementação de medidas que visam combater a pobreza. Fundamentadas em princípios de igualdade, essas ações visam corrigir desigualdades seculares e oferecer oportunidades mais justas a grupos marginalizados, promovendo a inclusão e a equidade social.[198]

---

[197] GOMES, Joaquim Benedito Barbosa. *Ação afirmativa e princípio constitucional da igualdade*: o direito como instrumento de transformação social – A experiência dos EUA. Rio de Janeiro: Renovar, 2001.

[198] Principais normas que tratam de ações afirmativas no Brasil:
- Leis:
Lei nº 10.098/2000 – Conhecida como a Lei de Acessibilidade, estabelece normas e critérios básicos para a promoção da acessibilidade das pessoas portadoras de deficiência ou com mobilidade reduzida.
Lei nº 11.340/2006 – Conhecida como Lei Maria da Penha, estabelece mecanismos de proteção às mulheres em situação de violência, promovendo a inclusão e a igualdade de gênero.
Lei nº 12.288/2010 – Cria o Estatuto da Igualdade Racial, que busca promover a igualdade de oportunidades e direitos para a população negra e afrodescendente.
Lei nº 13.146/2015 – Institui a Lei Brasileira de Inclusão da Pessoa com Deficiência, visando a garantir direitos e promover a inclusão social e cidadania das pessoas com deficiência.
- Decretos:
Decreto nº 3.298/1999 – Institui a Política Nacional para a Integração da Pessoa com Deficiência, visando a promover a inclusão social e ações afirmativas.
Decreto nº 5.296/2004 – Regulamenta a Lei de Acessibilidade, promovendo a inclusão de pessoas com deficiência e a igualdade de oportunidades.
Decreto nº 9.450/2018 – Trata das ações afirmativas e do poder de compra do Estado em favor dos presos e egressos do sistema penitenciário.
Decreto nº 11.679/2023 – Institui o Plano Brasil Sem Fome.
Decreto nº 11.785/2023 – instituiu o Programa Federal de Ações Afirmativas (PFAA), que tem como objetivo promover direitos e oportunidades para grupos sociais historicamente discriminados.

Com base nesse retrato, Raquel Carvalho observa:

> Com a redemocratização do país, alguns movimentos sociais começaram a exigir uma postura mais ativa do Poder Público diante das questões como raça, gênero, etnia, e a adoção de medidas específicas para sua solução, como as ações afirmativas. Considerando que, nos termos do artigo 3º, IV da CF, é objetivo do Estado brasileiro a promoção do bem geral, tem-se clara a legitimidade de quaisquer medidas cujo escopo seja a superação de preconceitos e exclusões indevidas na sociedade.[199]

Nesse contexto, como uma verdadeira ação afirmativa voltada para oferecer oportunidades concretas de trabalho às mulheres vítimas de violência doméstica,[200] a Lei nº 14.133/2021, alinhada aos princípios da Lei nº 11.340/2006 (Lei Maria da Penha), que busca combater, prevenir e assegurar os direitos das mulheres diante da complexidade da violência, traz uma inovação significativa, permitindo que o edital licitatório, na forma disposta em regulamento, exija que o contratado destine um percentual mínimo da mão de obra responsável pela execução do objeto da contratação à mulher vítima de violência doméstica.

Regulamentando a matéria,[201] foi editado o Decreto federal nº 11.430, de 8.03.2023, que promove autonomia econômica e fortalece a segurança patrimonial e psicológica de mulheres em situação de vulnerabilidade, especialmente aquelas afetadas por violência doméstica.

Entre as diversas disposições do ato regulamentar, é digno de destaque o art. 3º, que trata do percentual aplicável. De acordo com esse dispositivo, os editais de licitação e os avisos de contratação direta para serviços contínuos com regime de dedicação exclusiva de mão de

---

[199] CARVALHO, Raquel. Dos fundamentos das ações afirmativas ao Decreto Federal nº 9.450/2018: o poder de compra do Estado em favor dos presos e egressos do sistema penitenciário. *Direito Administrativo para Todos*, [s. l.], 25 jul. 2018.

[200] A Lei nº 10.886/2004 acrescentou parágrafos ao art. 129 do Decreto-Lei nº 2.848/1940 (Código Penal), criando o tipo especial denominado "Violência Doméstica".
"Art. 129 [...] Violência Doméstica
§9º Se a lesão for praticada contra ascendente, descendente, irmão, cônjuge ou companheiro, ou com quem conviva ou tenha convivido, ou, ainda, prevalecendo-se o agente das relações domésticas, de coabitação ou de hospitalidade:
Pena – detenção, de 6 (seis) meses a 1 (um) ano.
§10. Nos casos previstos nos §§1º a 3º deste artigo, se as circunstâncias são as indicadas no §9º deste artigo, aumenta-se a pena em 1/3 (um terço)."

[201] Bem como o previsto no inc. III do art. 60, que assegura, em caso de empate numa licitação entre duas ou mais propostas, a utilização, em terceira sucessão, como critério de desempate, a existência de desenvolvimento pelo licitante de ações de equidade entre homens e mulheres no ambiente de trabalho, o qual ver-se-á oportunamente.

obra, conforme o inc. XVI do art. 6º da Lei nº 14.133/2021,[202] deverão prever a contratação de mulheres vítimas de violência doméstica, com um percentual mínimo de oito por cento das vagas. Essa exigência, conforme o §1º, aplicar-se-á a contratos com, no mínimo, vinte e cinco colaboradores, sendo que, consoante o §2º, o percentual mínimo de mão de obra deverá ser mantido durante toda a execução contratual.

E há outro ponto importantes no decreto que necessita ser evidenciado: as vagas devem incluir mulheres trans, travestis e outras identidades de gênero feminino, com prioridade para mulheres negras e pardas, na proporção dessa população no estado da federação onde os serviços serão prestados.

Como observa Gisella Leitão, a decisão do legislador deixou claro que as novas normas sobre contratações públicas não poderiam desconsiderar a complexidade da desigualdade que ainda afeta a população preta e parda no Brasil:

> A legislação regulamentar foi precisa quando estabeleceu que pretas e pardas vítimas de violência doméstica merecem especial atenção, na medida em que são atingidas por dois aspectos que as submetem à situação de vulnerabilidade, o que desafia uma ação concreta do Poder Público para sua superação.[203]

Com o objetivo de cumprir as disposições do Decreto nº 11.430/2023, o Ministério da Gestão e da Inovação em Serviços Públicos e o Ministério das Mulheres, firmaram um acordo de cooperação técnica com as entidades responsáveis pela implementação de políticas públicas de apoio a mulheres vítimas de violência doméstica. Os principais objetivos dessa parceria incluem, de forma geral, facilitar o acesso aos dados sobre as vítimas e assegurar a inclusão das mulheres vítimas de violência doméstica entre as funcionárias dos licitantes contratadas pela administração pública.

---

[202] "XVI - serviços contínuos com regime de dedicação exclusiva de mão de obra: aqueles cujo modelo de execução contratual exige, entre outros requisitos, que:
a) os empregados do contratado fiquem à disposição nas dependências do contratante para a prestação dos serviços;
b) o contratado não compartilhe os recursos humanos e materiais disponíveis de uma contratação para execução simultânea de outros contratos;
c) o contratado possibilite a fiscalização pelo contratante quanto à distribuição, controle e supervisão dos recursos humanos alocados aos seus contratos [...]".

[203] LEITÃO, Gisella. *Licitações públicas antidiscriminatórias*: as ações afirmativas na Lei nº 14.133/2021. Belo Horizonte: Fórum, 2024.

E mais: no Dia Internacional da Mulher, comemorado em 8.03.2024, dando mais um passo para consolidar a implementação do decreto, o Ministério da Gestão lançou um Caderno Técnico denominado *Caderno de Logística: Implementação do Decreto nº 11.430/2023*, destinado a orientar os órgãos públicos sobre como aplicar as regras estabelecidas pela norma. O material fornece diretrizes práticas e detalhadas para garantir que os editais e contratos públicos cumpram o objetivo de reservar vagas para mulheres em situação de violência doméstica.[204]

Por preceituar efetivas ações afirmativas no âmbito das contratações públicas, a ferramenta regulamentar tem sido extremamente elogiada.

Guilherme Carvalho foi um dos que acolheram o decreto com entusiasmo:

> O Decreto nº 11.430/2023 é digno de aplausos porque contempla, a um só tempo, a concretização de diversas políticas públicas, notadamente as relacionadas ao amparo de pessoas já vitimizadas por uma ou mais situação que possa ter suprimido sua total capacidade laborativa, segundo, por exemplo, a violência doméstica, cujas mazelas (especialmente de caráter emocional) carecem de imediata remediação. Há, por certo, um inquestionável estímulo às licitantes e contratadas em promoverem políticas equitativas, bem assim fomentar medidas que possam, paralelamente ao Estado, combater a disparidade existente no mercado de trabalho, sobretudo a desigualdade de gênero. Não se trata, assim, de qualquer imposição, mas de incremento na concepção das finalidades outrora inerentes ao processo licitatório e de contratação pública. De tal sorte, a licitação não apenas deve ser mirada como o começo do contrato, uma vez que sua normatização deve se vincular durante todo o desenvolvimento e execução contratual, concretizando, pragmaticamente, o melhor negócio firmado pela Administração Pública contratante.[205]

Embora reconheça a relevância do propósito, Dawison Barcelos destaca algumas dificuldades na implementação da medida:

> Não há dúvida que a questão é relevante e merece a atenção do Estado, no entanto, a regulamentação do dispositivo poderá impor condição que aumentará a já existente burocracia aos interessados em contratar

[204] Tal publicação está disponível para acesso público e pode ser consultado no seguinte link: https://www.gov.br/compras/pt-br/nllc/reserva-de-vagas-para-mulheres-em-situacao-de-violencia-domestica/caderno-logistica-decreto11430-ver1.pdf.

[205] CARVALHO, Guilherme. Licitação e ações afirmativas: Decreto Federal nº 11.430/2023. *Consultor Jurídico*, [s. l.], 17 mar. 2023.

com a Administração Pública, além de potencialmente incrementar os custos da prestação dos serviços e a dificuldade em fiscalizar os contratos. Vale observar que alguns estados aplicam, sem sucesso, medidas semelhantes e que, apesar disso, existem diversos projetos de lei tramitando no Congresso Nacional visando ao estabelecimento de "cotas" na execução dos contratos administrativos, voltadas, por exemplo, para moradores de rua.[206]

Ressalte-se que a regra legal confere uma faculdade, uma vez que o dispositivo estabelece que a Administração "poderá" incluir tal exigência em seus editais de licitação, conforme definido em regulamento.

No entanto, no âmbito federal, por força do estabelecido no decreto regulamentar, a reserva de um percentual mínimo de vagas para mulheres vítimas de violência doméstica tornou-se obrigatória, medida que recebeu elogios de Gisella Leitão:

> O legislador da Nova Lei de Licitações consagrou a ação afirmativa em prol de alguns dos grupos vulneráveis como uma opção, o que poderia esvaziar o instituto, ao passo que o Decreto nº 11.430/2023 fixou a sua obrigatoriedade, garantindo sua efetividade. A norma regulamentadora, portanto, de maneira acertada, afastou o risco de não concretização da ação afirmativa ao retirar da avaliação de conveniência e de oportunidade ao impor a obrigatoriedade de fixação da reserva de vagas de mão de obra.[207]

5.15 Artigo 25 – Parágrafo 9º – Inciso II – Contratação de egresso do sistema prisional

Repisando o §5º do art. 40 da extinta Lei nº 8.666/1993,[208] que configurava ação afirmativa para incentivar a contratação de ex-detentos, este inciso prevê que a Administração poderá exigir, conforme regulamento, que as empresas contratadas destinem um percentual mínimo da mão de obra responsável pela execução do objeto da contratação a oriundos ou egressos do sistema prisional.

Voltada para a inclusão social, a regra tem nobres objetivos. A função social do contrato administrativo, inserida na ideia da ressocialização, admite, sem sombra de dúvida, intenções dessa natureza.

---

[206] AZEVEDO, Rodrigo Soares. A alteração da lei de licitações e a nova hipótese de dispensa de licitação. *Licitante Vencedor*, [s. l.], 31 out. 2017.

[207] LEITÃO, Gisella. *Licitações públicas antidiscriminatórias*: as ações afirmativas na Lei nº 14.133/2021. Belo Horizonte: Fórum, 2024.

[208] Com texto adicionado pela Lei nº 13.500/2017.

Dado os objetivos primordiais dos contratos firmados pela Administração Pública e sua vinculação aos princípios constitucionais da dignidade da pessoa humana (art. 1º, III, CF) e aos valores sociais do trabalho (art. 1º, IV, CF), é cediço que tais contratos precisam incorporar um propósito de função social.

Como expôs Raquel Carvalho, não há dúvida quanto à pertinência de se buscar, nas contratações administrativas, mecanismo de viabilizar a recuperação de presos e tornar possível sua ressocialização após saída do sistema penitenciário, mediante concreção de cada um dos objetivos mencionados:

> Trata-se de parcela da sociedade a ser incorporada em relações formais de natureza profissional, sob pena de reincidência criminosa com sacrifício dos interesses do restante da comunidade. Quando a Administração Pública se compromete com esse objetivo, a tentativa é de tornar real o que a doutrina denomina "Estado Solidário" como vinculante das políticas públicas. Se todos somos membros de uma mesma sociedade e parte dela, delinquente, nos requer esforço de recuperação, é exigido da comunidade sentimento de responsabilidade e solidariedade.[209]

Vide que, no âmbito federal, já havia sido editado o Decreto nº 9.450, de 24.07.2018 (assinado pela presidente da República interina, ministra do Supremo Tribunal Federal, Cármen Lúcia), dispondo, em seu art. 5º, que, na contratação de serviços, inclusive os de engenharia, com valor anual acima de R$330.000,00 (trezentos e trinta mil reais), os órgãos e entidades da Administração Pública federal direta, autárquica e fundacional deverão exigir da contratada o emprego de mão de obra formada por pessoas presas ou egressos do sistema prisional.

De acordo com o então Ministro da Segurança Pública Raul Jungmann, a proposta não apenas visou a ressocialização dos indivíduos, mas também representou um passo importante para enfraquecer a atuação das facções criminosas nos presídios. Ao oferecer oportunidades de emprego, o governo proporcionou aos presos e egressos do sistema penitenciário uma alternativa viável para contribuir financeiramente com suas famílias:

> Um dos fatores que levam a cooptação das facções aos presos é a assistência a famílias. É evidente que tem outros fatores, mas as facções dão sustentação à família do preso. E temos o egresso, que está estigmati-

[209] CARVALHO, Raquel. Dos fundamentos das ações afirmativas ao Decreto Federal nº 9.450/2018: o poder de compra do Estado em favor dos presos e egressos do sistema penitenciário. *Direito Administrativo para Todos*, [s. l.], 25 jul. 2018.

zado. É evidente que essa política, por mais generosa e inovadora que seja, tem que ter muitas outras mais. Mas ela é um primeiro passo para que se rompa a dependência das facções dentro e fora do sistema.[210]

Observa-se que o legislador da Lei nº 14.133/2021 buscou concretizar os ideais de política pública, configurados, como bem definiu Bucci, num programa de ação governamental resultante de um conjunto de processos juridicamente regulados, visando coordenar os meios à disposição do Estado e as atividades privadas, para a realização de objetivos socialmente relevantes e politicamente determinados.[211]

As políticas públicas afirmativas ou inclusivas têm como objetivo promover a igualdade de oportunidades e reduzir desigualdades sociais, voltadas para justiça e inclusão social, acesso à educação, equidade no mercado de trabalho, direitos humanos, apoio a grupos vulneráveis e redução da pobreza, sempre na esteira do desenvolvimento sustentável.

Nesse contexto, como destacou Stroppa, o legislador atendeu plenamente à ideia de supremacia do interesse público, transformando o instituto da licitação em uma das atividades estatais mais relevantes, dada a possibilidade real de promover mudanças econômicas e sociais significativas no país.[212]

Evidencia-se, portanto, a plena conexão deste §9º com o desenvolvimento social, um dos pilares fundamentais do desenvolvimento sustentável. A determinação de que um percentual da mão de obra seja composto por mulheres vítimas de violência doméstica e por egressos do sistema prisional objetiva promover a inclusão social e oferecer oportunidades a grupos vulneráveis, medida que está intimamente ligada à promoção da justiça social e à igualdade, princípios essenciais do conceito mais amplo de sustentabilidade.

Cabe registrar que, além das disposições afirmativas aqui apontadas, a Lei nº 14.133/2021 traz ainda outra medida relevante: o art. 60, ao tratar dos critérios de desempate, em caso de igualdade entre duas ou mais propostas, inclui, no inc. III, o critério de "desenvolvimento, pelo licitante, de ações de equidade entre homens e mulheres no ambiente de trabalho, conforme regulamento".

---

[210] Decreto garante vagas de emprego a presos e egressos do sistema prisional em empresa com contrato público.

[211] BUCCI, Maria Paula Dallari (org.). *Políticas públicas*: reflexões sobre o conceito jurídico. São Paulo: Saraiva, 2006.

[212] STROPPA, Christianne de Carvalho. As micro e pequenas empresas (MPEs) e a função social da licitação. 2006. Dissertação (Programa de Pós-Graduação em Direito) – Pontifícia Universidade Católica de São Paulo, 2006.

Art. 26. No processo de licitação, poderá ser estabelecida margem de preferência para:

I - bens manufaturados e serviços nacionais que atendam a normas técnicas brasileiras;

II - bens reciclados, recicláveis ou biodegradáveis, conforme regulamento.

§1º A margem de preferência de que trata o *caput* deste artigo:

I - será definida em decisão fundamentada do Poder Executivo federal, no caso do inciso I do *caput* deste artigo;

II - poderá ser de até 10% (dez por cento) sobre o preço dos bens e serviços que não se enquadrem no disposto nos incisos I ou II do caput deste artigo;

III - poderá ser estendida a bens manufaturados e serviços originários de Estados Partes do Mercado Comum do Sul (Mercosul), desde que haja reciprocidade com o País prevista em acordo internacional aprovado pelo Congresso Nacional e ratificado pelo Presidente da República.

§2º Para os bens manufaturados nacionais e serviços nacionais resultantes de desenvolvimento e inovação tecnológica no País, definidos conforme regulamento do Poder Executivo federal, a margem de preferência a que se refere o *caput* deste artigo poderá ser de até 20% (vinte por cento).

§3º (VETADO).

§4º (VETADO).

§5º A margem de preferência não se aplica aos bens manufaturados nacionais e aos serviços nacionais se a capacidade de produção desses bens ou de prestação desses serviços no País for inferior:

I - à quantidade a ser adquirida ou contratada; ou

II - aos quantitativos fixados em razão do parcelamento do objeto, quando for o caso.

§6º Os editais de licitação para a contratação de bens, serviços e obras poderão, mediante prévia justificativa da autoridade competente, exigir que o contratado promova, em favor de órgão ou entidade integrante da Administração Pública ou daqueles por ela indicados a partir de processo isonômico, medidas de compensação comercial, industrial ou tecnológica ou acesso a condições vantajosas de financiamento, cumulativamente ou não, na forma estabelecida pelo Poder Executivo federal.

§7º Nas contratações destinadas à implantação, à manutenção e ao aperfeiçoamento dos sistemas de tecnologia de informação e comunicação considerados estratégicos em ato do Poder Executivo federal, a licitação poderá ser restrita a bens e serviços com tecnologia desenvolvida no País produzidos de acordo com o processo produtivo básico de que trata a Lei nº 10.176, de 11 de janeiro de 2001.

Reciclar não é apenas uma responsabilidade, é uma oportunidade para transformar lixo em riqueza, um ato de amor ao planeta.
(Al Gore)

5.16 Artigo 26 – Inciso II – Oferecimento de margem de preferência aos bens reciclados, recicláveis ou biodegradáveis

Originalmente, o ordenamento jurídico licitatório brasileiro não permitia o estabelecimento de preferências nas contratações públicas, vedando expressamente tratamentos diferenciados entre licitantes. Essa proibição estava prevista no inc. I do §1º do art. 3º da Lei nº 8.666/1993, que vedava o estabelecimento de preferências ou distinções baseadas em critérios de naturalidade, sede, domicílio dos licitantes ou qualquer outra circunstância impertinente ou irrelevante ao objeto específico da licitação. A intenção era garantir a isonomia, evitando favorecimentos.

Isso, em tese, pois uma lei anterior, a Lei nº 8.248/1991, admitia o direito de preferência para a aquisição de bens e serviços de informática e automação por empresas brasileiras de capital nacional. Esse modelo foi revisado pela Lei nº 10.176/2001, que, visando fortalecer a indústria nacional e fomentar o desenvolvimento tecnológico no Brasil, passou a conceder preferência a bens e serviços com tecnologia desenvolvida no País ou produzidos conforme o Processo Produtivo Básico (PPB).[213]

---

[213] Conforme definido no §8º, alínea "b", do art. 7º do Decreto-Lei nº 288/1967, com redação dada pela Lei nº 8.387/1991, Processo Produtivo Básico (PPB) é "o conjunto mínimo de operações, no estabelecimento fabril, que caracteriza a efetiva industrialização de determinado produto", ou seja, configura etapas fabris mínimas que as empresas deverão cumprir para a fabricação de determinado produto. Os PPBs são estabelecidos por portarias interministeriais. Normalmente, a iniciativa de fixação ou alteração de PPB para um produto específico é realizada pela empresa fabricante interessada nos incentivos fiscais, cabendo ao governo, através do GT-PPB, avaliar e propor alterações ao processo, de forma que seja atingido o máximo de valor agregado nacional, por meio do adensamento da cadeia produtiva, observando a realidade da indústria brasileira. Dessa forma, a elaboração do PPB é um processo negocial, envolvendo a empresa interessada, possíveis fornecedores nacionais para determinados produtos e outras empresas concorrentes pertencentes ao mesmo segmento. Na fixação de PPB, o governo se baliza nos seguintes indicadores: a) montante de investimentos a serem realizados pela empresa para a fabricação do produto; b) desenvolvimento tecnológico e engenharia local empregada; c) nível de empregos a ser gerado; d) possibilidade de exportações do produto a ser incentivado; e) nível de investimentos empregados em pesquisa e desenvolvimento; f) se haverá ou não deslocamento de produção dentro do território nacional por conta dos incentivos fiscais; e g) se afetará

Posteriormente, em 2006, tal modelo experimentou importante alteração, com a publicação da Lei Complementar nº 123, que estabeleceu o oferecimento de tratamento diferenciado para microempresas e empresas de pequeno porte. Embora os conceitos de "margem de preferência" e "direito de preferência" tenham significados e aplicações diferentes, sendo "margem de preferência" um benefício concedido a produtos ou serviços de determinados fornecedores, geralmente locais ou de uma determinada região, em relação a propostas de concorrentes de fora, e "direito de preferência" referir-se à possibilidade legal de, em determinadas situações, ser concedida preferência a certos grupos ou empresas, mesmo que não tenham apresentado a proposta de menor preço, promovendo-se políticas públicas de fomento a setores específicos ou objetivos socioeconômicos, como o desenvolvimento de pequenas empresas ou a sustentabilidade,[214] há de se entender que, de certa forma, eles estariam inseridos no mesmo conjunto de preferências concedidas àqueles que almejam fornecer à Administração Pública.

Em 2010, inicialmente, através da MP nº 495, e, depois, por intermédio da Lei nº 12.349 (conversão da MP), com as ressalvas dispostas nos §§5º e seguintes do art. 3º da Lei nº 8.666/1993, veio à tona nova reviravolta nesse paradigma, emergindo outras formas de preferências, intencionando implementar políticas públicas que fomentassem o desenvolvimento econômico, inspiradas em normas estrangeiras, notadamente nas norte-americanas (1993)[215] e *American Recovery and Reinvestment Act* (2009),[216] estabelecedoras de regras para estímulo às contratações locais.[217]

---

ou não investimentos de outras empresas do mesmo segmento industrial por conta de aumento de competitividade gerado pelos incentivos fiscais.

214 Vide Lei Complementar nº 123/2006, que trata do Estatuto Nacional da Microempresa e da Empresa de Pequeno Porte, que estabelece o direito de preferência para micros e pequenas empresas. Esse direito foi reafirmado pela Lei nº 14.133/2021, garantindo que, em determinadas condições, essas empresas possam ser privilegiadas na contratação, mesmo que não apresentem a proposta de menor preço inicialmente.

215 O *Buy American Act* é uma legislação dos Estados Unidos que visa a incentivar a compra de produtos fabricados nos EUA nas contratações governamentais, estabelecendo preferência por produtos nacionais e definindo que, para um item ser considerado americano, pelo menos 50% do custo dos componentes deve ser de origem nacional (permitindo a aquisição de produtos importados apenas se os nacionais forem excessivamente caros ou indisponíveis). A regra tem o objetivo de estimular a indústria local, criar empregos e impulsionar a economia.

216 O *American Recovery and Reinvestment Act* (ARRA) constitui uma medida dos EUA para enfrentar a recessão causada pela crise financeira de 2008, com um investimento de aproximadamente US$ 787 bilhões. O ato visava a estimular a economia por meio de gastos em infraestrutura, educação, saúde e energia, além de oferecer cortes de impostos e apoio a estados, com o objetivo de preservar e criar empregos.

217 Joe Biden, então presidente dos Estados Unidos, emitiu uma ordem executiva com diretrizes para reforçar a aplicação do *Buy American Act*, motivado pela crise econômica

Nesse contexto, em face de alterações impostas pelas Leis nºs 12.349/2010 e 13.146/2015, passou a ser admissível a adoção de preferências para: a) produtos manufaturados e serviços nacionais que venham a atender normas técnicas brasileiras; e b) bens e serviços produzidos ou prestados por empresas que comprovem cumprimento de reserva de cargos prevista em lei para pessoa com deficiência ou para reabilitado da Previdência Social e que atendam às regras de acessibilidade previstas na legislação.

Embora a atividade fosse facultativa e dependesse da avaliação da Administração sobre a conveniência de sua aplicação em determinadas circunstâncias, foi publicado na esfera federal o Decreto nº 7.546/2011, que estabeleceu a aplicação obrigatória de uma margem de preferência para produtos manufaturados nacionais e serviços nacionais, com um limite de até 25% acima do preço dos produtos e serviços estrangeiros, a ser regulamentada por normas específicas.[218]

Em síntese, com essas alterações, a Lei nº 8.666/1993 passou a autorizar a preterição de produtos manufaturados e serviços estrangeiros oferecidos por preços menores, em benefício de nacionais de custos mais elevados, fundando-se na necessidade de desenvolvimento da indústria nacional.[219] [220]

---

decorrente da pandemia da COVID-19. Com isso, o governo americano estimou um incremento, em quatro anos, de US$400 bilhões em compras em empresas americanas, com a consequente geração de empregos locais. Jonas Lima, especialista no assunto, resume os principais pontos dessa norma americana: a) sempre que possível, utilizar as regras de preferências nacionais e revisar listas de isenções atuais; b) em 180 dias realizar um estudo sobre a revisão de regras do *Buy American Act*, para identificar melhorias em termos de questões de preferências por preços e avaliação de conteúdo nacional em percentuais; c) buscar mais transparência nas isenções de preferências e o que realmente seria *Made in America* (feito na América), para evitar fraudes de produtos em grande parte ou no todo importados e apenas rotulados e vendidos nos Estados Unidos (melhor qualificar produtos por percentuais e países de origem e origem de seus componentes); d) facilitar acesso das pequenas e médias empresas a contratos públicos; e) buscar pequenas e médias empresas que possam ser fornecedoras do governo; e f) avaliar os gastos resultantes dos acordos comerciais vigentes (LIMA, Jonas. EUA reforçam preferências nacionais: qual a lição ao Brasil? *Sollicita*, [*s. l.*], 2 fev. 2021).

218 "Art. 3º Nas licitações no âmbito da administração pública federal será assegurada, na forma prevista em regulamentos específicos, margem de preferência, nos termos previstos neste Decreto, para produtos manufaturados nacionais e serviços nacionais que atendam, além dos regulamentos técnicos pertinentes, a normas técnicas brasileiras, limitada a vinte e cinco por cento acima do preço dos produtos manufaturados estrangeiros e serviços estrangeiros."

219 Segundo o art. 2º, I e II, do antigo Decreto nº 7.546/2011, a margem de preferência consignava um "diferencial de preços" entre os produtos não nacionais e os nacionais que preencham certos requisitos.

220 O TCU não compartilhava desse entendimento, dado que considerou "ilegal o estabelecimento de vedação a produtos e serviços estrangeiros em edital de licitação, uma vez que a Lei nº 12.349/2010 não previu tal situação" (Acórdão nº 1.317/2013 – Plenário).

Com a revogação da Lei nº 8.666/1993 e a promulgação da Lei nº 14.133/2021, manteve-se a possibilidade de instituição de margens de preferência, especialmente para bens nacionais e sustentáveis, como os reciclados ou biodegradáveis.

Nesse cenário, o inc. II deste art. 26 menciona que a licitação poderá incluir margens de preferência. Uma delas se refere a bens manufaturados e serviços nacionais que estejam em conformidade com as normas técnicas brasileiras.[221] A outra, de grande relevância para a sustentabilidade, abrange bens que sejam reciclados, recicláveis ou biodegradáveis, conforme estipulado em regulamento.

O estabelecimento de margem de preferência para bens reciclados, recicláveis ou biodegradáveis é uma medida de caráter social, destinada a promover a geração de emprego e a atividade econômica entre a população de baixa renda, constituindo, por conseguinte, uma estratégia que visa fomentar a sustentabilidade ambiental e social, pois incentiva a compra de produtos que reduzem os impactos no meio ambiente e diminuem a geração de resíduos.

Assim, ao priorizar esses bens, a Administração Pública não só apoia a produção e o consumo conscientes, mas também ajuda a gerar renda para grupos vulneráveis, como aqueles que trabalham com coleta e reciclagem, protegendo o meio ambiente e promovendo a inclusão social.

Complementando, o inc. II do §1º estabelece que a margem de preferência poderá alcançar até 10% sobre o preço dos bens e serviços.

O Decreto nº 11.890, de 22.01.2024, alterado pelo Decreto nº 12.218, de 11.10.2024, regulamentou o art. 26 da Lei nº 14.133/2021,

---

[221] Como anotaram Flávia Vianna e Ricardo Berloffa, a margem de preferência funda-se na busca do desenvolvimento da indústria nacional, beneficiando objetos nacionais mesmo que com custo mais elevado quando comparado aos produtos/serviços estrangeiros (VIANNA, Flavia Daniel; BERLOFFA, Ricardo Ribas da Costa. Os diversos direitos de preferência em licitações e sua aplicação à luz do Decreto nº 8.538, de 6 de outubro de 2015. *Revista ILC*, ano XXIII, n. 264, 2015).

A nosso ver, a regra é consistente. Apesar da dificuldade prática, o novo regramento põe fim ao entendimento linear de que nas licitações a Administração deva impor tratamento idêntico para todos os licitantes. O próprio Supremo Tribunal Federal (STF) já proclamou que a lei pode distinguir situações, sem violação do princípio da igualdade, a fim de conferir a um tratamento diverso do que atribui a outro. Para que possa conferi-lo, contudo, sem que tal violação se manifeste, é necessário que a discriminação guarde compatibilidade com o conteúdo do princípio. Nesse passo ter-se-á o real sentido de Justiça, consoante lições de Rui Barbosa: "A regra da igualdade não consiste senão em aquinhoar desigualmente aos desiguais, na medida em que se desigualam". O novo delineamento legal permite a previsão de cláusula que diferencie os licitantes em função da nacionalidade dos produtos e serviços, admitindo privilegiar, por intermédio de margens de preferências, aos que ofereçam produtos ou serviços nacionais e que atendam a normas técnicas brasileiras.

dispondo sobre a aplicação da margem de preferência no âmbito da Administração Pública federal direta, autárquica e fundacional, além de instituir a Comissão Interministerial de Contratações Públicas para o Desenvolvimento Sustentável, revogando o Decreto nº 7.546/2011.[222] [223]

---

[222] A Resolução SEGES-CICS/MGI nº 2, de 2.07.2024, aprovou o Regimento Interno da Comissão Interministerial de Contratações Públicas para o Desenvolvimento Sustentável (CICS).

[223] O Decreto nº 11.890/2024, em seu art. 2º, define os conceitos de margem de preferência normal e margem de preferência adicional, destacando que são cumulativos.
"I - margem de preferência normal – diferencial de preços que ocorre entre:
a) produtos manufaturados nacionais e produtos manufaturados estrangeiros;
b) serviços nacionais e serviços estrangeiros; ou
c) bens reciclados, recicláveis ou biodegradáveis e bens não enquadrados como tais;
II - margem de preferência adicional – diferencial de preços que ocorre entre:
a) produtos manufaturados nacionais resultantes de desenvolvimento e inovação tecnológica no País e produtos manufaturados estrangeiros;
b) produtos manufaturados nacionais resultantes de desenvolvimento e inovação tecnológica no País e produtos manufaturados nacionais não resultantes de desenvolvimento e inovação tecnológica no País;
c) serviços nacionais resultantes de desenvolvimento e inovação tecnológica no País e serviços estrangeiros; ou
d) serviços nacionais resultantes de desenvolvimento e inovação tecnológica no País e serviços nacionais não resultantes de desenvolvimento e inovação tecnológica no País;
III - produto manufaturado nacional – produto manufaturado produzido no território nacional de acordo com o processo produtivo básico ou com as regras de origem estabelecidas em resolução da CICS;
IV - serviço nacional – serviço prestado no território nacional, nas condições estabelecidas em resolução da CICS;
V - bens reciclados, recicláveis ou biodegradáveis – bens reciclados, recicláveis ou biodegradáveis estabelecidos em resolução da CICS;
VI - produto manufaturado estrangeiro e serviço estrangeiro – aquele que não se enquadre nas definições estabelecidas, respectivamente, nos incisos III e IV; e
VII - normas técnicas brasileiras – normas técnicas elaboradas e divulgadas pelos órgãos oficiais competentes, entre eles a Associação Brasileira de Normas Técnicas (ABNT), ou por outra entidade credenciada pelo Instituto Nacional de Metrologia (Inmetro)".
Os §§1º a 3º deste art. 2º preceituam:
- A resolução da CICS que definir produto manufaturado nacional ou serviço nacional observará o disposto nas resoluções da Comissão Interministerial de Inovações e Aquisições do Programa de Aceleração do Crescimento
- CIIA-PAC, nos termos do disposto no art. 2º do Decreto nº 11.889, de 22 de janeiro de 2024.
- A margem de preferência adicional será cumulativa com a margem de preferência normal.
- São considerados produtos manufaturados nacionais e serviços nacionais resultantes de desenvolvimento e inovação tecnológica no País aqueles referidos, respectivamente, nos incisos III e IV do *caput*, desenvolvidos por empresas que possuam registro ativo no Cadastro Nacional da Pessoa Jurídica (CNPJ) da Secretaria Especial da Receita Federal do Brasil do Ministério da Fazenda, que estejam sediadas em qualquer parte do território nacional, e que sejam
"I - novos, cujas características fundamentais, funções ou cujos usos pretendidos difiram significativamente daqueles existentes em produtos ou serviços já produzidos no País; ou
II - já produzidos no País, desde que atendam ao menos a uma das seguintes condições:

Em 3.07.2024, a Secretaria de Gestão e Inovação (SEGES) do Ministério da Gestão e da Inovação em Serviços Públicos (MGI) divulgou a Resolução SEGES/CICS/MGI nº 1, que especifica quais produtos manufaturados nacionais terão uma margem de preferência de 10% em licitações públicas, conforme o estabelecido no citado Decreto nº 11.890/2024. Os produtos abrangidos foram ônibus (incluindo os elétricos) e sistemas metroferroviários, que poderão usufruir da margem em licitações federais e em processos conduzidos por estados, municípios

---

a) a eles tenham sido agregadas novas funcionalidades ou novas características que impliquem efetivo ganho de qualidade ou desempenho, excluídas mudanças puramente estéticas ou de estilo;
b) etapas fundamentais e de elevado conteúdo tecnológico de seu processo produtivo sejam realizadas em território nacional;
c) sejam produzidos por meio de processo produtivo oriundo da introdução de tecnologia de produção nova ou significativamente aperfeiçoada, excluídas mudanças pequenas ou rotineiras nos processos produtivos existentes e puramente organizacionais."
As regras referentes às margens de preferência estão detalhadas nos artigos 3º a 5º:
"Art. 3º Nos processos de licitação realizados no âmbito da administração pública federal direta, autárquica e fundacional, os produtos manufaturados nacionais e os serviços nacionais que atendam aos regulamentos técnicos pertinentes e às normas técnicas brasileiras poderão ser objeto de margem de preferência normal, na forma prevista em resolução da CICS, de até dez por cento sobre o preço dos produtos manufaturados estrangeiros ou dos serviços estrangeiros.
§1º Os produtos manufaturados nacionais e os serviços nacionais resultantes de desenvolvimento e inovação tecnológica realizados no País poderão ter margem de preferência adicional de até dez por cento, que, acumulada à margem de preferência normal, não poderá ultrapassar vinte por cento.
§2º Resolução da CICS especificará os produtos manufaturados nacionais e os serviços nacionais aos quais será aplicável a margem de preferência adicional de que trata o §1º.
§3º O Ministério da Gestão e da Inovação em Serviços Públicos submeterá ao Presidente da República, em coautoria com o Ministério do Desenvolvimento, Indústria, Comércio e Serviços e o Ministério da Ciência, Tecnologia e Inovação, a proposta de definição dos produtos manufaturados nacionais e dos serviços nacionais aos quais será aplicável a margem de preferência adicional de que tratam o §1º e o §2º.
§4º Os Estados, o Distrito Federal, os Municípios e os demais Poderes da União poderão adotar as margens de preferência estabelecidas pelo Poder Executivo federal, previstas no art. 26 da Lei nº 14.133, de 2021.
§5º A aplicação de margem de preferência não excluirá o acréscimo dos gravames previstos no §4º do art. 52 da Lei nº 14.133, de 2021.
Art. 4º As margens de preferência normal e adicional não serão aplicadas aos bens manufaturados nacionais e aos serviços nacionais se a capacidade de produção ou de prestação no País for inferior:
I - à quantidade de bens a ser adquirida ou de serviços a ser contratada; ou
II - aos quantitativos fixados em razão do parcelamento do objeto, quando for o caso.
Parágrafo único. Na avaliação da capacidade de produção ou prestação de que trata o *caput*, a CICS poderá considerar investimentos em expansão de capacidade, conforme critérios estabelecidos em resolução.
Art. 5º Para fins do disposto neste Decreto, a resolução da CICS que estabelecer as margens de preferência discriminará a abrangência de sua aplicação e poderá delimitar o universo de normas técnicas brasileiras aplicáveis por produto, serviço, grupo de produtos e de serviços."

e o Distrito Federal que utilizem recursos da União.[224] De acordo com a resolução, os licitantes deverão apresentar documentos que comprovem a conformidade dos produtos com as normas de origem nacional estabelecidas.

5.16.1 Artigo 26 – Parágrafo 7º – Possibilidade de contratações com restrição a bens e serviços com tecnologia desenvolvida no País

O dispositivo, que não trata de hipótese de preferência, porquanto prevê uma espécie de reserva de mercado para produtos e serviços nacionais, estabelece que, nas contratações destinadas à implantação, manutenção e ao aperfeiçoamento dos sistemas de Tecnologia de Informação e Comunicação (TIC) considerados estratégicos em ato do Poder Executivo federal, a licitação poderá se restringir a bens e serviços com tecnologia desenvolvida no Brasil e produzidos de acordo com o Processo Produtivo Básico (PPB) de que trata a Lei nº 10.176/2001.

Assim, o parágrafo permite que se restrinja o universo dos licitantes a quem oferecer bens ou prestar serviços:

a) com tecnologia desenvolvida no Brasil; e
b) produzidos de acordo com o Processo Produtivo Básico (PPB).

Como antes anotado, o Processo Produtivo Básico (PPB) é, conforme definido no §8º, alínea "b", do art. 7º do Decreto-Lei nº 288/1967, com redação dada pela Lei nº 8.387/1991, "o conjunto mínimo de operações, no estabelecimento fabril, que caracteriza a efetiva industrialização de determinado produto", ou seja, configura etapas fabris mínimas que as empresas deverão cumprir para a fabricação de determinado produto. Os PPBs são estabelecidos por portarias interministeriais. Normalmente, a iniciativa de fixação ou alteração de PPB para um produto específico é realizada pela empresa fabricante interessada nos incentivos fiscais, cabendo ao governo, através do GT-PPB, avaliar e propor alterações ao processo, de forma que seja atingido o máximo de valor agregado nacional, por meio do adensamento da cadeia produtiva, observando a realidade da indústria brasileira. Dessa forma, a elaboração do PPB é um processo negocial, envolvendo a empresa interessada, possíveis fornecedores nacionais para determinados produtos e outras empresas concorrentes pertencentes ao

[224] A lista de itens está disponível nas tabelas 1 e 2 do Anexo I, identificados pelo código da Nomenclatura Comum do Mercosul (NCM).

mesmo segmento. Na fixação de PPB, o governo se baliza nos seguintes indicadores: a) montante de investimentos a serem realizados pela empresa para a fabricação do produto; b) desenvolvimento tecnológico e engenharia local empregada; c) nível de empregos a ser gerado; d) possibilidade de exportações do produto a ser incentivado; e) nível de investimentos empregados em pesquisa e desenvolvimento; f) se haverá ou não deslocamento de produção dentro do território nacional por conta dos incentivos fiscais; e g) se afetará ou não investimentos de outras empresas do mesmo segmento industrial por conta de aumento de competitividade gerado pelos incentivos fiscais.

Anote-se que o art. 10 do Decreto nº 7.546/2011, que regulamentava artigo idêntico da Lei nº 8.666/1993, condicionava o enquadramento aos casos considerados estratégicos por meio de ato conjunto de ministérios (Do Planejamento, Orçamento e Gestão; de Ciência e Tecnologia e do Desenvolvimento, Indústria e Comércio Exterior), o qual, consoante o parágrafo único, deveria explicitar a vinculação dos bens e serviços de tecnologia da informação e comunicação aos critérios previstos no art. 6º, inc. XIX,[225] que definia que os sistemas de tecnologia de informação e comunicação estratégicos são os bens e serviços dessa natureza cuja descontinuidade provoque dano significativo à Administração Pública e que envolvam pelo menos um dos seguintes requisitos relacionados às informações críticas: disponibilidade, confiabilidade, segurança e confidencialidade.

Nesse contexto, ao estabelecer que as comunicações de dados da Administração Pública federal direta, autárquica e fundacional deverão ser realizadas por redes de telecomunicações e serviços de tecnologia da informação fornecidos por órgãos ou entidades da Administração Pública federal, incluindo empresas públicas e sociedades de economia mista da União e suas subsidiárias, o Decreto nº 8.135/2013, com o intuito de preservar a segurança nacional, enquadrou as contratações nessa seara como hipóteses de dispensa de licitação no caso de comprometimento da segurança nacional.

Segundo o ato regulamentar, essas contratações abarcariam a implementação e a operação de redes de telecomunicações e de serviços de TI, em especial à garantia da inviolabilidade das comunicações de

[225] Lei nº 8.666/93 – "Art. 6º [...] XIX - sistemas de tecnologia de informação e comunicação estratégicos – bens e serviços de tecnologia da informação e comunicação cuja descontinuidade provoque dano significativo à administração pública e que envolvam pelo menos um dos seguintes requisitos relacionados às informações críticas: disponibilidade, confiabilidade, segurança e confidencialidade".

dados, sendo que os fornecimentos, no que tange à rede de telecomunicações, consistiriam no provimento de serviços de telecomunicações, de tecnologia da informação, de valor adicionado e de infraestrutura para redes de comunicação de dados. Quanto aos serviços, compreendiam o provimento de serviços de desenvolvimento, implantação, manutenção, armazenamento e recuperação de dados e operação de sistemas de informação, projeto de infraestrutura de redes de comunicação de dados, modelagem de processos e assessoramento técnico, necessários à gestão da segurança da informação e das comunicações.

Ao incentivar a produção nacional, fortalecendo a economia local, gerando empregos e promovendo a inovação tecnológica no Brasil, a medida tem conexão com o desenvolvimento nacional sustentável. No entanto, essa relação estará diretamente condicionada à adesão a parâmetros sustentáveis na produção. Se a tecnologia desenvolvida localmente promover práticas como, por exemplo, a minimização dos impactos ambientais, eficiência energética e o uso de materiais recicláveis, haverá uma vinculação direta aos objetivos de sustentabilidade.

Art. 32. A modalidade diálogo competitivo é restrita a contratações em que a Administração.
I - vise a contratar objeto que envolva as seguintes condições:
a) inovação tecnológica ou técnica;
b) impossibilidade de o órgão ou entidade ter sua necessidade satisfeita sem a adaptação de soluções disponíveis no mercado; e
c) impossibilidade de as especificações técnicas serem definidas com precisão suficiente pela Administração;
II - verifique a necessidade de definir e identificar os meios e as alternativas que possam satisfazer suas necessidades, com destaque para os seguintes aspectos:
a) a solução técnica mais adequada;
b) os requisitos técnicos aptos a concretizar a solução já definida;
c) a estrutura jurídica ou financeira do contrato;
III - (VETADO).
§1º Na modalidade diálogo competitivo, serão observadas as seguintes disposições:
I - a Administração apresentará, por ocasião da divulgação do edital em sítio eletrônico oficial, suas necessidades e as exigências já definidas e estabelecerá prazo mínimo de 25 (vinte e cinco) dias úteis para manifestação de interesse na participação da licitação;
II - os critérios empregados para pré-seleção dos licitantes deverão ser previstos em edital, e serão admitidos todos os interessados que preencherem os requisitos objetivos estabelecidos;
III - a divulgação de informações de modo discriminatório que possa implicar vantagem para algum licitante será vedada;
IV - a Administração não poderá revelar a outros licitantes as soluções propostas ou as informações sigilosas comunicadas por um licitante sem o seu consentimento;
V - a fase de diálogo poderá ser mantida até que a Administração, em decisão fundamentada, identifique a solução ou as soluções que atendam às suas necessidades;
VI - as reuniões com os licitantes pré-selecionados serão registradas em ata e gravadas mediante utilização de recursos tecnológicos de áudio e vídeo;
VII - o edital poderá prever a realização de fases sucessivas, caso em que cada fase poderá restringir as soluções ou as propostas a serem discutidas;
VIII - a Administração deverá, ao declarar que o diálogo foi concluído, juntar aos autos do processo licitatório os registros e as gravações da fase de diálogo, iniciar a fase competitiva com a divulgação de edital contendo a especificação da solução que atenda às suas necessidades e os critérios objetivos a serem utilizados para seleção da proposta mais vantajosa e abrir prazo, não inferior a 60 (sessenta) dias úteis, para todos os licitantes pré-selecionados na forma do inciso II deste parágrafo

apresentarem suas propostas, que deverão conter os elementos necessários para a realização do projeto;
IX - a Administração poderá solicitar esclarecimentos ou ajustes às propostas apresentadas, desde que não impliquem discriminação nem distorçam a concorrência entre as propostas;
X - a Administração definirá a proposta vencedora de acordo com critérios divulgados no início da fase competitiva, assegurada a contratação mais vantajosa como resultado;
XI - o diálogo competitivo será conduzido por comissão de contratação composta de pelo menos 3 (três) servidores efetivos ou empregados públicos pertencentes aos quadros permanentes da Administração, admitida a contratação de profissionais para assessoramento técnico da comissão;
XII - (VETADO).
§2º Os profissionais contratados para os fins do inciso XI do §1º deste artigo assinarão termo de confidencialidade e abster-se-ão de atividades que possam configurar conflito de interesses.

Se você falar com um homem numa linguagem
que ele compreende, isso entrará na cabeça dele.
Se você falar com ele em sua própria linguagem,
você atingirá seu coração.
(Nelson Mandela)

5.17 Artigo 32 – Diálogo Competitivo: modalidade licitatória que promove a sustentabilidade

A Seção II do Capítulo II ("Da fase preparatória") da Lei nº 14.133/2021 trata das modalidades de licitação, abrangendo os artigos 28 a 32. O termo "modalidade" deriva do latim *modalis*, relacionado a "modo", significando modo ou maneira de fazer. Nesse contexto, a modalidade de licitação refere-se ao modo ou a maneira de se realizar o certame licitatório.

O art. 28 apresenta cinco modalidades: pregão, concorrência, concurso, leilão e diálogo competitivo. O pregão, que antes era regido pela Lei nº 10.520/2002, foi integrado ao novo marco legal, enquanto a concorrência, o concurso e o leilão foram mantidos. A grande novidade é a introdução do diálogo competitivo, uma modalidade voltada para contratações complexas que exigem soluções inovadoras. Por outro lado, as modalidades de "convite" e "tomada de preços", anteriormente previstas na Lei nº 8.666/1993, foram suprimidas.

Uma mudança significativa trazida pela Lei nº 14.133/2021 é o rompimento com a divisão clássica que vinculava as modalidades licitatórias aos valores estimados da contratação.[226] Agora, a escolha da modalidade se pauta exclusivamente pela natureza do objeto a ser licitado, promovendo maior flexibilidade e adaptabilidade aos processos administrativos:[227]

- Pregão: aquisição de bens e serviços comuns;
- Concorrência: contratação de bens e serviços especiais e de obras e serviços de engenharia;
- Concurso: escolha de trabalho técnico, científico ou artístico;
- Leilão: alienação de bens imóveis ou de bens móveis inservíveis ou legalmente apreendidos;
- Diálogo competitivo: contratação de obras, serviços e compras em que a Administração dialoga com licitantes previamente selecionados, estando restrita a objetos que envolvam inovação tecnológica; impossibilidade de a Administração ter sua necessidade satisfeita sem adaptação de soluções disponíveis no mercado; e inviabilidade de definição de especificações técnicas.

Conforme estabelece o inc. VIII do art. 18,[228] ao agente público responsável caberá definir, na fase preparatória da licitação, a modalidade a ser utilizada, obedecendo às especificações constantes nos artigos 29 a 32, que detalham cada modalidade.

---

[226] As modalidades *concurso* e *leilão* não estavam atreladas a valores, pois eram aplicadas em função de suas finalidades, da mesma forma que agora serão na Nova Lei.

[227] Essa ruptura já ocorrera, inclusive, em 2002, com a criação do pregão. A chamada Lei do Pregão (Lei nº 10.520/2002) já rompera com esse critério, pois jungia o uso da modalidade ao objeto pretendido, que deveria ser "comum", ou seja, com características facilmente identificáveis no mercado de bens e serviços, chamados no jargão do dia a dia de "produtos de prateleira". Nesse caso, portanto, era irrelevante se cogitar valores.
O êxito na aplicação do pregão, tanto na forma presencial, quanto, principalmente, na forma eletrônica, fez com que as modalidades convite e tomada de preços caíssem em total desuso. Tal fato, sem dúvida, foi fator preponderante para a extinção das referidas modalidades.

[228] "Art. 18 [...] VIII - a modalidade de licitação, o critério de julgamento, o modo de disputa e a adequação e eficiência da forma de combinação desses parâmetros, para os fins de seleção da proposta apta a gerar o resultado de contratação mais vantajoso para a Administração Pública, considerado todo o ciclo de vida do objeto [...]".

Dependendo da modalidade escolhida, o agente poderá munir-se de procedimentos auxiliares que contribuirão para o sucesso dos trabalhos, que são, como elenca o art. 78: o credenciamento; a pré-qualificação; o procedimento de manifestação de interesse (PMI); o sistema de registro de preços; e o registro cadastral, que deverão obedecer a critérios claros e objetivos definidos em regulamento (§1º).[229]

Segundo o §2º, é proibida a criação de novas modalidades de licitação ou a combinação entre as modalidades já previstas na lei. Essa disposição repete o que estava estabelecido no §8º do art. 22 da antiga Lei nº 8.666/1993, reforçando o princípio da segurança jurídica e da padronização nos processos licitatórios, ao evitar interpretações que poderiam levar à criação de outras formas não regulamentadas de licitação.[230]

Dentre as modalidades, uma se destaca por sua conexão direta com o Princípio do Desenvolvimento Sustentável, notadamente pelo foco em inovação tecnológica e em soluções personalizadas para a Administração Pública: o Diálogo Competitivo.

Essa nova modalidade licitatória contém relevantes aspectos contribuidores na modelação de licitações dentro de uma visão abrangente de sustentabilidade nacional, promovendo soluções inovadoras que respondam às necessidades públicas e, simultaneamente, incentivem o uso responsável dos recursos, alinhando-se aos princípios do desenvolvimento sustentável.

O art. 32 alerta que a modalidade Diálogo Competitivo é de uso restrito a contratações de objetos que correspondam aos seguintes aspectos específicos, concomitantemente:

a) inovação tecnológica ou técnica;
b) impossibilidade de o órgão ou entidade ter sua necessidade satisfeita sem a adaptação de soluções disponíveis no mercado; e
c) impossibilidade de as especificações técnicas serem definidas com precisão suficiente pela Administração.

Assim, trata-se de modalidade de licitação restrita a situações em que o objeto contratual exige soluções inovadoras ou a adaptação de soluções existentes no mercado, como no caso de projetos que demandem tecnologias novas ou específicas (art. 32, I, "a").

---

229 "§1º Além das modalidades referidas no *caput* deste artigo, a Administração pode servir-se dos procedimentos auxiliares previstos no art. 78 desta Lei."

230 "§2º É vedada a criação de outras modalidades de licitação ou, ainda, a combinação daquelas referidas no *caput* deste artigo."

Ao incentivar a inovação e o uso de tecnologias modernas, o diálogo competitivo favorece o desenvolvimento de soluções sustentáveis que podem reduzir o impacto ambiental e promover o uso eficiente de recursos, uma vez que essas soluções muitas vezes visam melhorar processos ou produtos sob uma perspectiva sustentável.

E mais: ao definir que deve ser adotada quando há impossibilidade de as especificações técnicas serem definidas com precisão suficiente pela Administração (art. 32, I, "c"), permite a busca por soluções alternativas que poderão envolver práticas mais sustentáveis, como o desenvolvimento de novos métodos ou tecnologias que reduzam o impacto social ou ambiental.

> A Administração recorre à interação com os fornecedores justamente para arrefecer a assimetria informacional e buscar subsídios técnicos para primeiramente compreender dadas soluções holisticamente e depois avaliar como bem descrever adequadamente as especificações técnicas da solução escolhida como a mais apropriada.[231]

A modalidade veio à tona com inspiração no direito europeu, que, com o intuito de inovar no âmbito das contratações públicas, diante da ineficiência de antigas soluções quando os objetos pretendidos eram considerados complexos criou o "diálogo concorrencial".[232]

---

[231] REIS, Luciano Elias. *Compras públicas inovadoras*: o desenvolvimento científico, tecnológico e inovativo como perspectiva do desenvolvimento nacional sustentável. Belo Horizonte: Fórum, 2022.

[232] Diretiva nº 2004/18/EC, revogada e substituída pela Diretiva nº 2014/94/EU, do Parlamento Europeu e do Conselho. Rafael Sérgio Lima de Oliveira, em meticulosa pesquisa, apresenta notas históricas sobre o diálogo competitivo: "Ele foi incluído inicialmente no artigo 29º da Diretiva nº 2004/18/CE, do Parlamento Europeu e do Conselho, de 31 de março de 2004. [...] A Diretiva nº 2004/18/CE resultou de um longo processo de revisão das Diretivas europeias sobre contratação pública. O início de tal processo ocorreu em 1996, com a publicação do *Green Paper, Public Procurement in the European Union: exploring the Way Forward*. Na análise de Sue Arrowsmith e de Steen Treumer, o *Green Paper* de 1996 não trouxe grandes inovações para o sistema europeu, servindo mesmo para conferir certa estabilidade jurídica nas contratações públicas europeias. A chamada de atenção para a construção de novos procedimentos veio em 1998, com a publicação, resultado do mesmo processo de revisão, da Comunicação da Comissão COM (1998) 143 Final. Esse documento aponta a necessidade de flexibilização dos procedimentos de formação dos contratos de modo a admitir o diálogo entre a Administração e os seus fornecedores – de serviços e de produtos – para a construção de soluções para as demandas do Poder Público. O foco era os chamados contratos complexos, aqueles ligados a áreas nas quais sempre há mudanças, sendo mencionado como exemplo os contratos da área de tecnologia. Relata a Comissão Europeia ter recebido naquela época uma série de contribuições indicando que em muitas ocasiões as soluções para as demandas da Administração são complexas a ponto de os gestores públicos não saberem qual a solução adequada, apesar de terem consciência da necessidade do Estado. Para esses casos, as contribuições recebidas pela Comissão sugeriam

O inc. XLII do art. 6º da Nova Lei define o Diálogo Competitivo como uma modalidade de licitação voltada à contratação de obras, serviços e compras em que a Administração Pública realiza diálogos estruturados com licitantes pré-selecionados com base em critérios objetivos. O propósito desses diálogos é identificar e desenvolver uma ou mais soluções que melhor atendam às necessidades específicas da Administração, especialmente em casos de alta complexidade ou inovação técnica. Terminados os diálogos, os licitantes são convidados a apresentar suas propostas finais, permitindo que a Administração selecione a opção mais vantajosa e alinhada aos seus objetivos.[233]

A intenção, tal como na Europa, é, conforme anotado, suplantar dificuldades encontradas nas contratações de objetos complexos.

Em síntese, para se entender a inovação, inicialmente a Administração define as necessidades e os critérios; posteriormente, seleciona os licitantes; adiante, com eles dialoga, procurando obter informações e alternativas de soluções; e, concluindo pela solução adequada, solicita que todos os licitantes selecionados apresentem propostas.

Bicalho e Pereira reafirmam que a modalidade pressupõe objetos tecnicamente intrincados, com complexidades que escapam ao domínio comum de conhecimento dos órgãos ou entidades contratantes, seja sob o aspecto técnico ou de estrutura financeira ou jurídica do projeto:

> A lógica, que se aproxima conceitualmente daquela típica dos projetos de desestatizações, envolvendo estruturas e modelagens sofisticadas, passa a ser acessível também para os projetos ditos orçamentados, com ganhos de qualidade e eficiência na fase de licitação, bem como

---

a previsão de um procedimento no qual fosse possível o diálogo com a iniciativa privada, a fim de que esta pudesse contribuir, no âmbito do processo de formação do contrato, com a construção da solução. Assim, ainda na Comunicação de 1998, a Comissão Europeia já informa que irá propor emendas nas Diretivas então existentes, a fim de incluir um novo procedimento, chamado de diálogo competitivo, no qual o diálogo entre a Administração Pública e os operadores econômicos para a construção da solução adequada para o Poder Público seria possível. Em bom rigor, a previsão do diálogo competitivo veio para legitimar uma postura já adotada por alguns países membros da União Europeia no bojo de outra modalidade de licitação usual no velho mundo, o procedimento por negociação. Esse é o caso, segundo Sue Arrowsmith e Steen Treumer, do Reino Unido e da Alemanha, que vinham utilizando o procedimento por negociação para projetos complexos, o que não era adequado" (OLIVEIRA, Rafael Sérgio Lima de. O diálogo competitivo do projeto de lei de licitação e contrato brasileiro. *Portal L&C*, Brasília, DF, [2017]).

[233] "XLII - diálogo competitivo: modalidade de licitação para contratação de obras, serviços e compras em que a Administração Pública realiza diálogos com licitantes previamente selecionados mediante critérios objetivos, com o intuito de desenvolver uma ou mais alternativas capazes de atender às suas necessidades, devendo os licitantes apresentar proposta final após o encerramento dos diálogos [...]".

de segurança executiva dos contratos, dado o maior envolvimento dos proponentes no próprio desenvolvimento da solução a ser contratada.[234]

Assim, se bem delineada, a modalidade licitatória tende a oferecer à Administração a oportunidade de conhecer diversas alternativas para o objeto pesquisado, favorecendo significativamente a construção de soluções.

Como assenta Parziale, ao promover uma fase de interação aberta e estruturada com os licitantes, a modalidade eliminará a contratação de soluções desatualizadas pelo Poder Público, configurando-se como instrumento essencial para evitar a obsolescência e aprimorar a eficiência nas contratações públicas:

> É comum, ser desencadeada uma licitação para adquirir determinado objeto e quando da conclusão do certame, após alguns meses, o contratado informar à Administração que aquilo que foi contratado foi descontinuado pelo fabricante, indagando se é possível entregar outro com características equivalentes ou superiores. Isso gera diversos problemas, sejam técnicos ou jurídicos, ou que aquilo que foi entregue não faz interface ou sincronismo com os equipamentos ou sistemas já em funcionamento.[235]

É importante ressalvar que, como o uso do diálogo competitivo é uma escolha discricionária da Administração, nada impede que ela opte por seguir o procedimento tradicional. Nesse caso, a Administração poderia realizar uma concorrência para a contratação da elaboração do projeto e, posteriormente, outra concorrência para sua execução. Isso ressalta a flexibilidade nas decisões administrativas, permitindo que a Administração escolha a modalidade que melhor se adequa às suas necessidades e conveniências.

Os diálogos com os pré-selecionados, além de buscarem definir o objeto a ser contratado, também deverão envolver questões concernentes a condições contratuais, como prazos, formas de pagamento, etapas de desenvolvimento etc.

Nesse contexto, o inc. II deste art. 32 prescreve que o Diálogo Competitivo está voltado para as contratações em que a Administração

---

[234] BICALHO, Alécia Paolucci Nogueira; PEREIRA, Flávio Henrique Unes. As mudanças na nova Lei de Licitações e Contratos. *Jota*, [s. l.], 19 dez. 2016.

[235] PARZIALE, Aniello. Diálogo competitivo acabará com a contratação de objetos desatualizados pelo Poder Público, afirma especialista. *Observatório da Nova Lei de Licitações*, [s. l.], 7 jan. 2020.

verifique a necessidade de definir e identificar os meios e as alternativas que possam satisfazer suas necessidades, com destaque para:

a) a solução técnica mais adequada;
b) os requisitos técnicos aptos a concretizar a solução já definida; e
c) a estrutura jurídica ou financeira do contrato.

Dessa maneira, ao promover a busca por alternativas técnicas que atendam necessidades específicas da Administração, com foco em inovação, a modalidade pode fortalecer o desenvolvimento sustentável, o que frequentemente se alinha aos objetivos de sustentabilidade ambiental, social e econômica.

Para legitimar o uso da modalidade, todos os requisitos deverão estar devidamente comprovados nos autos do respectivo processo administrativo, uma vez que, como assevera Jessé Torres, quando a Administração opta pelo diálogo competitivo, já levou em consideração as contribuições dos particulares interessados na definição das características que deverá ter o objeto a ser contratado, bem como a estimativa de seu custo específico, valendo dizer que o diálogo influenciará, previamente, na definição da equação econômico-financeira do futuro contrato:

> Isto porque os futuros licitantes somente poderão compor suas propostas de preço e/ou técnicas, para apresentá-las à Administração, depois de definido o objeto a ser licitado através desse diálogo, e tal definição gerará consequências para a satisfação do direito subjetivo ao equilíbrio daquela equação, presente nas entrelinhas do art. 37, XXI, da Constituição da República – "[...] processo de licitação pública que assegure igualdade de condições a todos os concorrentes, com cláusulas que estabeleçam obrigações de pagamento, mantidas as condições efetivas da proposta, nos termos da lei [...]". Em outras palavras, o uso impróprio do diálogo competitivo manchará o caso concreto de vícios de inconstitucionalidade e/ou de ilegalidade, a provocar a nulidade da licitação e do contrato que se lhe seguirá, com a responsabilização dos agentes públicos e privados que dele hajam participado.[236]

[236] PEREIRA JÚNIOR, Jessé Torres. Modalidades de licitação. *Observatório da Nova Lei de Licitações*, [s. l.], 12 dez. 2019.

5.17.1 Art. 32 – Parágrafo 1º – Incisos V e VIII – Pegadas de sustentabilidade no procedimento do Diálogo Competitivo

Objetivando garantir um processo transparente e que atenda às necessidades específicas do Poder Público, o §1º estabelece diversas disposições a serem observadas no Diálogo Competitivo, a saber:

a) a Administração divulgará suas necessidades e exigências no edital e dará um prazo mínimo de 25 dias úteis para manifestação de interesse (inc. I);
b) os critérios de pré-seleção deverão constar no edital, admitindo-se todos os interessados que preencham os requisitos estabelecidos (inc. II);
c) é vedada a divulgação discriminatória de informações que favoreçam algum licitante (inc. III);
d) a Administração não poderá divulgar soluções ou informações sigilosas de um licitante sem seu consentimento (inc. IV);
e) a fase de diálogo continuará até que a Administração identifique a solução que atenda suas necessidades (inc. V);
f) as reuniões serão registradas em ata e gravadas em áudio e vídeo (inc. VI);
g) o edital poderá prever fases sucessivas, restringindo soluções ou propostas em cada fase (inc. VII);
h) ao finalizar o diálogo, a Administração juntará os registros ao processo, publicará o edital com a solução escolhida e abrirá um prazo mínimo de 60 dias úteis para apresentação de propostas (inc. VIII);
i) a Administração poderá solicitar esclarecimentos ou ajustes nas propostas, desde que não afetem a igualdade de concorrência (inc. IX);
j) a proposta vencedora deverá ser escolhida com base nos critérios divulgados, assegurando a contratação mais vantajosa (inc. X).

Dentre as disposições, por destacarem aspectos que contribuem para a inclusão de fatores de responsabilidade social e ambiental nos contratos resultantes, são particularmente relevantes as prescritas nos incs. V e VIII.

O inc. V prevê que a fase de diálogo deve continuar até que a Administração, por meio de decisão fundamentada, identifique a solução ou soluções que atendam às suas necessidades, o que determina que a Administração não se apresse nessa etapa, pois deverá se certificar que as opções consideradas sejam as mais adequadas. Esse aspecto ressalta a flexibilidade da modalidade, permitindo a exploração de diversas alternativas antes da tomada de decisão, podendo levar a inovações e à seleção de soluções mais sustentáveis e eficientes.

Como anota Rafael Sérgio de Oliveira, não há um limite de soluções a serem adotadas, de modo que a Administração pode, inclusive, acatar as propostas de todos os participantes do certame.[237]

Eleita a solução ou as soluções, inicia-se a etapa competitiva, com a apresentação e o julgamento das propostas. Essa fase é aberta com a publicação de um edital que detalha as especificações das soluções escolhidas e estabelece o critério de julgamento das propostas.

Pois bem, o inc. VIII estabelece que, ao concluir o diálogo, a Administração deverá registrar os detalhes do processo, incluindo gravações e atas, e iniciar a fase competitiva com a divulgação de um edital que contenha a especificação da solução escolhida, o qual deverá definir os critérios objetivos para a seleção da proposta mais vantajosa e abrir um prazo de, no mínimo, sessenta dias úteis para que todos os licitantes pré-selecionados apresentem suas propostas, que deverão conter os elementos necessários para a realização do projeto.

Tais fatores, em conjunto, poderão resultar em contratos que não apenas atendam às exigências funcionais da Administração, mas também promovam o uso responsável de recursos e a minimização de impactos ambientais.

Verifica-se, assim, que os incisos V e VIII configuram dispositivos essenciais para garantir um processo licitatório transparente e tecnicamente fundamentado, permitindo que a Administração selecione a solução mais adequada com base em critérios claros e objetivos, possibilitando, também, a adoção de práticas sustentáveis e inovadoras nas contratações públicas, promovendo maior eficiência e modernidade nas soluções propostas.[238]

---

[237] OLIVEIRA, Rafael Sérgio Lima de. O diálogo competitivo. *In:* FORTINI, Cristiana; OLIVEIRA, Rafael Sérgio Lima de; CAMARÃO, Tatiana (coord.). *Comentários à Lei de Licitações e Contratos Administrativos*: Lei nº 14.133, de 1º de abril de 2021. Belo Horizonte: Fórum, 2022. v. 1.

[238] Vale ressaltar que o Diálogo Competitivo agora também integra o rol de modalidades licitatórias para concessões e permissões de prestação de serviços públicos, conforme a Lei nº 8.987, de 13.02.1995, e para contratações de Parcerias Público-Privadas (PPP), conforme a Lei nº 11.079, de 30.12.2004, de acordo com as alterações introduzidas pelos arts. 179 e 180. "Art. 179. Os incisos II e III do *caput* do art. 2º da Lei nº 8.987, de 13 de fevereiro de 1995, passam a vigorar com a seguinte redação:
Art. 2º [...]

Art. 34. O julgamento por menor preço ou maior desconto e, quando couber, por técnica e preço considerará o menor dispêndio para a Administração, atendidos os parâmetros mínimos de qualidade definidos no edital de licitação.

§1º *Os custos indiretos, relacionados com as despesas de manutenção, utilização, reposição, depreciação e impacto ambiental do objeto licitado, entre outros fatores vinculados ao seu ciclo de vida, poderão ser considerados para a definição do menor dispêndio, sempre que objetivamente mensuráveis, conforme disposto em regulamento.*

§2º O julgamento por maior desconto terá como referência o preço global fixado no edital de licitação, e o desconto será estendido aos eventuais termos aditivos.

No começo, pensei que estivesse lutando para salvar seringueiras,
depois pensei que estava lutando para salvar a Floresta Amazônica.
Agora, percebo que estou lutando pela humanidade.
(Chico Mendes)

II - concessão de serviço público: a delegação de sua prestação, feita pelo poder concedente, mediante licitação, na modalidade concorrência ou diálogo competitivo, a pessoa jurídica ou consórcio de empresas que demonstre capacidade para seu desempenho, por sua conta e risco e por prazo determinado;
III - concessão de serviço público precedida da execução de obra pública: a construção, total ou parcial, conservação, reforma, ampliação ou melhoramento de quaisquer obras de interesse público, delegados pelo poder concedente, mediante licitação, na modalidade concorrência ou diálogo competitivo, a pessoa jurídica ou consórcio de empresas que demonstre capacidade para a sua realização, por sua conta e risco, de forma que o investimento da concessionária seja remunerado e amortizado mediante a exploração do serviço ou da obra por prazo determinado [...].
Art. 180. O *caput* do art. 10 da Lei nº 11.079, de 30 de dezembro de 2004, passa a vigorar com a seguinte redação:
Art. 10. A contratação de parceria público-privada será precedida de licitação na modalidade concorrência ou diálogo competitivo, estando a abertura do processo licitatório condicionada a [...]";

5.18 Artigo 34 – Parágrafo 1º – Consideração do impacto ambiental e fatores do ciclo de vida nas licitações de menor preço ou maior desconto

A Seção III do Capítulo II ("Da fase preparatória") da Lei nº 14.133/2021 versa sobre os critérios de julgamento nas licitações, abrangendo os artigos 33 a 39.

Os critérios de julgamento, anteriormente denominados "tipos de licitação" pela antiga Lei nº 8.666/1993, são os métodos estabelecidos para a escolha da proposta vencedora nas licitações.

De acordo com o art. 33, existem seis critérios de julgamento para os certames licitatórios:

- Menor preço;
- Maior desconto;
- Melhor técnica ou conteúdo artístico;
- Técnica e preço;
- Maior lance, no caso de leilão; e
- Maior retorno econômico.

Na verdade, assim como ocorreu na Lei das Estatais (Lei nº 13.303/2016), dos seis critérios de julgamento previstos na Lei nº 14.133/2021, quatro reeditam os "tipos" de licitação listados na Lei nº 8.666/1993, e dois advieram da Lei nº 12.462/2011 (Lei do Regime Diferenciado de Contratações – RDC), com pequenos ajustes.

Objetivamente, os critérios de julgamento licitatórios são delineados da seguinte forma:

- Menor preço: sagrar-se-á vencedor da licitação aquele que propor o menor valor, desde que cumpra os requisitos mínimos de qualidade;
- Maior desconto: o vencedor será o licitante com o maior desconto em relação ao preço estabelecido no edital;
- Melhor técnica ou conteúdo artístico: o julgamento é realizado com base na qualidade técnica ou artística da proposta;
- Técnica e preço: a avaliação combina a melhor técnica e o preço mais competitivo;
- Maior lance: utilizado em leilões, o vencedor será aquele que oferecer o maior lance; e
- Maior retorno econômico: o julgamento considera a maior economia gerada para a Administração.

Esses procedimentos estão minudenciados ao longo dos artigos 34 a 39.

5.18.1 Critério do menor preço

Embora a Nova Lei preveja no inc. I do art. 11, que o processo licitatório tem por objetivo assegurar a seleção da proposta apta a gerar o resultado de contratação mais vantajoso para a Administração, o legislador optou pela possibilidade do uso do critério do "menor preço", o que impõe que o julgamento das propostas seja objetivo.

Destarte, em tese, esse critério de seleção determinará como vencedor o licitante que apresentar a proposta de acordo com as especificações do edital e ofertar o menor preço.

E, por que "em tese"? Porque há uma novidade importante na lei: o art. 34 informa que o julgamento por menor preço (assim como pelo maior desconto e, quando couber, por técnica e preço) deverá considerar o *menor dispêndio* para a Administração, com atendimento aos parâmetros mínimos de qualidade definidos no edital de licitação.

Como sempre afirmamos, o ponto crucial no critério "menor preço" é a boa especificação do objeto pretendido, pois a pormenorização será determinante para o atendimento do desejado pela Administração.

É de fundamental importância que o objeto seja bem descrito, de modo a afastar qualquer margem de dúvida por parte dos licitantes ou dos responsáveis pela aquisição. Como assevera Paulo César de Carvalho,

> tal detalhe serve para desconsiderar de vez a premissa de que se compra mal quando se compra pelo menor preço. Na verdade, se compra mal quando se especifica mal. O Poder Público deve, sim, sempre que possível, priorizar o menor preço, porém o menor preço dentro das especificações exigidas.[239]

Pois bem, além da verificação ao respeito aos parâmetros mínimos de qualidade definidos no edital, na avaliação final do menor preço o julgador deverá também buscar o *menor dispêndio* para a Administração, levando em conta, como preceitua o §1º, os custos indiretos, relacionados às despesas de manutenção, utilização, reposição, depreciação e impacto ambiental do objeto licitado, entre outros fatores vinculados ao seu ciclo de vida, sempre que objetivamente mensuráveis.

Remetendo a questão à posterior regulamentação, o citado §1º aponta que os custos indiretos, relacionados com as despesas de

---

[239] CARVALHO, Paulo César Silva de. O governo compra mal porque compra pelo menor preço? *O Pregoeiro*, [s. l.], p. 12-14. maio 2009.

manutenção, utilização, reposição, depreciação e impacto ambiental do objeto licitado, entre outros fatores vinculados ao seu ciclo de vida, poderão ser considerados para a definição do menor dispêndio, sempre que objetivamente mensuráveis.

5.18.2 Critério do maior desconto

O critério de maior desconto é aquele pelo qual o licitante mais bem classificado será o que ofertar maior desconto em percentual, sobre um valor de referência fixado no instrumento convocatório.

O §2º prevê como parâmetro para a incidência do percentual de descontos a orientar este critério de julgamento o preço global fixado no edital de licitação, estendendo o desconto aos eventuais termos aditivos.

Nesse contexto, sublinha-se a importância da pesquisa do preço de mercado do objeto a ser contratado, considerando-se os preços constantes de bancos de dados públicos, conforme dispõe o art. 23.

5.18.3 Critério de técnica e preço

O critério, que combina avaliações técnicas e preços ofertados, se presta quando o aspecto técnico, para o objeto almejado, for considerado mais relevante que o preço, preponderando, por conseguinte, a busca da qualidade.

Observamos em outro trabalho:

> Técnica e Preço é critério de licitação adotado para contratação de serviços de natureza intelectual, consistindo num cotejo entre preço e técnica. A proposta vencedora resulta da média ponderada das notas atribuídas à técnica e ao preço, considerando pesos e critérios do edital (exemplos de fatores técnicos: prazo de entrega, qualidade, padronização, metodologia, tecnologias, recursos materiais a serem utilizados para a realização do objeto licitado, entre outros).[240]

Logo, é de fundamental importância uma avaliação preliminar que determine o quanto o quesito "técnica" é preponderante no objeto pretendido, dado que, quanto maior o peso arbitrado a esse fator, mais ele será determinante no resultado do certame.

Uma das principais dificuldades enfrentadas por quem elabora editais com base no critério de "técnica e preço" está na definição da

[240] BITTENCOURT, Sidney. *Licitações públicas para concursos*. 2. ed. Brasília: Leya; São Paulo: Alumnus, 2015.

metodologia de atribuição de notas e dos pesos adequados para a técnica e o preço. Carlos Galarda[241] destaca que, independentemente da metodologia adotada, sempre haverá uma margem de subjetividade. Essa subjetividade pode gerar críticas, insatisfações e reclamações, especialmente de concorrentes que, devido a essa avaliação, não obtenham sucesso na licitação, evidenciando a complexidade e a sensibilidade desse processo.

Consoante o previsto no art. 36, o julgamento por técnica e preço considerará a maior pontuação obtida a partir da ponderação, segundo fatores objetivos previstos no edital, das notas atribuídas aos aspectos de técnica e de preço da proposta.

Os arts. 36 a 38 definem o *modus operandi* do julgamento por critério de técnica e preço.

5.18.4 Aspectos a serem considerados no julgamento pelos critérios de menor preço, maior desconto e, quando cabível, técnica e preço

Como antes explicitado, no critério de julgamento pelo menor preço afere-se a proposta mais vantajosa considerando-se a questão financeira. Logo, em princípio, sagrar-se-á vencedora do certame licitatório a proposta que tiver menor preço e cumprir todos os requisitos e parâmetros mínimos de qualidade estabelecidos no edital licitatório. Entrementes, além da verificação ao respeito aos padrões mínimos de qualidade, na avaliação final do menor preço, ao julgar o menor dispêndio para a Administração, o julgador público deverá levar em conta os custos indiretos relacionados às despesas de manutenção, utilização, reposição, depreciação e impacto ambiental do objeto licitado, entre outros fatores vinculados ao seu ciclo de vida, sempre que objetivamente mensuráveis.

A intenção, portanto, é abolir a vetusta cultura do menor preço por si só, levando-se também em consideração, na aferição do "menor preço", todo o dispêndio envolvido na contratação, ou seja, os custos de manutenção, utilização e reposições, a depreciação, o impacto ambiental, entre outros fatores vinculados ao ciclo de vida do objeto.

Como já anotado, a configuração do ciclo de vida de um produto considera as etapas que envolvem o seu desenvolvimento, a obtenção

241 GALARDA, Carlos. *Licitações*: técnica e preço. Curitiba: Juruá, 1999.

de matérias-primas e insumos, o processo produtivo, o consumo e a disposição final. Logo, a avaliação do ciclo de vida de um objeto não se pauta somente no custo econômico imediato, mas também nos custos econômicos e ambientais ao longo de toda a vida útil.

Nesse contexto, regulamentando a matéria, foi expedida a Instrução Normativa SEGES/ME nº 73/2022, dispondo sobre licitação pelo critério de julgamento por menor preço e do maior desconto, na forma eletrônica, para a contratação de bens, serviços e obras, no âmbito da Administração Pública Federal.

Segundo o art. 11 da IN, a fase preparatória do processo licitatório deverá compatibilizar-se com o Plano de Contratações Anual e com as leis orçamentárias, bem como abordar todas as considerações técnicas, mercadológicas e de gestão que podem interferir na contratação, compreendidos os documentos e procedimentos necessários de que dispõe o art. 18 da Lei nº 14.133/2021, observada a modalidade de licitação adotada, nos termos do art. 4º.[242]

O parágrafo único do dispositivo enfatiza que os preceitos do desenvolvimento sustentável devem ser obrigatoriamente observados durante a fase preparatória da licitação, abordando, no mínimo, as dimensões econômica, social, ambiental e cultural, conforme os planos de gestão de logística sustentável de cada órgão ou entidade.[243] Vide que o rol de dimensões é exemplificativo, permitindo a inclusão de outros aspectos relevantes para a sustentabilidade.

Portanto, o caráter imperativo quanto à adoção de práticas sustentáveis é evidente, reafirmando que o princípio do desenvolvimento sustentável não pode ser negligenciado ou tratado como facultativo.

Insta observar que o critério do menor preço pode ser adotado nas modalidades concorrência, pregão e diálogo competitivo, embora, como obtempera Rafael de Oliveira, dada as características desta modalidade, a utilização nessa última não pareça nada razoável.[244] [245]

---

242 "Art. 4º O critério de julgamento de menor preço ou maior desconto será adotado:
I - na modalidade pregão, obrigatoriamente;
II - na modalidade concorrência, observado o art. 3º;
III - na fase competitiva da modalidade diálogo competitivo, quando for entendido como o mais adequado à solução identificada na fase de diálogo."

243 O Plano Diretor de Logística Sustentável (PLS), instituído pela Portaria SEGES/ME nº 8.678/2021, é um instrumento estratégico da Administração que alinha planejamento e leis orçamentárias, estabelecendo estratégias de contratações e logística com foco em práticas sustentáveis.

244 OLIVEIRA, Rafael Sérgio Lima de. 10 tópicos mais relevantes do projeto da nova Lei de licitação e contrato. *Observatório da Nova Lei de Licitações*, [s. l.], 18 dez. 2020

245 Em que pese a regulamentação já mencionada, Bruno Fontenelle sustenta a necessidade de regulação ainda mais específica, compreendendo que, no que tange às licitações de menor

Registre-se que o parágrafo autoriza a adoção desses aspectos também na licitação pelo maior desconto e, quando cabível, na licitação de técnica e preço.

Na prática, o uso do critério de maior desconto em uma licitação deve seguir a mesma métrica aplicada ao critério de menor preço, porém com o enfoque invertido. O objetivo, portanto, será garantir que, ao avaliar o maior desconto oferecido, a Administração Pública não considere apenas o preço reduzido de forma imediata, mas leve em conta todo o ciclo de vida do objeto. Isso inclui a análise de custos indiretos, como manutenção, reposição, depreciação e impacto ambiental, resultando na escolha mais econômica e sustentável a longo prazo para a Administração.

Quanto à conciliação do critério de técnica e preço com a consideração dos custos indiretos do ciclo de vida (manutenção, utilização, reposição, depreciação e impacto ambiental), far-se-á necessário um esforço de integração na análise completa de todos esses fatores dentro da avaliação técnica da licitação, devendo o edital explicitar que serão avaliados considerando detalhes que englobem durabilidade, eficiência energética etc. Para assegurar a objetividade, todos os fatores indiretos deverão ser convertidos em métricas claras e verificáveis, o que poderá ser realizado por intermédio de índices padronizados ou estudos de viabilidade técnica que demonstrem a eficácia das propostas ao longo do ciclo de vida.

---

desembolso, as regras infralegais ainda não estabeleceram critérios claros quanto aos métodos relacionados ao desenvolvimento nacional sustentável. (FONTENELLE, Bruno. O desenvolvimento sustentável nas licitações do Brasil e da União Europeia. *Revista de Ciências do Estado*, Belo Horizonte, v. 8, n. 2, 2023).

Art. 42. A prova de qualidade de produto apresentado pelos proponentes como similar ao das marcas eventualmente indicadas no edital será admitida por qualquer um dos seguintes meios:
I - comprovação de que o produto está de acordo com as normas técnicas determinadas pelos órgãos oficiais competentes, pela Associação Brasileira de Normas Técnicas (ABNT) ou por outra entidade credenciada pelo Inmetro;
II - declaração de atendimento satisfatório emitida por outro órgão ou entidade de nível federativo equivalente ou superior que tenha adquirido o produto;
III - certificação, certificado, laudo laboratorial ou documento similar que possibilite a aferição da qualidade e da conformidade do produto ou do processo de fabricação, inclusive sob o aspecto ambiental, emitido por instituição oficial competente ou por entidade credenciada.
§1º O edital poderá exigir, como condição de aceitabilidade da proposta, certificação de qualidade do produto por instituição credenciada pelo Conselho Nacional de Metrologia, Normalização e Qualidade Industrial (Conmetro).
§2º A Administração poderá, nos termos do edital de licitação, oferecer protótipo do objeto pretendido e exigir, na fase de julgamento das propostas, amostras do licitante provisoriamente vencedor, para atender a diligência ou, após o julgamento, como condição para firmar contrato.
§3º No interesse da Administração, as amostras a que se refere o §2º deste artigo poderão ser examinadas por instituição com reputação ético-profissional na especialidade do objeto, previamente indicada no edital.

A sustentabilidade é um compromisso
com o futuro, não um luxo do presente.
(Gro Harlem Brundtland)

5.19 Artigo 42 – Inciso III – Certificações de avaliação da qualidade do produto

O art. 41 encara a questão da possibilidade de a Administração Pública indicar excepcionalmente a marcas ou modelos do objeto que pretende num edital de licitação. O assunto sempre foi tormentoso no âmbito das contratações públicas.

Já tratamos da matéria anteriormente, ainda no âmbito da Lei nº 8.666/1993:

> Não é permitido um objeto que vise à aquisição de bens ou à contratação de serviços "fechados", ou seja, o bem ou o serviço similar deve ser considerado. [...] Não se admite, portanto, uma escolha arbitrária e dirigida, visando a beneficiar determinada empresa. Anote-se, de plano, que a vedação da indicação de uma marca na licitação não é regra absoluta. Essa afirmativa está alicerçada na concepção de que cabe ao intérprete analisar o Direito como um todo, e não por meio de textos isolados. Assim, verifica-se [...] o necessário atendimento nas aquisições do princípio da padronização. Apesar de não existir conexão direta entre uma coisa e outra, evidencia-se que, em certas situações, a padronização determinará a fixação de uma marca num procedimento licitatório. Além disso, [...] ao vedar aos agentes públicos a inclusão, nos atos convocatórios das licitações, de cláusulas ou condições que restrinjam, comprometam ou frustrem o caráter competitivo e estabeleçam preferências ou distinções, a Lei sinaliza, claramente, que, inexistindo o comprometimento, a restrição ou a frustração da competição, se plenamente demonstrada, autorizada estará a indicação da marca. Em síntese, havendo uma forte motivação, com uma justificativa sólida, concreta, insofismável, baseada em parecer técnico fundamentado, a indicação de marca no instrumento convocatório (ou mesmo em seu afastamento, que ocorrerá através de inexigibilidade de licitação) é plausível.[246]

Com a mesma ótica, o TCU, no Acórdão TCU nº 559/2017 – Plenário, observou que

> a indicação ou a preferência por marca só é admissível se restar comprovado que a escolha é a mais vantajosa e a única que atende às necessidades da Administração. A licitação não tem por objetivo, necessariamente, a escolha do produto ou do serviço de melhor qualidade disponibilizado no mercado.

Pois bem, nesse encalço, tentando dar um rumo legal ao tema, o citado art. 41 preceitua que, nas licitações de fornecimento de bens, a Administração poderá, em caráter excepcional:

a) indicar uma ou mais marcas ou modelos, desde que formalmente justificado, nas seguintes hipóteses:
   - em decorrência da necessidade de padronização do objeto;

---

[246] BITTENCOURT, Sidney. *Licitação passo a passo*: comentando todos os artigos da Lei nº 8.666/93, totalmente atualizada. 11. ed. Belo Horizonte: Fórum, 2021.

- em decorrência da necessidade de manter a compatibilidade com plataformas e padrões já adotados pela Administração;
- quando determinada marca ou modelo comercializados por mais de um fornecedor forem os únicos capazes de atender às necessidades do contratante; e
- quando a descrição do objeto a ser licitado puder ser mais bem compreendida pela identificação de determinada marca ou modelo aptos a servir apenas como referência.

b) exigir amostra ou prova de conceito do bem no procedimento de pré-qualificação permanente, na fase de julgamento das propostas ou de lances, ou no período de vigência do contrato ou da ata de registro de preços, desde que previsto no edital da licitação e justificada a necessidade de sua apresentação; que, como preceitua o parágrafo único, restringir-se-á ao licitante provisoriamente vencedor quando realizada na fase de julgamento das propostas ou de lances.
c) vedar a contratação de marca ou produto, quando, mediante processo administrativo, restar comprovado que produtos adquiridos e utilizados anteriormente pela Administração não atendem a requisitos indispensáveis ao pleno adimplemento da obrigação contratual; e
d) solicitar, motivadamente, carta de solidariedade emitida pelo fabricante, que assegure a execução do contrato, no caso de licitante revendedor ou distribuidor.

Nesse passo, quando a Administração utiliza as prerrogativas insertadas no art. 41, há situações em que o proponente entende que possui para oferecer um produto similar, equivalente ao descrito no edital licitatório.

Assim, inteligentemente, o legislador buscou definir, no art. 42, os critérios para a comprovação da qualidade de produtos apresentados pelos licitantes como equivalentes a marcas especificadas em edital, permitindo que a Administração avalie a adequação dos produtos às normas técnicas estabelecidas por órgãos oficiais.

Seguindo os precedentes da Lei do RDC (Lei nº 12.462/2011) e da Lei das Estatais (Lei nº 13.303/2016), o artigo autoriza a solicitação de certificações que atestem a qualidade dos produtos ou dos processos de fabricação, incluindo aspectos ambientais. Além disso, o artigo possibilita que o edital exija que os produtos atendam às normas da Associação Brasileira de Normas Técnicas (ABNT) ou apresentem certificação de qualidade por instituições credenciadas pelo Sistema Nacional de Metrologia, Normalização e Qualidade Industrial (Sinmetro).

A intenção foi minorar as assimetrias de informação entre o licitante e a Administração, promovendo uma maior transparência e segurança no processo de contratação, além de favorecer práticas sustentáveis e o uso de produtos de qualidade comprovada.

Cabe atentar que o próprio TCU, mesmo nas licitações sob a égide da revogada Lei nº 8.666/1993, já admitia a fixação de marcas nos editais, dispondo, na Súmula nº 270, que, "em licitações referentes a compras, inclusive de softwares, é possível a indicação de marca, desde que seja estritamente necessária para atender exigências de padronização e que haja prévia justificação".

Escrevemos sobre a questão, sustentando que a vedação de marca não era absoluta:

> Não raro, a Administração conclui, após um processo de avaliação técnica, que a ela só interessa certo produto, muitas vezes, inclusive, chegando à marca. [...] Dissemos que a vedação da indicação de uma marca na licitação não constitui regra absoluta. Essa afirmativa se funda na concepção de que cabe ao intérprete analisar o Direito como um todo e não através de textos isolados. Destarte, verifica-se que a Lei [...] sinaliza para o atendimento nas aquisições do princípio da padronização. Apesar de não existir conexão direta entre uma coisa e outra, evidencia-se que, em certas situações, a padronização determinará a fixação de uma marca num procedimento licitatório. Além disso, [...] ao vedar aos agentes públicos a inclusão, nos atos convocatórios das licitações, de cláusulas ou condições que restrinjam, comprometam ou frustrem o caráter competitivo e estabeleçam preferências ou distinções, a Lei define que, estando plenamente demonstrado que inexiste o comprometimento, a restrição ou a frustração da competição, está autorizada a indicação da marca. Em síntese, havendo uma forte motivação, com uma justificativa sólida, concreta e insofismável, baseada em parecer técnico fundamentado, a indicação de marca no instrumento convocatório é plausível.[247]

Ademais, também era admissível, em situações especiais, a menção à marca de referência, muitas vezes com a indicação da expressão "ou similar" após a descrição do objeto, quando o órgão não detinha elementos suficientes para descrever o objeto pretendido.

Nesse contexto, a manifestação do TCU, versando sobre a diferença entre a indicação de marca e a menção à marca de referência:

---

[247] BITTENCOURT, Sidney. *Licitação passo a passo*: comentando todos os artigos da Lei nº 8.666/93, totalmente atualizada. 11. ed. Belo Horizonte: Fórum, 2021.

> Acórdão nº 2.829/15 – Plenário: A diferença básica entre os dois institutos é que o primeiro [...] admite a realização de licitação de objeto sem similaridade nos casos em que for tecnicamente justificável, ao passo que o segundo é empregado meramente como forma de melhor identificar o objeto da licitação, impondo-se a aceitação de objeto similar à marca de referência mencionada.

Para regularizar o procedimento de comprovação da qualidade dos produtos apresentados em licitações como similares ao das marcas eventualmente indicadas no edital, a Lei nº 14.133/2021 admitiu os seguintes meios de comprovação:

a) Adequação a normas técnicas: comprovação de que o produto está de acordo com as normas técnicas determinadas pelos órgãos oficiais competentes, pela Associação Brasileira de Normas Técnicas (ABNT) ou por outra entidade credenciada pelo Inmetro (Inc. I);
b) Declaração de atendimento satisfatório: emitida por outro órgão ou entidade de nível federativo equivalente ou superior que tenha adquirido o produto (inc. II); e
c) Certificações e laudos: certificação, certificado, laudo laboratorial ou documento similar que possibilite a aferição da qualidade e da conformidade do produto ou do processo de fabricação, inclusive sob o aspecto ambiental, emitido por instituição oficial competente ou por entidade credenciada (inc. III).

É relevante observar que o dispositivo não restringe as certificadoras de qualidade. Nesse sentido, ao destacar uma questão crucial a ser considerada: a existência de um único certificador no mercado confere a este a posição de monopolista, o que resultaria em um significativo poder de mercado, Marcos Nóbrega ressalta que essa matéria foi superada pelo dispositivo, "porque percebe-se que há um rol, não exaustivo, que confere a possibilidade de um mercado maior para certificadores".[248]

Além disso, o edital poderá exigir certificação específica por uma instituição credenciada pelo Conselho Nacional de Metrologia, Normalização e Qualidade Industrial (Conmetro), reforçando a intenção de reduzir a assimetria de informações entre a Administração

[248] NÓBREGA, Marcos. A prova da qualidade de produtos apresentados nas propostas. *In:* FORTINI, Cristiana; OLIVEIRA, Rafael Sérgio Lima de; CAMARÃO, Tatiana (coord.). *Comentários à Lei de Licitações e Contratos Administrativos*: Lei nº 14.133, de 1º de abril de 2021. Belo Horizonte: Fórum, 2022. v. 1.

e os licitantes e assegurando que os produtos contratados atendam a critérios de eficiência e sustentabilidade (§1º).

Vide que o inc. III, ao permitir a comprovação da qualidade dos produtos oferecidos por meio da apresentação de certificações de qualidade do próprio produto ou de seu processo de fabricação, ressalva a importância de incluir critérios ambientais na avaliação, revelando a preocupação do legislador em minimizar a pegada ambiental nas contratações públicas. Essa salvaguarda reflete uma visão moderna e sustentável, porquanto prioriza produtos e processos que atendam a padrões de qualidade e respeitem as normas ambientais estabelecidas.

Para José Pinto, essa medida impulsiona o cumprimento dos deveres constitucionais de proteção ambiental, ao mesmo tempo em que contribui para o desenvolvimento sustentável.[249]

Por sua vez, Zanella Di Pietro ressalta que a incorporação de requisitos ambientais nas licitações reforça o papel do Estado como um consumidor responsável, impactando positivamente o mercado ao estimular a oferta de produtos e serviços que atendam a normas socioambientais, como as da ABNT, atuando como uma garantia de que os produtos adquiridos pelo setor público cumprem padrões de qualidade com menor impacto ao meio ambiente.[250]

Cabe registrar que a possibilidade de exigência de certificações de qualificação no edital, especialmente relevante em licitações para a área de Tecnologia da Informação (TI), sempre foi questão amplamente debatida entre os profissionais de Administração Pública que elaboram os editais. É certo que, no âmbito privado, tais exigências são comuns, principalmente nas contratações das grandes empresas. No entanto, embora bastante difundidas, principalmente a série ISO, ainda não é tão significativo o número de empresas que as possuem, notadamente as de menor porte. Além disso, é sabido que essas não representam uma exigência legal para que a empresa opere e exerça suas atividades normalmente.

Dessa forma, invariavelmente preponderava nos debates o entendimento de que não havia como se exigir que um estabelecimento possuísse essa certificação para que fosse habilitado numa licitação.

Contudo, sempre alertamos que a certificação poderia fazer parte do elenco de documentos para aferição técnica, nas licitações de técnica e preço ou de melhor técnica.

---

[249] Arquivo pessoal.

[250] DI PIETRO, Maria Sylvia Zanella. *Direito Administrativo*. 32. ed. São Paulo: Atlas, 2020.

Sobre a questão, vide a posição do TCU:

> Acórdão nº 539/2007 – Plenário – [...] 29. Em acréscimo, transcrevemos trecho do Parecer do Ministério Público junto ao Tribunal que fundamentou a retromencionada Decisão nº 20/1998 – Plenário: "Entretanto, considerando que a qualidade do processo de fabricação reflete-se diretamente na qualidade do produto, entendemos que o fato de a Empresa possuir o Certificado ISO da série 9000 possa ser objeto de pontuação no julgamento das propostas técnicas, nos termos do inciso I do art. 3º do Decreto nº 1.070/1994. O peso dado à apresentação do certificado, contudo, não poderá ser exagerado, distorcido, a ponto de, na prática, transformá-lo em critério de desclassificação. [...] 31. Verificamos, então, que a jurisprudência do Tribunal admite a exigência de [...] certificação da série ISO 9000, desde que eles figurem no edital como critério de pontuação. [...] (Ata nº 13/2007, Rel. Min. Marcos Bemquerer Costa. Sessão 4.04.2007).[251]

Ocorre que a Lei nº 14.133/2021, na linha de inovação da Lei do RDC e da Lei das Estatais, como já mencionado, prevê para a prova de qualidade de produto apresentado pelos proponentes como similar ao das marcas eventualmente indicadas no edital, a possibilidade de apresentação de certificação, certificado, laudo laboratorial ou documento

---

[251] Antônio Citadini expôs a posição do TCE-SP sobre a matéria e apresentou sua abalizada opinião: "Tal fato traz à lembrança a eficiente atuação do Tribunal de Contas do Estado de São Paulo sobre o assunto, que há muito tempo firmou posição contrária à exigência contida em editais de licitação dando preferência a empresas licitantes que apresentassem certificados de qualidade. Em várias decisões proferidas por seus Conselheiros, individualmente, ou por seus órgãos colegiados – Câmaras e Tribunal Pleno – esta exigência não tem sido aceita. Assim têm agido por entenderem que apesar do propalado esforço para obter a certificação de qualidade, muitas são as empresas certificadoras e cada qual formula seus próprios critérios, não sendo possível tratar-se, portanto, todos os licitantes com igualdade. E mesmo que assim não fosse, não poderia a Administração Pública exigir dos particulares interessados em com ela contratar, que se submetessem a normas diversas de outros particulares, despendendo altos valores para obter a certificação, encarecendo, assim, o custo dos produtos ou serviços. Particularmente tenho posição firmada em livro de minha autoria tecendo comentários sobre a Lei de Licitações. A exigência de certificação, como condição essencial à participação no processo licitatório evidencia o caráter restritivo do certame, uma vez que o processo de obtenção do certificado não assegura qualidade intrínseca dos processos e produtos a serem fornecidos, mas sim, que os procedimentos definidos pela certificadora para projeto, fabricação e entrega estão sendo seguidos. Não se mostra, assim, razoável que cada órgão da Administração Pública possa escolher uma certificadora e venha a desqualificar licitante que não possua tal certificação. A Administração Pública tem o dever de sempre exigir qualidade de seus fornecedores, e deve envidar todos os serviços para alcançar tal objetivo, sem que possa sob este pretexto exigir atendimento a normas ditadas também por particulares, com dispêndios que elevem os custos desnecessariamente" (CITADINI, Antônio Roque. Os certificados de qualidade e o Tribunal de Contas do Estado. *Roque Citadini*: Conselheiro do Tribunal de Contas do Estado de São Paulo, [*s. l.*], 28 ago. 2000).

similar que possibilite a aferição da qualidade e da conformidade do produto ou do processo de fabricação, inclusive sob o aspecto ambiental, emitido por instituição oficial competente ou por entidade credenciada.

Observe-se que, diversamente das leis supracitadas, a Nova Lei, além da certificação, admite que a qualidade ou conformidade seja atestada por "laudo laboratorial ou documento similar", autorizando, assim, outros tipos de comprovações.

Sobre a questão, aduziu Pedro Niebuhr:

> O objetivo de que a prova da qualidade ou conformidade possa ser feita por "certificado, laudo laboratorial ou documento similar", contida no inciso III do artigo 41 [...], parece ser no sentido de viabilizar a exigência mesmo nos casos em que o produto/serviço não seja objeto de uma certificação própria, na acepção restrita da palavra. No entanto e ainda assim, a Administração Pública deve ter o cuidado para não instituir preferências injustificadas por um tipo ou entidade certificadora específica em detrimento de outras possíveis, o que pode restringir indevidamente a competição.[252]

Como observaram Capagio e Couto, a expressão "documento similar" abarca a variedade de mecanismos de avaliação da conformidade de que a Administração pode lançar mão para assegurar o sucesso da licitação:

> Desde que um produto seja implementado de acordo com os requisitos descritos na norma técnica de referência, significa que esse produto está conforme a norma, daí sobressaindo o aspecto da conformidade. A conformidade de um produto é atributo que incide tanto em relação às normas técnicas quanto aos regulamentos, uma vez que ambos os documentos normativos podem descrever requisitos. [...] Para assegurar que determinado produto ou serviço foi concebido de acordo com as normas técnicas ou regulamentos pertinentes, pode-se lançar mão de mecanismos de avaliação de conformidade, isto é, procedimentos por meio dos quais seja atestado que o objeto avaliado está conforme os requisitos descritos em normas técnicas ou regulamentos. É habitual a percepção dos mecanismos de avaliação de conformidade como variáveis da certificação, o que denota um equívoco. Por essa razão, os casos que chegam à apreciação dos órgãos jurisdicionais ou das cortes de contas geralmente tratam da figura da certificação. Então, cabe esclarecer que a avaliação de conformidade pode ser processada mediante mecanismos

---

[252] NIEBUHR, Pedro. Licitações Sustentáveis. *In:* NIEBUHR, Joel Menezes (coord.). *Nova lei de licitações e contratos administrativos*. 2. ed. Curitiba: Zênite, 2021.

> distintos – no que tange principalmente aos métodos e graus de complexidade –, constituindo-se amplo gênero do qual a certificação é espécie, talvez a que desfrute de maior evidência, mas não a única. Segundo a norma NBR ISO/IEC 17000, a avaliação de conformidade é "demonstração de que requisitos especificados relativos a um produto, processo, sistema, pessoa ou organismo são atendidos".[253]

Dessa forma, como sintetizaram os analistas, a avaliação de conformidade poderá ser usada como um critério nas licitações públicas para assegurar que o objeto contratado possua as qualidades esperadas, cumprindo duas funções principais. Primeiramente, servirá como um indicador objetivo de que os requisitos mínimos foram atendidos, garantindo um padrão básico de qualidade nos contratos governamentais. Em segundo lugar, o poder de compra do Estado atuará como um incentivo para que fornecedores melhorem seus níveis de qualidade, promovendo uma gestão pública voltada à proteção e à promoção dos interesses da coletividade de consumidores.

Resta saber, de forma prática, as estratégias legais que o particular poderá adotar para essa prova de qualidade de produto apresentado como similar, inclusive sob o aspecto ambiental, caso o edital não contenha um item informando a possiblidade.

Há três meios:

a) Impugnação do edital: o licitante poderá optar por impugnar o edital, com fulcro no art. 164 da Lei, que concede a qualquer pessoa o direito de impugnação de edital licitatório até três dias úteis antes da abertura do certame. Nesse caso, o proponente deverá argumentar que dispõe de um produto equivalente que atende aos requisitos e às expectativas da Administração, com fundamento no art. 42 da mesma Lei.
b) Apresentação de proposta com produto equivalente: alternativamente, o licitante poderá optar por não impugnar o edital e, em vez disso, incluir na sua proposta a oferta do produto equivalente, com menção explícita ao art. 42. Dessa forma, demonstrará o alinhamento com o previsto na legislação sobre a aceitação de produtos que possuam equivalência comprovada.
c) Apresentação da proposição e interposição de recurso administrativo posterior: numa terceira possibilidade, o licitante

---

[253] CAPAGIO, Álvaro do Canto; COUTO, Reinaldo. *Nova Lei de Licitações e Contratos Administrativos*: Lei n. 14.133/2021. São Paulo: Saraiva Jur, 2021.

poderá submeter a proposta sem fazer menção direta ao art. 42, limitando-se a detalhar que o produto oferecido é equivalente. Caso a proposta seja recusada, poderá então recorrer administrativamente, amparado no art. 165 da Lei, o qual permite a interposição de recurso contra atos administrativos da licitação.[254]

[254] Obviamente, essa opção, apesar de possível e amparada nas regras legais, será a que deverá ser escolhida apenas em última hipótese.

Subseção II
Das Obras e Serviços de Engenharia

Art. 45. As licitações de obras e serviços de engenharia devem respeitar, especialmente, as normas relativas a:
I - disposição final ambientalmente adequada dos resíduos sólidos gerados pelas obras contratadas;
II - mitigação por condicionantes e compensação ambiental, que serão definidas no procedimento de licenciamento ambiental;
III - utilização de produtos, de equipamentos e de serviços que, comprovadamente, favoreçam a redução do consumo de energia e de recursos naturais;
IV - avaliação de impacto de vizinhança, na forma da legislação urbanística;
V - proteção do patrimônio histórico, cultural, arqueológico e imaterial, inclusive por meio da avaliação do impacto direto ou indireto causado pelas obras contratadas;
VI - acessibilidade para pessoas com deficiência ou com mobilidade reduzida.

Não é o ângulo reto que me atrai. Nem a linha reta, dura, inflexível criada pelo homem.
O que me atrai é a curva livre e sensual, a curva que encontro no curso sinuoso dos nossos rios, nas nuvens do céu, no corpo da mulher preferida.
(Oscar Niemeyer)

5.20 Artigo 45 – Normas de sustentabilidade a serem respeitadas nas obras e serviços de engenharia

A Subseção II da Seção IV – Disposições Setoriais envolve o respeito a normas de sustentabilidade nas obras e serviços de engenharia.

Conforme definição do inc. XII do art. 6º, obra é toda atividade estabelecida, por força de lei, como privativa das profissões de arquiteto e engenheiro, que implica intervenção no meio ambiente por meio de um conjunto harmônico de ações que, agregadas, formam um todo que inova o espaço físico da natureza ou acarreta alteração substancial das características originais de bem imóvel.

Por sua vez, o inc. XXI do mesmo artigo define serviço de engenharia como toda atividade ou conjunto de atividades destinadas a obter determinada utilidade, intelectual ou material, de interesse para a Administração e que, não enquadradas no conceito de obra a que se refere o inciso XII, são estabelecidas, por força de lei, como privativas das profissões de arquiteto e engenheiro ou de técnicos especializados, que compreendem:

a) serviço comum de engenharia: todo serviço de engenharia que tenha por objeto ações, objetivamente padronizáveis em termos de desempenho e qualidade, de manutenção, de adequação e de adaptação de bens móveis e imóveis, com preservação das características originais dos bens; e
b) serviço especial de engenharia: aquele que, por sua alta heterogeneidade ou complexidade, não pode se enquadrar na definição de serviço comum de engenharia.

As definições permitem concluir que um objeto licitatório pode ter alta complexidade técnica e, ainda assim, ser considerado comum, desde que as técnicas envolvidas sejam amplamente conhecidas, dominadas e acessíveis no mercado. Isso implica que, mesmo que o bem ou serviço exija especialização, sua execução ou fornecimento já é uma prática estabelecida, tornando-se rotineiro para os agentes econômicos capacitados. Dessa forma, o que diferencia tais objetos de outros mais complexos é a familiaridade e a padronização das soluções no mercado.

Embora inicialmente possa parecer complexo, o art. 45 é de fácil compreensão: ele apenas estabelece que as licitações de obras e serviços de engenharia devem seguir as normas pertinentes à sustentabilidade. Logo, o dispositivo somente reforça a necessidade de cumprimento de normas já estabelecidas, não criando novas obrigações.

A intenção, por conseguinte, é assegurar que práticas sustentáveis sejam respeitadas nas obras públicas e serviços de engenharia, com ênfase na conformidade e fiscalização. Nesse sentido, Ivan Rigolin assenta que o artigo serve como um lembrete ou como um alerta à autoridade para que não se esqueça de consultar a legislação específica.[255]

O legislador, contudo, fez questão de elencar alguns temas mais relevantes que envolvem normas relativas ao meio ambiente (incisos

---

[255] RIGOLIN, Ivan Barbosa. *Lei nº 14.133/2021 comentada*: uma visão crítica. Belo Horizonte: Fórum, 2022.

I a III), à vizinhança e à legislação urbanística (inc. IV), à proteção do patrimônio público, cultural, arqueológico e imaterial (inc. V) e à acessibilidade (inc. VI).

Assim, repisa-se, o dispositivo aponta que, além das diretrizes gerais que precisam ser seguidas nas licitações, os certames de obras públicas e serviços de engenharia deverão também atender a diversas normas vigentes voltadas para a sustentabilidade, assegurando, com isso, que os certames não só cumpram requisitos legais, mas também promovam práticas que contribuam para o desenvolvimento nacional sustentável.

Logo, os processos licitatórios nessa área precisarão garantir conformidade não apenas com regras técnicas, mas também com legislações que promovam a sustentabilidade voltadas para eficiência energética, uso de materiais ambientalmente adequados, adoção de práticas construtivas sustentáveis, respeito à vizinhança e à legislação urbanística, preservação do patrimônio público, cultural, arqueológico e imaterial, e o asseguramento à acessibilidade.

Como assenta Celso Boechat, o dispositivo busca harmonizar exigências técnicas com obrigações legais que que promovam o desenvolvimento sustentável.

A preocupação do legislador tem razão de ser: é fundamental que o Poder Público seja responsável por acompanhar continuamente os impactos ambientais e urbanísticos decorrentes de suas obras e serviços de engenharia, observando rigorosamente os normativos aplicáveis, pois essa postura, além de ser uma exigência legal, reforça o papel exemplar que a Administração Pública deve ter no cumprimento de suas responsabilidades com a sustentabilidade.

Essa preocupação foi tão intensa que, ao tratar dos procedimentos nas possíveis contatações de irregularidades no procedimento licitatório ou na execução contratual, o art. 147 da Lei preceitua que, se não for possível o saneamento, a decisão sobre a suspensão da execução ou sobre a declaração de nulidade do contrato somente será adotada na hipótese em que se revelar medida de interesse público, com avaliação, entre outros, de aspectos com vieses sustentáveis, que priorizam práticas ambientais e sociais responsáveis no contrato.[256]

[256] Art. 147. Constatada irregularidade no procedimento licitatório ou na execução contratual, caso não seja possível o saneamento, a decisão sobre a suspensão da execução ou sobre a declaração de nulidade do contrato somente será adotada na hipótese em que se revelar medida de interesse público, com avaliação, entre outros, dos seguintes aspectos:
I - impactos econômicos e financeiros decorrentes do atraso na fruição dos benefícios do objeto do contrato;

Certo é que, apesar dessa conduta nem sempre ser observada na prática, adotá-la hoje em dia parece indispensável para assegurar que as intervenções decorrentes de obras e serviços de engenharia públicas sejam realizadas de forma sustentável. Ademais, como aduz Pedro Niebuhr, é importante dotar a Administração de instrumentos que viabilizem o adequado acompanhamento dessas intervenções, notadamente nos casos em que o contratado obtém e é titular da licença ambiental, até porque, como titular da obra, poderá vir a responder solidariamente por eventual dano ambiental e urbanístico praticado pelo contratado:

> A Administração Pública pode se valer, para aferir o respeito a essas regras, de relatórios de controle ambiental e urbanístico ou de declarações firmadas pelos órgãos competentes, sempre com o cuidado de não burocratizar demasiadamente o procedimento de gestão do contrato e sempre respeitando e preservando as competências institucionais dos demais órgãos/entidades no controle das intervenções sobre o meio ambiente natural e construído. As referidas previsões mostram-se bastante oportunas também nas situações em que a Administração Pública é a titular da licença ambiental ou urbanística. Nesses casos, as previsões em edital e a vinculação, em contrato, das obrigações do contratante eventualmente relacionadas aos pormenores definidos no bojo de licenciamentos ambientais e urbanísticos realizam a segurança jurídica e previnem a diluição de responsabilidades. Também nessas situações a apresentação de relatórios de controle ambiental pelo contratado pode subsidiar a própria prestação de contas da Administração Pública ao órgão ambiental/urbanístico competente.[257]

II - riscos sociais, ambientais e à segurança da população local decorrentes do atraso na fruição dos benefícios do objeto do contrato;
III - motivação social e ambiental do contrato;
IV - custo da deterioração ou da perda das parcelas executadas;
V - despesa necessária à preservação das instalações e dos serviços já executados;
VI - despesa inerente à desmobilização e ao posterior retorno às atividades;
VII - medidas efetivamente adotadas pelo titular do órgão ou entidade para o saneamento dos indícios de irregularidades apontados;
VIII - custo total e estágio de execução física e financeira dos contratos, dos convênios, das obras ou das parcelas envolvidas;
IX - fechamento de postos de trabalho diretos e indiretos em razão da paralisação;
X - custo para realização de nova licitação ou celebração de novo contrato;
XI - custo de oportunidade do capital durante o período de paralisação.
Parágrafo único. Caso a paralisação ou anulação não se revele medida de interesse público, o poder público deverá optar pela continuidade do contrato e pela solução da irregularidade por meio de indenização por perdas e danos, sem prejuízo da apuração de responsabilidade e da aplicação de penalidades cabíveis.

[257] NIEBUHR, Pedro. Licitações Sustentáveis. *In:* NIEBUHR, Joel Menezes (coord.). *Nova lei de licitações e contratos administrativos*. 2. ed. Curitiba: Zênite, 2021.

Nesse contexto, o artigo destaca a importância de considerar as normas relativas aos seguintes temas nos processos licitatórios e, logicamente, nos contratos de obras e serviços de engenharia:[258]

- Disposição final ambientalmente adequada dos resíduos sólidos gerados pelas obras contratadas;
- Mitigação por condicionantes e compensação ambiental, que serão definidas no procedimento de licenciamento ambiental;
- Utilização de produtos, de equipamentos e de serviços que, comprovadamente, favoreçam a redução do consumo de energia e de recursos naturais;
- Avaliação de impacto de vizinhança, na forma da legislação urbanística;
- Proteção do patrimônio histórico, cultural, arqueológico e imaterial, inclusive por meio da avaliação do impacto direto ou indireto causado pelas obras contratadas; e
- Acessibilidade para pessoas com deficiência ou com mobilidade reduzida.

Nesse passo Fernanda Grillo registra que as normas deste art. 45 positivaram obrigações ambientais e sociais, incorporando experiências anteriores consideradas exitosas, ciente do papel das leis nacionais como instrumento indutor de comportamentos, confirmando o compromisso das licitações públicas com a sustentabilidade.[259]

5.20.1 Disposição final ambientalmente adequada dos resíduos sólidos gerados pelas obras contratadas

Trata-se de regramento relevante para minimização dos impactos ambientais negativos decorrentes das obras públicas, as quais deverão adotar de técnicas que envolvem segregação, reciclagem, disposição em aterros controlados, reúso de materiais, entre outros.

Como a legislação ambiental brasileira, especialmente a Política Nacional de Resíduos Sólidos (Lei nº 12.305/2010), impõe a responsabilidade

[258] Ivan Rigolin assenta que o artigo serve, ao menos, "como um lembrete ou como um alerta à autoridade que precisa da obra ou do serviço de engenharia para que não se esqueça de consultar a legislação específica sobre cada um dos temas, porque lhe será cobrada" (RIGOLIN, Ivan Barbosa. *Lei nº 14.133/2021 comentada*: uma visão crítica. Belo Horizonte: Fórum, 2022).

[259] GRILLO, Fernanda Fontenelle. Disposições setoriais: compras, obras e serviços de engenharia e serviços em geral (art. 40 a 50). *In:* DIAS, Maria Tereza Fonseca (org.). *A nova lei de licitações e contratos administrativos (Lei nº 14.133/2021)*: principais inovações e desafios para sua implantação. São Paulo: Editora Dialética, 2023.

do gerador dos resíduos pela sua destinação adequada, é imprescindível que os contratos de obras públicas prevejam mecanismos de fiscalização e responsabilização, de modo a assegurar que as empresas contratadas cumpram as normas prescritas.

Como averba Marçal Justen, o desenvolvimento sustentável exige que o produtor conceba uma solução não apenas para produzir e colocar no mercado o objeto, mas também para assegurar uma solução completa e abrangente para os resíduos e rejeitos remanescentes depois do uso,[260] assumindo, portanto, responsabilidade ampliada, bem além do simples ato de comercialização.

5.20.2 Mitigação por condicionantes e compensação ambiental, que serão definidas no procedimento de licenciamento ambiental

A mitigação de impactos ambientais nos contratos de obras deve se basear em avaliações onde as condicionantes estabelecidas no licenciamento ambiental deverão estabelecer medidas concretas para minimizar danos. Um exemplo seria o replantio de vegetação nativa, recuperação de áreas degradadas e monitoramento contínuo dos impactos.

O licenciamento ambiental, regido pela Lei nº 6.938/1981 e pela Resolução CONAMA 237/1997, determina que as condicionantes sejam obrigatórias e que a compensação ambiental seja prevista em casos de impactos significativos.

Importante destacar que não será o edital que estabelecerá essas condicionantes. Essa responsabilidade cabe à autoridade competente na área do meio ambiente, pois o assunto deve ser disciplinado durante o processo de licenciamento ambiental.

Como bem anotou Marçal Justen, se o licenciamento ambiental já tiver sido obtido, o edital deverá incluir como dever das partes a observância das condições previstas; se não houver licenciamento ambiental por ocasião da licitação, caberá ao edital estabelecer as regras sobre a sua obtenção e dispor sobre os riscos pertinentes.[261]

---

260 JUSTEN FILHO, Marçal. *Comentários à Lei de Licitações e Contratações Administrativas*. São Paulo: Revista dos Tribunais, 2021.

261 JUSTEN FILHO, Marçal. *Comentários à Lei de Licitações e Contratações Administrativas*. São Paulo: Revista dos Tribunais, 2021.

5.20.3 Utilização de produtos, de equipamentos e de serviços que, comprovadamente, favoreçam a redução do consumo de energia e de recursos naturais

Com o intuito de reduzir a pegada ambiental das obras e serviços, e respaldados por certificações e estudos que comprovem a eficiência dos produtos e serviços utilizados, os contratos de obras públicas devem contemplar a adoção de tecnologias eficientes e produtos, equipamentos e serviços sustentáveis, como, por exemplo, materiais reciclados e equipamentos com baixo consumo energético.

A própria Lei nº 14.133/2021 norteia a matéria, em conjunto com as normas que impõem a necessidade de promover a adoção de materiais reciclados e práticas sustentáveis nas obras, enfatizando a responsabilidade na gestão dos resíduos gerados e que incentivam a utilização de equipamentos com baixo consumo energético em projetos públicos.

O planejamento sustentável em obras públicas impõe a integração de várias soluções que combinam tecnologia e gestão ambiental, envolvendo a utilização de planos de gestão e monitoramento eficientes, como softwares avançados. Uma ferramenta de grande valia é *Building Information Modeling* (BIM), já destacada anteriormente:

Nesse sentido, Mário Viggiano:

> Soluções de planejamento incluem os planos de gestão e monitoramento, além de softwares e tecnologias como o *Building Information Modeling* (BIM); materiais e sistemas construtivos como a madeira de reflorestamento que é renovável e sequestra carbono; sistemas sustentáveis como o aproveitamento da água da chuva, reuso de águas cinzas e geração de energia solar e eólica; bioclimatismo e eficiência energética com a iluminação e ventilação natural; retrofit com a reforma e restauração eficiente e econômica de sistemas e dos próprios edifícios; ciclo de vida com ações de manutenção e gestão pós-obra; e, por fim, gerenciamento dos resíduos com descarte, reuso, reciclagem e biotransmutação.[262]

[262] VIGGIANO, Mário Hermes Stanziona. Obras públicas e sustentabilidade: mitigando impactos com a abordagem ambiental binária. *In:* RODRIGUES, Caroline; LEAL, Jander (org.). *Brevidades sobre Sustentabilidade nas contratações públicas*. São Paulo: Sollicita, 2023.

5.20.4 Avaliação de impacto de vizinhança, na forma da legislação urbanística

Com o objetivo de entender os efeitos das obras sobre a comunidade circundante e elaborar planos de mitigação, a doação do mecanismo de Avaliação de Impacto de Vizinhança (AIV) nas obras públicas deverá considerar fatores como a alteração na qualidade do ambiente urbano, o aumento do tráfego e a pressão sobre a infraestrutura local. A AIV é prevista na legislação urbanística (Lei nº 10.257/2001 – Estatuto da Cidade), e deve ser solicitada quando a obra gera impactos significativos.

5.20.5 Proteção do patrimônio histórico, cultural, arqueológico e imaterial, inclusive por meio da avaliação do impacto direto ou indireto causado pelas obras contratadas

A proteção do patrimônio cultural deve ser garantida por meio de estudos de impacto que considerem as características históricas e culturais da área. Assim, as obras públicas deverão ser planejadas para evitar danos e, quando necessário, realizar intervenções de preservação.

A importância de proteger esse patrimônio, não apenas preservando elementos valiosos do passado, mas também garantindo que as futuras gerações possam conhecê-los e apreciá-los, é incomensurável. Assim, avaliar o impacto direto e indireto causado pelas obras contratadas é um passo fundamental para evitar danos irreversíveis, pois, como anotou José Pinto, configura uma forma de equilibrar progresso e conservação, o que é crucial para um desenvolvimento sustentável.[263]

Sobre a preservação do patrimônio imaterial, Miguel Ferreira destaca uma revolução legislativa no tratamento deste tipo de direito humano, pois a obras passaram a ter que levar em consideração, desde o seu planejamento, as formas de vida tradicionais das comunidades tradicionais: ribeirinhos, quilombolas, indígenas, o que se relaciona aos ditames da Convenção nº 169 da Organização Internacional do Trabalho. Nesse passo, relembra que o contato com o Instituto do Patrimônio Histórico e Artístico Nacional (IPHAN) e com os serviços de patrimônios estadual e municipal serão fundamentais para o planejamento das obras, de modo a se mapear as formas de vida, práticas, representações,

---

[263] PINTO, José de Souza. *Sustentabilidade na gestão pública*. Rio de Janeiro: Ideias, 1999.

expressões, conhecimentos e técnicas que as comunidades reconhecem como parte integrante de sua cultura.[264]

Registre-se que a Constituição Federal e a Lei de Proteção ao Patrimônio Cultural (Lei nº 11.904/2009) asseguram a proteção de bens culturais e históricos.

5.20.6 Acessibilidade para pessoas com deficiência ou com mobilidade reduzida

As obras públicas deverão ser projetadas para garantir a acessibilidade, utilizando normas técnicas que promovam a inclusão, como rampas de acesso, sinalização adequada e banheiros adequados e adaptados.

A Lei Brasileira de Inclusão (Lei nº 13.146/2015) estabelece a obrigatoriedade da acessibilidade em edificações públicas e privadas. As contratações públicas deverão seguir suas diretrizes, garantindo que o direito à acessibilidade seja respeitado em todas as fases da obra.

5.21 Reflexões sobre o dispositivo

Ao analisarmos a exigência de que as licitações de obras e serviços de engenharia respeitem as normas de sustentabilidade ambiental, é essencial refletir sobre como essa prática poderia ser implementada de forma eficaz e juridicamente adequada. Embora seja um ideal a ser perseguido, a efetividade dessa exigência ainda esbarra em desafios práticos e culturais, em função de comportamentos enraizados nos hábitos e nas rotinas das pessoas.

Para contextualizar essa questão de maneira mais realista, vale a pena considerar as críticas de Hamílton Bonatto, que, com sua experiência combinada de engenheiro e advogado, questiona os impactos e a viabilidade de se impor essas normas de sustentabilidade nas licitações de obras públicas, sugerindo uma análise mais cautelosa sobre sua aplicação:

> Louvável essa previsão, porém, o Brasil necessita mais do que leis, precisa de políticas públicas que fomentem esse adequado tratamento. São raras as cidades brasileiras que possuem usinas de tratamento de

---

[264] PEREIRA, Miguel Ribeiro. *Manual sobre a nova lei de licitações e contratos administrativos*. Belo Horizonte: Fórum, 2024.

resíduos da construção civil. Sem isso esse inciso será letra morta. Por outro lado, tende a incentivar o uso de novas tecnologias que não sejam agressivas ao meio ambiente sob este aspecto dos resíduos.[265]

5.22 Principais normativos relativos à sustentabilidade ambiental

Elencam-se, a seguir, os principais normativos específicos relativos à sustentabilidade ambiental a serem levados em conta pelo administrador público:

- Constituição Federal: art. 225 – Consagra a proteção ao meio ambiente, impondo ao Poder Público e à coletividade o dever de defendê-lo e preservá-lo para as presentes e futuras gerações.
- Decreto-Lei nº 25/1937 – Tombamento de bens de valor histórico e artístico nacional.
- Decreto-Lei nº 35/1937 – Lei do Patrimônio Cultural.
- Lei nº 5.197/1967 – Lei de Proteção à Fauna.
- Lei nº 6.453/1977 – Lei das Atividades Nucleares.
- Lei nº 6.766/1979 – Lei do Parcelamento do Solo Urbano.
- Lei nº 6.803/1980 – Lei do Zoneamento Industrial nas Áreas Críticas de Poluição.
- Lei nº 6.902/1981 – Lei da Área de Proteção Ambiental.
- Lei nº 6.938/1981 – Lei da Política Nacional do Meio Ambiente.
- Lei nº 7.347/1985 – Lei da Ação Civil Pública (inclui proteção ao meio ambiente).
- Lei nº 7.735/1989 – Lei de Criação do IBAMA.
- Lei nº 7.802/1989 – Lei dos Agrotóxicos.
- Lei nº 7.805/1989 – Lei da Exploração Mineral.
- Lei nº 8.171/1991 – Lei da Política Agrícola.
- Lei nº 8.723/1993 – Lei da Redução dos Gases Poluentes.
- Lei nº 8.974/1995 – Lei de Biossegurança.
- Lei nº 9.433/1997 – Política Nacional de Recursos Hídricos.
- Lei nº 9.605/1998 – Lei dos Crimes Contra o Meio Ambiente.
- Lei nº 9.795/1999 – Política Nacional de Educação Ambiental.
- Lei nº 10.048/2000 – Lei do Atendimento Prioritário às Pessoas Portadoras de Deficiência.

[265] BONATTO, Hamilton. Notas sobre obras e serviços de engenharia na nascitura lei de licitações e contratos. *O licitante*, [s. l.], 2020.

- Lei nº 10.098/2000 – Lei da Acessibilidade dos Portadores de Deficiência.
- Lei nº 10.295/2001 – Política Nacional de Conservação e Uso Racional de Energia.
- Lei nº 12.257/2001 – Estatuto das Cidades.
- Lei nº 11.284/2006 – Lei da Gestão das Florestas Públicas.
- Lei nº 11.445/2007 – Diretrizes Nacionais do Saneamento Básico.
- Lei nº 12.187/2009 – Política Nacional sobre Mudança do Clima (PNMC).
- Lei nº 12.305/2010 – Política Nacional dos Resíduos Sólidos.
- Lei nº 12.587/2012 – Lei da Mobilidade Urbana.
- Lei nº 12.651/2012 – Código Florestal Brasileiro.
- Lei nº 13.123/2015 – Acesso ao Patrimônio Genético e Conhecimento Tradicional.
- Lei nº 13.146/2015 – Estatuto da Pessoa com Deficiência (Lei Brasileira de Inclusão).
- Lei nº 13.576/2017 – Política Nacional de Biocombustíveis (RenovaBio).

Art. 60. Em caso de empate entre duas ou mais propostas, serão utilizados os seguintes critérios de desempate, nesta ordem:
I - disputa final, hipótese em que os licitantes empatados poderão apresentar nova proposta em ato contínuo à classificação;
II - avaliação do desempenho contratual prévio dos licitantes, para a qual deverão preferencialmente ser utilizados registros cadastrais para efeito de atesto de cumprimento de obrigações previstos nesta Lei;
III - desenvolvimento pelo licitante de ações de equidade entre homens e mulheres no ambiente de trabalho, conforme regulamento;
IV - desenvolvimento pelo licitante de programa de integridade, conforme orientações dos órgãos de controle.
§1º Em igualdade de condições, se não houver desempate, será assegurada preferência, sucessivamente, aos bens e serviços produzidos ou prestados por:
I - empresas estabelecidas no território do Estado ou do Distrito Federal do órgão ou entidade da Administração Pública estadual ou distrital licitante ou, no caso de licitação realizada por órgão ou entidade de Município, no território do Estado em que este se localize;
II - empresas brasileiras;
III - empresas que invistam em pesquisa e no desenvolvimento de tecnologia no País;
IV - empresas que comprovem a prática de mitigação, nos termos da Lei nº 12.187, de 29 de dezembro de 2009.
§2º As regras previstas no caput deste artigo não prejudicarão a aplicação do disposto no art. 44 da Lei Complementar nº 123, de 14 de dezembro de 2006.

> *A igualdade de gênero é mais do que um objetivo em si mesmo.*
> *É uma condição prévia para enfrentar o desafio de reduzir a pobreza, promover o desenvolvimento sustentável e construir um bom governo.*
> *(Kofi Annan)*

5.23 Artigo 60 – Sustentabilidade nas regras de desempate nas licitações

O art. 60 integra o Capítulo V, "Do Julgamento", do Título II: "Das Licitações" da Lei nº 14.133/2021, que aborda os critérios e procedimentos para a avaliação e desclassificação das propostas em licitações públicas, estando inserido em um conjunto de três artigos (59, 60 e 61).

O art. 59, que dá início ao capítulo, trata dos procedimentos aplicáveis à desclassificação de propostas que não atendam aos requisitos previstos no instrumento convocatório da licitação.

Segundo o dispositivo, são seis as hipóteses que ensejam a desclassificação das propostas: vícios insanáveis; não atendimento às especificações técnicas pormenorizadas no edital; preços inexequíveis; preços permanecerem acima do orçamento estimado para a contratação; falta de demonstração de exequibilidade, quando exigido; ou desconformidade insanável com quaisquer outras exigências do edital.

Além disso, o art. 59 contém cinco parágrafos que definem critérios para a verificação da conformidade das propostas, realização de diligências, avaliação da exequibilidade e sobrepreço em obras e serviços de engenharia e arquitetura, a inexequibilidade dessas propostas e a exigência de garantia adicional.

Dando continuidade aos regramentos de julgamento das propostas, o art. 60 estabelece, de forma clara e ordenada, os critérios que devem ser aplicados em casos de empate entre duas ou mais propostas.

O dispositivo traz, com algumas mudanças significativas, uma versão adaptada do art. 55 da Lei das Estatais (Lei nº 13.303/2016), que, por sua vez, foi uma reprodução modificada do art. 25 da Lei do RDC (Lei nº 12.462/2011).

Os critérios de desempate entre duas ou mais propostas empatadas estão estabelecidos de maneira ordenada, como segue:

1º - Disputa final: licitantes empatados poderão apresentar nova proposta em ato contínuo à classificação (inc. I);

2º - Desempenho contratual prévio: avaliação do desempenho contratual prévio dos licitantes, com uso preferencial dos registros cadastrais (inc. II);

3º - Ações de equidade de gênero: critério que privilegia empresas que promovem equidade entre homens e mulheres no ambiente de trabalho, conforme regulamento (inc. III);

4º - Programa de integridade: preferência a licitantes que implementam programas de integridade (compliance), conforme orientações dos órgãos de controle (inc. IV).[266]

---

[266] Os incs. III e IV foram amplamente elogiados por grande parte da doutrina especializada. Juliana de Azevedo Aguiar, por exemplo, destacou que a Lei nº 14.133/2021, com o objetivo de promover o desenvolvimento sustentável, especialmente sob o aspecto social, e, como

Diferentemente da Lei das Estatais, o §2º do artigo reincorpora acertadamente dispositivo da Lei do RDC, o qual assegura que essas regras de desempate não impedem a aplicação do art. 44 da Lei Complementar nº 123/2006, que prioriza micro e pequenas empresas, agricultores familiares, produtores rurais, microempreendedores individuais e cooperativas, garantindo a participação desses grupos em condições de igualdade na competição.

Analisando-se os dispositivos, verifica-se que os incs. III e IV, ao promoverem ações de equidade de gênero e implementação de programas de integridade nas empresas, possuem conexão direta e integral com o conceito de desenvolvimento nacional sustentável.

Tais previsões se aliam aos princípios constitucionais e normativos voltados ao desenvolvimento social.

O incentivo à igualdade entre homens e mulheres no mercado de trabalho não apenas promove justiça social, mas também fortalece a coesão social e a inclusão, que são pilares da sustentabilidade.

O Decreto federal nº 11.430/2023 regulamentou essa ação afirmativa. Seu art. 5º, conforme o disposto no inc. III do art. 60 da Lei nº 14.133/2021, anota que o desenvolvimento, pelo licitante, de ações de equidade entre mulheres e homens no ambiente de trabalho será critério de desempate em processos licitatórios. Para tais fins, serão consideradas ações de equidade, observando a seguinte ordem de prioridade: I - medidas para promover a inserção, a participação e a ascensão profissional igualitária entre mulheres e homens, incluindo a proporção de mulheres em cargos de direção no licitante; II - ações que promovam a igualdade de oportunidades e de tratamento entre mulheres e homens no âmbito do emprego e da ocupação; III - igualdade de remuneração e paridade salarial entre mulheres e homens; IV - práticas para prevenção e enfrentamento do assédio moral e sexual; V - programas destinados à promoção da equidade de gênero e raça; e VI - ações voltadas para a saúde e segurança no trabalho que considerem as diferenças de gênero. Com o objetivo de aferir e estabelecer a forma de comprovação, pelo licitante, do desenvolvimento das referidas ações, o §2º deste art. 5º dispõe que essa regulamentação será feita por meio de ato do Secretário de Gestão e Inovação do Ministério da Gestão e da Inovação em Serviços Públicos.

---

corolário lógico, a implementação de ações afirmativas, estabeleceu meritórios dispositivos (AGUIAR, Juliana de Azevedo. A nova lei de licitações como instrumento transversal de política pública para uma maior equidade de gênero. *In:* OLIVEIRA, Rafael Carvalho Rezende (coord.). *A nova lei de licitações e contratos administrativos em debate*. Rio de Janeiro: Processo, 2024).

Quanto ao programa de integridade, ao privilegiar empresas que adotam práticas de compliance e integridade, o dispositivo assegura que o comportamento empresarial seja regido por padrões éticos, combate à corrupção e transparência.

Tais práticas não apenas melhoram a competitividade das empresas, como fortalecem a governança e a confiança nas instituições, elementos fundamentais para a sustentabilidade econômica e institucional.

A inclusão desses critérios no desempate das licitações demonstra o compromisso da Administração Pública com uma governança ética e responsável, com o propósito de reduzir os riscos sistêmicos de fraudes e, ao mesmo tempo, promover a sustentabilidade administrativa, assegurando que os processos licitatórios sejam realizados de maneira transparente e justa.

5.23.1 Artigo 60 – Parágrafo 1º – Sustentabilidade nos critérios de preferência no caso de empate entre duas ou mais propostas

O §1º estabelece os critérios de desempate no caso de empate entre duas ou mais propostas.

Segundo o dispositivo, perdurando a igualdade de condições, será assegurada preferência, sucessivamente, aos bens e serviços produzidos ou prestados por:

a) empresas estabelecidas no território do estado ou do Distrito Federal do órgão ou entidade da Administração Pública estadual ou distrital licitante ou, no caso de licitação realizada por órgão ou entidade de município, no território do estado em que este se localize (inc. I);
b) empresas brasileiras (inc. II);
c) empresas que invistam em pesquisa e no desenvolvimento de tecnologia no País (inc. III); e
d) empresas que comprovem a prática de mitigação, nos termos da Lei nº 12.187, de 29.12.2009 (inc. IV).

Insta destacar que o dispositivo estabelece uma ordem sucessiva e não alternativa para a aplicação dos critérios de desempate. Isso significa que a Administração deve observar rigorosamente a sequência estipulada pela lei, analisando cada critério sucessivamente. Somente quando o empate não for resolvido com a aplicação de um critério é que o próximo poderá ser utilizado. Trata-se de procedimento que garante a segurança jurídica e a transparência na licitação, promovendo uma gestão sustentável e resiliente, evitando arbitrariedades e assegurando uma solução justa.

5.23.1.1 Primeira preferência: empresas localizadas no território do estado ou do distrito federal do órgão licitante (inc. I)

Preliminarmente, verifica-se que, na nova sistemática da Lei nº 14.133/2021, as particularidades relacionadas ao local de produção dos bens ou à prestação dos serviços, anteriormente com status de critério direto de desempate, foram deslocadas para uma posição secundária. Agora, essas condições só serão utilizadas se a igualdade entre as propostas persistir após a aplicação dos quatro critérios principais de desempate, indicando que a localização geográfica não é mais um fator prioritário no julgamento das propostas.

Contudo, embora as particularidades relacionadas ao local de produção dos bens ou à prestação dos serviços tenham sido deslocadas para uma posição secundária, ainda se observa uma postura de incentivo ao desenvolvimento local. No caso de desempate, a preferência inicial é dada aos licitantes estabelecidos nos entes federativos onde as licitações ocorrem. Essa abordagem não apenas protege as empresas regionais, mas também promove o desenvolvimento econômico e social local, gerando empregos e renda, incentivando a coesão social, reduzindo desigualdades regionais e fortalecendo a economia local, refletindo o compromisso da lei com o desenvolvimento sustentável.

5.23.1.2 Segunda preferência: empresas brasileiras (inc. II)

No que concerne ao segundo grau de preferência, a lei introduz uma mudança significativa em comparação à lei anterior. Enquanto a Lei nº 12.349/2010 concedia preferência para bens e serviços produzidos ou prestados no país, estendendo essa prioridade posteriormente às empresas brasileiras, a Lei nº 14.133/2021 simplifica essa regra. Agora, a preferência recai exclusivamente sobre empresas brasileiras, em um claro movimento de incentivo à indústria nacional, fortalecendo o mercado interno e promovendo a competitividade das empresas nacionais, o que, por sua vez, impulsiona o desenvolvimento econômico sustentável. De forma subliminar, essa regra busca alinhar o crescimento econômico com práticas que respeitem o meio ambiente e promovam a equidade social.

5.23.1.3 Terceira preferência: empresas que invistam em pesquisa e tecnologia no País (inc. III)

A terceira regra de preferência estabelece que empresas que investem em pesquisa e no desenvolvimento de tecnologia no Brasil terão prioridade, independentemente de serem nacionais ou estrangeiras. Esse critério depende da comprovação objetiva do investimento nas áreas solicitadas, sendo necessário que a empresa demonstre seu comprometimento com o fomento tecnológico local. Essa medida, relevante para o progresso econômico e científico, visa promover a inovação no país, estimulando avanços tecnológicos e, ao mesmo tempo, fortalecendo o ambiente de competitividade e desenvolvimento sustentável.

5.23.1.4 Quarta preferência: empresas que comprovem a prática de mitigação (inc. IV)

A última hipótese de preferência é uma inovação significativa, voltada para a preservação do meio ambiente. Essa preferência será concedida a empresas que comprovem a prática de mitigação, conforme estipulado pela Lei nº 12.187/2009, que institui a Política Nacional sobre Mudança do Clima (PNMC) e estabelece seus princípios, objetivos, diretrizes e instrumentos. De acordo com o inc. VII do art. 2º da Lei nº 12.187/2009, as mitigações referem-se a mudanças e substituições tecnológicas que reduzam o uso de recursos e as emissões por unidade de produção, além da implementação de medidas que diminuam as emissões de gases de efeito estufa e aumentem os sumidouros. Portanto, as licitantes que adotarem tais práticas de mitigação terão preferência nos certames.

Art. 62. A habilitação é a fase da licitação em que se verifica o conjunto de informações e documentos necessários e suficientes para demonstrar a capacidade do licitante de realizar o objeto da licitação, dividindo-se em:
I - jurídica;
II - técnica;
III - fiscal, *social e trabalhista;*
IV - econômico-financeira.

O futuro depende do que fazemos no presente.
(Mahatma Gandhi)

5.24 Artigo 62 – Inciso III – Sustentabilidade e responsabilidade social: capacidade trabalhista e social

O art. 62 estabelece a fase de habilitação, também conhecida como qualificação, no processo licitatório. É nesse momento que a Administração analisa se as empresas interessadas possuem as condições exigidas por lei para executar o objeto pretendido. Essa etapa é crucial para garantir que os participantes atendam aos requisitos legais e técnicos, além de demonstrar capacidade financeira e conformidade com obrigações fiscais, trabalhistas e sociais, assegurando, dessa forma, que apenas licitantes qualificados avancem no processo.

O licitante que satisfizer todos os requisitos dispostos no edital passa à condição de habilitado, estando apto a seguir na licitação.

Como anotou Raul Mendes, embora a Administração tenha interesse que seja grande o número de licitantes, pois dessa forma abre um leque maior para a seleção do proponente idôneo à contratação do objeto, não poderá se afastar da comprovação rigorosa dos requisitos indicados no edital com base nas determinações do artigo.[267]

Nessa contextura, este art. 62 informa que a habilitação é a fase da licitação em que se verifica o conjunto de informações e documentos necessários e suficientes para demonstrar a capacidade do licitante de

[267] MENDES, Raul Armando. *Comentários ao Estatuto das Licitações e Contratos Administrativos*: com apontamentos sobre a Lei Paulista nº 6.544/89. 2. ed. São Paulo: Saraiva, 1991.

realizar o objeto da licitação, dividindo-se em jurídica; técnica; fiscal, social e trabalhista; e econômico-financeira.

Como averbou Emerson Bertemes, as verificações trabalhistas, sociais e fiscais atuam como formas de proteção de mercado em benefício dos trabalhadores. Tais exigências são importantes, pois o procedimento licitatório induz práticas que geram efeitos sociais desejáveis. A exigência de certidões que comprovem a regularidade para participar do mercado de licitações se prestam, por exemplo, como um estímulo à regularização de pendências de obrigações trabalhistas.

> Ademais, serve como instrumento para prevenir a Administração Pública de eventuais condenações por débitos trabalhistas da contratada, decorrentes do entendimento jurisprudencial disposto na Súmula nº 331 do Tribunal Superior do Trabalho, bem como instrumentaliza as licitações e contratações administrativas ao alcance do atendimento de interesses públicos primários, e não apenas do interesse público secundário patrimonial da Administração.[268]

É relevante ter em mente que, ao procurar verificar as qualificações sociais e trabalhistas, e até mesmo fiscais, a Lei não está apenas intentando avaliar se o licitante pode realizar o trabalho ou fornecer o serviço. Na verdade, está verificando se ele está cumprindo suas responsabilidades nessas áreas. Logo, essa avaliação não se destina somente a selecionar quem poderá participar da licitação pública, mas também intenciona promover o cumprimento dessas obrigações. Em outras palavras, apenas aqueles que estão em dia com esses deveres poderão competir e ser contratados pela Administração. Trata-se, portanto, de atitude que incentiva um comportamento responsável.[269]

---

[268] BERTEMES, Emerson Feller. *A dimensão social da sustentabilidade na nova lei de licitações e contratos administrativos*. 2023. Projeto de Pesquisa (Mestrado em Ciência Jurídica) – Escola de Ciências Jurídicas e Sociais, Universidade do Vale do Itajaí, Itajaí, 2023.

[269] Trazendo reflexões de Marina Zago, Avelar chega a questionar se a habilitação seria realmente um instrumento adequado de fomento. A função regulatória e de fomento nas contratações públicas já foi descrita sob diversos vieses e, frequentemente, os debates se concentram na adequação do uso da fase de habilitação como instrumento para induzir práticas econômicas com efeitos concorrenciais e sociais definidos em políticas públicas. Nesse momento de análise, observa que, embora tais práticas estejam consolidadas, o uso excessivo talvez pudesse comprometer os objetivos principais da licitação. Para embasar sua meditação, traz ao debate as considerações de Zago, que afirma que talvez seja preciso repensar para o que, afinal, servem as contratações públicas, considerando que elas não são emplastros para todos os males, não servem para resolver todas as desigualdades sociais ou dificuldades vivenciadas pela gestão pública (AVELAR, Mariana Magalhães. Da habilitação. *In:* FORTINI, Cristiana; OLIVEIRA, Rafael Sérgio Lima de; CAMARÃO, Tatiana (coord.). *Comentários à lei de licitações e contratos administrativos*: Lei nº 14.133, de 1º de abril de 2021. Belo Horizonte: Fórum, 2022. v. 1). As considerações de Zago são

Convém ressaltar que os requisitos de habilitação, como um todo, constituem limite máximo de exigências que podem ser solicitadas aos licitantes. O processo de habilitação deve ser aplicado de maneira proporcional ao objetivo pretendido.

Nesse sentido, Mariana Avelar alerta que a proporcionalidade atua como limite material e guia para imposição de requisitos de habilitação por força do estabelecido no art. 37, XXI, da CF:

> A habilitação é um meio que deve ser aplicado de forma proporcional ao fim almejado, qual seja, aferir a capacidade do futuro contratado de honrar as obrigações pactuadas com a Administração Pública, que não poderá valer-se de medidas restritivas ou formular exigências aos particulares além daquilo que for estritamente necessário para a realização da finalidade pública almejada. A habilitação não é, portanto, um fim em si mesma.[270]

Registrem-se algumas importantes mudanças em relação à lei anterior: a inserção da habilitação social e a supressão, neste rol (mas não na Lei), da documentação demonstrativa do cumprimento do disposto no inc. XXXIII do art. 7º da CF, que impõe como direito dos trabalhadores a proibição de trabalho noturno, perigoso ou insalubre a menores de dezoito e de qualquer trabalho a menores de dezesseis anos, salvo na condição de aprendiz, a partir de quatorze anos. Ver-se-á, contudo, que esse requisito apenas foi transferido, passando a compor o elenco de habilitações fiscal, social e trabalhista, constante no art. 68.

De tudo que foi exposto, é flagrante que este art. 62 tem ligação direta com o desenvolvimento nacional sustentável, pois, ao verificar a habilitação dos licitantes para garantir que possuam capacidade social e trabalhista para realizar o objeto do contrato, a Administração estará incentivando práticas responsáveis, promovedoras de sustentabilidade em áreas sensíveis, apoiando condições de trabalho justas e conformidade social.

Essa verificação criteriosa contribui para um ambiente de negócios mais alinhado com os objetivos de sustentabilidade, estabelecendo um padrão onde empresas comprometidas com essas práticas têm uma vantagem competitiva.

---

encontradas em ZAGO, Marina Fontão. *Poder de compra estatal como instrumento de políticas públicas*. Brasília: Enap, 2018.

270 AVELAR, Mariana Magalhães. Da habilitação. *In:* FORTINI, Cristiana; OLIVEIRA, Rafael Sérgio Lima de; CAMARÃO, Tatiana (coord.). *Comentários à lei de licitações e contratos administrativos*: Lei nº 14.133, de 1º de abril de 2021. Belo Horizonte: Fórum, 2022. v. 1.

Anote-se, por fim, que a documentação exigida para comprovar a habilitação social e trabalhista dos licitantes terá seus requisitos específicos detalhados no art. 68, que analisaremos oportunamente.

Art. 63. Na fase de habilitação das licitações serão observadas as seguintes disposições:

I - poderá ser exigida dos licitantes a declaração de que atendem aos requisitos de habilitação, e o declarante responderá pela veracidade das informações prestadas, na forma da lei;

II - será exigida a apresentação dos documentos de habilitação apenas pelo licitante vencedor, exceto quando a fase de habilitação anteceder a de julgamento;

III - serão exigidos os documentos relativos à regularidade fiscal, em qualquer caso, somente em momento posterior ao julgamento das propostas, e apenas do licitante mais bem classificado;

IV - será exigida do licitante declaração de que cumpre as exigências de reserva de cargos para pessoa com deficiência e para reabilitado da Previdência Social, previstas em lei e em outras normas específicas.

§1º Constará do edital de licitação cláusula que exija dos licitantes, sob pena de desclassificação, declaração de que suas propostas econômicas compreendem a integralidade dos custos para atendimento dos direitos trabalhistas assegurados na Constituição Federal, nas leis trabalhistas, nas normas infralegais, nas convenções coletivas de trabalho e nos termos de ajustamento de conduta vigentes na data de entrega das propostas.

§2º Quando a avaliação prévia do local de execução for imprescindível para o conhecimento pleno das condições e peculiaridades do objeto a ser contratado, o edital de licitação poderá prever, sob pena de inabilitação, a necessidade de o licitante atestar que conhece o local e as condições de realização da obra ou serviço, assegurado a ele o direito de realização de vistoria prévia.

§3º Para os fins previstos no §2º deste artigo, o edital de licitação sempre deverá prever a possibilidade de substituição da vistoria por declaração formal assinada pelo responsável técnico do licitante acerca do conhecimento pleno das condições e peculiaridades da contratação.

§4º Para os fins previstos no §2º deste artigo, se os licitantes optarem por realizar vistoria prévia, a Administração deverá disponibilizar data e horário diferentes para os eventuais interessados.

O segredo é não correr atrás das borboletas.
É cuidar bem do jardim para que elas venham até você.
(Mário Quintana)

5.25 Artigo 63 – Inciso IV – Declaração de cumprimento das exigências de reserva de cargos para pessoa com deficiência e para reabilitado da Previdência Social

O art. 63 lista disposições para a fase de habilitação dos processos licitatórios, sendo algumas obrigatórias e outras facultativas, devendo a Administração nestas últimas sopesar a necessidade de solicitá-las, dependendo da situação factual.[271]

Há uma clara preocupação do legislador no sentido de bem defini-las, evitando que a Administração utilize elementos não previstos na legislação para direcionar o processo licitatório.

É o que também identificou Miguel Pereira:

> A nova lei trata de especificar cada um destes aspectos, evitando que a Administração disponha sobre critérios não previstos na lei, de forma abusiva, para direcionar licitações, afastando indevidamente licitantes. Assim, são identificadas várias regras gerais, quando da fase de habilitação, suprindo várias dúvidas que eram recorrentes na antiga lei de licitações e atualizando o rito da nova lei para a nova sistemática da fase de habilitação após a fase de julgamento das propostas.[272]

Nesse passo:

a) *poderá* ser exigida declaração de que os licitantes atendem aos requisitos de habilitação, e o declarante responderá pela veracidade das informações prestadas (inc. I);

b) *exigir-se-á* a apresentação:
   - dos documentos de habilitação apenas pelo licitante vencedor, exceto quando a fase de habilitação anteceder a de julgamento (inc. II);
   - dos documentos relativos à regularidade fiscal, em qualquer caso, somente em momento posterior ao julgamento das propostas, e apenas do licitante mais bem classificado (inc. III);
   - de declaração de que o licitante cumpre as exigências de reserva de cargos para pessoa com deficiência e para reabilitado da Previdência Social, previstas em lei e em outras normas específicas (inc. IV);

---

[271] A documentação relativa à habilitação poderá ser substituída por registro cadastral emitido por órgão ou entidade pública, desde que haja previsão no edital e o registro tenha sido feito em obediência ao disposto na Lei (art. 70, inc. II).

[272] PEREIRA, Miguel Ribeiro. *Manual sobre a nova lei de licitações e contratos administrativos*. Belo Horizonte: Fórum, 2024.

- de declaração dos licitantes de que suas propostas econômicas compreendem a integralidade dos custos para atendimento dos direitos trabalhistas assegurados na CF, nas leis trabalhistas, nas normas infralegais, nas convenções coletivas de trabalho e nos termos de ajustamento de conduta vigentes na data de entrega das propostas (§1º).

c) quando for essencial para o completo entendimento das condições e especificidades do objeto licitado, o edital pode exigir que o licitante comprove conhecimento do local e das circunstâncias de execução da obra ou serviço, facultando-lhe o direito de realizar uma vistoria prévia (§2º). Além disso, o edital deve oferecer como alternativa a possibilidade de substituir a vistoria por uma declaração formal, assinada pelo responsável técnico do licitante, assegurando seu pleno entendimento das condições e particularidades do contrato (§3º).

Antes de avançarmos com os comentários ao inc. IV, dispositivo que tem conexão direta com o desenvolvimento sustentável, convém repisar que a apresentação dos documentos de habilitação será exigida tão somente, a princípio, do licitante vencedor do certame. A exceção ocorrerá quando a fase de habilitação antecede a de julgamento. Essa sistemática foi adotada pela Nova Lei inspirada no modelo exitoso da Lei do Pregão (Lei nº 10.520/2002), exercida em função da inversão das fases de apresentação de propostas e de habilitação, é a de só exigir a apresentação dos documentos de habilitação do licitante vencedor.[273]

Assim, somente quando a Administração optar pelo procedimento tradicional, no qual a fase de habilitação antecede a de julgamento, é que todos os participantes terão suas documentações verificadas.

Um ponto negativo da nova sistemática é que a Administração poderá descobrir, em uma fase avançada do processo, que o participante não possui os requisitos de habilitação necessários. Isso acarretará alguns desafios, riscos e custos adicionais, pois será necessário inabilitar o participante em um estágio já adiantado. Além de atrasar o andamento do processo, a situação aumentará a carga de trabalho, podendo, em alguns casos, gerar prejuízos financeiros ou operacionais.

Outra faceta importante da Lei é a previsão do inc. III, que incorpora uma prática bem-sucedida já adotada pela Lei do RDC: a exigência dos documentos de regularidade fiscal apenas após o julgamento das propostas e somente em relação ao licitante mais bem classificado.

---

[273] Também adotada na Lei do RDC.

A intenção dessa medida é agilizar o processo licitatório, evitando que todos os participantes precisem apresentar previamente toda a documentação fiscal, reduzindo, dessa maneira, a burocracia inicial e focando a análise apenas naquele que efetivamente poderá ser contratado.

Mas o propósito maior é evitar que a licitação seja utilizada como instrumento indireto de cobrança de tributos, prática observada anteriormente nas licitações baseadas na Lei nº 8.666/1993. Mônica Lefèvre ressalta que é inadmissível que essa exigência venha a ser utilizada com finalidade diversa daquela demandada pelos interesses da coletividade, resultando em verdadeira punição para aqueles sujeitos que, ainda que possuam fundamentos para se opor ao cumprimento da suposta obrigação tributária, deixaram de pagar pretensas dívidas.

Além disso, como bem observa a autora, não seria razoável condicionar a participação na licitação à prova de quitação de qualquer débito fiscal – inclusive aqueles que não possuem qualquer relação com o ramo da atividade a ser executada, uma vez que a CF só admite a imposição de exigências "indispensáveis à garantia do cumprimento das obrigações" (art. 37, XXI):

> Não se pode admitir que o licitante seja compelido ao pagamento de créditos fiscais por outro meio que não o da cobrança por via executiva, sob a imposição de condição no seguinte sentido: ou efetua o pagamento do tributo ou não participa do certame. Sob essa ótica, a comprovação da regularidade fiscal apenas após o julgamento das propostas parece permitir o cumprimento da real finalidade da exigência em questão, consubstanciada na verificação da idoneidade do particular que irá contratar com a Administração Pública. Além disso, a regra propicia ao licitante uma oportunidade para que venha a adquirir a regularidade fiscal.[274]

Pois bem, como visto, o inc. IV, objetivando assegurar a inclusão social e a observância de direitos trabalhistas, reforçando o compromisso da Administração com práticas que promovam a equidade no ambiente de trabalho, estabelece que o licitante deverá apresentar uma declaração comprovando o cumprimento das exigências de reserva de cargos para pessoas com deficiência e para reabilitados da Previdência Social, conforme previsto na legislação vigente e em outras normas

---

[274] LEFÈVRE, Mônica Bandeira de Mello. O procedimento licitatório e a fase de habilitação no Regime Diferenciado de Contratações Públicas. *In*: JUSTEN FILHO, Marçal; PEREIRA, César A. Guimarães. *O regime diferenciado de contratações públicas (rdc)*: comentários à Lei Nº 12.462 e ao Decreto Nº 7.581 (atualizados pela Lei Nº 12.980 e pelo Decreto Nº 8.251, de Maio de 2014). Belo Horizonte: Fórum, 2014.

específicas.[275] Assim, ao exigir essa declaração, o edital estará não só perseguindo a conformidade legal, mas também a promoção de um ambiente de trabalho inclusivo e acessível para todos.

Não é de agora que, no âmbito das licitações, se determina especial atenção aos requisitos de acessibilidade para pessoas portadoras de necessidades especiais, nos serviços ou no ambiente de trabalho.

Como é cediço, o objetivo é proporcionar às pessoas com deficiência e aos beneficiários da previdência social incapacitados para o pleno trabalho formas para inserção ou reinserção no mercado de trabalho, garantindo-lhes a observância de princípios constitucionais, como a dignidade da pessoa humana, a redução das desigualdades sociais e o direito social ao trabalho.

Na lei anterior, Lei nº 8.666/1993, com inserções determinadas pela Lei nº 13.146/2015, constava como um dos critérios de desempate em licitações se os bens e serviços tivessem sido produzidos ou prestados por empresas que comprovassem cumprimento de reserva de cargos prevista em lei para pessoa com deficiência ou para reabilitado da Previdência Social e que atendessem às regras de acessibilidade previstas na legislação.[276]

---

[275] Lei nº 8.213/1991, que dispõe sobre os planos de benefícios da previdência social.
"Art. 93. A empresa com 100 (cem) ou mais empregados está obrigada a preencher de 2% (dois por cento) a 5% (cinco por cento) dos seus cargos com beneficiários reabilitados ou pessoas portadoras de deficiência, habilitadas, na seguinte proporção:
I - até 200 empregados..2%;
II - de 201 a 500..3%;
III - de 501 a 1.000..4%;
IV - de 1.001 em diante..5%.
§1º A dispensa de pessoa com deficiência ou de beneficiário reabilitado da Previdência Social ao final de contrato por prazo determinado de mais de 90 (noventa) dias e a dispensa imotivada em contrato por prazo indeterminado somente poderão ocorrer após a contratação de outro trabalhador com deficiência ou beneficiário reabilitado da Previdência Social" (Redação dada pela Lei nº 13.146, de 2015).
"§2º Ao Ministério do Trabalho e Emprego incumbe estabelecer a sistemática de fiscalização, bem como gerar dados e estatísticas sobre o total de empregados e as vagas preenchidas por pessoas com deficiência e por beneficiários reabilitados da Previdência Social, fornecendo-os, quando solicitados, aos sindicatos, às entidades representativas dos empregados ou aos cidadãos interessados" (Redação dada pela Lei nº 13.146, de 2015).
"§3º Para a reserva de cargos será considerada somente a contratação direta de pessoa com deficiência, excluído o aprendiz com deficiência de que trata a Consolidação das Leis do Trabalho (CLT), aprovada pelo Decreto-Lei no 5.452, de 1º de maio de 1943."

[276] Também constava na Lei nº 8.666/1993 como motivo de dispensa de licitação, nos casos de contratação de associação de portadores de deficiência física sem fins lucrativos e de comprovada idoneidade; e, ainda, que as empresas contratadas pela Administração em função do benefício previsto no inc. V do §2º do art. 3º (favorecimento de preferência na contratação por produzirem bens ou prestarem serviços com comprovado cumprimento de reserva de cargos para pessoa com deficiência ou para reabilitado da Previdência e que

Nesse pé, mantendo a chama acesa quanto aos requisitos de acessibilidade, consoante determinação prevista na Lei nº 8.213/1991, que dispõe sobre os Planos de Benefícios da Previdência Social, reforçada pelas regras da Lei nº 13.146/2015, criadora do Estatuto das Pessoas Deficientes, a Lei nº 14.133/2021 impõe que, na fase de habilitação das licitações, seja exigida inclusiva, promovendo diversidade e responsabilidade social nas contratações públicas.

Vale destacar que o cumprimento dessa reserva de vagas constitui uma cláusula obrigatória no contrato administrativo (art. 92, inc. XVII),[277] sujeita à fiscalização pela Administração (art. 116),[278] e sua inobservância pode resultar na rescisão do contrato, (art. 137, inc. IX).[279]

5.25.1 Artigo 63 – Parágrafo 1º – Atendimento dos direitos trabalhistas

O §1º estipula que o edital de licitação deverá conter uma cláusula obrigatória exigindo dos licitantes uma declaração formal sobre a inclusão de todos os custos necessários para o cumprimento integral dos direitos trabalhistas, conforme previsto na Constituição Federal, na legislação trabalhista, nas normas infralegais, em acordos coletivos e nos termos de ajustamento de conduta vigentes na data da apresentação das propostas.

---

atendam às regras de acessibilidade) ou do preceituado no inc. II do §5º do mesmo artigo (favorecimento nas licitações por margem de preferência pelo mesmo motivo) deveriam cumprir, durante todo o período de execução do contrato, a reserva de cargos prevista em lei para pessoa com deficiência ou para reabilitado da Previdência Social, bem como as regras de acessibilidade previstas na legislação.

277 "Art. 92. São necessárias em todo contrato cláusulas que estabeleçam: [...] XVII - a obrigação de o contratado cumprir as exigências de reserva de cargos prevista em lei, bem como em outras normas específicas, para pessoa com deficiência, para reabilitado da Previdência Social e para aprendiz [...]".

278 "Art. 116. Ao longo de toda a execução do contrato, o contratado deverá cumprir a reserva de cargos prevista em lei para pessoa com deficiência, para reabilitado da Previdência Social ou para aprendiz, bem como as reservas de cargos previstas em outras normas específicas.
Parágrafo único. Sempre que solicitado pela Administração, o contratado deverá comprovar o cumprimento da reserva de cargos a que se refere o *caput* deste artigo, com a indicação dos empregados que preencherem as referidas vagas."

279 "Art. 137. Constituirão motivos para extinção do contrato, a qual deverá ser formalmente motivada nos autos do processo, assegurados o contraditório e a ampla defesa, as seguintes situações: [...] IX - não cumprimento das obrigações relativas à reserva de cargos prevista em lei, bem como em outras normas específicas, para pessoa com deficiência, para reabilitado da Previdência Social ou para aprendiz."

Trata-se de mais uma declaração que a Administração deve exigir dos licitantes em sua documentação de habilitação. Essa medida visa garantir que os licitantes considerem esses custos em suas propostas, evitando omissões que possam comprometer a execução do contrato.

Vide que o art. 121, repisando o que constava no art. 71 da revogada Lei nº 8.666/1993, ressalta o óbvio: a responsabilidade por encargos trabalhistas, previdenciários, fiscais e comerciais decorrentes da execução contratual recai exclusivamente sobre o contratado.[280] Assim, o fato de uma empresa estar prestando serviços ao Poder Público não a exime de suas obrigações legais. O §1º desse mesmo artigo reforça que a inadimplência do contratado quanto aos encargos trabalhistas, fiscais e comerciais não transferirá à Administração a responsabilidade pelo seu pagamento e não poderá onerar o objeto do contrato nem restringir a regularização e o uso das obras e das edificações, inclusive perante o registro de imóveis.[281][282]

Portanto, fica claro que não há solidariedade do Poder Público em relação aos encargos mencionados. A inclusão do §1º no art. 63 foi uma medida de cautela adotada pelo legislador para garantir que as responsabilidades trabalhistas sejam devidamente atribuídas, evitando potenciais consequências adversas para a Administração Pública e afastando futuros argumentos do contratado sobre o tema. E mais: como observa Justen, desencoraja a apresentação de propostas com valores insuficientes e mitiga o risco de que o descumprimento de tais obrigações pelo contratado impacte negativamente a execução do contrato.[283]

---

280 "Art. 121. Somente o contratado será responsável pelos encargos trabalhistas, previdenciários, fiscais e comerciais resultantes da execução do contrato."

281 "Art. 121. [...] §1º A inadimplência do contratado em relação aos encargos trabalhistas, fiscais e comerciais não transferirá à Administração a responsabilidade pelo seu pagamento e não poderá onerar o objeto do contrato nem restringir a regularização e o uso das obras e das edificações, inclusive perante o registro de imóveis, ressalvada a hipótese prevista no §2º deste artigo."

282 Registre-se que a Lei nº 14.133/2021 inovou ao dispor no §2º do art. 121 que a Administração responderá solidariamente pelos encargos previdenciários e subsidiariamente pelos encargos trabalhistas se comprovada falha na fiscalização do cumprimento das obrigações do contratado na hipótese de contratação de serviços contínuos com regime de dedicação exclusiva de mão de obra.

"§2º Exclusivamente nas contratações de serviços contínuos com regime de dedicação exclusiva de mão de obra, a Administração responderá solidariamente pelos encargos previdenciários e subsidiariamente pelos encargos trabalhistas se comprovada falha na fiscalização do cumprimento das obrigações do contratado."

283 JUSTEN FILHO, Marçal. *Comentários à Lei de Licitações e Contratações Administrativas*. São Paulo: Revista dos Tribunais, 2021.

É relevante observar que o não atendimento à exigência demandará a desclassificação do licitante, consoante a ressalva do texto legal "sob pena de desclassificação".

Conclui-se, portanto, que, ao fomentar condições de trabalho justas e inclusão social, as regras desse §1º, assim como as do inc. IV, delineiam a promoção de responsabilidade social, elemento central para a sustentabilidade.

Aliás, o foco na veracidade das declarações (inc. I) e na vistoria técnica (§§2º a 4º) também reforça a necessidade de processos transparentes e responsáveis, promovendo um ambiente ético e sustentável.

Art. 68. *As habilitações fiscal, social e trabalhista serão aferidas mediante a verificação dos seguintes requisitos:*
I - a inscrição no Cadastro de Pessoas Físicas (CPF) ou no Cadastro Nacional da Pessoa Jurídica (CNPJ);
II - a inscrição no cadastro de contribuintes estadual e/ou municipal, se houver, relativo ao domicílio ou sede do licitante, pertinente ao seu ramo de atividade e compatível com o objeto contratual;
III - a regularidade perante a Fazenda federal, estadual e/ou municipal do domicílio ou sede do licitante, ou outra equivalente, na forma da lei;
IV - a regularidade relativa à Seguridade Social e ao FGTS, que demonstre cumprimento dos encargos sociais instituídos por lei;
V - a regularidade perante a Justiça do Trabalho;
VI - o cumprimento do disposto no inciso XXXIII do art. 7º da Constituição Federal.
§1º Os documentos referidos nos incisos do *caput* deste artigo poderão ser substituídos ou supridos, no todo ou em parte, por outros meios hábeis a comprovar a regularidade do licitante, inclusive por meio eletrônico.
§2º A comprovação de atendimento do disposto nos incisos III, IV e V do *caput* deste artigo deverá ser feita na forma da legislação específica.

A pior das desigualdades é tentar
tornar iguais coisas desiguais.
(Aristóteles)

5.26 Artigo 68 – Inciso IV – Regularidade relativa a encargos sociais

Como visto anteriormente, o art. 62 da Nova Lei estabelece a fase de habilitação do processo licitatório, etapa na qual se aprecia se as empresas interessadas em contratar com Administração Pública possuem condições reais para executar o objeto pretendido.

Trata-se de importante fase, pois garante que os participantes atendem aos requisitos legais e técnicos necessários, além de demonstrar capacidade financeira e conformidade com obrigações fiscais, trabalhistas e sociais, o que assegurará que apenas licitantes qualificados avancem no processo.

O licitante que atender a todos os requisitos estabelecidos no edital será considerado habilitado e apto a prosseguir na licitação.

Para essa comprovação, o artigo preceitua que o licitante comprove:

- Inscrição no Cadastro de Pessoas Físicas (CPF) ou no Cadastro Nacional da Pessoa Jurídica (CNPJ);
- Inscrição no cadastro de contribuintes estadual e/ou municipal, se houver, relativo ao domicílio ou sede do licitante, compatível com seu ramo e sede;
- Regularidade perante a Fazenda federal, estadual e/ou municipal do domicílio ou sede do licitante;
- Cumprimento das obrigações encargos sociais instituídos por lei referentes à Seguridade Social e Fundo de Garantia do Tempo de Serviço (FGTS);
- Regularidade perante a Justiça do Trabalho; e
- Atendimento ao disposto no inc. XXXIII do art. 7º da CF, que proíbe trabalho noturno e insalubre a menores de 18 anos e qualquer trabalho a menores de 16 anos, salvo na condição de aprendiz, a partir de 14 anos.

Em relação à regra anterior prevista na revogada Lei nº 8.666/1993, o regramento estabelecido neste dispositivo não trouxe muitas novidades, ocorrendo somente a modificação do nome "Regularidade Fiscal e Trabalhista" para "Habilitação Fiscal, Social e Trabalhista" e, no que concerne ao elenco de documentos a serem apresentados, apenas pequenos ajustes, além da inclusão do cumprimento do disposto no inciso XXXIII do art. 7º da CF, que antes era tratado de forma autônoma.

Vale ressaltar que os documentos exigidos para cada requisito de regularidade podem ser obtidos ou apresentados em formato eletrônico, ressalvada a especificidade de três tipos de regularidade: com as fazendas públicas (federal, estadual ou municipal), com a Seguridade Social e o FGTS, e com a Justiça do Trabalho, que estão detalhados neste art. 68.

Escrevemos:

> O §1º autoriza a substituição dos documentos comprovadores de habilitações fiscal, social e trabalhista, no todo ou em parte, por outros meios hábeis a comprovar a regularidade do licitante, inclusive por meio eletrônico. Um exemplo é a adoção do registro cadastral, que supre a apresentação de diversos documentos.

Assim, o preceptivo dispõe sobre a comprovação da regularidade fiscal, social e trabalhista dos licitantes, objetivando permitir à Administração verificar a idoneidade do licitante quanto às suas obrigações perante o fisco (federal, estadual e municipal, dependendo do âmbito do certame licitatório), à seguridade social e ao Fundo de Garantia do Tempo de Serviço, isto é, se há regularidade no tocante às contribuições, e à justiça trabalhista, concernente à inexistência de débitos inadimplidos.

De certa maneira, a norma configura uma forma indireta de reprovação à infração às leis fiscais,[284] securitárias sociais e trabalhistas, não se relacionando propriamente com a verificação da capacidade da pessoa física ou jurídica para executar o objeto.

A exigência deste inc. IV de comprovação de regularidade relativa à Seguridade Social e ao Fundo de Garantia do Tempo de Serviço (FGTS) está intrinsecamente ligada ao desenvolvimento sustentável e à responsabilidade social das empresas, pois garante o cumprimento das obrigações trabalhistas e previdenciárias, demonstrando o compromisso da empresa com práticas de sustentabilidade.

No tocante à Seguridade Social, como o art. 195, §3º, da CF proíbe que o Poder Público contrate com pessoa jurídica em débito com o sistema de Seguridade Social, inteligentemente o legislador da Nova Lei introduziu essa verificação na fase habilitatória da licitação. Esse é o momento de verificação da documentação que possibilita a contratação. Seria descabido não realizar essa avaliação na habilitação, para, só depois, no momento da contratação, verificar-se, com a possibilidade óbvia e esdrúxula de frustração de todo o procedimento licitatório.

Consoante o art. 47 da Lei nº 8.212/1991, que dispõe sobre a organização da Seguridade Social, com redação dada pela Lei nº 9.032/1995, exigir-se-á a Certidão Negativa de Débito na contratação com o Poder Público.

> Art. 47. É exigida Certidão Negativa de Débito – CND, fornecida pelo órgão competente, nos seguintes casos:
> I - da empresa:

---

284 A exigência de comprovação de regularidade fiscal é frequentemente censurada por ser vista como um meio indireto de cobrança de dívidas, levantando questionamentos sobre sua constitucionalidade. É importante lembrar, inclusive, que o Supremo Tribunal Federal (STF) já se manifestou afirmando que a existência de débitos fiscais não pode impedir o exercício de atividades empresariais, garantindo, assim, o direito ao livre exercício da atividade econômica. Contudo, como o inc. III do art. 63 estabelece que só serão exigidos os documentos relativos à regularidade fiscal, em qualquer caso, em momento posterior ao julgamento das propostas, e apenas do licitante mais bem classificado, a Lei evitou o uso da licitação como instrumento indireto para a cobrança de tributos.

a) na contratação com o Poder Público e no recebimento de benefícios ou incentivo fiscal ou creditício concedido por ele.

Na prática exige-se a prova de regularidade fiscal perante a Fazenda Nacional, mediante apresentação de certidão expedida conjuntamente pela Secretaria da Receita Federal do Brasil (RFB) e pela Procuradoria-Geral da Fazenda Nacional (PGFN), referente a todos os créditos tributários federais e à Dívida Ativa da União (DAU) por elas administrados, *inclusive aqueles relativos à Seguridade Social*, nos termos da Portaria Conjunta nº 1.751, de 02.10.2014, do Secretário da Receita Federal do Brasil e da Procuradora-Geral da Fazenda Nacional.

Já a regularidade junto ao Fundo de Garantia do Tempo de Serviço (FGTS), antes comprovada consoante o indicado no Regulamento do Fundo de Garantia por Tempo de Serviço (anexo ao Decreto nº 99.684/1990), por meio do Certificado de Regularidade do Fundo de Garantia por Tempo de Serviço, a ser fornecido pela Caixa Econômica Federal (CEF), passou a ser, com o advento da Lei nº 9.012, de 30.03.95, a prova de regularidade mediante a apresentação de certidão expedida pela CEF.

> Art. 1º É vedado às instituições de crédito realizar operações de financiamento ou conceder dispensa de juros, de multa ou de correção monetária ou qualquer outro benefício, com lastro em recursos públicos ou oriundos do Fundo de Garantia do Tempo de Serviço (FGTS), a pessoas jurídicas em débito com o FGTS.
> §1º A comprovação da quitação com o FGTS dar-se-á mediante apresentação de certidão expedida pela Caixa Econômica Federal. (Redação dada pela Lei nº 13.805/2019).
> [...]
> Art. 2º As pessoas jurídicas em débito com o FGTS não poderão celebrar contratos de prestação de serviços ou realizar transação comercial de compra e venda com qualquer órgão da administração direta, indireta, autárquica e fundacional, bem como participar de concorrência pública.

Da análise geral do regramento referente à verificação da habilitação social, verifica-se que o disposto neste inc. IV mostra-se insuficiente. Esperava-se que listasse todas as comprovações necessárias, mas, de forma surpreendente, menciona apenas de forma genérica a regularidade em relação à Seguridade Social e ao FGTS. O dispositivo não contemplou a situação prevista no art. 63, inc. IV, que exige declaração do licitante quanto ao cumprimento das normas de reserva de vagas para pessoas com deficiência e reabilitados da Previdência Social, conforme a legislação. Caberá ao responsável pela elaboração do edital assegurar que essa omissão seja devidamente corrigida.

5.27 Artigo 68 – Inciso V – Regularidade perante a Justiça do Trabalho

Determinada pela Lei nº 12.440/2011, a prova de inexistência de débitos inadimplidos perante a Justiça do Trabalho passou a ser exigida para habilitação em licitações, a ocorrer mediante a apresentação de certidão negativa, nos termos do Título VII-A da Consolidação das Leis do Trabalho (CLT), aprovada pelo Decreto-Lei nº 5.452, de 01.05.1943.[285] [286]

Apesar das reiteradas decisões do STF a respeito da não incidência do enunciado da Súmula nº 331 do TST, que atribui responsabilidade subsidiária ao Poder Público contratante de serviços terceirizados em caso de inadimplência trabalhista por parte da empresa terceirizada, a alteração demonstrou a manutenção da preocupação de que, no momento em que seja suprida a falha apontada pelos julgados, possam os órgãos públicos ser surpreendidos pela responsabilização ocasionada pelo não pagamento de direitos trabalhistas por parte das contratadas.

---

[285] "TÍTULO VII-A
DA PROVA DE INEXISTÊNCIA DE DÉBITOS TRABALHISTAS
Art. 642-A. É instituída a Certidão Negativa de Débitos Trabalhistas (CNDT), expedida gratuita e eletronicamente, para comprovar a inexistência de débitos inadimplidos perante a Justiça do Trabalho.
§1º O interessado não obterá a certidão quando em seu nome constar:
I - o inadimplemento de obrigações estabelecidas em sentença condenatória transitada em julgado proferida pela Justiça do Trabalho ou em acordos judiciais trabalhistas, inclusive no concernente aos recolhimentos previdenciários, a honorários, a custas, a emolumentos ou a recolhimentos determinados em lei; ou
II - o inadimplemento de obrigações decorrentes de execução de acordos firmados perante o Ministério Público do Trabalho ou Comissão de Conciliação Prévia.
§2º Verificada a existência de débitos garantidos por penhora suficiente ou com exigibilidade suspensa, será expedida Certidão Positiva de Débitos Trabalhistas em nome do interessado com os mesmos efeitos da CNDT.
§3ºA CNDT certificará a empresa em relação a todos os seus estabelecimentos, agências e filiais.
§4º O prazo de validade da CNDT é de 180 (cento e oitenta) dias, contado da data de sua emissão."

[286] Importante salientar que o Supremo Tribunal Federal (STF) decidiu por unanimidade que a Lei nº 12.440/2011, que criou a Certidão Negativa de Débitos Trabalhistas (CNDT), emitida pela Justiça do Trabalho, comprovadora da inexistência de pendências trabalhistas, é constitucional. Inclusive, adicionalmente, o ministro Toffoli destacou que, ao manter a exigência da CNDT, a Nova Lei de Licitações reafirmou a relevância da regularidade trabalhista na contratação pública, enfocando que, conforme o entendimento do STF, a certidão constitui requisito essencial que não desrespeita as garantias constitucionais.

Dessa forma, há a obrigatoriedade de demonstração da regularidade trabalhista, caracterizada, como dispõe o dispositivo do art. 642-A da CLT, pela demonstração de que a licitante ou a contratada não se encontra inadimplente com obrigações estabelecidas em sentença condenatória transitada em julgado proferida pela Justiça do Trabalho ou em acordos judiciais trabalhistas, inclusive no concernente aos recolhimentos previdenciários, a honorários, a custas, a emolumentos ou a recolhimentos determinados em Lei; ou inadimplente com obrigações decorrentes de execução de acordos firmados perante o Ministério Público do Trabalho ou Comissão de Conciliação Prévia.[287] [288]

---

[287] O site do Tribunal Superior do Trabalho (TST) informa sobre a CNDT: "Para expedição da certidão, organizou-se o Banco Nacional de Devedores Trabalhistas (BNDT), centralizado no Tribunal Superior do Trabalho, a partir de informações remetidas por todos os 24 Tribunais Regionais do Trabalho do País. Deste Banco – BNDT – constam as pessoas físicas e jurídicas que são devedoras inadimplentes em processo de execução trabalhista definitiva. As dívidas registradas no BNDT incluem as obrigações trabalhistas, de fazer ou de pagar, impostas por sentença, os acordos trabalhistas homologados pelo juiz e não cumpridos, os acordos realizados perante as Comissões de Conciliação Prévia (Lei nº 9.958/2000) e não cumpridos, os termos de ajuste de conduta firmados com o Ministério Público do Trabalho (Lei nº 9.958/2000) e não cumpridos, as custas processuais, emolumentos, multas, honorários de perito e demais despesas oriundas dos processos trabalhistas e não adimplidas. A Certidão será negativa se a pessoa sobre quem deva versar não estiver inscrita como devedora no BNDT, após decorrido o prazo de regularização. A Certidão será positiva se a pessoa sobre quem aquela deva versar tiver execução definitiva em andamento, já com ordem de pagamento não cumprida, após decorrido o prazo de regularização. A Certidão será positiva com efeito de negativa, se o devedor, intimado para o cumprimento da obrigação em execução definitiva, houver garantido o juízo com depósito, por meio de bens suficientes à satisfação do débito ou tiver em seu favor decisão judicial que suspenda a exigibilidade do crédito (esta certidão possibilita o titular de participar de licitações). A regulamentação da matéria veio pela Resolução Administrativa nº 1.470/2011 do Órgão Especial do Tribunal Superior do Trabalho, que estabelece a obrigação de inclusão dos inadimplentes no BNDT, bem como a atualização do registro, sempre que decisão judicial assim o determinar. Durante trinta dias, a partir da inclusão no BNDT, o interessado poderá regularizar a pendência, pagando-a ou garantindo o juízo, ou, se for o caso, postular na unidade judiciária em que tramita o processo a retificação de lançamento equivocado. Este período, o prazo de regularização, foi instituído na Resolução Administrativa nº 1.470/2011 pelo Ato nº 001/2012. No curso desse prazo, a Certidão expedida será negativa. A Certidão é nacional, tem validade de 180 dias e apresenta a situação da pessoa jurídica pesquisada em relação a todos os seus estabelecimentos, agências ou filiais. A certidão, eletrônica e gratuita, pode ser obtida em todos os portais da Justiça do Trabalho na rede mundial de computadores (Tribunal Superior do Trabalho, Conselho Superior da Justiça do Trabalho e Tribunais Regionais do Trabalho). Nos mesmos endereços, o interessado obtém relatório de processos em prazo de regularização, com a indicação da data de lançamento no pré-cadastro do BNDT. Para garantir a sua autenticidade, as certidões expedidas devem ser validadas no mesmo Portal".

[288] Vide decisão judicial sobre a matéria: "TRF – 2ª Região – Agravo de Instrumento nº 2012.02.01.001483-2, 6ª Turma, Rel. Des. Federal Guilherme Calmon Nogueira da Gama, e-DJF2R, 09.05.2012 – 7518 – "Agravo de instrumento. Mandado de segurança. Licitação. ECT. Alteração promovida pela Lei nº 12.440/2011. CNDT. Exigência simplória. Obtenção gratuita e por meio eletrônico. Seis meses para entrar em vigor. Ausência do perigo da demora. Improvimento.

No mesmo sentido, com ótica no Direito Processual Trabalhista, o entendimento de Élisson Miessa:

> A Lei nº 12.440/2011 instituiu a certidão negativa de débitos trabalhistas (CNDT), incluindo o art. 642-A na CLT. Tem como objetivo minimizar a violação de direitos trabalhistas, bem como dar efetividade e celeridade na execução trabalhista. Nesse contexto, a referida lei impôs que somente poderá se habilitar nas licitações aquele que tiver regularidade trabalhista (Lei nº 8666/93, art. 27, IV). Desse modo, para se habilitar no processo licitatório, deverá apresentar documentação relativa à regularidade trabalhista, a qual será feita por meio de prova de inexistência de débitos inadimplidos perante a justiça do Trabalho, mediante a apresentação de certidão negativa.[289]

O processualista trabalhista apresenta detalhes concernentes à CNDT:

> A certidão negativa de débitos trabalhistas (CNDT) é expedida gratuita e eletronicamente pela justiça do Trabalho (CLT, art. 642-A, *caput*). O interessado não obterá a certidão quando em seu nome constar: 1) o inadimplemento de obrigações estabelecidas em sentença condenatória transitada em julgado proferida pela justiça do Trabalho ou em acordos judiciais trabalhistas, inclusive no concernente aos recolhimentos previdenciários, a honorários, a custas, a emolumentos ou a recolhimentos determinados em lei; ou 2) o inadimplemento de obrigações decorrentes de execução de acordos firmados perante o Ministério Público do Trabalho ou Comissão de Conciliação Prévia (CLT, art. 642-A, §1º).

---

1 - Cuida-se de agravo de instrumento interposto de decisão que deferiu parcialmente a liminar para determinar que a ECT dê, às empresas participantes da licitação, o prazo de sete dias para que apresentem a certidão negativa de regularidade fiscal e trabalhista.
2 - A rigor, sequer seria necessária a concessão do prazo de sete dias para as empresas participantes do certame apresentarem a certidão negativa de regularidade fiscal e trabalhista.
3 - A Lei nº 12.440, de 07.07.2011, que introduziu a novel certidão, foi publicada em 08.07.2011, sendo certo que, desde a sua publicação, as licitantes estão cientes não só da instituição dessa nova certidão de débito, mas também do prazo que giraria em torno de 6 meses para a sua exigibilidade, o que lhes assegurou tempo suficiente para sanarem ou suspenderem seus débitos, viabilizando participação em licitações futuras.
4 - A exigência contida no novo ordenamento jurídico não é capaz de causar prejuízos aos licitantes em geral, ou ainda afetar a formulação de propostas, pois é exigência simplória e pertinente apenas à fase de habilitação, passível de ser inclusive expedida gratuita e eletronicamente.
5 - Agravo de instrumento improvido".

[289] MIESSA, Élisson. *Processo do Trabalho*. 6. ed. Salvador: Juspodivm, 2018.

> Verificada a existência de débitos garantidos por penhora suficiente ou com exigibilidade suspensa, será expedida certidão positiva de débitos trabalhistas em nome do interessado com os mesmos efeitos da CNDT (CLT, art. 642-A, §2º).
>
> A CNDT certificará todos os estabelecimentos, agências e filiais da empresa (CLT, art. 642-A, §3º). O prazo de validade da CNDT é de 180 dias, contado da data de sua emissão (CLT, art. 642-A, §4º). Por fim, é importante destacar que das discussões envolvendo a CNDT, embora ocorram na fase de execução, será cabível recurso de revista por violação à CF, à lei federal ou por divergência jurisprudencial (CLT, art. 896, §10).
>
> Art. 642-A. É instituída a Certidão Negativa de Débitos Trabalhistas (CNDT), expedida gratuita e eletronicamente, para comprovar a inexistência de débitos inadimplidos perante a Justiça do Trabalho.
>
> §1º O interessado não obterá a certidão quando em seu nome constar:
>
> I - o inadimplemento de obrigações estabelecidas em sentença condenatória transitada em julgado proferida pela Justiça do Trabalho ou em acordos judiciais trabalhistas, inclusive no concernente aos recolhimentos previdenciários, a honorários, a custas, a emolumentos ou a recolhimentos determinados em lei; ou
>
> II - o inadimplemento de obrigações decorrentes de execução de acordos firmados perante o Ministério Público do Trabalho ou Comissão de Conciliação Prévia.[290]

O art. 71 da antiga Lei nº 8.666/1993 determinava que o contratado era o responsável pelos encargos trabalhistas decorrentes da execução do contrato, princípio que foi reiterado pelo art. 120 da Nova Lei de Licitações. O §1º do referido artigo dispunha que a inadimplência do contratado em relação a esses encargos não transferiria à Administração Pública a responsabilidade pelo seu pagamento, tampouco poderia onerar o objeto do contrato ou impedir a regularização e o uso das obras e edificações, inclusive perante o Registro de Imóveis – uma disposição que também foi mantida na nova legislação.

Apesar dessa regra, o Tribunal Superior do Trabalho (TST), ao examinar questões práticas, firmou entendimento pela responsabilidade subsidiária do tomador de serviços, incluindo a Administração Pública, em relação às obrigações trabalhistas dos empregados do contratado. Assim, a Administração poderia ser responsabilizada subsidiariamente como devedora complementar, conforme estabelecido na Súmula nº 331 do TST.

---

290 MIESSA, Élisson. *Processo do Trabalho*. 6. ed. Salvador: Juspodivm, 2018.

Posteriormente, como já observado, o STF declarou a constitucionalidade do citado §1º do art. 71, afastando a dúvida quanto à responsabilização subsidiária do Poder Público em relação a encargos trabalhistas.

Por conseguinte, ficou definitivamente decidido que a inadimplência do contratado, em relação a tais encargos, não transferiria à Administração Pública a responsabilidade por seu pagamento.

Essa decisão do Pretório Excelso, em termos práticos, implicou a não generalização da responsabilidade subsidiária por parte da Administração Pública, quando da contratação de serviços, mas não afastou de vez a responsabilização, já que ela poderá ocorrer na hipótese de omissão da Administração em relação à fiscalização.

A falha da contratada quanto aos seus compromissos nessa seara demandaria a comprovação da inocorrência culposa do Poder Público, sendo de suma importância ressaltar que a responsabilização subsidiária da Administração só poderá ocorrer no caso de prestação de serviços por terceiros no seu âmbito, e tão somente com relação aos empregados da contratada que estejam efetivamente atuando nessa esfera.

Destarte, evidenciou-se que a Administração, apesar de ter que se precaver nesse sentido, não possuía mecanismos sólidos para tal.

O surgimento da Certidão Negativa de Débitos Trabalhistas (CNDT) muniu a Administração de uma alicerçada ferramenta para esse controle.

Dessa forma, muito mais que um documento habilitatório para os novos certames licitatórios – que, em ótica inicial, poderia ser encarado como uma questão de direito intertemporal[291] –, a CNDT soergue-se como um instrumento que efetivamente possibilitará à Administração efetuar pagamentos referentes aos contratos em vigor com a certeza de que não estará incorrendo em responsabilidade subsidiária.

Em consequência, conclui-se:

a) a exigência de apresentação de CNDT far-se-á presente:
   I - em novas licitações para qualquer tipo de objeto, haja vista tratar-se de documento habilitatório;
   II - nos pagamentos referentes a novos contratos, tendo em vista a obrigação do contratado de manutenção, durante toda a execução do contrato, de todas as condições de habilitação e qualificação exigidas na licitação; e

---

[291] Que se inseriria como um problema jurídico de aplicação da lei no tempo, concernente à teoria de que há de se buscar conciliação na aplicação da nova regra em face das consequências decorrentes da regra antiga.

III - nos contratos para a prestação de serviços nas instalações da Administração e de execução de obras, celebrados antes da entrada em vigor da Lei nº 12.440/2011.[292][293]

b) a comprovação de regularidade trabalhista via CNDT aplicar-se-á às contratações diretas (dispensáveis ou inexigíveis), haja vista tratar-se de documento habilitatório, notadamente nas contratações de serviços ou obras a serem executados nas instalações da Administração.

Todo quadro delineado demonstra a importância de que os aplicadores da lei estejam sempre atentos e conscientes dos motivos subjacentes às regras. Com total compreensão das intenções por trás das normas, há uma grande possibilidade de êxito não apenas na elaboração de um edital correto, mas também na manutenção de uma atuação proativa, em prol do interesse público.

5.28 Cumprimento do disposto no inciso XXXIII do art. 7º da Constituição Federal

O art. 7º da CF lista os direitos dos trabalhadores urbanos e rurais e tantos outros que visam à melhoria da condição social. O inc. XXXIII registra como um desses direitos a proibição de trabalho noturno, perigoso ou insalubre a menores de dezoito e de qualquer trabalho a menores de dezesseis anos, salvo na condição de aprendiz, a partir de quatorze anos.

Dessa forma, a Nova Lei estabelece como habilitação social a demonstração de que a empresa interessada em celebrar contrato com a Administração está em conformidade com a determinação constitucional.

Na lei anterior, consideramos despropositado o mandamento:

> Apresso-me em avaliar as consequências [...]: qual seria a documentação a ser apresentada? Uma certidão emitida talvez pelo Ministério

---

[292] Essa verificação limitar-se-ia aos empregados das empresas contratadas que estivessem efetivamente laborando nas instalações da Administração.

[293] Com entendimento diverso, Karina Costa: "A inserção da solicitação da CNDT nos contratos administrativos deverá ter apenas efeitos *ex nunc*, isto é, para os novos contratos que vierem a ser celebrados após a entrada em vigor da exigência habilitatória, visto que seria deveras irrazoável solicitar aos órgãos e entidades da Administração Pública o retrocesso do momento habilitatório dos contratos já celebrados" (COSTA, Karina Amorim Sampaio. Considerações sobre as alterações na Lei nº 8.666/1993. *Informático Fórum Jacoby de Gestão Pública*, Belo Horizonte, ano 4, n. 887, 2011).

do Trabalho ou pela Caixa Econômica Federal? [...] Parece que, para o atendimento a este mandamento, se faz necessário tão somente uma declaração, tal como se procede para o caso de existência de fato superveniente impeditivo de contratação. [...]. Destarte, o agente público não se encontra obrigado a solicitar toda a documentação elencada [...]. Faz-se imprescindível que ele sopese, numa análise minuciosa, ciente do objeto pretendido, para agilizar o procedimento ao máximo, somente solicitando documentos realmente necessários. Interessante observar que a lei dá tratamento diferenciado para cada documentação. [...] A nosso ver, de um jeito ou de outro, há a vedação de exceder-se do prescrito e está autorizada a solicitação inferior. Evidentemente, alguns documentos o agente público não tem como afastar (exemplo: decreto de autorização de funcionamento de empresa estrangeira no país, CGC da empresa, etc.), mas, com exceção destes, reafirmamos que, caso o objeto demonstre a desnecessidade, nada obriga ao agente público a solicitar. E ainda: poderá a Administração deixar de exigir todos os documentos previstos, atendendo à simplicidade do objeto a ser licitado, porém não poderá exigir além do previsto na lei, sob pena de exceder-se no exercício do dever geral de licitar e sujeitar-se à invalidação da exigência indevida, mantidas apenas aquelas que se compatibilizarem com a provisão. Nesse passo, invariavelmente, só podemos vislumbrar uma saída para tão malfadada regra geral: o total esquecimento. Diferentemente das tais leis ou regras que 'não pegam', apesar de postas, esse caso, por força da própria lei, merece o descaso da Administração Pública, por desditosa e sem lógica, adotando-se o critério legal da não solicitação.[294]

Da mesma forma, a assertiva de Rigolin:

O edital não precisará consignar nenhuma exigência de demonstração, pelos licitantes, de que atendem ao disposto no art. 7º, inc. XXXIII, da Constituição. Tal qual quanto a todos os demais possíveis requisitos do edital em matéria de habilitação, [...] a exigência passa a ser apenas permitida ao edital, jamais obrigatória. [...] Aconselhamos vivamente a todos os elaboradores de edital não colocarem jamais no edital a exigência. Assim estarão dando prova de elevado descortino administrativo, deixando de prestigiar uma lei simplesmente ridícula, e que fazia tanta falta ao ordenamento jurídico brasileiro quanto uma tuberculose.[295]

---

[294] BITTENCOURT, Sidney. O que tem o menor de idade a ver com as licitações? A despropositada alteração da Lei nº 8.666/93 pela Lei nº 9.854, de 27.10.1999. *Direito Administrativo, Contabilidade e Administração Pública,* [*s. l.*], v. 3, n. 12, 1999.

[295] RIGOLIN, Ivan Barbosa. O excitante problema dos menores de idade nas licitações. A Lei nº 9.854, de 27.10.1999, não haverá o que fazer em Brasília? *Direito Administrativo, Contabilidade e Administração Pública,* [*s. l.*], v. 4, n. 1, jan. 2000.

Tentando encontrar sentido na medida, Torres e Dotti se empenharam na formulação de uma explicação plausível:

> A declaração não quer aferir se o licitante tem condições de bem executar o objeto da licitação (como as exigidas para comprovar a habilitação jurídica, a regularidade fiscal, a qualificação técnica e/ou econômico-financeira). Trata-se de medida de política pública de proteção ao trabalho do menor, e pode ser eficaz no sentido de desestimular o empregador a infringir a proibição; incentiva-o a abandonar tal conduta, ou a regularizá-la, se nela incidir; vincula o declarante a seus termos, repercutindo na esfera do direito penal, caso apurada a sua falsidade.[296]

Nesse passo, a título de regulamentar a matéria, e considerando a falta de instrumentos práticos para implementação da exigência, o elaborador do Decreto federal nº 4.358/2002 não teve alternativa que não fosse a simplificação do processo, estabelecendo que o cumprimento da exigência se dará por meio de mera declaração firmada pelo licitante, seguindo o modelo anexo ao ato regulamentador, a ser apresentada no envelope de documentação de habilitação.

Sobre o assunto, anote-se o ENUNCIADO 9 – CONSELHO DE JUSTIÇA FEDERAL, aprovado no 1º Simpósio de Licitações e Contratos da Justiça Federal, ocorrido em 16 e 17.08.2022:

> Em sede de diligência, o agente de contratação poderá realizar, de ofício, consultas junto aos sítios eletrônicos e às bases de dados oficiais para verificação do atendimento de condições de habilitação do licitante, inclusive no tocante a documentos eventualmente não apresentados. (Inciso VI do art. 12; §3º do art. 67; §1º do art. 68 e art. 87, todos da Lei n. 14.133/2021).

Com relação à habilitação trabalhista, relembra-se, como comentado anteriormente, que o inc. VI do art. 14 proibiu a contratação de pessoa física ou jurídica que, nos cinco anos anteriores à divulgação do edital licitatório, tenha sido condenada judicialmente, com trânsito em julgado, por exploração de trabalho infantil, por submissão de trabalhadores a condições análogas às de escravo ou por contratação de adolescentes nos casos vedados pela legislação trabalhista.

---

296 PEREIRA JÚNIOR, Jessé Torres; DOTTI, Marinês Restelatto. Ilicitude de condições restritivas da participação em licitações, impostas por atos convocatórios. *Fórum de Contratação e Gestão Pública*, Belo Horizonte, ano 9, n. 97, 2010.

A título de conclusão, e considerando tudo que foi exposto, flagrante está que as habilitações social e trabalhista estão intrinsecamente ligadas ao desenvolvimento sustentável no que tange às licitações e contratações públicas, pois garantem que as empresas participantes estejam em conformidade com as normas trabalhistas e sociais, promovendo, como pano de fundo, um ambiente de trabalho justo e respeitando os direitos dos trabalhadores. Ao assegurar que as empresas estejam regularizadas e cumpram suas obrigações sociais e trabalhistas, o Poder Público, por intermédio das licitações, incentiva práticas empresariais responsáveis contribuidoras para o bem-estar social e a sustentabilidade, incluindo o combate ao trabalho infantil e escravo, a promoção da igualdade de gênero e a valorização de condições dignas de trabalho.

Seção II
Da Inexigibilidade de Licitação

Art. 74. É inexigível a licitação quando inviável a competição, em especial nos casos de:

I - aquisição de materiais, de equipamentos ou de gêneros ou contratação de serviços que só possam ser fornecidos por produtor, empresa ou representante comercial exclusivos;

II - contratação de profissional do setor artístico, diretamente ou por meio de empresário exclusivo, desde que consagrado pela crítica especializada ou pela opinião pública;

III - contratação dos seguintes serviços técnicos especializados de natureza predominantemente intelectual com profissionais ou empresas de notória especialização, vedada a inexigibilidade para serviços de publicidade e divulgação:

a) estudos técnicos, planejamentos, projetos básicos ou projetos executivos;

b) pareceres, perícias e avaliações em geral;

c) assessorias ou consultorias técnicas e auditorias financeiras ou tributárias;

d) fiscalização, supervisão ou gerenciamento de obras ou serviços;

e) patrocínio ou defesa de causas judiciais ou administrativas;

f) treinamento e aperfeiçoamento de pessoal;

g) restauração de obras de arte e de bens de valor histórico;

h) controles de qualidade e tecnológico, análises, testes e ensaios de campo e laboratoriais, instrumentação e monitoramento de parâmetros específicos de obras e do meio ambiente e demais serviços de engenharia que se enquadrem no disposto neste inciso;

IV - objetos que devam ou possam ser contratados por meio de credenciamento;

V - aquisição ou locação de imóvel cujas características de instalações e de localização tornem necessária sua escolha.

§1º Para fins do disposto no inciso I do *caput* deste artigo, a Administração deverá demonstrar a inviabilidade de competição mediante atestado de exclusividade, contrato de exclusividade, declaração do fabricante ou outro documento idôneo capaz de comprovar que o objeto é fornecido ou prestado por produtor, empresa ou representante comercial exclusivos, vedada a preferência por marca específica.

§2º Para fins do disposto no inciso II do *caput* deste artigo, considera-se empresário exclusivo a pessoa física ou jurídica que possua contrato, declaração, carta ou outro documento que ateste a exclusividade permanente e contínua de representação, no País ou em Estado específico, do profissional do setor artístico, afastada a possibilidade de contratação direta por inexigibilidade por meio de empresário com representação restrita a evento ou local específico.

§3º Para fins do disposto no inciso III do *caput* deste artigo, considera-se de notória especialização o profissional ou a empresa cujo conceito no campo de sua especialidade, decorrente de desempenho anterior, estudos, experiência, publicações, organização, aparelhamento, equipe técnica ou outros requisitos relacionados com suas atividades, permita inferir que o seu trabalho é essencial e reconhecidamente adequado à plena satisfação do objeto do contrato.

III - justificativas que demonstrem a singularidade do imóvel a ser comprado ou locado pela Administração e que evidenciem vantagem para ela.

Às vezes ouço passar o vento;
e só de ouvir o vento passar, vale a pena ter nascido.
(Fernando Pessoa)

5.29 Artigo 74 – Inciso III – Inexigibilidade de licitação para contratação de:

- Serviço de restauração de obra de arte (alínea "g")
- Serviços de controle de qualidade e tecnológico de obras e do meio ambiente (alínea "h")

O Capítulo VIII, intitulado "Da Contratação Direta", aborda as contratações realizadas pela Administração Pública sem a necessidade de instaurar um processo licitatório. O termo "contratação direta" evidencia a eliminação do processo competitivo habitual, possibilitando que a Administração selecione diretamente o fornecedor ou prestador de serviços que atenda de forma mais adequada aos critérios estabelecidos para cada situação. Tal como na legislação anterior, a Lei nº 14.133/2021 classificou as contratações diretas em duas categorias: inexigibilidade e dispensa de licitação.

Inexigibilidade de licitação refere-se aos casos em que a concorrência é inviável; já a dispensa de licitação se dá quando há previsão legal para que o processo de licitação seja dispensado, seja por valores baixos, situações de urgência, ou em casos específicos onde a competição licitatória seria desnecessária ou desproporcional.

Em comparação com a legislação anterior, o legislador optou por alterar a ordem de apresentação, priorizando inicialmente os documentos que compõem o processo de contratação direta, listados no art. 72, para depois abordar as situações de inexigibilidade de licitação e os casos de licitações dispensáveis, conforme disposto nos arts. 74 e 75.

Assim, para todas as situações de contratação direta (seja por inexigibilidade ou por dispensa de licitação), é imprescindível que o processo de contratação direta seja devidamente instruído com os documentos previstos no art. 72 da Lei, a saber:

a) documento de formalização de demanda e, se for o caso, estudo técnico preliminar, análise de riscos, termo de referência, projeto básico ou projeto executivo;
b) estimativa de despesa, que deverá ser calculada na forma estabelecida no art. 23 da Lei (verificar com atenção o §4º);[297]

---

[297] "Art. 23. O valor previamente estimado da contratação deverá ser compatível com os valores praticados pelo mercado, considerados os preços constantes de bancos de dados públicos e as quantidades a serem contratadas, observadas a potencial economia de escala e as peculiaridades do local de execução do objeto.
§1º No processo licitatório para aquisição de bens e contratação de serviços em geral, conforme regulamento, o valor estimado será definido com base no melhor preço aferido por meio da utilização dos seguintes parâmetros, adotados de forma combinada ou não:
I - composição de custos unitários menores ou iguais à mediana do item correspondente no painel para consulta de preços ou no banco de preços em saúde disponíveis no Portal Nacional de Contratações Públicas (PNCP);
II - contratações similares feitas pela Administração Pública, em execução ou concluídas no período de 1 (um) ano anterior à data da pesquisa de preços, inclusive mediante sistema de registro de preços, observado o índice de atualização de preços correspondente;
III - utilização de dados de pesquisa publicada em mídia especializada, de tabela de referência formalmente aprovada pelo Poder Executivo federal e de sítios eletrônicos especializados ou de domínio amplo, desde que contenham a data e hora de acesso [...].
IV - pesquisa direta com no mínimo 3 (três) fornecedores, mediante solicitação formal de cotação, desde que seja apresentada justificativa da escolha desses fornecedores e que não tenham sido obtidos os orçamentos com mais de 6 (seis) meses de antecedência da data de divulgação do edital;
V - pesquisa na base nacional de notas fiscais eletrônicas, na forma de regulamento.
§2º No processo licitatório para contratação de obras e serviços de engenharia, conforme regulamento, o valor estimado, acrescido do percentual de Benefícios e Despesas Indiretas (BDI) de referência e dos Encargos Sociais (ES) cabíveis, será definido por meio da utilização de parâmetros na seguinte ordem:
I - composição de custos unitários menores ou iguais à mediana do item correspondente do Sistema de Custos Referenciais de Obras (Sicro), para serviços e obras de infraestrutura de transportes, ou do Sistema Nacional de Pesquisa de Custos e Índices de Construção Civil (Sinapi), para as demais obras e serviços de engenharia;
II - utilização de dados de pesquisa publicada em mídia especializada, de tabela de referência formalmente aprovada pelo Poder Executivo federal e de sítios eletrônicos especializados ou de domínio amplo, desde que contenham a data e a hora de acesso;
III - contratações similares feitas pela Administração Pública, em execução ou concluídas no período de 1 (um) ano anterior à data da pesquisa de preços, observado o índice de atualização de preços correspondente;

c) parecer jurídico e pareceres técnicos, se for o caso, que demonstrem o atendimento dos requisitos exigidos;
d) demonstração da compatibilidade da previsão de recursos orçamentários com o compromisso a ser assumido;
e) comprovação de que o contratado preenche os requisitos de habilitação e qualificação mínima necessária;
f) razão da escolha do contratado;
g) justificativa de preço; e
h) autorização da autoridade competente.

E mais: de acordo com o parágrafo único deste art. 72, o ato que autoriza a contratação direta ou o extrato decorrente do contrato deverá ser divulgado e mantido à disposição do público em sítio eletrônico oficial.

Na hipótese de contratação direta indevida ocorrida com dolo, fraude ou erro grosseiro, o art. 73 sinaliza que o contratado e o agente público responsável responderão solidariamente pelo dano causado ao erário, sem prejuízo de outras sanções legais cabíveis.

Certo é que, ainda que a supremacia do interesse público alicerce a exigência de licitação para contratações da Administração Pública, é inegável a existência de situações nas quais a competição licitatória se mostra impossível ou, ainda que factível, se estabelecida, certamente frustrará o interesse público almejado.

IV - pesquisa na base nacional de notas fiscais eletrônicas, na forma de regulamento.
§3º Nas contratações realizadas por Municípios, Estados e Distrito Federal, desde que não envolvam recursos da União, o valor previamente estimado da contratação, a que se refere o *caput* deste artigo, poderá ser definido por meio da utilização de outros sistemas de custos adotados pelo respectivo ente federativo.
§4º Nas contratações diretas por inexigibilidade ou por dispensa, quando não for possível estimar o valor do objeto na forma estabelecida nos §§1º, 2º e 3º deste artigo, o contratado deverá comprovar previamente que os preços estão em conformidade com os praticados em contratações semelhantes de objetos de mesma natureza, por meio da apresentação de notas fiscais emitidas para outros contratantes no período de até 1 (um) ano anterior à data da contratação pela Administração, ou por outro meio idôneo.
§5º No processo licitatório para contratação de obras e serviços de engenharia sob os regimes de contratação integrada ou semi-integrada, o valor estimado da contratação será calculado nos termos do §2º deste artigo, acrescido ou não de parcela referente à remuneração do risco, e, sempre que necessário e o anteprojeto o permitir, a estimativa de preço será baseada em orçamento sintético, balizado em sistema de custo definido no inciso I do §2º deste artigo, devendo a utilização de metodologia expedita ou paramétrica e de avaliação aproximada baseada em outras contratações similares ser reservada às frações do empreendimento não suficientemente detalhadas no anteprojeto.
§6º Na hipótese do §5º deste artigo, será exigido dos licitantes ou contratados, no orçamento que compuser suas respectivas propostas, no mínimo, o mesmo nível de detalhamento do orçamento sintético referido no mencionado parágrafo."

Tratamos do tema em obra específica,[298] quando informamos que, nessas hipóteses, a Nova Lei, tal como a anterior, autoriza a adoção de procedimento diferenciado, com alterações de formalidades, advindo daí as contratações diretas sem licitação, através de inexigibilidades ou dispensas.

Tal como na lei pretérita, há três formas de contratação direta na Lei nº 14.133/2021:

- Licitação inexigível (art. 74);
- Licitação dispensável (art. 75); e
- Licitação dispensada (art. 76).

A grande maioria dos autores segue essa partição – embora existam alguns que considerem apenas a existência do *duo* dispensa e inexigibilidade.

Como cada hipótese deriva de situações diversas, não há como reconhecer que, em termos práticos, a qualificação tripartite é benéfica.

Na licitação dispensada (art. 76), intimamente ligada à alienação de bens públicos, a Administração figura, de regra, como "vendedora", enquanto, na licitação dispensável (art. 75), em posição oposta, atua como "compradora", isto é, na qualidade de "contratante" (adquirindo bens ou contratando a prestação de serviços ou a execução de obras). Na licitação inexigível (art. 74), o Poder Público também intenciona contratar, assumindo, nesse mister, posição idêntica à prevista na licitação dispensável.

Nos casos de licitação dispensável, mesmo sendo possível a competição licitatória, a lei autoriza a sua não realização, segundo critério de oportunidade e conveniência. Já nas hipóteses de licitação dispensada, a lei rejeita a realização do certame, não havendo margem para a discricionariedade da Administração.

Em resumo, diante de tudo o que foi apresentado, conclui-se que:

- Licitação inexigível é aquela em que a realização de licitação é inviável;
- Licitação dispensável é aquela em que a lei autoriza a contratação direta, sem a realização de licitação; e
- Licitação dispensada é aquela em que a lei determina a contratação direta, sem a realização de licitação.

Como preconiza a Carta Magna, a licitação pública é a ferramenta obrigatoriamente adotada pela Administração para oferecer oportunidades iguais a todos que com ela queiram contratar, sempre cotejando

---

[298] BITTENCOURT, Sidney. *Contratando sem licitação*: contração direta por dispensa ou inexigibilidade. 2. ed. Rio de Janeiro: Almedina, 2020.

propostas com o intuito de escolher a mais vantajosa ao interesse público. Nessa qualidade, a licitação pressupõe viabilidade de competição.

Assim, havendo comprovada inviabilidade dessa disputa, a licitação deixa de ter justificativa, resultando naturalmente nas situações em que a competição não é necessária. Essa lógica implica que, em casos em que não há possibilidade de competição, a exigência de um processo licitatório será desconsiderada, permitindo que a contratação ocorra de forma direta.

Nessa contextura, a inexigibilidade de licitação sempre decorrerá da inviabilidade de competição. Essa, inclusive, é a expressa indicação do *caput* do art. 74 da Nova Lei: "é inexigível a licitação quando inviável a competição". Clarificando a questão, Coelho Motta assenta que, nesse caso, a lei concebe a tese da licitação materialmente impossível.[299]

Destarte, nas situações enquadráveis em inexigibilidade, o dever de licitar, dada a impossibilidade fática de confronto, será totalmente afastado.

Como bem expõe Vareschini, a inviabilidade de competição aflora em função da ausência de pressupostos que autorizariam a instauração do certame, tendo em vista a ausência de pluralidade de sujeitos em condições de contratar ou da impossibilidade de se compararem bens heterogêneos, uma vez que, nesse caso, não haveria como estabelecer critérios objetivos de julgamento.[300] No mesmo passo, Juruena, ao ressaltar que, como um bem singular não pode ser oferecido por mais de uma pessoa, não haveria como viabilizar qualquer confronto.[301]

Já expendemos sobre o tema: "Essa inviabilidade de disputa advém da impossibilidade de confronto. Tal se dá porque o objeto é único ou singular, ou, ainda, em função da impossibilidade jurídica de competição".[302]

A impossibilidade de abertura de certame licitatório diferencia a inexigibilidade da dispensa, que consigna uma faculdade para o administrador público. Como explicita Zanella Di Pietro, nos casos de inexigibilidade não há possibilidade de competição, porque só existe um objeto ou uma pessoa que atenda às necessidades da Administração; a licitação é, portanto, inviável.[303]

---

299 MOTTA, Carlos Pinto Coelho. *Eficácia nas licitações e contratos*. 10. ed. Belo Horizonte: Del Rey, 2005.

300 VARESCHINI, Julieta Mendes Lopes. *Contratação Direta*. Curitiba: JML, 2014. v. 2.

301 SOUTO, Marcos Juruena Villela. *Direito Administrativo Contratual*. 3. ed. Rio de Janeiro: Lumen Juris, 2004.

302 BITTENCOURT, Sidney. *Licitações públicas para concursos*. 2. ed. Brasília: Leya; São Paulo: Alumnus, 2015.

303 DI PIETRO, Maria Sylvia Zanella. *Direito administrativo*. 14. ed. São Paulo: Atlas, 2002.

Do exposto, verifica-se que a inviabilidade de competição se aplica também aos casos em que se caracterize uma disputa inútil ou prejudicial ao interesse público.

Assim, a inviabilidade de competição pode derivar de inúmeras causas, todas em face da ausência de elementos necessários à licitação.

Nesse diapasão, são duas as espécies do gênero "inviabilidade licitatória": i) as que têm origem nas características do objeto pretendido; e ii) as que derivam das circunstâncias que envolvem o sujeito a ser contratado. Na primeira, muitos estariam aptos a atender ao objeto pretendido, mas a inviabilidade se daria quanto à peculiaridade que envolve o sujeito ou a atividade. Na segunda, haveria impossibilidade de confronto em função da existência de apenas um sujeito apto a executar o objeto.

Ao tratar da inexigibilidade licitatória, o legislador, após ressaltar o principal aspecto que a envolve (a inviabilidade de certame competitivo), fez constar, a título elucidativo, os mais tradicionais exemplos de situações com essas características, sem a preocupação de exauri-las. Tanto é que, ao traçar o texto do *caput* do dispositivo, registrou a expressão "em especial nos casos de", incutindo a não taxatividade das hipóteses elencadas.

Deflui-se, por conseguinte, que o *caput* do art. 74 tem função normativa independente, podendo uma contratação direta nele fundar-se exclusivamente, sem a necessidade de enquadramento em qualquer um dos incisos que, como explicitado, apenas exemplificam alguns casos passíveis de enquadramento.

Mas não se diga que os incisos exemplificativos não possuem importância, porquanto detêm função restritiva, estabelecendo requisitos e pressupostos de admissibilidade da contratação direta nos casos previstos.[304]

Destarte, o dispositivo exemplifica os seguintes casos, nos incisos I a V:

- Aquisição de materiais, de equipamentos ou de gêneros ou contratação de serviços que só possam ser fornecidos por produtor, empresa ou representante comercial exclusivos (inc. I);
- Contratação de profissional do setor artístico, diretamente ou por meio de empresário exclusivo, desde que consagrado pela crítica especializada ou pela opinião pública (inc. II);

---

304 JUSTEN FILHO, Marçal. *Comentários à Lei de Licitações e Contratos Administrativos*. 12. ed. São Paulo: Dialética, 2008.

- Contratação dos seguintes serviços técnicos especializados de natureza predominantemente intelectual com profissionais ou empresas de notória especialização, vedada a inexigibilidade para serviços de publicidade e divulgação (inc. III):
  - Estudos técnicos, planejamentos, projetos básicos ou projetos executivos (al. "a");
  - Pareceres, perícias e avaliações em geral (al. "b");
  - Assessorias ou consultorias técnicas e auditorias financeiras ou tributárias (al. "c");
  - Fiscalização, supervisão ou gerenciamento de obras ou serviços (al. "d");
  - Patrocínio ou defesa de causas judiciais ou administrativas (al. "e");
  - Treinamento e aperfeiçoamento de pessoal (al. "f");
  - Restauração de obras de arte e de bens de valor histórico (al. "g");
  - Controles de qualidade e tecnológico, análises, testes e ensaios de campo e laboratoriais, instrumentação e monitoramento de parâmetros específicos de obras e do meio ambiente e demais serviços de engenharia que se enquadrem no disposto neste inciso (al. "h");
- Objetos que devam ou possam ser contratados por meio de credenciamento (in. IV); e
- Aquisição ou locação de imóvel cujas características de instalações e de localização tornem necessária a sua escolha (inc. V).

Entre as diversas atividades listadas, duas se destacam pela sua relevância direta ao desenvolvimento sustentável: a contratação dos seguintes serviços técnicos especializados de natureza predominantemente intelectual com profissionais ou empresas de notória especialização[305] para a execução:

[305] Inicialmente, há de se averiguar os requisitos para o enquadramento:
a) o serviço deve ser técnico especializado de natureza predominantemente intelectual;
b) o serviço técnico-profissional pretendido deve constar no elenco de serviços enumerados; e
c) a sua prestação deverá ser realizada por profissional ou empresa de notória especialização (com o amoldamento do profissional ou da empresa nas formas de notória especialização estabelecidas no §3º, qual seja, deterem conceito no campo de sua especialidade, decorrente de desempenho anterior, estudos, experiência, publicações, organização, aparelhamento, equipe técnica ou outros requisitos relacionados com suas atividades, permita inferir que seu trabalho é essencial e reconhecidamente adequado à plena satisfação do objeto do contrato).

- de serviços de restauração de obras de arte e de bens de valor histórico (inc. III, al. "g"); e
- para os serviços de controle de qualidade e tecnológico, que envolvem análises, testes e ensaios em campo e laboratoriais, instrumentação e monitoramento de parâmetros específicos relacionados a obras e ao meio ambiente, incluindo-se outros serviços de engenharia que se enquadrem nesses conceitos (inc. III, al. "h").

Uma envolve trabalhos que promovem a preservação e valorização de patrimônios históricos e culturais, e o outra abrange serviços que assegurem a segurança, a qualidade e a sustentabilidade ambiental em obras de infraestrutura e em projetos de desenvolvimento.

A restauração de obras de arte e de bens de valor histórico requer a implementação de trabalhos voltados para a preservação de um objeto de relevância, com a meta de impedir sua degradação e devolvê-lo ao seu estado original. É curial, nessa circunstância, que exista uma característica técnica que impeça que o trabalho seja realizado por qualquer profissional, até mesmo em face da singularidade da obra a ser recuperada.

> A restauração consiste na série de medidas necessárias a preservar objetos valiosos para que não percam seu aspecto ou caráter original. É evidente que a Lei cuida somente de bens valiosos, e não de restaurações comuns, que podem ser tidas como reparo; a diferenciação residirá tanto na especialidade do bem quanto na técnica de restauração. Assim, é diferente o serviço de substituição ou reparo em uma moldura de um quadro, não integrante do original, e a restauração da própria pintura original, atividade muito mais complexa, que demanda conhecimentos muito específicos.[306]

Esse processo não só requererá conhecimentos especializados e habilidades adequadas, mas também deverá ser realizado de maneira sustentável, levando em conta o uso responsável de recursos e técnicas que, se for o caso, minimizem o impacto ambiental.

Nesse diapasão, deverá ser assegurado que o objeto não apenas recuperará seu valor cultural e histórico, mas também que manterá sua integridade ao longo de toda a intervenção, promovendo uma abordagem que respeite tanto o patrimônio quanto o meio ambiente.

---

[306] OLIVEIRA, José Carlos de. Licitação: Dispensa, Inexigibilidade, Serviços Técnicos e Especializados. *Acervo Digital Unesp*, [*s. l.*], 9 out. 2012.

Aliás, para tal contratação, seria altamente recomendável consultar o Instituto do Patrimônio Histórico e Artístico Nacional (IPHAN), especialmente quando se tratar de obras de arte tombadas ou consideradas patrimônio cultural. Como entidade responsável pela preservação do patrimônio cultural brasileiro, o IPHAN poderá fornecer orientações técnicas, validar a competência dos profissionais e até fiscalizar o processo de restauração, o que garantiria procedimentos com as melhores práticas e respeito ao valor histórico e cultural da obra, preservando sua integridade. Além disso, a consulta ao IPHAN seria uma medida prudente para assegurar o cumprimento das normas de preservação e fortalecer a transparência e a conformidade legal do processo. E mais: o IPHAN poderia ajudar a garantir a adoção de métodos apropriados, respeitando técnicas e abordagens que preservem o patrimônio e o meio ambiente.

Nesse sentido, a assertiva de Fábio Oliveira:

> No que se refere à razão da escolha do executante, aqui desempenha relevante papel o Corpo Técnico de Servidores do IPHAN, que irá auxiliar o gestor na tomada de decisão, agregando argumentos técnicos quanto à necessária motivação acerca do enquadramento do caso à dispensa, à inexigibilidade ou, quando não verificada a possibilidade de contratação direta, a imprescindível realização da licitação pública.[307]

De idêntica forma, em nível estadual ou municipal, o apoio de órgãos locais de patrimônio também seria recomendável, com o fornecimento de suporte técnico e fiscalização no respeito às diretrizes de conservação.

Interessante observar que a alínea "k" do inc. IV do art. 75, que aborda a dispensa de licitação, considera dispensável o certame para a contratação voltada à aquisição ou restauração de obras de arte e objetos históricos com autenticidade certificada, desde que inerente às finalidades do órgão ou com elas compatível. Embora essa situação se assemelhe à figura legal da inexigibilidade de licitação, há diferenças importantes, especialmente em relação à inviabilidade de competição e da necessidade de envolver serviço técnico profissional especializado de notória especialização, situação que reforça a necessidade de um conhecimento aprofundado e específico para garantir a qualidade e a autenticidade das obras restauradas.

---

[307] OLIVEIRA, Fabio Corrêa de. Licitações Destinadas à Restauração de Obras de Arte e Bens de Valor Histórico. *Revista da AGU*, [*s. l.*], v. 9, n. 3, 2017.

Da mesma maneira, o extenso conjunto de serviços descritos na alínea "h" – controles de qualidade e tecnológicos, análises, testes e ensaios de campo e laboratoriais, instrumentação e monitoramento de parâmetros específicos de obras e do meio ambiente, além de outros serviços de engenharia – tem como objetivo controlar e monitorar o desempenho em obras, avaliando conformidades com modelos específicos e critérios de sustentabilidade. O que se busca é que tais serviços não só garantam que obras e projetos atendam às exigências de qualidade, eficiência e segurança, mas também assegurem a preservação ambiental, promovendo o uso responsável dos recursos naturais, contribuindo para a integridade dos resultados e para o cumprimento das normas estabelecidas, alinhando-se aos princípios do desenvolvimento sustentável.

Bonatto e Costa[308] trazem, a título de exemplo, o serviço de sondagem, que envolve um conjunto de técnicas para investigar características do solo e subsolo cruciais para projetos de engenharia, geologia e arqueologia, podendo, em função disso, ser classificado como serviço técnico especializado, pois à necessidade de conhecimento profissional.

A complexidade e o propósito específico da sondagem determinarão se ela é de natureza predominantemente intelectual. Sondagens complexas, como as realizadas para grandes obras ou estudos ambientais, exigem análise detalhada dos dados e conhecimento aprofundado. Já as sondagens mais rotineiras e padronizadas, que seguem procedimentos estabelecidos, não requerem análises tão profundas e são consideradas menos complexas. Assim, a qualificação de uma sondagem depende do contexto e dos objetivos específicos de sua aplicação, garantindo que os projetos atendam às exigências de qualidade, eficiência e segurança, além de promover a preservação ambiental.

Em função de envolverem serviços técnicos especializados de natureza predominantemente intelectual com profissionais ou empresas de notória especialização, a lei dispôs que, nesses casos, é vedada a subcontratação de empresas ou a atuação de profissionais distintos daqueles que tenham justificado a inexigibilidade (§4º).

308 BONATTO, Hamilton; COSTA, Rafael. Licitação de serviços técnicos de natureza predominantemente intelectual. *Consultor Jurídico*, [s. l.], 28 mar. 2024.

Art. 75. É dispensável a licitação:

I - para contratação que envolva valores inferiores a R$ 100.000,00 (cem mil reais), no caso de obras e serviços de engenharia ou de serviços de manutenção de veículos automotores;

II - para contratação que envolva valores inferiores a R$ 50.000,00 (cinquenta mil reais), no caso de outros serviços e compras;

III - para contratação que mantenha todas as condições definidas em edital de licitação realizada há menos de 1 (um) ano, quando se verificar que naquela licitação;

a) não surgiram licitantes interessados ou não foram apresentadas propostas válidas;

b) as propostas apresentadas consignaram preços manifestamente superiores aos praticados no mercado ou incompatíveis com os fixados pelos órgãos oficiais competentes;

IV - para contratação que tenha por objeto:

a) bens, componentes ou peças de origem nacional ou estrangeira necessários à manutenção de equipamentos, a serem adquiridos do fornecedor original desses equipamentos durante o período de garantia técnica, quando essa condição de exclusividade for indispensável para a vigência da garantia;

b) bens, serviços, alienações ou obras, nos termos de acordo internacional específico aprovado pelo Congresso Nacional, quando as condições ofertadas forem manifestamente vantajosas para a Administração;

c) produtos para pesquisa e desenvolvimento, limitada a contratação, no caso de obras e serviços de engenharia, ao valor de R$ 300.000,00 (trezentos mil reais);

d) transferência de tecnologia ou licenciamento de direito de uso ou de exploração de criação protegida, nas contratações realizadas por instituição científica, tecnológica e de inovação (ICT) pública ou por agência de fomento, desde que demonstrada vantagem para a Administração;

e) hortifrutigranjeiros, pães e outros gêneros perecíveis, no período necessário para a realização dos processos licitatórios correspondentes, hipótese em que a contratação será realizada diretamente com base no preço do dia;

f) bens ou serviços produzidos ou prestados no País que envolvam, cumulativamente, alta complexidade tecnológica e defesa nacional;

g) materiais de uso das Forças Armadas, com exceção de materiais de uso pessoal e administrativo, quando houver necessidade de manter a padronização requerida pela estrutura de apoio logístico dos meios navais, aéreos e terrestres, mediante autorização por ato do comandante da força militar;

h) bens e serviços para atendimento dos contingentes militares das forças singulares brasileiras empregadas em operações de paz no exterior, hipótese

em que a contratação deverá ser justificada quanto ao preço e à escolha do fornecedor ou executante e ratificada pelo comandante da força militar;
i) abastecimento ou suprimento de efetivos militares em estada eventual de curta duração em portos, aeroportos ou localidades diferentes de suas sedes, por motivo de movimentação operacional ou de adestramento;
j) coleta, processamento e comercialização de resíduos sólidos urbanos recicláveis ou reutilizáveis, em áreas com sistema de coleta seletiva de lixo, realizados por associações ou cooperativas formadas exclusivamente de pessoas físicas de baixa renda reconhecidas pelo poder público como catadores de materiais recicláveis, com o uso de equipamentos compatíveis com as normas técnicas, ambientais e de saúde pública;
k) aquisição ou restauração de obras de arte e objetos históricos, de autenticidade certificada, desde que inerente às finalidades do órgão ou com elas compatível;
l) serviços especializados ou aquisição ou locação de equipamentos destinados ao rastreamento e à obtenção de provas previstas nos incisos II e V do *caput* do art. 3º da Lei nº 12.850, de 2 de agosto de 2013, quando houver necessidade justificada de manutenção de sigilo sobre a investigação;
m) aquisição de medicamentos destinados exclusivamente ao tratamento de doenças raras definidas pelo Ministério da Saúde;
V - para contratação com vistas ao cumprimento do disposto nos arts. 3º, 3º-A, 4º, 5º e 20 da Lei nº 10.973, de 2 de dezembro de 2004, observados os princípios gerais de contratação constantes da referida Lei;
VI - para contratação que possa acarretar comprometimento da segurança nacional, nos casos estabelecidos pelo Ministro de Estado da Defesa, mediante demanda dos comandos das Forças Armadas ou dos demais ministérios;
VII - nos casos de guerra, estado de defesa, estado de sítio, intervenção federal ou de grave perturbação da ordem;
VIII - nos casos de emergência ou de calamidade pública, quando caracterizada urgência de atendimento de situação que possa ocasionar prejuízo ou comprometer a continuidade dos serviços públicos ou a segurança de pessoas, obras, serviços, equipamentos e outros bens, públicos ou particulares, e somente para aquisição dos bens necessários ao atendimento da situação emergencial ou calamitosa e para as parcelas de obras e serviços que possam ser concluídas no prazo máximo de 1 (um) ano, contado da data de ocorrência da emergência ou da calamidade, vedadas a prorrogação dos respectivos contratos e a recontratação de empresa já contratada com base no disposto neste inciso;
IX - para a aquisição, por pessoa jurídica de direito público interno, de bens produzidos ou serviços prestados por órgão ou entidade que integrem a Administração Pública e que tenham sido criados para esse fim específico,

desde que o preço contratado seja compatível com o praticado no mercado;
X - quando a União tiver que intervir no domínio econômico para regular preços ou normalizar o abastecimento;
XI - para celebração de contrato de programa com ente federativo ou com entidade de sua Administração Pública indireta que envolva prestação de serviços públicos de forma associada nos termos autorizados em contrato de consórcio público ou em convênio de cooperação;
XII - para contratação em que houver transferência de tecnologia de produtos estratégicos para o Sistema Único de Saúde (SUS), conforme elencados em ato da direção nacional do SUS, inclusive por ocasião da aquisição desses produtos durante as etapas de absorção tecnológica, e em valores compatíveis com aqueles definidos no instrumento firmado para a transferência de tecnologia;
XIII - para contratação de profissionais para compor a comissão de avaliação de critérios de técnica, quando se tratar de profissional técnico de notória especialização;
XIV - para contratação de associação de pessoas com deficiência, sem fins lucrativos e de comprovada idoneidade, por órgão ou entidade da Administração Pública, para a prestação de serviços, desde que o preço contratado seja compatível com o praticado no mercado e os serviços contratados sejam prestados exclusivamente por pessoas com deficiência;
XV - para contratação de instituição brasileira que tenha por finalidade estatutária apoiar, captar e executar atividades de ensino, pesquisa, extensão, desenvolvimento institucional, científico e tecnológico e estímulo à inovação, inclusive para gerir administrativa e financeiramente essas atividades, ou para contratação de instituição dedicada à recuperação social da pessoa presa, desde que o contratado tenha inquestionável reputação ética e profissional e não tenha fins lucrativos;
XVI - para aquisição, por pessoa jurídica de direito público interno, de insumos estratégicos para a saúde produzidos por fundação que, regimental ou estatutariamente, tenha por finalidade apoiar órgão da Administração Pública direta, sua autarquia ou fundação em projetos de ensino, pesquisa, extensão, desenvolvimento institucional, científico e tecnológico e de estímulo à inovação, inclusive na gestão administrativa e financeira necessária à execução desses projetos, ou em parcerias que envolvam transferência de tecnologia de produtos estratégicos para o SUS, nos termos do inciso XII deste caput, e que tenha sido criada para esse fim específico em data anterior à entrada em vigor desta Lei, desde que o preço contratado seja compatível com o praticado no mercado; (Redação dada pela Lei nº 14.628, de 2023)
§1º Para fins de aferição dos valores que atendam aos limites referidos nos incisos I e II do caput deste artigo, deverão ser observados:
I - o somatório do que for despendido no exercício financeiro pela respectiva unidade gestora;

II - o somatório da despesa realizada com objetos de mesma natureza, entendidos como tais aqueles relativos a contratações no mesmo ramo de atividade.

§2º Os valores referidos nos incisos I e II do caput deste artigo serão duplicados para compras, obras e serviços contratados por consórcio público ou por autarquia ou fundação qualificadas como agências executivas na forma da lei.

§3º As contratações de que tratam os incisos I e II do caput deste artigo serão preferencialmente precedidas de divulgação de aviso em sítio eletrônico oficial, pelo prazo mínimo de 3 (três) dias úteis, com a especificação do objeto pretendido e com a manifestação de interesse da Administração em obter propostas adicionais de eventuais interessados, devendo ser selecionada a proposta mais vantajosa.

§4º As contratações de que tratam os incisos I e II do caput deste artigo serão preferencialmente pagas por meio de cartão de pagamento, cujo extrato deverá ser divulgado e mantido à disposição do público no Portal Nacional de Contratações Públicas (PNCP).

§5º A dispensa prevista na alínea "c" do inciso IV do caput deste artigo, quando aplicada a obras e serviços de engenharia, seguirá procedimentos especiais instituídos em regulamentação específica.

§6º Para os fins do inciso VIII do *caput* deste artigo, considera-se emergencial a contratação por dispensa com objetivo de manter a continuidade do serviço público, e deverão ser observados os valores praticados pelo mercado na forma do art. 23 desta Lei e adotadas as providências necessárias para a conclusão do processo licitatório, sem prejuízo de apuração de responsabilidade dos agentes públicos que deram causa à situação emergencial.

§7º Não se aplica o disposto no §1º deste artigo às contratações de até R$ 8.000,00 (oito mil reais) de serviços de manutenção de veículos automotores de propriedade do órgão ou entidade contratante, incluído o fornecimento de peças.

Enfeite-se com margaridas e ternuras
E escove a alma com flores
Com leves fricções de esperança
De alma escovada e coração estouvado
Saia do quintal de si mesmo
E descubra o próprio jardim...
(Artur da Távola)

5.30 Artigo 75 – Inciso IV – Alínea "c" e Parágrafo 5º– Dispensa de licitação para contratação que tenha por objeto produtos para pesquisa e desenvolvimento

O art. 75 estabelece as hipóteses em que a licitação será considerada dispensável, isto é, as situações em que, mesmo sendo possível a competição licitatória, o diploma legal autoriza a sua não realização, segundo critérios de oportunidade e conveniência.

Na licitação dispensável, os fatos que justificam a contratação direta devem se adequar rigorosamente aos dispositivos legais específicos, atendendo a todos os requisitos neles estabelecidos. Não é permitido, em nenhuma hipótese, que o agente público exerça qualquer criatividade ou discricionariedade ao aplicar essas normas. As circunstâncias que autorizam a dispensa de licitação estão expressamente previstas na legislação, configurando um elenco fechado de hipóteses (denominado *numerus clausus).*

É importante salientar que, assim como nos casos de inexigibilidade de licitação, para todas as situações de dispensa de licitação é imprescindível que o processo de contratação direta seja devidamente instruído com os documentos previstos no art. 72 da Nova Lei, conforme antes mencionado.

Relembra-se ainda que o parágrafo único deste art. 72 estabelece que o ato que autoriza a contratação direta, bem como o extrato decorrente do contrato, deverá ser divulgado e mantido à disposição do público em sítio eletrônico oficial. Além disso, na hipótese de contratação direta indevida, ocorrida com dolo, fraude ou erro grosseiro, o art. 73 prevê que o contratado e o agente público responsável responderão solidariamente pelo dano causado ao erário, sem prejuízo de outras sanções legais cabíveis.

O inc. IV do art. 75 apresenta, distribuídas em 13 alíneas, diversas situações de dispensabilidade de licitação, nas quais o objeto constitui o motivo determinante.

Essa reunião de alíneas reflete a preocupação do legislador no sentido de agrupar num único bloco os objetos consagradores da função regulatória das contratações diretas, porquanto, além das medidas de regulação pela via legislativa, de certo há também a regulação por intermédio de medidas administrativas "todas as vezes que a satisfação do interesse público por meio da licitação (e do contrato) estiver em jogo".[309]

---

[309] FERRAZ, Luciano. Função regulatória da licitação. *Revista do Tribunal de Contas do Estado de Minas Gerais,* [s. *l.*], v. 72, n. 3, 2009.

A alínea "c" é a primeira a estabelecer uma conexão com o desenvolvimento sustentável. Ela dispõe sobre a possibilidade de dispensa de licitação nas contratações destinadas à aquisição de produtos para pesquisa e desenvolvimento, com a ressalva de que, no caso de obras e serviços de engenharia, o valor total da contratação não poderá ultrapassar R$ 376.353,48 (trezentos e setenta e seis mil trezentos e cinquenta e três reais e quarenta e oito centavos).[310]

A finalidade é fomentar o desenvolvimento científico, à pesquisa, à capacitação científica e tecnológica, e à inovação – atividades que, no Brasil, ainda apresentam resultados insatisfatórios, não por falta de competência dos nossos pesquisadores, mas, em grande parte, devido às dificuldades impostas por exigências burocráticas que, quando excessivas, acabam gerando disfunções e prejudicando as atividades reguladas.[311]

Uma primeira análise a ser feita é que o inciso não estabelece critérios específicos sobre a qualificação do contratante. Contudo, como anotou Ivan Rigolin, "o ente precisará demonstrar que a destinação do bem em aquisição será pesquisa e desenvolvimento, do modo como possa e como usualmente seja aceito, e nessa hipótese se afasta a licitabilidade".[312]

Nesse sentido, Jacoby *et al.* afirmam que conselhos de profissões regulamentadas (CONFEA, CREA, OAB, entre outros), bancos estaduais e federais, empresas de pesquisa, universidades, secretarias de governo, tribunais e órgãos do Poder Legislativo, enfim, qualquer órgão poderá ser contratante

> Se por um lado o dispositivo em comento [...] não restringiu a aplicação da norma, inevitavelmente o exame dos casos concretos levará a restringi-la. Efetivamente, em inspeções a serem promovidas pelos tribunais de contas, ou no bojo de processos que venham a ser submetidos ao exame do Poder Judiciário, deverá ficar subjacente a correlação entre a atividade de pesquisa científica ou tecnológica e a finalidade do órgão. Há de ver certa pertinência temática entre o objeto do contrato e a finalidade da instituição contratante.[313]

---

[310] Conforme atualização realizada pelo Decreto nº 12.343, de 30.12.2024.

[311] TORRES, Ronny Charles Lopes de. *Leis de licitações públicas comentadas*. 15. ed. Salvador: Juspodivm, 2024.

[312] RIGOLIN, Ivan Barbosa. Licitações: a nova lei. *Revista Síntese de Licitações, Contratos e Convênios*, [*s. l.*], n. 63, 2021.

[313] FERNANDES, Ana Luiza Jacoby; FERNANDES, Jorge Ulisses Jacoby; FERNANDES, Murilo Jacoby. *Contratação Direta sem Licitação na Nova Lei de Licitações*: Lei nº 14.133/2021. 11. ed. Belo Horizonte: Fórum, 2021.

De acordo com a Lei nº 13.243, de 11.01.2016 – o denominado Marco Legal da Ciência, Tecnologia e Inovação[314] – a intenção, ainda no âmbito da antiga Lei nº 8.666/1993, situação mantida na nova Lei de Licitações (Lei nº 14.133/2021), é estabelecer a possibilidade de dispensa licitatória para a contratação de produtos e serviços destinados à pesquisa e desenvolvimento.

Consigne-se, para deixar clara a regra de dispensa, que a citada Lei nº 13.243/2016 trouxe em seu bojo o conceito de produtos para pesquisa e desenvolvimento (PPD), dispondo que tais produtos envolvem os bens, insumos, serviços e obras necessários para atividade de pesquisa científica e tecnológica, desenvolvimento de tecnologia ou inovação tecnológica, discriminados em projeto de pesquisa, conceito repisado no inc. LV do art. 6º desta Nova Lei.

Atualmente, a política de incentivo à pesquisa tecnológica desempenha um papel fundamental na agenda econômica tanto de países desenvolvidos quanto de países emergentes.

Conforme disposto, se devidamente especificados pela Administração, além de bens e insumos, também serviços e obras poderão ser classificados como produtos para pesquisa e desenvolvimento.

A CF possui artigo dedicado ao tema, determinando o incentivo governamental nessa seara:

> Art. 218. O Estado promoverá e incentivará o desenvolvimento científico, a pesquisa e a capacitação tecnológicas.
>
> §1º - A pesquisa científica básica receberá tratamento prioritário do Estado, tendo em vista o bem público e o progresso das ciências.
>
> §2º - A pesquisa tecnológica voltar-se-á preponderantemente para a solução dos problemas brasileiros e para o desenvolvimento do sistema produtivo nacional e regional
>
> §3º - O Estado apoiará a formação de recursos humanos nas áreas de ciência, pesquisa e tecnologia, e concederá aos que delas se ocupem meios e condições especiais de trabalho.
>
> §4º - A lei apoiará e estimulará as empresas que invistam em pesquisa, criação de tecnologia adequada ao País, formação e aperfeiçoamento de seus recursos humanos e que pratiquem sistemas de remuneração que assegurem ao empregado, desvinculada do salário, participação nos ganhos econômicos resultantes da produtividade de seu trabalho.

[314] Pois dispõe sobre medidas para o incentivo à pesquisa, à inovação e ao desenvolvimento científico e tecnológico no ambiente produtivo, com vistas à capacitação tecnológica, o alcance da autonomia tecnológica e o desenvolvimento do sistema produtivo nacional e regional do País, de acordo com o estabelecido nos arts. 23, 24, 167, 200, 213, 218, 219 e 219-A da CF.

> §5º - É facultado aos Estados e ao Distrito Federal vincular parcela de sua receita orçamentária a entidades públicas de fomento ao ensino e à pesquisa científica e tecnológica.

Portanto, a dispensa de licitação se justifica pelas peculiaridades do objeto pretendido, especialmente quando se tratar da aquisição ou contratação de produtos para pesquisa e desenvolvimento. A necessidade de agilidade no processo é essencial, uma vez que projetos dessa natureza, de grande relevância, poderiam ser prejudicados caso a aquisição de bens necessários à pesquisa fosse submetida aos longos e complexos trâmites do procedimento licitatório. Assim, a dispensa de licitação só deverá ser aplicada em situações nas quais a especificidade do objeto comprove que a exigência de licitação pública causaria danos ao andamento da pesquisa.

Sobre o assunto, Jacoby *et al* trazem uma questão interessante que diz respeito aos tipos de bens que poderão ser adquiridos: a norma abrange apenas aqueles usados diretamente na pesquisa ou também inclui os que a apoiam de forma indireta? Realmente, restringir a aquisição apenas aos bens de uso direto na pesquisa limitaria consideravelmente o alcance da norma. Como anota o jurista, admitir uma interpretação mais flexível é essencial, pois os bens de suporte à pesquisa podem ser tão cruciais quanto os equipamentos diretamente utilizados.[315]

Ressalte-se que o §5º registra que esta dispensa licitatória, quando aplicada a obras e serviços de engenharia, deverá seguir procedimentos especiais instituídos em regulamentação específica.[316]

No âmbito do desenvolvimento sustentável, evidencia-se que a pesquisa e a criação de novos produtos, especialmente os relacionados a tecnologias sustentáveis e inovações ambientais, são essenciais para a transição para uma economia de baixo carbono, bem como contribuir para o avanço nas tecnologias limpas em diversas áreas, como energia renovável (solar, eólica etc.), soluções para a gestão de resíduos, águas residuais e agricultura sustentável. Sem a menor dúvida, a possibilidade de a Administração contratar diretamente nessa seara poderá ser um incentivo a soluções tecnológicas que reduzam os impactos ambientais, melhorem a eficiência energética e promovam a sustentabilidade.

---

[315] FERNANDES, Ana Luiza Jacoby; FERNANDES, Jorge Ulisses Jacoby; FERNANDES, Murilo Jacoby. *Contratação Direta sem Licitação na Nova Lei de Licitações*: Lei nº 14.133/2021. 11. ed. Belo Horizonte: Fórum, 2021.

[316] Na vigência da Lei nº 8.666/1993, o Decreto nº 9.283/2018 regulamentou a matéria referente a dispositivo similar.

5.31 Artigo 75 – Inciso IV – Alínea "j" – Dispensa de licitação para contratação de gestão de resíduos recicláveis ou reutilizáveis

A alínea "j" prevê a dispensabilidade de licitação para contratações cujo objeto seja a coleta, o processamento e a comercialização de resíduos sólidos urbanos recicláveis ou reutilizáveis, em áreas com sistema de coleta seletiva de lixo,[317] realizadas por associações ou cooperativas compostas exclusivamente por pessoas físicas de baixa renda, reconhecidas pelo Poder Público como catadores de materiais recicláveis, e que utilizem equipamentos compatíveis com as normas técnicas, ambientais e de saúde pública.

O dispositivo, de cunho eminentemente social, busca demonstrar a importância da atividade laboral de população de baixa renda.

A destinação dos resíduos sólidos urbanos é uma constante preocupação dos governantes. O serviço de coleta de resíduos sempre foi realizado pelos municípios (por meios próprios ou através de empresas terceirizadas) ou por intermédio de concessionárias de serviço público. Entretanto, em função de problemas econômicos da população de baixa renda, essa tarefa tornou-se, nos últimos anos, uma alternativa de trabalho – talvez de sobrevivência – para uma significativa parcela da sociedade, notadamente em face da relevância do valor econômico de alguns desses dejetos.

Posteriormente, a atividade tomou ares de alta magnitude, porquanto, além de atender aqueles que buscavam na tarefa uma forma de auferir recursos, passou a constituir uma verdadeira solução para os problemas de toda ordem gerados pelo lixo, até mesmo quanto à separação seletiva, evitando-se a poluição com o lançamento sem critério no meio ambiente.

Registre-se, sobre o tema, a Lei nº 11.445/2007,[318] que, ao estabelecer regras para o saneamento básico, fundou-se no estabelecimento de diretrizes nacionais para este saneamento como política federal,

---

[317] Expressão, no caso, inapropriada, conforme assevera Rigolin: "eis que lixo são detritos, dejetos insalubres e sempre perniciosos à saúde e à sanidade pública e ambiental, constituído de rejeitos não raro infecciosos, enquanto que material reciclável não se pode categorizar desse modo. Com efeito, não se pode denominar lixo ao vidro, ao papel ou ao papelão, ao plástico reaproveitável, ou a materiais metálicos descartados" (RIGOLIN, Ivan Barbosa. Licitações e Contratos. *Revista Zênite*: Informativo de Licitações e Contratos, Curitiba, n. 171, mai. 2008).

[318] Marco legal, que sofreu uma significativa alteração com a redação dada pela Lei nº 14.026, de 15.07.2020.

intencionando contribuir para o desenvolvimento nacional, a redução das desigualdades regionais, a geração de emprego/renda e a inclusão social.

Dessa forma, justifica-se o estímulo à atividade com o estabelecimento da hipótese de dispensa, protegendo-se e incentivando-se a atuação daqueles que atuam nessa tarefa, entendida como de alta significância para a manutenção do meio ambiente e da saúde pública.

O texto legal disciplina que os contratados serão associações ou cooperativas formadas exclusivamente por pessoas físicas de baixa renda reconhecidas pelo Poder Público como catadores de materiais recicláveis, com o uso de equipamentos compatíveis com as normas técnicas, ambientais e de saúde pública. Tal reconhecimento, tanto da associação ou cooperativa quanto do equipamento, poderá ocorrer para cada caso de contratação, inexistindo necessidade de normatização anterior por ato específico.

O dispositivo alude a formas bem definidas de organizações (associações e cooperativas). O art. 53 do Código Civil (Lei nº 10.406/2002) dispõe que as associações se constituem pela união de pessoas que se organizem para fins não econômicos, cabendo aos associados ou sócios convencionarem se respondem ou não subsidiariamente pelas obrigações sociais (art. 46, V). O art. 4º da Lei nº 5.764/1971, que define a Política Nacional de Cooperativismo e institui o regime jurídico das sociedades cooperativas, estatui que as cooperativas são sociedades de pessoas, com forma e natureza jurídica próprias, de natureza civil, não sujeitas à falência, constituídas para prestar serviços aos associados, distinguindo-se das demais sociedades pelas características que as singularizam. Desse modo, em função das características bem definidas das organizações-alvo, resta inviabilizada a adoção da dispensa para a contratação de entidades empresariais.

É de se relembrar da necessidade da demonstração de que os preços dos contratos deverão ser compatíveis com os de mercado para contratos similares.

Em síntese, são requisitos para a dispensa licitatória:

a) o objeto pretendido pela Administração deve ser serviço de coleta, processamento e comercialização de resíduos sólidos urbanos recicláveis ou reutilizáveis, nas áreas de coleta seletiva de lixo;
b) o contratado deve ser associação ou cooperativa de catadores de materiais recicláveis;

c) as organizações devem ser formadas exclusivamente por pessoas físicas de baixa renda; e
d) deverão ser utilizados equipamentos compatíveis com as normas técnicas, ambientais e de saúde pública.

Ao tratar da contratação direta de associações ou cooperativas de catadores de materiais recicláveis para a coleta, processamento e comercialização de resíduos sólidos urbanos, o dispositivo se relaciona diretamente ao desenvolvimento sustentável, pois, além de promover a coleta seletiva e o reaproveitamento de resíduos com objetivos ambientais, gera renda para pessoas de baixa renda, alinhando-se também a objetivos sociais.

Essa conexão se verifica pontualmente como a seguir:

a) Promoção de sustentabilidade ambiental – incentivo à reciclagem e ao reaproveitamento de materiais, contribuindo para a redução de resíduos e para a preservação de recursos naturais;
b) Valorização do trabalho de catadores de materiais recicláveis – estímulo à inclusão social e econômica de pessoas em situação de vulnerabilidade, criando oportunidades de trabalho e renda para comunidades de baixa renda; e
c) Atendimento a normas de saúde e segurança – ao exigir que os serviços sejam realizados conforme normas técnicas, ambientais e de saúde pública, assegura que a operação respeite padrões de segurança e qualidade ambiental, promovendo um desenvolvimento sustentável mais seguro.

Sobre o tema, Jacoby *et al.* observam:

> Essa evidente preocupação com a gestão social e ambientalmente correta do lixo urbano assume importância na inclusão econômica e social dos catadores de lixo em associações e cooperativas, promovendo a geração de emprego e renda e auxiliando esses trabalhadores a enfrentarem as numerosas dificuldades que se impõem, diante das condições de extrema penúria que os colocam em situação de pouca ou nenhuma chance de competir no mercado de trabalho.[319]

---

[319] FERNANDES, Ana Luiza Jacoby; FERNANDES, Jorge Ulisses Jacoby; FERNANDES, Murilo Jacoby. *Contratação Direta sem Licitação na Nova Lei de Licitações*: Lei nº 14.133/2021. 11. ed. Belo Horizonte: Fórum, 2021.

5.32 Artigo 75 – Inciso IV – Alínea "k" – Aquisição ou restauração de obras de arte

A alínea "k" sinaliza para a dispensabilidade de licitação nas contratações que tenham por objeto a aquisição ou a restauração de obras de arte e objetos históricos, de autenticidade certificada, desde que inerente às finalidades do órgão ou com elas compatível.

Esse objeto está relacionado com o desenvolvimento sustentável, especialmente no contexto da preservação cultural. Como já mencionado nos comentários a alínea "g" do inc. III do art. 74, a restauração de obras de arte requer a implementação de trabalhos voltados para a preservação de um objeto de relevância, com a meta de impedir sua degradação e devolvê-lo ao seu estado original.

A proteção e a preservação do patrimônio cultural nacional são atribuições do Estado,[320] que pode atuar de diversas maneiras nesse processo. A alínea em questão menciona duas dessas formas: a aquisição e a restauração de obras de arte e objetos históricos.

Assim, desde que haja justificativa, notadamente quando a obra de arte ou o objeto histórico, de autenticidade certificada, estiver em iminente risco, poderá e deverá o Estado praticar tais atos, adotando a dispensabilidade licitatória.

O inc. XVIII do art. 6º classifica o trabalho de restauração de obras de arte e bens de valores históricos como serviço técnico profissional especializado. É incontroverso, portanto, que a atividade configura situação de inviabilidade de competição, o que caracterizaria a inexigibilidade licitatória e não a dispensa. Todavia – de forma inadequada – esta alínea "k" estabelece o objeto como passível de dispensa (vide que o art. 74, inc. III, alínea "g" preceitua a contratação de serviços de restauração por inexigibilidade de licitação).

---

320 "Art. 216. Constituem patrimônio cultural brasileiro os bens de natureza material e imaterial, tomados individualmente ou em conjunto, portadores de referência à identidade, à ação, à memória dos diferentes grupos formadores da sociedade brasileira, nos quais se incluem:
I - as formas de expressão;
II - os modos de criar, fazer e viver;
III - as criações científicas, artísticas e tecnológicas;
IV - as obras, objetos, documentos, edificações e demais espaços destinados às manifestações artístico-culturais;
V - os conjuntos urbanos e sítios de valor histórico, paisagístico, artístico, arqueológico, paleontológico, ecológico e científico.
§1º O Poder Público, com a colaboração da comunidade, promoverá e protegerá o patrimônio cultural brasileiro, por meio de inventários, registros, vigilância, tombamento e desapropriação, e de outras formas de acautelamento e preservação."

Buscando uma justificativa, Ramos, Couto e Grazziotin supõem, com bastante probabilidade de razão, que o legislador resolveu modificar o enfoque em face da ampliação do mercado de aquisição e restauração, tornando o objeto plenamente possível de ser licitado, caso haja conveniência da Administração.[321]

Nesse contexto, dependendo da situação que envolver a contratação pretendida, a aquisição deverá ser objeto de:

a) contratação direta, por dispensa, caso a contratação envolva obra a ser confeccionada por determinado artista;
b) contratação direta, por inexigibilidade, caso a pretensão recaia sobre a aquisição de obra de autor consagrado; ou
c) licitação por concurso para a finalidade, se o intuito for adquirir obra limitada por técnica ou estilo.[322]

Sobre a questão, observem-se os questionamentos de Rigolin:

> Não estamos sempre diante de bens públicos, de índole cultural ou histórica? Então para que diferenciar a possibilidade de dispensar licitação ou licitar, conforme seja a natureza do ente público detentor do bem? Um quadro de Portinari, do Ministério da Fazenda, para ser restaurado, precisa o contrato sofrer licitação, enquanto que o mesmo quadro, se for transferido para o Ministério da Cultura, escapará de licitação para a mesma restauração?[323]

Para que a dispensa licitatória possa ocorrer, o dispositivo estabelece os seguintes requisitos:

a) aquisição ou restauração de obras de arte ou objetos históricos;
b) autenticidade certificada dos bens; e
c) contratação inerente às finalidades do órgão ou com elas compatível.

Assim, como já foi indicado para a hipótese de inexigibilidade de licitação para a contratação de serviços técnicos especializados na área de restauração de obras de arte e bens de valor histórico, recomenda-se, para esse tipo de contratação, a consulta ao Instituto do Patrimônio

---

[321] COUTO, Anderson Rubens de Oliveira; RAMOS, Henrique Barros Pereira; GRAZZIOTIN, Paulo. Obrigatoriedade, dispensa, inexigibilidade e vedação de licitação. *Fórum de Contratação e Gestão Pública*, Belo Horizonte, ano 8, n. 93, set. 2009.

[322] É o que também sustenta Antônio Flávio de Oliveira (OLIVEIRA, Antônio Flávio de. Comentários à Lei de Licitações e Contratações Públicas. *Fórum de Contratação e Gestão Pública*, Belo Horizonte, v. 12, n. 144, dez. 2013).

[323] RIGOLIN, Ivan Barbosa. Dispensa e inexigibilidade de licitação. *Fórum de Contratação e Gestão Pública*, Belo Horizonte, ano 3, n. 34, out. 2004.

Histórico e Artístico Nacional (IPHAN), especialmente quando se tratar de obras tombadas ou consideradas patrimônio cultural. Como órgão responsável pela preservação do patrimônio cultural brasileiro, o IPHAN poderá fornecer orientações técnicas, validar a qualificação dos profissionais envolvidos e até fiscalizar todo o processo de restauração. Isso garantirá que os trabalhos sejam realizados conforme as melhores práticas e respeitem a integridade histórica e cultural da obra, preservando seu valor.

Além disso, a consulta ao IPHAN é uma medida prudente, pois contribui para o cumprimento das normas de preservação e reforça a transparência e a conformidade legal do processo. Esse órgão também pode garantir a aplicação de métodos apropriados, assegurando o respeito às técnicas que preservem tanto o patrimônio cultural quanto o meio ambiente.

De maneira semelhante, em níveis estadual e municipal, é altamente recomendável buscar o apoio de órgãos locais de patrimônio. Esses órgãos podem fornecer suporte técnico especializado e garantir que as diretrizes de conservação sejam seguidas de forma rigorosa, assegurando a correta preservação do bem cultural.

5.32.1 Obras de arte ou objetos históricos

A regra de dispensabilidade alude a duas situações distintas: aquisição e restauração, sempre tendo como objetivo obras de arte e objetos históricos.

Uma obra de arte consigna trabalho criativo do ser humano em face de sua função artística, que se entende como a representação simbológica associada ao belo ou a sensações agradáveis. O termo é adotado para classificar qualquer criação material (como uma obra de artesanato, um trabalho de arquitetura etc.) ou produção intelectual (um conto, uma composição musical, um filme etc.). A arte é a visão sensível do ser humano acerca do mundo real ou imaginário. Os artistas expressam as suas percepções, emoções e sensações através de diversos recursos linguísticos, plásticos e sonoros. Destarte, obra de arte é um produto que transmite uma ideia ou uma expressão sensível. Trata-se da criação que projeta ou reflete a intenção de um artista.[324]

Valor histórico, por sua vez, é o atributo concedido a objetos que representem um acontecimento, fato ou situação relevante para a

[324] OBRA DE ARTE. *In*: CONCEITO de. [*S. l.*]: Conceito.de, 2022. Disponível em: http://conceito.de/obra-de-arte. Acesso em: 13 nov. 2024.

história de algo ou da sociedade. A caracterização de objetos históricos, no entanto, é de difícil contextura, pois sempre existirão componentes de natureza subjetiva.

Como, em termos práticos, há, não raro, enormes dificuldades para uma perfeita identificação dos dois requisitos, evidencia-se que só as circunstâncias poderão permitir o enfretamento adequado à questão. Assim, para a sua resolução, a norma dispõe pela necessidade de comprovação da autenticidade dos bens, eliminando-se discussões sobre autoria, origem e valor histórico, havendo necessidade de pessoa habilitada na autoria do laudo, inclusive detendo qualificação técnico-profissional adequada, quando exigível por lei.

Sobre a matéria, verifique-se a Súmula nº 9, do Tribunal de Contas do Estado de São Paulo: "As aquisições de obras de arte ou de valor histórico devem ser precedidas de laudo de autenticidade e avaliação".[325]

5.32.2 Compatibilidade com as finalidades do órgão contratante

O dispositivo ressalva a necessidade de compatibilidade com as finalidades do órgão contratante, o que significa que a dispensa de licitação só poderá ser aplicada por meio de um ente que detenha a atribuição de preservar bens da natureza em questão.

Entendemos que, neste contexto, essa compatibilidade se aplica exclusivamente ao ato de aquisição, pois a restauração de bens culturais ou históricos poderá ser necessária mesmo que o órgão ou ente não tenha responsabilidades diretas pela preservação desses bens. Ou seja, a necessidade de restauração poderá surgir em situações em que a preservação não seja uma atribuição primária do ente, mas, sim, uma ação específica para garantir a integridade do patrimônio em questão.

5.33 Artigo 75 – Inciso XII – Contratação em que houver transferência de tecnologia de produtos estratégicos para o Sistema Único de Saúde (SUS)

O inciso autoriza a dispensa de licitação nas contratações em que houver transferência de tecnologia de produtos estratégicos para o Sistema Único de Saúde (SUS), conforme elencados em ato da direção

---

[325] TCE-SP. Súmula nº 9. São Paulo, 2009.

nacional do SUS, inclusive por ocasião da aquisição desses produtos durante as etapas de absorção tecnológica, e em valores compatíveis com aqueles definidos no instrumento firmado para a transferência de tecnologia.

A dispensa de licitação volta-se para as contratações que permitem a transferência de tecnologia de produtos estratégicos para o Sistema Único de Saúde (SUS), no âmbito da Lei nº 8.080/1990, que dispõe sobre as condições para a promoção, a proteção e a recuperação da saúde, a organização e o funcionamento dos serviços correspondentes.

O art. 46 da Nova Lei prevê que o SUS deverá estabelecer mecanismos de incentivo à participação do setor privado no investimento em ciência e tecnologia e no estímulo à transferência de tecnologia das universidades e institutos de pesquisa aos serviços de saúde nos estados, no Distrito Federal e nos municípios, e às empresas nacionais.

A regra de dispensabilidade licitatória determina que a direção nacional do SUS emita ato elencando os produtos na categoria exigida, inclusive por ocasião da aquisição durante as etapas de absorção tecnológica, o que, a nosso ver, fere o princípio da isonomia entre os licitantes.

As dispensas para contratações com transferência de tecnologia se alicerçam no fomento à pesquisa científica e tecnológica, tendo como resultado a ampliação da capacitação e da autonomia tecnológica, com o asseguramento do desenvolvimento da indústria nacional.

Comentando a matéria, Aloysio Alves considerou a regra "perigosa":

> Nem é preciso que se efetive a absorção tecnológica. Basta se ter um contrato visando à absorção tecnológica para a fabricação de determinado produto, que isso por si só já habilita o empresário a vender os seus produtos para o Ministério da Saúde com dispensa de licitação. [...] É perigoso, porque ele contradiz, ele afronta os princípios de impessoalidade que informam o capítulo "Da Administração Pública" da Constituição brasileira. É perigoso isso [...] pode ser uma porta aberta para a fraude, para o favoritismo, que vai atingir aquilo que é mais precioso na vida do brasileiro, que é a saúde.[326]

Instituindo a Política Nacional de Inovação Tecnológica na Saúde (PNITS), foi editado o Decreto nº 9.245/2017, regulamentando o uso do poder de compra do Estado em contratações e aquisições que envolvam produtos e serviços estratégicos para o Sistema Único de Saúde.

---

[326] Arquivo pessoal.

Consoante o prescrito em seu art. 3º, a PNITS possui os seguintes objetivos:

a) promover o aprimoramento do marco regulatório referente às estratégias e ações de inovação tecnológica na área da saúde;
b) promover a sustentabilidade tecnológica e econômica do SUS, com a definição de condições estruturais para aumentar a capacidade produtiva e de inovação do País, com vistas à contribuição para a ampliação do acesso à saúde;
c) estimular a atividade de inovação na administração pública e nas entidades privadas, inclusive para a atração, a constituição e a instalação de centros de pesquisa, desenvolvimento e inovação e de parques e polos tecnológicos no País;
d) estimular e fomentar a parceria entre a administração pública e as entidades privadas, com vistas à promoção da transferência, da internalização, da incorporação, do desenvolvimento e da qualificação de tecnologias em saúde no território nacional;
e) incentivar a inovação e a pesquisa científica e tecnológica no ambiente produtivo, com vistas à capacitação tecnológica, ao alcance da autonomia tecnológica e ao desenvolvimento do sistema produtivo nacional e regional na área da saúde;
f) promover a pesquisa, o desenvolvimento e a fabricação de produtos e serviços estratégicos para o SUS em território nacional, com estímulo à competitividade empresarial;
g) reduzir a dependência externa e a vulnerabilidade produtiva e tecnológica do País em relação aos produtos e serviços estratégicos para o SUS, com vistas à ampliação do acesso à saúde; e
h) estabelecer os critérios para o uso do poder de compra estatal com o intuito de racionalizar os gastos em saúde e induzir o desenvolvimento científico, tecnológico e industrial, com vistas à sustentabilidade do SUS e à consolidação do CIS no País.

Entre os instrumentos estratégicos da PNITS há as Parcerias para o Desenvolvimento Produtivo (PDP), que têm como objeto, concomitantemente: a) o desenvolvimento tecnológico, a transferência e a absorção de tecnologia relacionada aos produtos estratégicos para o SUS; b) a capacitação produtiva e tecnológica no País relacionada aos produtos estratégicos para o SUS; e c) a aquisição dos produtos estratégicos para o SUS, nos termos do disposto no inciso XXXII do art. 24 da revogada Lei nº 8.666/1993, que versava sobre a dispensa de licitação para a contratação em que houver transferência de tecnologia de produtos estratégicos para o Sistema Único de Saúde.

Pelo exposto, verifica-se que, ao fomentar a inovação tecnológica, a eficiência na gestão pública, a autossuficiência em saúde, a promoção de parcerias sustentáveis e, enfim, a melhoria da saúde pública, a dispensa de licitação para a contratação em que houver transferência de tecnologia de produtos estratégicos para o SUS está estritamente ligada ao desenvolvimento sustentável. Com esse intuito, busca garantir que o sistema possa oferecer serviços de saúde de qualidade, acessíveis e sustentáveis a toda a população.

5.34 Artigo 75 – Inciso XIV – Dispensa de licitação para a contratação de associação de pessoas com deficiência

O inc. XIV indica a possibilidade de dispensa de licitação para a contratação de associação de pessoas com deficiência, sem fins lucrativos e de comprovada idoneidade, por órgão ou entidade da Administração Pública, para a prestação de serviços, desde que o preço contratado seja compatível com o praticado no mercado e os serviços contratados sejam prestados exclusivamente por pessoas com deficiência.

Logo, será necessário apresentar comprovação do cumprimento dessas exigências, caso contrário, o procedimento licitatório deverá ser realizado.

Orientada pela Política Nacional para Integração da Pessoa Portadora de Deficiência, prevista na Lei nº 7.853/1999, que dispõe sobre o apoio às pessoas portadoras de deficiência e sua integração social, essa contratação direta tem nobres objetivos.

Como já explicitado, a função social do contrato administrativo, inserida na ideia de sustentabilidade, tão presente no dia a dia, admite, sem sobra de dúvida, intenções dessa natureza, qual seja, o incentivo às atividades de entidades privadas com atuação intimamente ligada ao interesse público.

Conforme observa Emerson Bertemes, existem diversas associações com essas características, sendo necessário apenas que a Administração adote uma abordagem mais atenta para direcionar os processos de compras a essas entidades:

> Havendo vontade do Administrador, a sustentabilidade social será implementada para esses casos. A norma traduz uma modalidade indireta de fomento, onde os recursos públicos são aplicados de modo a produzir efeitos indiretos relevantes. O objetivo imediato reside na satisfação de uma necessidade pública, objeto da contratação e, de forma conjunta, há outra finalidade, a de incentivar a atividade de certas entidades privadas,

> não integrantes da Administração, mas cuja atuação se relaciona com o bem comum, justamente o que o Estado mais busca.[327]

No âmbito dos objetivos mais amplos dos contratos firmados pela Administração Pública, Pamplona Silva, seguindo a linha de pensamento de Marcos Juruena, argumenta que tais acordos devem ter uma função social, alinhando-se aos princípios fundamentais da dignidade da pessoa humana (art. 1º, III, CF) e aos valores sociais do trabalho (art. 1º, IV, CF).

Sustenta que, no caso de contratos com associações voltadas ao atendimento de pessoas com deficiência, não se trata de uma simples opção do gestor público, mas de um verdadeiro poder-dever do Estado que oportunizaria a contratação dessas entidades, com o objetivo de assegurar a inclusão e o respeito aos direitos das pessoas com deficiência, reafirmando o compromisso do Estado com a promoção da justiça social e da igualdade de oportunidades.

> Note-se que não se trata de afastar a contratação pela via competitiva, mas, caso esteja sendo planejada a contratação de certos serviços, deverá a Administração dar oportunidade às entidades de deficientes de apresentarem sua proposta comercial. Noutros termos, com vistas a efetivar os princípios constitucionais citados, a Administração deverá viabilizar o procedimento de oferta de serviços por essas entidades. Justifica-se tal expediente, pois as referidas associações não contam com departamentos comerciais ou assessoria jurídica capazes de fazer frente às empresas especializadas do ramo em competição licitatória.[328]

Logicamente, a Administração deverá ter como interesse principal o objeto pretendido. Todavia, além dessa meta estabelecida no dispositivo, a regra legal contém notáveis intenções que, de certa forma, também satisfazem o interesse público: a) criar uma reserva de mercado às associações de portadores de deficiência, estabelecendo fonte de renda cativa para tais associações; e b) incluir o deficiente no mundo do trabalho.

---

[327] BERTEMES, Emerson Feller. *A dimensão social da sustentabilidade na nova lei de licitações e contratos administrativos*. 2023. Projeto de Pesquisa (Mestrado em Ciência Jurídica) – Escola de Ciências Jurídicas e Sociais, Universidade do Vale do Itajaí, Itajaí, 2023.

[328] SILVA, Gustavo Pamplona. Instituições de assistência ao deficiente: a função social dos contratos públicos. *Revista Zênite*: Informativo de Licitações e Contratos, Curitiba, v. XVI, n. 85, p. 640-642, 2009.

O legislador foi extremamente feliz ao aperfeiçoar a regra de dispensa, especialmente considerando que a redação da lei anterior, ao utilizar a expressão "deficiência física", gerava dúvidas quanto ao seu alcance. Na época, Diogenes Gasparini, ao analisar o texto legal, anotou a exclusão dos portadores de deficiências psíquicas. Benedito Chiaradia, por sua vez, censurou aquele dispositivo, observando que o inciso necessitava de urgente reformulação, uma vez que existiam tipos de deficiência mental que não impediam o desempenho no trabalho, podendo até mesmo realçar habilidades diferenciadas, como ocorre com alguns portadores da Síndrome de Down.[329]

Rafael Costa também registrou a otimização:

> A redação adotada [...] corrige uma falha incômoda e anacrônica identificada no inciso XX do art. 24, da Lei nº 8.666, ao substituir a expressão "associação de portadores de deficiência física" por "associação de pessoas com deficiência". Além de expurgar o estigma do "portador", a nova redação não restringe a deficiência apenas ao campo físico.[330]

As garantias constitucionais não se restringem apenas às pessoas com deficiências físicas, mas abrangem todas as formas de incapacidade de maneira ampla e irrestrita. Assim, não cabe à legislação criar distinções que a CF não faz, uma vez que os direitos e a proteção nela previstos devem ser aplicados de forma igualitária a todas as pessoas com deficiência, independentemente de sua natureza. Portanto, qualquer diferenciação nesse sentido seria incompatível com o princípio da igualdade e da dignidade da pessoa humana.

Vide que o art. 2.º da Lei nº 13.146/2015, que institui a Lei Brasileira de Inclusão da Pessoa com Deficiência (Estatuto da Pessoa com Deficiência), estabelece que "considera-se pessoa com deficiência aquela que tem impedimento de longo prazo de natureza física, mental, intelectual ou sensorial, o qual, em interação com uma ou mais barreiras, pode obstruir sua participação plena e efetiva na sociedade em igualdade de condições com as demais pessoas".

Outra alteração importante em relação ao diploma anterior é a possibilidade de contratação para a "prestação de serviços", e não

---

329 CHIARADIA, Benedito Dantas. *As licitações e os contratos administrativos*. Rio de Janeiro: GZ, 2013.

330 COSTA, Rafael Pacheco da Silva. Dispensa de licitação: novos limites e mais agilidade procedimental. *In*: FURTADO, Madeline Rocha (coord.). *A Nova Lei de Licitações e Contratos*: onde estamos? E para onde vamos? Vila Velha: Consultre, 2021.

mais para a "prestação de serviços ou fornecimento de mão de obra". Isso porque o "fornecimento de mão de obra" implica a colocação à disposição de outra pessoa contratada pelo próprio fornecedor, em uma operação triangular que envolve o contratante (tomador do serviço), o contratado (empregador) e seu empregado.[331]

Cabe ressalvar que a entidade privada contratada nesses moldes estará obrigada a oferecer um objeto que atenda perfeitamente ao pretendido pelo Poder Público, motivo pelo qual se impõe avaliação técnico-profissional e preço compatível com o praticado no mercado.

Contudo, apesar de a regra informar que o preço contratado deva ser compatível com o praticado no mercado, isso não deve fazer supor que, necessariamente, a Administração deva pagar o menor ou o mais vantajoso preço possível, pois essa interpretação tornaria sem sentido o regramento. Isso porque, se a associação tivesse que propor preço nessas condições, o expediente normal não seria a dispensa, mas, sim, a participação numa competição licitatória.

> Ora, se a lei autoriza a contratação por dispensa de licitação, isso somente pode ser interpretado no sentido de que, de outra forma, a associação não lograria obter a contratação. Logo, preço compatível com o praticado no mercado significa valor não exorbitante dos parâmetros adotados no mercado, sem que isso conduza à necessidade de ser o menor preço possível.[332]

Ademais, os preços a serem oferecidos por essas associações dificilmente serão compatíveis com os de mercado, haja vista gozarem de diversos benefícios fiscais que os reduzem sobremaneira. Melhor seria, como sugere Chiaradia, que a lei exigisse que os preços fossem compatíveis com a natureza da instituição.[333]

A título de exemplo, anotem-se alguns serviços que podem ser prestados por associações de pessoas com deficiência, ampliando oportunidades de trabalho e contribuindo para a inclusão social e profissional: digitação e transcrição; telemarketing e atendimento ao cliente; tradução e interpretação de LIBRAS (Língua Brasileira de Sinais);

---

331 LONGEN, Márcia Zilá. O fornecimento de mão de obra como atividade sujeita ao ISSQN: uma análise comparativa com o agenciamento de mão de obra e a terceirização de serviços. *Jus Navigandi*, [s. l.], 24 fev. 2015.

332 JUSTEN FILHO, Marçal. *Comentários à Lei de Licitações e Contratos Administrativos*. 12. ed. São Paulo: Dialética, 2008.

333 CHIARADIA, Benedito Dantas. *As licitações e os contratos administrativos*. Rio de Janeiro: GZ, 2013.

jardinagem e paisagismo; organização de prontuários; manutenção e reparos de equipamentos; costura e confecção de roupas ou uniformes; apoio logístico e a eventos; limpeza e conservação; encadernação de livros e degravação de audiências.

Outro requisito é que as associações não tenham fins lucrativos. Instituições sem fins lucrativos são organizações de direito privado, dotadas de personalidade jurídica, que objetivam a consecução de um objetivo específico e que, como a titulação indica, não auferem lucro. Assim, a expressão "sem fins lucrativos" é utilizada tão somente para as organizações que não distribuem entre seus membros (sócios, associados, conselheiros, diretores, empregados, doadores) eventuais excedentes, que deverão ser aplicados no atendimento do objetivo constante de seus atos constitutivos. No art. 44, o Código Civil (Lei nº 10.406/2002) lista as pessoas jurídicas de direito privado: associações, sociedades, fundações, organizações religiosas, partidos políticos e empresas individuais de responsabilidade limitada (consoante as alterações impostas pelas Leis nºs 10.825/2003 e 12.441/2011). Com exceção das sociedades e empresas individuais de responsabilidade limitada, as demais não têm fins lucrativos.

Sobre a questão, Justen apresenta uma pertinente observação:

> Não se exige que somente sejam contratadas entidades deficitárias. O que se exclui é a contratação de entidades que, modeladas pelos princípios da iniciativa privada, sejam vocacionadas essencialmente para o lucro. Reitere-se que não estão excluídas as entidades administradas racionalmente e que buscam evitar desperdícios ou prejuízos. [...] É essencial que a entidade não distribua lucros a seus associados nem lhes transfira benefícios a qualquer título.[334]

Registrem-se os cinco requisitos que orientam a dispensa:

a) o contratado deverá ser uma associação de portadores de deficiência física;[335]
b) a associação não deverá ter fins lucrativos;
c) a associação deverá deter comprovada idoneidade;
d) o objeto deverá referir-se a serviços;

[334] JUSTEN FILHO, Marçal. *Comentários à Lei de Licitações e Contratações Administrativas*. São Paulo: Revista dos Tribunais, 2021.

[335] Henrique Miranda sustenta a possibilidade de contratação direta não se limitar às associações, abrangendo também as contratações com fundações, "dado que, igualmente, não possuem finalidade lucrativa" (MIRANDA, Henrique Savonitti. *Licitações e contratos administrativos*. São Paulo: Revista dos Tribunais, 2021).

e) o preço deverá ser compatível com o de mercado;
f) os serviços contratados devem ser prestados exclusivamente por pessoas com deficiência.

Em síntese, ao integrar aspectos sociais nas decisões da Administração, a dispensa de licitação para a contratação de associações de pessoas com deficiência estabelece uma conexão direta com os princípios do desenvolvimento sustentável, refletindo uma abordagem inclusiva e voltada para a promoção da justiça social. Ao viabilizar a contratação direta dessas associações, o dispositivo contribui para a inclusão social, proporcionando oportunidades de trabalho e de participação ativa na sociedade para pessoas com deficiência.

Consigne-se que esta dispensa licitatória tem conexão com o ODS 10 da Agenda 2030 da ONU, que visa reduzir as desigualdades e promover a inclusão.[336]

5.35 Artigo 75 – Inciso XV – Dispensa de licitação para a contratação de instituição sem fins lucrativos

O inciso sinaliza a dispensabilidade de licitação na contratação de instituição brasileira que tenha por finalidade estatutária apoiar, captar e executar atividades de ensino, pesquisa, extensão, desenvolvimento institucional, científico e tecnológico e estímulo à inovação, inclusive para gerir administrativa e financeiramente essas atividades, ou para contratação de instituição dedicada à recuperação social da pessoa presa, desde que o contratado tenha inquestionável reputação ética e profissional e não tenha fins lucrativos.

Essa dispensa de licitação tem como objetivo simplificar a contratação de instituições sem fins lucrativos que desempenham um papel vital em áreas estratégicas para o desenvolvimento social e tecnológico, se alinhando, dessa forma, aos princípios de inovação, inclusão social e sustentabilidade.

O regrado busca dar cumprimento às disposições contidas no art. 218, *caput* e §4º, da CF,[337] que disciplinam que o Estado deve promover

---

336 ODS 10 – Redução das desigualdades. Objetivo: reduzir as desigualdades dentro dos países e entre eles. Visa a criar sociedades mais justas e equitativas, promovendo uma distribuição mais equitativa dos recursos e oportunidades, tanto dentro dos países quanto entre eles, considerando que essa redução é essencial para a construção de um mundo mais inclusivo e sustentável.

337 CF – "Art. 218. O Estado promoverá e incentivará o desenvolvimento científico, a pesquisa e a capacitação tecnológicas. [...] §4º - A lei apoiará e estimulará as empresas que invistam

e incentivar o desenvolvimento científico, a pesquisa e a capacitação tecnológica, cabendo à lei apoiar e estimular as empresas que invistam em pesquisa, criação de tecnologia adequada ao País, formação e aperfeiçoamento de seus recursos humanos.

Entendeu o constituinte que o Estado, sem prejuízo da qualidade, poderia ceder espaço ao princípio da licitação, visando ao fomento desses três segmentos, cabendo à lei essa função de estímulo às entidades que neles atuam.

O TCU também se posicionou nessa linha de raciocínio:

> A nosso ver, o propósito [...] é estimular as instituições que menciona, favorecendo-lhes a obtenção de contratos com o serviço público, como forma de ajudar-lhes no seu autocusteio. Com isso, o Estado estará estimulando, em cumprimento aos mandamentos constitucionais, ainda que por via indireta, as ações voltadas para o ensino, a pesquisa e o desenvolvimento institucional. Nesse sentido, pouco importa o objeto específico da contratação, desde que compatível com os objetivos sociais da instituição contratada e possa ser satisfatoriamente prestado com sua própria estrutura.[338]

Nesse contexto, o dispositivo preceitua que a dispensa estará sujeita a três condições:

a) a contratada ser instituição (portanto, somente pessoa jurídica) brasileira incumbida, por regimento ou estatuto, de apoio, captação e execução de atividades de ensino, pesquisa, extensão, desenvolvimento institucional, científico, tecnológico e estímulo à inovação, inclusive para gerir administrativa e financeiramente essas atividades, ou, ainda, dedicada à recuperação social de pessoa presa;
b) ter a instituição inquestionável reputação ético-profissional, ou seja, quanto ao âmbito profissional, deter incontestável capacidade para o desempenho de seu objeto social; e, no que tange ao campo ético, possuir virtudes éticas, que deverão ser apreciadas pela Administração apenas no sentido do correto desempenho profissional, independentemente de ideologias; e
c) não possuir fins lucrativos.

---

em pesquisa, criação de tecnologia adequada ao País, formação e aperfeiçoamento de seus recursos humanos e que pratiquem sistemas de remuneração que assegurem ao empregado, desvinculada do salário, participação nos ganhos econômicos resultantes da produtividade de seu trabalho".

338 Processo TC nº 013.996/2003-2.

Apesar de silente o dispositivo, o valor contratual deverá ser relativamente compatível com os preços praticados no mercado, na forma dos arts. 23[339] e 72, II e VII.[340][341] E por que relativamente? Porque, apesar de não se tolerar contratação em condições ruinosas para a Administração, não há sentido exigir que instituições dedicadas à recuperação de presos ou mesmo à pesquisa, desenvolvimento institucional, científico, tecnológico e estímulo à inovação, detenham condições econômico-financeiras similares às existentes no mercado. Nessa perspectiva, analisando artigo semelhante da lei anterior, Sundfeld observou que é firme a conclusão de que não está na lei – ao contrário, viola a lei – a exigência absoluta de uma pesquisa de preços entre potenciais fornecedores para justificar a dispensa.

> Isso não quer dizer, claro, que seja lícito contratar por qualquer valor. [...] Mas a lei não está pedindo que, em qualquer caso, as autoridades tenham à mão documentos, ou outros meios de prova firme, para "provar" que o preço é correto, não abusivo. Em alguns poucos casos, é sim viável obter esse tipo de "prova" (juntando contratos anteriores semelhantes, montando e comparando planilhas de valores por hora etc.). Mas em outros casos isso não é viável, pela impossibilidade ou dificuldade de fazer comparações consistentes e sérias. Nesses casos [...] será suficiente o convencimento subjetivo conjunto das [...] autoridades [...]. A lei confia no juízo dos gestores públicos honestos.[342]

5.35.1 O conceito de instituição

O dispositivo dirige a dispensa para a contratação a ser realizada com organizações da espécie "instituição", expressão que não contém conteúdo jurídico bem determinado no direito brasileiro.

---

339 "Art. 23. O valor previamente estimado da contratação deverá ser compatível com os valores praticados pelo mercado, considerados os preços constantes de bancos de dados públicos e as quantidades a serem contratadas, observadas a potencial economia de escala e as peculiaridades do local de execução do objeto."

340 "Art. 72. O processo de contratação direta, que compreende os casos de inexigibilidade e de dispensa de licitação, deverá ser instruído com os seguintes documentos:
[...]
II - estimativa de despesa, que deverá ser calculada na forma estabelecida no art. 23 desta Lei;
[...]
VII - justificativa de preço [...]".

341 A Súmula 250 do TCU, tratando de dispensa idêntica da Lei nº 8.666/1993, registra a necessidade de "comprovada a compatibilidade com os preços de mercado".

342 SUNDFELD, Carlos Ari. Contratação sem licitação para o desenvolvimento institucional (art. 24, XIII da Lei nº 8.666/1993) – limites e controle. *Revista de Direito Administrativo*, Rio de Janeiro, v. 267, p. 55-108, 2014.

Na nomenclatura técnico-jurídica pátria, a ideia de "instituição" tem a ver com algo meio abstrato, com conexão com mecanismos sociais de papel importante no processo de socialização. Assim, a expressão consigna pessoa jurídica peculiar, voltada para a realização de determinados fins que transcendem os interesses dos que dela participam de forma direta. Nessa linha de raciocínio, Justen, após observar que as "instituições" em sentido subjetivo são pessoas jurídicas, mas nem todas as pessoas jurídicas são instituições, assevera que muito se assemelham a uma organização de recursos materiais e de esforços humanos que se autonomiza em face dos seus próprios fundadores, gozando, desse modo, de um acentuado grau de independência. No mesmo viés, Coelho Motta assinala que o vocábulo "instituição" é geralmente compreendido em um sentido amplo e abrangente, que pode conter todos os grupos sociais oficiais, como escolas, sindicatos, órgãos de governo e também empresas.[343]

Como explica De Plácido e Silva, a "instituição" já se promove pela direta ação da vontade, que se manifesta, por si mesma, como a própria fonte criadora do que se estabelece, se constrói ou se forma. Por este motivo é que, por vezes, chega a definir a própria entidade jurídica, que por ela se fundou. Assim, se diz "instituição" para designar o estabelecimento ou a organização que se fundou ou se instituiu.[344]

Certo é que, derivado do latim *institutio* (dispor, formar), o termo "instituição", além de fazer alusão ao efeito de instituir (fundar, erigir) algo, vincula-se diretamente com uma coisa instituída, isto é, estabelecida ou fundada, tratando-se, portanto, de um organismo que tem função de utilidade pública.

Dado o exposto, é de se concluir que a escolha da expressão não foi fruto de mero acaso, uma vez que, como averba Justen, a intenção do legislador repousou na intenção de evitar a contratação direta com entidades destituídas de existência social concreta, não se aplicando a autorização da contratação em face de pessoas jurídicas criadas no papel, mas destituídas de atuação social efetiva. Destarte, a referência a "instituições" elimina a possibilidade de contratação direta com "associações" ou "fundações" que tenham mera aparência de entidades autônomas, sempre que se encontrem sob controle de sujeitos específicos e determinados, que as orientem para a realização de seus interesses pessoais.[345]

---

343 MOTTA, Carlos Pinto Coelho. *Eficácia nas licitações e contratos*. 10. ed. Belo Horizonte: Del Rey, 2005.

344 SILVA, De Plácido e. *Vocabulário jurídico*. 3. ed. Rio de Janeiro: Forense, 1991. v. I.

345 JUSTEN FILHO, Marçal. *Comentários à Lei de Licitações e Contratos Administrativos*. 12. ed. São Paulo: Dialética, 2008.

5.35.2 Instituição brasileira

Como anotamos no livro *Licitações Internacionais*, a eliminação da distinção entre os conceitos de "empresa brasileira" e de "empresa brasileira de capital nacional" do ordenamento jurídico brasileiro, com a revogação do art. 171 da CF pela Emenda Constitucional nº 6/1995, não extirpou do ordenamento jurídico o conceito de "empresa brasileira", o que, evidentemente, seria de todo impossível. Destarte, a partir da alteração constitucional, empresa brasileira passou a ser aquela estabelecida sob a égide da lei brasileira, com sede e administração no Brasil, conforme, inclusive, também dispôs a Exposição de Motivos:

> 2. A proposta tenciona eliminar a distinção entre empresa brasileira e empresa brasileira de capital nacional e o tratamento preferencial concedido a esta última. Para tanto, firma-se conceito de empresa brasileira como aquela constituída sob as leis brasileiras e com sede e administração no País.

Logo, instituição de nacionalidade brasileira deve ser entendida como aquela que, atendendo ao conceito antes exposto sobre "instituição", foi constituída sob as leis brasileiras e com sede e administração no País.

5.35.3 Os fins das instituições

Consoante o inciso, a instituição deve ter por finalidade as atividades de ensino, pesquisa, extensão, desenvolvimento institucional, científico e tecnológico e estímulo à inovação ou à recuperação social de pessoa presa, os quais deverão estar estabelecidos formalmente no instrumento que discipline o seu funcionamento.

É certo que as atividades elencadas inicialmente (ensino, pesquisa, extensão e desenvolvimento institucional) são demasiadamente vagas e de difícil dimensionamento. Logo, para que se viabilize a dispensa licitatória, as atividades deverão atender aos interesses coletivos, através de soluções dos problemas da sociedade. Tal não significa, entrementes, que não possam advir de atividades empresariais, com obtenção de lucro.[346]

---

[346] Acórdão nº 3.564/2006 – Plenário.

Como bem observaram Fernanda de Faria e Marcia Ribeiro,[347] das finalidades exigidas, a que demanda maior reflexão é a que se refere ao desenvolvimento institucional, que, devido à enorme amplitude, determina interpretação restritiva, com adequação ao interesse público, pois, caso contrário, toda e qualquer instituição sem fins lucrativos poderia ser contratada pela Administração Pública com fundamento na hipótese de dispensa de licitação. Destarte, a expressão "desenvolvimento institucional" merece interpretação que a ajuste ao interesse público, devendo ser consideradas tão somente as atividades que envolvam cunho social, como, por exemplo, a prestação de assistência social.

Considerando que uma interpretação apressada poderia conduzir à ilação de que desenvolvimento institucional seria capaz de englobar qualquer ato voltado para o aperfeiçoamento das instituições, para a melhoria do desempenho das organizações, também se pautou o TCU pela necessidade da avaliação restritiva:

> a simples automatização de procedimentos, a aquisição de equipamentos mais eficientes, a reforma das instalações de uma unidade, a ampliação das opções de atendimento aos clientes, o treinamento de servidores, a reestruturação organizacional e um sem-número de outras ações que significassem algum *plus* no relacionamento entre a Administração e a Sociedade poderiam ser entendidas como tal. Já foi registrado, no entanto, que uma interpretação larga da lei, nesse ponto, conduziria, necessariamente, à inconstitucionalidade do dispositivo, uma vez que os valores fundamentais da isonomia, da moralidade e da impessoalidade, expressamente salvaguardados pela Constituição, estariam sendo, por força de norma de hierarquia inferior, relegados. Logo, desenvolvimento institucional não pode significar, simplesmente [...] melhoria ou aperfeiçoamento das organizações públicas. [...] Nesse sentido, seriam entidades dedicadas ao desenvolvimento institucional, por exemplo, aquelas voltadas para a proteção à infância (arts. 203, I e 204, I da CF), ao deficiente físico (arts. 203, IV e 204, I), à saúde (arts. 196, 197 e 200, V), para o desenvolvimento do ensino (arts. 205, 213 e 214), para o desporto (art. 217), entre outras. Nesse rol, entrariam as APAES, as Sociedades Pestalozzi, a CNEC, a Associação das Pioneiras Sociais, as associações esportivas, etc. (Decisão nº 30/2000).[348]

[347] FARIA, Fernanda Cury de; RIBEIRO, Marcia Weber Lotto. A dispensa de licitação fundamentada no art. 24, XIII da Lei Federal nº 8.666/93. *Revista Semana Acadêmica*, [*s. l.*], v. 1, n. 12, 2012.

[348] Em outro momento, a Corte de Contas voltou a ressaltar que a expressão não pode ser interpretada em sentido amplo, a fim de evitar a contratação, sem maiores critérios, desses órgãos/entidades mediante dispensa de licitação (Acórdão nº 3.564/2006 – Plenário).

Certamente, é fundamental que, no caso da dispensa de licitação em análise, haja um nexo claro entre a natureza da instituição e o objeto contratado. Ou seja, a contratação só poderá ocorrer quando a finalidade estatutária da instituição estiver diretamente relacionada com o objeto ou atividade a ser executada.

O TCU sumulou sobre a questão:

> SÚMULA Nº 250 – Contratação direta; dispensabilidade de licitação; instituição brasileira de pesquisa, ensino, apoio e outros [...] – A contratação de instituição sem fins lucrativos, com dispensa de licitação [...] somente é admitida nas hipóteses em que houver nexo efetivo entre o mencionado dispositivo, a natureza da instituição e o objeto contratado, além de comprovada a compatibilidade com os preços de mercado.

Com relação à conexão entre o dispositivo, a natureza da instituição e o objeto, Smith apresenta um inteligente comentário, reforçando a ideia de que a discricionariedade administrativa deve ser exercida de forma responsável, assegurando que a contratação da instituição seja realmente necessária e adequada para a realização do objeto pretendido, em consonância com os princípios da legalidade e finalidade:

> Da exigência de nexo entre a especialidade a que se propõe a instituição e o objeto do contrato tem-se eleita a real valorização e promoção do desenvolvimento científico, pesquisa e capacitação tecnológica que o legislador constituinte buscou proteger no art. 218, da Carta Maior, vez que não se conceberia a configuração da hipótese de dispensa objeto do presente estudo para a contratação de instituição regimental ou estatutariamente voltada à pesquisa [...] para firmar contrato cujo objeto é de natureza econômica. Da mesma maneira, a vinculação personalíssima da instituição com a execução direta do contrato representa uma homenagem ao princípio da igualdade de condições que deve nortear os procedimentos licitatórios, evitando, assim, a hipótese em que uma determinada instituição avoque suas prerrogativas para firmar o contrato, através de dispensa de licitação, e terceirize a execução em favor de quem não detenha as mesmas condições suas, ou seja, não preencha os requisitos exigidos [...] da Lei de Licitações.[349]

[349] SMITH, Luis Gustavo Alves. Contratação direta de instituição brasileira voltada à pesquisa, ensino ou desenvolvimento institucional ou dedicada à recuperação social do preso: limitações ao poder discricionário. *Revista Zênite*: Informativo de Licitações e Contratos, Curitiba, n. 123, maio 2004.

5.35.4 A reputação das instituições

Bastante cuidado se deve ter na questão da exigência de inquestionável reputação ético-profissional. Na prática, o atendimento à exigência quanto à ética não é nada fácil, dado tratar-se de situação cujo conceito é bastante abstrato.

Derivado do grego *ethikos* (pertencente ao caráter), a ética é definida genericamente como a ciência da moral. Todavia, na terminologia da técnica profissional, consigna expressão usada sob a expressão de ética profissional, para indicar a soma de deveres que estabelece a norma de conduta no desempenho de atividades profissionais e nas relações com clientes e demais pessoas com quem se relacione. Logo, a ética estabelece a pauta de ações de um profissional em toda e qualquer esfera, onde quer que venha a exercer a sua profissão.

Normalmente, a ética profissional funda-se nas normas de conduta estabelecidas pelos usos e costumes, podendo, entretanto, ser instituída pelas instituições. É bastante comum ouvir-se, nesse sentido, expressões como: ética jornalística, ética do advogado, ética médica, ética empresarial, ética no serviço público etc.

Atualmente, em função dos enormes escândalos de corrupção nas contratações públicas, a matéria tem tomado relevo. Chama a atenção, na Lei nº 12.846/2013 (Lei Anticorrupção),[350] o elemento atenuante nas sanções impostas devido a atos de corrupção, constituído pela possível existência de mecanismos e procedimentos internos de integridade, auditoria e incentivo à denúncia de irregularidades e a aplicação efetiva de códigos de ética e de conduta no âmbito da pessoa jurídica, ou seja, os chamados "Programas de *Compliance*", cultura empresarial largamente adotada em todo o mundo, mais do que conhecida por advogados estrangeiros e empresários de diversas multinacionais.

O termo *compliance*, originário da expressão anglo-saxão *to comply*, exprime, em sentido literal, o sentido de agir de acordo com uma regra ou um comando. Dessa forma, *compliance* constitui a obrigação de cumprir, de estar em conformidade e fazer cumprir regulamentos internos e externos impostos às atividades da organização.

Nesse passo, com a gradativa aplicação dessa cultura, o uso de códigos de ética também se tornou peça fundamental para a atenuação de possíveis sanções administrativas, uma vez que a Lei Anticorrupção,

---

350 Sobre a matéria, vide o nosso *Comentários à Lei Anticorrupção* (BITTENCOURT, Sidney. *Comentários à Lei Anticorrupção*. 4. ed. Curitiba: Juruá, 2022).

ao estabelecer o regime de responsabilização objetiva, coloca as pessoas jurídicas em risco, impondo a elas a necessidade de se precaverem.

Assim, para o perfeito enquadramento na dispensa licitatória, é exigível virtude ética relacionada ao perfeito cumprimento do contrato.

Além do contexto ético, o dispositivo também exige a demonstração de inquestionável capacitação para o desempenho da atividade pretendida. Bem mais fácil de ser mensurado, o requisito, na prática, é demonstrável por intermédio de trabalhos e experiências anteriores da instituição, que comprovem sua capacidade para a realização dos serviços que se pretende contratar.

5.35.5 A inexistência de fins lucrativos

A inexistência de fins lucrativos é outro requisito para a dispensa licitatória com base no inciso em análise.

Como já exposto nos comentários ao inciso anterior, as instituições sem fins lucrativos são organizações de direito privado, dotadas de personalidade jurídica, cuja finalidade é a consecução de um objetivo específico, sem a intenção de gerar lucro para seus membros. A expressão "sem fins lucrativos" refere-se precisamente a essas organizações, que não distribuem entre seus membros – sejam sócios, associados, conselheiros, diretores, empregados ou doadores – eventuais excedentes financeiros. Tais excedentes devem ser reinvestidos nas atividades previstas no objetivo estabelecido nos atos constitutivos da instituição, garantindo que todos os recursos sejam aplicados para a realização de sua missão institucional, e não para o benefício individual de seus membros.

Desse modo, o conceito de "sem fins lucrativos" é fundamental para distinguir essas entidades. Elas operam com o objetivo de atender aos interesses sociais ou comunitários, sem buscar lucro para seus membros. Esse modelo de gestão foca na eficiência social e no impacto positivo nas áreas onde atuam, como educação, saúde, assistência social, entre outras.

No art. 44, o Código Civil (Lei nº 10.406/2002) lista as pessoas jurídicas de direito privado: associações, sociedades, fundações, organizações religiosas, partidos políticos e empresas individuais de responsabilidade limitada (consoante as alterações impostas pelas Leis nºs 10.825/2003 e 12.441/2011). Com exceção das sociedades e empresas individuais de responsabilidade limitada, as demais não têm fins lucrativos.

Questão que tem suscitado discussão diz respeito à possibilidade da contratação direta, ainda que haja pluralidade de instituições sem fins lucrativos que possam executar de forma satisfatória o objeto pretendido pela Administração Pública. Sobre o assunto, já nos posicionamos pela obrigatoriedade da competição nessa situação, de modo que não seja afrontado o princípio da isonomia. Existindo diversas instituições com o mesmo perfil, só a licitação será a solução para a seleção da melhor proposta:

> Ressalte-se que o regrado neste inciso não representa uma espécie de passe livre para a realização de contratações de entidades que detenham os requisitos sem a instauração do certame licitatório. Destarte, havendo mais de uma entidade com as características devidas, aptas a executar o pretendido pela Administração, deverá ser estabelecida a licitação. O simples preenchimento das condições por uma entidade não implica, por si só, no melhor para o Poder Público e, em última análise, para a própria sociedade. A contratação não poderá macular o princípio da igualdade.[351]

Verifique-se decisão da Corte de Contas federal sobre o art. 24, XIII da Lei nº 8.666/1993, que consigna termos semelhantes para a dispensa de licitação:

> Acórdão nº 1.731/2003 – Primeira Câmara – [...] o art. 24, inciso XIII, da Lei nº 8.666/1993, privilegia, guando das contratações públicas, as instituições brasileiras sem fins lucrativos incumbidas regimental ou estatutariamente da pesquisa, do ensino ou do desenvolvimento institucional, em detrimento de organizações que visam ao lucro. Entretanto, esse artigo é inaplicável a contratações em áreas onde operam exclusivamente entidades sem fins lucrativos; caso contrário, fere-se o princípio da isonomia ínsito nos arts. 37, inciso XXI, da Constituição Federal, e 30, *caput*, da Lei nº 8.666/1993.

Em sentido contrário, Vareschini, que sustenta a escolha discricionária do agente público, considerando que o próprio legislador optou por excepcionar a necessidade de licitação, apesar de seu cabimento num primeiro momento:

> Na maioria das hipóteses de dispensa previstas pela lei não se vislumbra a inexistência de competitividade. Portanto, essas hipóteses

---

[351] BITTENCOURT, Sidney. *Licitação passo a passo*: comentando todos os artigos da Lei nº 8.666/93, atualizada. 7. ed. Belo Horizonte: Fórum, 2014.

> não decorrem de inviabilidade de competição, mas sim de uma opção do legislador. Por conta disso, ainda que existente uma pluralidade de entidades sem fins lucrativos, aptas a atenderem a necessidade da Administração, não se cogita a obrigatoriedade de licitação, por ser esta dispensada pelo próprio dispositivo e tratar-se de situação de dispensa e não de inexigibilidade (esta sim, vinculada à efetiva inexistência de competitividade).[352]

Da mesma forma, Ronny Charles, comentando decisão prolatada pelo TCU (Acórdão nº 1.820/2005 – 2ª Câmara), que determinou ao Ministério da Defesa que, na hipótese de contratação a ser firmada sob o amparo do dispositivo em análise, promovesse licitação sempre que existisse mais de uma entidade em condições de prestar os serviços demandados:

> teoricamente, essa determinação parece tecnicamente incorreta. Tratando-se de dispensa, é evidente ser possível que mais de uma entidade possa prestar os serviços demandados. Caso assim não o fosse, se apenas uma entidade pudesse atender à pretensão contratual, seria verificada uma situação de inexigibilidade, pela inviabilidade de competição.[353]

Do todo o exposto, verifica-se que, ao permitir a contratação de instituições com finalidades sociais e de inovação, este inciso conecta-se diretamente com o princípio do desenvolvimento sustentável, alinhando-se aos objetivos de sustentabilidade, tanto no âmbito social quanto tecnológico. Contratar instituições voltadas para ensino, pesquisa, extensão, desenvolvimento institucional, científico e tecnológico e estímulo à inovação configura incentivo a práticas que promovem o progresso e a sustentabilidade a longo prazo, consignando iniciativas essenciais para enfrentar desafios sociais e ambientais, especialmente através do desenvolvimento científico e tecnológico.

Além disso, a referência a instituições que trabalham na recuperação social de pessoas presas reflete um compromisso com a sustentabilidade social. Isso inclui a reintegração social, a promoção da igualdade e a redução das desigualdades, aspectos fundamentais para um desenvolvimento sustentável e inclusivo.

Ao exigir que as entidades contratadas não tenham fins lucrativos e possuam uma reputação ética e profissional sólida, o dispositivo

---

[352] VARESCHINI, Julieta Mendes Lopes. *Contratação Direta*. Curitiba: JML, 2014. v. 2.

[353] CHARLES, Ronny. *Leis de Licitações Públicas comentadas*. 7. ed. Salvador: Juspodivm, 2015.

reforça a importância de contratações focadas no bem-estar coletivo e em um modelo de desenvolvimento que prioriza o impacto positivo na sociedade, em vez do lucro.

5.36 Artigo 75 – Inciso XVI – Dispensa de licitação para a aquisição de insumos de saúde produzidos ou distribuídos por fundação de apoio

O inciso preceitua a possibilidade de dispensabilidade de licitação nas aquisições realizadas por pessoa jurídica de direito público interno, de insumos estratégicos para a saúde produzidos por fundação que, regimental ou estatutariamente, tenha por finalidade apoiar órgão da Administração Pública direta, sua autarquia ou fundação em projetos de ensino, pesquisa, extensão, desenvolvimento institucional, científico e tecnológico e de estímulo à inovação, inclusive na gestão administrativa e financeira necessária à execução desses projetos, ou em parcerias que envolvam transferência de tecnologia de produtos estratégicos para o SUS, nos termos do inc. XII deste artigo, e que tenha sido criada para esse fim específico em data anterior à entrada em vigor da Lei, desde que o preço contratado seja compatível com o praticado no mercado.

Pode-se perceber, de imediato, que essa contratação tem o potencial de viabilizar tecnologias sustentáveis e transferências tecnológicas para o Sistema Único de Saúde (SUS), fortalecendo o desenvolvimento sustentável na saúde pública. Isso inclui não apenas inovações tecnológicas que aumentam a eficiência dos serviços, mas também a implementação de práticas que consideram a sustentabilidade social e econômica.

A Lei nº 10.973/2004,[354] alterada pela Lei nº 13.243/2016 (Marco Legal da Ciência, Tecnologia e Inovação), dispõe sobre incentivos à inovação e à pesquisa científica e tecnológica no ambiente produtivo, com vistas à capacitação e ao alcance da autonomia tecnológica, bem como ao desenvolvimento industrial do País, nos termos dos arts. 23, 24, 167, 200, 213, 218, 219 e 219-A CF.

O inc. VII do art. 2º oferece definição para a fundação de apoio, informando tratar-se de fundação criada com a finalidade de dar apoio a projetos de pesquisa, ensino e extensão e de desenvolvimento institucional, científico e tecnológico de interesse das IFES[355] e demais

---

354 Regulamentada pelo Decreto nº 9.283/2018.

355 Instituições Federais de Ensino Superior.

ICTs,[356] registrada e credenciada nos Ministérios da Educação e da Ciência e Tecnologia, nos termos da Lei nº 8.958, de 20 de dezembro de 1994.

Como observa Rafael Garofano, as fundações de apoio tiveram grande incremento a partir do crescimento do Terceiro Setor:[357]

> Nos últimos anos, o denominado terceiro setor tem avançado sobremaneira, valendo destacar a figura das fundações de apoio, que são entes dotados de personalidade jurídica de direito privado, sem fins lucrativos, que exercem atividades de interesse público mediante a colaboração e o apoio a determinadas instituições. Essas fundações não integram a Administração, mas com ela mantêm convênios, ajustes e contratos, sempre com o objetivo de cooperação com a entidade pública no desempenho mais eficiente das funções que lhe foram atribuídas por lei. Ainda na função fomento, são inúmeras as modalidades de contratos capazes de possibilitar a participação dos particulares no desempenho de atividades de interesse geral, a exemplo dos contratos de incentivo, contratos de inovação, dos consórcios de desenvolvimento de pesquisas ou clusters tecnológicos.[358]

Como ferramenta de incentivo à inovação e à pesquisa científica e tecnológica, a Lei nº 13.204/2015 trouxe à tona mais uma forma dispensa de licitação: a aquisição efetuada por pessoa jurídica de direito público interno de insumos estratégicos para a saúde produzidos ou distribuídos por essas fundações de apoio, que foi repisada na Lei nº 14.133/2021.

Henrique Miranda observa que a regra objetiva disponibilizar solução mais duradoura em relação às que podem vir a serem oferecidas nas hipóteses de contratação direta correlatas, materializando política pública consistente de apoio direto ao terceiro setor.[359]

---

[356] Órgão ou entidade da Administração Pública direta ou indireta ou pessoa jurídica de direito privado sem fins lucrativos legalmente constituída sob as leis brasileiras, com sede e foro no País, que inclua em sua missão institucional ou em seu objetivo social ou estatutário a pesquisa básica ou aplicada de caráter científico ou tecnológico ou o desenvolvimento de novos produtos, serviços ou processos.

[357] O Terceiro Setor, como leciona José Eduardo Sabo Paes, é aquele que não é público e nem privado, no sentido convencional desses termos, mas guarda relação simbiótica com ambos, na medida em que deriva sua própria identidade da conjugação entre a metodologia deste com as finalidades daquele. Ou seja, o Terceiro Setor é composto por organizações de natureza "privada" (sem o objetivo do lucro) dedicadas à consecução de objetivos sociais ou públicos, embora não seja integrante do governo (Administração Estatal).

[358] GAROFANO, Rafael. R. Os contratos de parceria na perspectiva da Administração consensual: para uma (necessária) reformulação na teoria dos contratos administrativos. *Revista de direito administrativo contemporâneo*, São Paulo, ano 1, 2013.

[359] MIRANDA, Henrique Savonitti. *Licitações e contratos administrativos.* São Paulo: Revista dos Tribunais, 2021.

Jacoby Fernandes acolheu com entusiasmo o novo dispositivo:

> Não se pode olvidar que insumos de saúde são imprescindíveis à sociedade, tornando compreensível e notável a alteração da lei de licitações. Certamente, a implementação do novo inciso trará resultados quanto à agilidade nas contratações, mantendo-se ainda a transparência e as condições para fiscalização efetiva dos órgãos de controle e da sociedade. A expectativa com aplicação do referido inciso, principalmente nesses sistemas básicos e fundamentais do país, é que o Brasil cresça e evolua internamente, de forma a tornar mais eficientes os serviços e as contratações tão indispensáveis à população.[360]

Observe-se que a regra legal prevê várias condições para a dispensa:

a) somente poderão adotá-la pessoas jurídicas de direito público interno, ou seja, apenas órgãos da Administração Pública direta (União, estados, Distrito Federal e municípios), autarquias (inclusive as associações públicas, como registra o art. 41, IV, CC, em face de alteração estabelecida pela Lei nº 11.107/2005), fundações públicas e demais entidades de caráter público criadas para esse fim específico;[361]
b) o objeto deve circunscrever a aquisição de insumos estratégicos para a saúde;
c) tais insumos deverão ser produzidos ou distribuídos por fundação de apoio que tenha como finalidade, estatutária ou regimental, apoiar órgão da Administração Pública direta, sua autarquia ou fundação em:
I) projetos de ensino, pesquisa, extensão, desenvolvimento institucional, científico e tecnológico e estímulo à inovação, inclusive na gestão administrativa e financeira necessária à execução desses projetos; ou
II) parcerias que envolvam transferência de tecnologia de produtos estratégicos para o Sistema Único de Saúde (SUS),

---

360 Disponível em: http://www.canalabertobrasil.com.br/colunas/licitacoes-comentadas/dispensa-de-licitacao-insumos-estrategicos-para-a-saude/. Acesso em 05 fev. 2021.

361 Código Civil – Lei nº 10.406/2002 – "Art. 41. São pessoas jurídicas de direito público interno:
I - a União;
II - os Estados, o Distrito Federal e os Territórios;
III - os Municípios;
IV - as autarquias, inclusive as associações públicas; (Redação dada pela Lei nº 11.107/05).
V - as demais entidades de caráter público criadas por lei."

nos termos do inc. XII, isto é, aquelas ocorridas no âmbito da Lei nº 8.080/1990, que dispõe sobre as condições para a promoção, a proteção e a recuperação da saúde, organização e funcionamento dos serviços correspondentes.

d) a fundação de apoio deve ter sido criada para esse fim específico em data anterior à vigência da Nova Lei nº 14.133/2021; e

e) o preço a ser contratado deve ser compatível com o praticado no mercado.

Num panorama, verifica-se que, ao fomentar a autossuficiência tecnológica, o desenvolvimento científico e a inovação, o inciso estabelece um mecanismo jurídico que promove o desenvolvimento sustentável no âmbito da saúde pública, assegurando a aquisição eficiente de insumos estratégicos para o SUS, a transferência de tecnologias essenciais, o fortalecimento institucional e científico, além de estimular a cooperação entre instituições.

5.37 Artigo 75 – Inciso XVII – Dispensa de licitação para contratar entidades privadas sem fins lucrativos na implementação de tecnologias sociais de acesso à água

Por meio da Medida Provisória nº 1.166/2023, posteriormente convertida na Lei nº 14.628, de 20.07.2023, foi incluída entre as hipóteses de dispensa de licitação a contratação de entidades privadas sem fins lucrativos para implementar cisternas ou outras tecnologias sociais de acesso à água.

Como já explicitado, entidades sem fins lucrativos são organizações de direito privado, dotadas de personalidade jurídica, que têm como finalidade a realização de um objetivo específico e, como o próprio nome indica, não visam ao lucro. A expressão "sem fins lucrativos" refere-se exclusivamente a organizações que não distribuem entre seus membros (sócios, associados, conselheiros, diretores, empregados, doadores) eventuais excedentes financeiros, os quais devem ser integralmente reinvestidos no cumprimento do objetivo descrito em seus atos constitutivos. O art. 44 do Código Civil (Lei nº 10.406/2002) lista as pessoas jurídicas de direito privado, incluindo associações, sociedades, fundações, organizações religiosas, partidos políticos e empresas individuais de responsabilidade limitada (de acordo com as alterações trazidas pelas Leis nºs 10.825/2003 e 12.441/2011). Com exceção das sociedades, todas as demais podem ser constituídas como entidades sem fins lucrativos.

A medida deste inciso XVII visa beneficiar famílias rurais de baixa renda afetadas pela seca ou pela irregularidade no abastecimento de água, tanto para consumo humano quanto para produção de alimentos, reeditando previsão originalmente introduzida na antiga Lei nº 8.666/1993, pela Lei nº 12.873/2013, que não havia sido contemplada inicialmente na Nova Lei de Licitações.

O art. 15 do Decreto nº 9.606, de 10.12.2018, regulamentador do Programa Nacional de Apoio à Captação de Água de Chuva e Outras Tecnologias Sociais de Acesso à Água (Programa Cisternas), estabelecia que as contratações baseadas na dispensa de licitação prevista na antiga Lei nº 8.666/1993 deveriam observar integralmente as normas dispostas na ferramenta regulamentar. Em síntese, o regulamento exigia que, para a prestação desses serviços, as entidades privadas sem fins lucrativos deveriam ser previamente credenciadas pelo governo e contratadas por meio de chamada pública.

Em nossa análise, conforme exposto em obra que avaliava a legislação anterior,[362] a dispensa de licitação não parecia ter justificativa clara (e continua sem parecer), pois, ao excluir as empresas executantes de serviços nesse setor da possibilidade de participação na prestação desses serviços, estabelece um privilégio de legalidade questionável.

Com entendimento contrário, Toshio Mukai, ao sustentar que o afastamento de qualquer entidade com intuito lucrativo tem sua razão, "porquanto uma hipótese de dispensa de licitação não deve ser injustificadamente direcionada a entidades que visem o lucro, pois é defeso ao Poder Público favorecer uma determinada entidade que atue no mercado com finalidade lucrativa e é da essência do procedimento licitatório fomentar a competitividade entre entidades com fins lucrativos, para o fim de obter a melhor proposta possível".[363]

Ronny Charles, avaliando o tema, considerou que a permissão de contratação direta de tais entidades poderá inclusive gerar abusos:

> Embora as parcerias com o Terceiro Setor mereçam o pertinente fomento estatal, é de conhecimento comum a existência de algumas entidades privadas forjadas para fins ilegítimos e distantes da natureza filantrópica

---

362 BITTENCOURT, Sidney. *Licitação passo a passo*: comentando todos os artigos da Lei nº 8.666/93, totalmente atualizada. 11. ed. Belo Horizonte: Fórum, 2021.

363 MUKAI, Toshio. Comentários. *In:* HIGA, Alberto Shinji; OLIVEIRA, Simone Zanotello; CASTRO, Marcos Pereira; MUKAI, Toshio. *Comentários à Lei de Licitações e Contratos Administrativos*. 2. ed. São Paulo: Rideel, 2023.

> natural a estas entidades. Nesta feita, a hipótese de contratação direta sem qualquer critério que impeça a "contratação" de entidades ilegítimas pode dar azo a esquemas de corrupção que o aparato de controle estatal não possui ferramentas eficientes para combater.[364]

Independentemente das críticas e limitações apontadas, o dispositivo está claramente alinhado aos objetivos do desenvolvimento sustentável, especialmente no âmbito da sustentabilidade ambiental e social. O acesso à água potável e o uso sustentável da água para produção de alimentos são fundamentais para assegurar a segurança hídrica em regiões impactadas por secas e escassez. Além disso, ao direcionar esforços para famílias rurais de baixa renda, a medida promove inclusão social, melhoria nas condições de vida e redução das desigualdades.

A adoção dessa prática, que é conhecida como "tecnologia social",[365] auxilia as comunidades a se tornarem autossuficientes e mais resilientes diante das mudanças climáticas e crises ambientais.

Observem-se os comentários de Mukai:

> O intuito da presente hipótese, diante da problemática social que envolve a falta de água para consumo e a escassez de alimentos, os quais se revestem, aliás, de produtos indispensáveis à dignidade da pessoa humana, é viabilizar o atendimento das famílias rurais de baixa renda atingidas por seca ou falta regular de água, diante da precariedade da situação, prioridade de atendimento e dificuldade de acesso dessas famílias a esses direitos básicos, o que inclui, muitas das vezes, o desinteresse comercial das entidades com fins lucrativos na viabilização desses direitos às famílias atingidas.

5.38 Artigo 75 – Inciso XVIII – Dispensa de licitação para a contratação de entidades privadas sem fins lucrativos para a implementação do Programa Cozinha Solidária

Além de validar as alterações dos incs. XVI e XVII anteriormente introduzidas pela Medida Provisória nº 1.166/2023, a Lei nº 14.628,

---

364 CHARLES, Ronny. *Leis de Licitações Públicas comentadas*. 7. ed. Salvador: Juspodivm, 2015.

365 Tecnologia Social é um conjunto de técnicas, metodologias transformadoras, desenvolvidas e/ou aplicadas na interação com a população e apropriadas por ela, que representam soluções para inclusão social e melhoria das condições de vida (INSTITUTO DE TECNOLOGIA SOCIAL. *Caderno de Debate*: Tecnologia social: direito à ciência e ciência para a cidadania. São Paulo: ITS, 2004).

de 20.07.2023, acrescentou à Lei nº 14.133/2021 uma nova hipótese de dispensa de licitação, por meio deste inc. XVIII. A inclusão visou assegurar maior agilidade na execução do Programa Cozinha Solidária, promovendo segurança alimentar e nutricional, melhorias na qualidade de vida e o resgate social de pessoas em situação de vulnerabilidade.

O Programa Cozinha Solidária foi criado visando levar esperança e dignidade às pessoas que enfrentam fome e vulnerabilidade social no Brasil. Criado pela Lei nº 14.628/2023 e regulamentado pelo Decreto nº 11.937/2024, tem como missão oferecer refeições gratuitas e de qualidade, priorizando aqueles que mais precisam, como a população em situação de rua e famílias que vivem sob a ameaça constante da insegurança alimentar.

O propósito é fornecer alimentação gratuita preferencialmente a essa população em situação de vulnerabilidade e risco social, com vistas à promoção de políticas de segurança alimentar e nutricional e de assistência social e à efetivação de direitos sociais, dignidade humana, resgate social e melhoria da qualidade de vida.

As cozinhas solidárias são exemplos de união e solidariedade. Organizadas pela sociedade civil, são mobilizados recursos e, principalmente, esforços comunitários para preparar e distribuir as refeições, promovendo uma gestão eficiente e ética dos insumos públicos. Esse modelo integra critérios socioambientais, reduzindo desigualdades e contribuindo para a melhoria das condições de vida das populações vulneráveis.

O programa se baseia em três pilares principais:

- Fornecimento de alimentos, garantindo que as refeições sejam preparadas com qualidade e regularidade;
- Apoio às cozinhas, com oferecimento de suporte financeiro e logístico; e
- Capacitação dos colaboradores, com investimento na formação das pessoas envolvidas.

Nesse contexto, o inciso sinaliza que poderá ser dispensada a licitação no caso de contratação de entidades privadas sem fins lucrativos, para a implementação do Programa Cozinha Solidária.

Como já mencionado, entidades sem fins lucrativos são organizações de direito privado com personalidade jurídica, que têm como objetivo específico não obter lucro. Eventuais excedentes financeiros não são distribuídos entre seus membros, mas reinvestidos na realização de suas finalidades. O artigo 44 do Código Civil (Lei nº 10.406/2002) lista pessoas jurídicas de direito privado, como associações, fundações, organizações religiosas e partidos políticos, das quais todas, exceto as sociedades, podem ser configuradas como sem fins lucrativos.

Essa dispensa de licitação visa acelerar a implementação do Programa, aproveitando a expertise dessas organizações sem fins lucrativos no combate à fome e na promoção da segurança alimentar.

CAPÍTULO IX
DAS ALIENAÇÕES

Art. 76. *A alienação de bens da Administração Pública, subordinada à existência de interesse público devidamente justificado, será precedida de avaliação e obedecerá às seguintes normas:*

I - tratando-se de bens imóveis, inclusive os pertencentes às autarquias e às fundações, exigirá autorização legislativa e dependerá de licitação na modalidade leilão, dispensada a realização de licitação nos casos de:

a) dação em pagamento;

b) doação, permitida exclusivamente para outro órgão ou entidade da Administração Pública, de qualquer esfera de governo, ressalvado o disposto nas alíneas "f", "g" e "h" deste inciso;

c) permuta por outros imóveis que atendam aos requisitos relacionados às finalidades precípuas da Administração, desde que a diferença apurada não ultrapasse a metade do valor do imóvel que será ofertado pela União, segundo avaliação prévia, e ocorra a torna de valores, sempre que for o caso;

d) investidura;

e) venda a outro órgão ou entidade da Administração Pública de qualquer esfera de governo;

f) alienação gratuita ou onerosa, aforamento, concessão de direito real de uso, locação e permissão de uso de bens imóveis residenciais construídos, destinados ou efetivamente usados em programas de habitação ou de regularização fundiária de interesse social desenvolvidos por órgão ou entidade da Administração Pública;

g) alienação gratuita ou onerosa, aforamento, concessão de direito real de uso, locação e permissão de uso de bens imóveis comerciais de âmbito local, com área de até 250 m² (duzentos e cinquenta metros quadrados) e destinados a programas de regularização fundiária de interesse social desenvolvidos por órgão ou entidade da Administração Pública;

h) alienação e concessão de direito real de uso, gratuita ou onerosa, de terras públicas rurais da União e do Instituto Nacional de Colonização e Reforma Agrária (Incra) onde incidam ocupações até o limite de que trata o §1º do art. 6º da Lei nº 11.952, de 25 de junho de 2009, para fins de regularização fundiária, atendidos os requisitos legais;

i) legitimação de posse de que trata o art. 29 da Lei nº 6.383, de 7 de dezembro de 1976, mediante iniciativa e deliberação dos órgãos da Administração Pública competentes;

j) legitimação fundiária e legitimação de posse de que trata a Lei nº 13.465, de 11 de julho de 2017;

II - tratando-se de bens móveis, dependerá de licitação na modalidade leilão, dispensada a realização de licitação nos casos de:

a) doação, permitida exclusivamente para fins e uso de interesse social, após avaliação de oportunidade e conveniência socioeconômica em relação à escolha de outra forma de alienação;

b) permuta, permitida exclusivamente entre órgãos ou entidades da Administração Pública;

c) venda de ações, que poderão ser negociadas em bolsa, observada a legislação específica;

d) venda de títulos, observada a legislação pertinente;

e) venda de bens produzidos ou comercializados por entidades da Administração Pública, em virtude de suas finalidades;

f) venda de materiais e equipamentos sem utilização previsível por quem deles dispõe para outros órgãos ou entidades da Administração Pública.

§1º A alienação de bens imóveis da Administração Pública cuja aquisição tenha sido derivada de procedimentos judiciais ou de dação em pagamento dispensará autorização legislativa e exigirá apenas avaliação prévia e licitação na modalidade leilão.

§2º Os imóveis doados com base na alínea "b" do inciso I do *caput* deste artigo, cessadas as razões que justificaram sua doação, serão revertidos ao patrimônio da pessoa jurídica doadora, vedada sua alienação pelo beneficiário.

§3º A Administração poderá conceder título de propriedade ou de direito real de uso de imóvel, admitida a dispensa de licitação, quando o uso destinar-se-á a:

I - outro órgão ou entidade da Administração Pública, qualquer que seja a localização do imóvel;

II - pessoa natural que, nos termos de lei, regulamento ou ato normativo do órgão competente, haja implementado os requisitos mínimos de cultura, de ocupação mansa e pacífica e de exploração direta sobre área rural, observado o limite de que trata o §1º do art. 6º da Lei nº 11.952, de 25 de junho de 2009.

§4º A aplicação do disposto no inciso II do §3º deste artigo será dispensada de autorização legislativa e submeter-se-á aos seguintes condicionamentos:

I - aplicação exclusiva às áreas em que a detenção por particular seja comprovadamente anterior a 1º de dezembro de 2004;

II - submissão aos demais requisitos e impedimentos do regime legal e administrativo de destinação e de regularização fundiária de terras públicas;

III - vedação de concessão para exploração não contemplada na lei agrária, nas leis de destinação de terras públicas ou nas normas legais ou administrativas de zoneamento ecológico-econômico;

IV - previsão de extinção automática da concessão, dispensada notificação, em caso de declaração de utilidade pública, de necessidade pública ou de interesse social;

V - aplicação exclusiva a imóvel situado em zona rural e não sujeito a vedação, impedimento ou inconveniente à exploração mediante atividade agropecuária;
VI - limitação a áreas de que trata o §1º do art. 6º da Lei nº 11.952, de 25 de junho de 2009, vedada a dispensa de licitação para áreas superiores;
VII - acúmulo com o quantitativo de área decorrente do caso previsto na alínea "i" do inciso I do caput deste artigo até o limite previsto no inciso VI deste parágrafo.
§5º Entende-se por investidura, para os fins desta Lei, a:
I - alienação, ao proprietário de imóvel lindeiro, de área remanescente ou resultante de obra pública que se tornar inaproveitável isoladamente, por preço que não seja inferior ao da avaliação nem superior a 50% (cinquenta por cento) do valor máximo permitido para dispensa de licitação de bens e serviços previsto nesta Lei;
II - alienação, ao legítimo possuidor direto ou, na falta dele, ao poder público, de imóvel para fins residenciais construído em núcleo urbano anexo a usina hidrelétrica, desde que considerado dispensável na fase de operação da usina e que não integre a categoria de bens reversíveis ao final da concessão.
§6º A doação com encargo será licitada e de seu instrumento constarão, obrigatoriamente, os encargos, o prazo de seu cumprimento e a cláusula de reversão, sob pena de nulidade do ato, dispensada a licitação em caso de interesse público devidamente justificado.
§7º Na hipótese do §6º deste artigo, caso o donatário necessite oferecer o imóvel em garantia de financiamento, a cláusula de reversão e as demais obrigações serão garantidas por hipoteca em segundo grau em favor do doador.

Quando nada acontece, há um
milagre que não estamos vendo.
(Guimarães Rosa)

5.39 Artigo 76 – Licitação Dispensada

O art. 76 versa sobre a alienação de bens e direitos da Administração, disciplinando dois objetos normativos: os requisitos para alienação de bens e as situações de dispensa de licitação.

A alienação de bens públicos, especialmente no contexto de regularização fundiária e programas sociais, tem conexão direta com o desenvolvimento sustentável, pois pode promover a inclusão social, a organização territorial e o aproveitamento responsável dos recursos naturais.

Em diversas alíneas do inc. I, o artigo estabelece situações específicas em que a licitação é dispensada. Muitas dessas disposições têm estreita relação com os princípios da sustentabilidade, uma vez que preveem dispensas licitatórias para a alienação de bens públicos em condições que não só visam à eficiência administrativa, mas também desempenham um papel crucial no fomento ao desenvolvimento sustentável. A alienação desses bens, especialmente quando voltada para programas de regularização fundiária e habitação de interesse social, tem um impacto direto na inclusão social, na organização territorial e na gestão sustentável dos recursos públicos.

Esses fatores são essenciais para equilibrar justiça social e preservação ambiental. Regularização fundiária e habitações de interesse social resolvem desigualdades históricas e promovem o uso racional dos recursos naturais.

Segundo o dispositivo, a alienação de bens da Administração Pública, subordina-se, preliminarmente, à existência de *interesse público*, devidamente justificado, bem como à *avaliação prévia*.

Alienação é termo jurídico, de caráter genérico, pelo qual se designa todo e qualquer ato que tenha o efeito de transferir o domínio de alguma coisa para outra pessoa, a título oneroso ou gratuito, ocorrendo de forma voluntária ou compulsória. Exemplo típico de alienação onerosa é a compra e a venda; de gratuita, é a doação; de voluntária, a dação em pagamento; e de compulsória, a arrematação.

A transferência de um bem alienado ocorre por meio de contrato, isto é, por intermédio de negócio jurídico bilateral que expresse a transmissão do bem a outra pessoa.

Cabe assentar, perlustrando-se todo o texto do supracitado dispositivo, que a expressão "alienação" não é utilizada na completa acepção do termo, uma vez que, além da alienação efetiva, também é adotada no sentido técnico-jurídico, para permear outros institutos de permissão de uso e fruição de bens da Administração.

5.39.1 A alienação de bens da Administração Pública

As leis administrativas geralmente indicam expressamente as alienações que dependem de licitação e as que são dispensadas desse prévio procedimento. Em regra, toda alienação de bens da Administração se sujeita ao certame competitivo, sendo afastada essa formalidade, em algumas hipóteses, em função do objeto ou das pessoas a que se destina.

5.39.2 Bens públicos

No que tange à propriedade, os bens são classificados como particulares e públicos. Compõem os bens públicos os que se submetem ao domínio do Estado. Os bens públicos são as coisas materiais ou imateriais pertencentes ou não às pessoas jurídicas de Direito Público e as pertencentes a terceiros, quando vinculadas à prestação de serviço público.

São bens públicos aqueles que estejam sob domínio nacional, pertencentes às pessoas jurídicas de direito público interno – inclusas as associações públicas –,[366] sendo todos os demais bens particulares, independentemente da pessoa a que pertencerem, conforme dispõe o art. 98 do Código Civil (CC) (Lei nº 10.406/2002).

O art. 99 do CC subdivide os bens públicos em três classes:

a) de uso comum do povo, tais como os rios, os mares, as praças e as ruas;
b) de uso especial, que são os utilizados pela Administração Pública para exercer suas atividades, tais como os edifícios onde estão instaladas repartições públicas; e
c) dominicais (no Código Civil optou-se por essa expressão, em detrimento de "dominiais")[367] que constituem o patrimônio da União, dos Estados ou dos Municípios como objeto de direito pessoal ou real de cada um, tais como os terrenos de marinha, as terras devolutas, os automóveis utilizados pelos agentes públicos etc. São bens patrimoniais da Administração Pública, sem nenhuma finalidade pública, submetendo-se, assim, a regime idêntico ao dos bens particulares.

---

[366] Consoante alteração imposta ao inc. IV do art. 41 do CC pela Lei nº 11.107/2005, que dispõe sobre normas gerais de contratação de consórcios públicos, que passou a ter a seguinte redação:
"Art. 41. São pessoas jurídicas de direito público interno:
I - a União;
II - os Estados, o Distrito Federal e os Territórios;
III - os Municípios;
IV - as autarquias, inclusive as associações públicas;
V - as demais entidades de caráter público criadas por lei."

[367] Ambas derivam do latim *dominium* (propriedade) e designam os bens sobre os quais incidam o domínio.

5.39.2.1 A alienação de bens públicos

Em linhas gerais, o art. 100 do CC prevê a inalienabilidade dos bens públicos.[368] Nesse passo, esclarece que os bens públicos não podem sair do domínio da Administração enquanto destinados ao uso comum do povo ou em face de fins administrativos específicos, isto é, sempre que guardarem *afetação pública*.

Essa proibição de alienação só vigora, por conseguinte, enquanto o bem público estiver *afetado*, isto é, durante o tempo que estiver destinado ao uso comum do povo ou ao uso especial por parte da Administração Pública direta, que poderá ocorrer de modo explícito ou implícito.

Entre os meios de afetação explícita encontram-se a lei, o ato administrativo e o registro do projeto de loteamento (arts. 17 e 22 da Lei nº 6.766/1979, que dispõe sobre o Parcelamento do Solo Urbano).[369] Implicitamente, dá-se a afetação quando o Poder Público passa a utilizar um bem para certa finalidade sem manifestação formal, caracterizando, dessa maneira, uma conduta que demonstra o uso do bem (por exemplo: uma casa doada onde foi instalada uma biblioteca pública infantil).[370]

Ocorrendo a *desafetação*, isto é, mudança de destinação (que poderá advir de manifestação explícita, como no caso de autorização legislativa para a venda de bem de uso especial, onde conste a desafetação do bem dominical, ou se decorrer de conduta da Administração, como na hipótese de operação urbanística que torna inviável o uso de uma rua próxima como via de circulação),[371] o bem público poderá ser alienado, obedecido o regramento previsto neste art. art. 76.

---

368 "Art. 100. Os bens públicos de uso comum do povo e os de uso especial são inalienáveis, enquanto conservarem a sua qualificação, na forma que a lei determinar."

369 "Art. 17. Os espaços livres de uso comum, as vias e praças, as áreas destinadas a edifícios públicos e outros equipamentos urbanos, constantes do projeto e do memorial descritivo, não poderão ter sua destinação alterada pelo loteador, desde a aprovação do loteamento, salvo as hipóteses de caducidade da licença ou desistência do loteador, sendo, neste caso, observadas as exigências do art. 23 desta Lei.
Art. 22. Desde a data de registro do loteamento, passam a integrar o domínio do Município as vias e praças, os espaços livres e as áreas destinadas a edifícios públicos e outros equipamentos urbanos, constantes do projeto e do memorial descritivo.
Parágrafo único. Na hipótese de parcelamento do solo implantado e não registrado, o Município poderá requerer, por meio da apresentação de planta de parcelamento elaborada pelo loteador ou aprovada pelo Município e de declaração de que o parcelamento se encontra implantado, o registro das áreas destinadas a uso público, que passarão dessa forma a integrar o seu domínio" (Incluído pela Lei nº 12.424/2011).

370 MEDAUAR, Odete. *Direito administrativo moderno*. 15 ed. São Paulo: Revista dos Tribunais, 2011.

371 MEDAUAR, Odete. *Direito administrativo moderno*. 15 ed. São Paulo: Revista dos Tribunais, 2011.

A Lei nº 14.133/2021 formula regras para toda a administração direta e parte da indireta (autarquias e fundações).

Impende assentar que o texto deste art. 76, tal como o vetusto art. 17 da Lei nº 8.666/1993, não é dos melhores, uma vez que, elaborado sem a aplicação da técnica adequada, mistura institutos, consubstanciando ocorrências jurídicas distintas, versando ao mesmo tempo sobre regras concernentes à alienação de bens públicos, prescrevendo exigências e estabelecendo preceitos que consignam os pressupostos das hipóteses de dispensa do certame licitatório para a alienação desses bens. Essa falta de separação entre as regras gerais e as situações excepcionais pode gerar confusão, dificultando a compreensão e aplicação eficaz dos preceitos legais.

Como é cediço, para o cumprimento de sua destinação política, o Estado necessita, dentre outros meios, de dispor de seus bens, tal como os particulares dispõem de seu patrimônio. Desse modo, ainda que, em princípio, os bens públicos estejam dotados de inalienabilidade, significando dizer que o titular da Administração não poderá dispor deles ao seu alvedrio, evidencia-se que essa regra não é absoluta, pois haverá momentos e necessidades que demandarão a alienação. Nessas hipóteses, a Administração terá o dever jurídico de promovê-la.

5.39.2.1.1 Alienação de bens públicos imóveis

Bens imóveis são aqueles insuscetíveis de remoção, sem que se lhes mude a natureza. Neste conceito, consoante o prescrito no art. 79 CC, há o solo e tudo quanto se lhe incorporar natural ou artificialmente. Também são considerados imóveis, para os efeitos legais, os direitos reais sobre imóveis e as ações que os asseguram; e o direito à sucessão aberta (art. 80 CC). O Código Civil ainda anota que não perdem o caráter de imóveis as edificações que, separadas do solo, mas conservando a sua unidade, forem removidas para outro local; e os materiais provisoriamente separados de um prédio, para nele se reempregarem (art. 81).

Este art. 76 prescreve limites formais para a alienação de bens públicos imóveis. Ao estabelecer os procedimentos para a licitação visando à alienação desses bens – que, segundo a Nova Lei, só poderá ocorrer na modalidade *leilão* ou por meio de sua dispensa, em hipóteses específicas, como se verá posteriormente –, a subordina à existência de *interesse público* devidamente justificado, *avaliação prévia* e *autorização legislativa*.

- *Interesse público*

Em qualquer situação, a Administração deve visar primeiramente ao interesse público. Logo, todo ato de gestão administrativa deve mirá-lo, sob pena de anulação por via administrativa ou judicial.

Ao longo do tempo, o real alcance do interesse público tem sido debatido entre administrativistas, notadamente quanto à sua sempre aviventada prevalência sobre o interesse particular (o propalado Princípio da Supremacia do Interesse Público).

Sustentamos essa supremacia, assim como, entre outros, Celso Antônio Bandeira de Mello, José dos Santos Carvalho Filho e Alice Gonzales Borges, respeitando as correntes doutrinárias progressivas que apresentam uma pretensa visão mais evoluída, desenvolvendo uma releitura do conceito de interesse público e da supremacia a ele inerente.

Sobre o tema, Bandeira de Mello anota que essa supremacia consigna verdadeiro axioma reconhecível no Direito Público, o qual proclama a superioridade do interesse da coletividade – firmando a prevalência sobre o do particular – como condição, até mesmo, da sobrevivência e asseguramento do interesse individual.[372]

Na mesma trilha, Carvalho Filho afirma que o destinatário da atividade administrativa não é o indivíduo em si, mas sim, o grupo social num todo. Na existência de conflito entre o interesse público e o interesse privado, há de prevalecer o público, uma vez que o indivíduo tem que ser olhado como integrante da sociedade, não podendo os seus direitos, em regra, ser equiparados aos direitos sociais.[373]

É de se alertar, entrementes, como previne Fernando Martins, que tal não significa uma autorização para o despotismo, o cesarismo ou a preponderância de interesses pessoais egoísticos (não alicerçados em direitos fundamentais) no âmbito do Poder Público, "porque ainda resplandecem princípios de redobrada força normativa, como a moralidade e a impessoalidade, que axiologicamente espantam essa práxis".[374]

Especificamente sobre a aplicação do interesse público na alienação de imóveis públicos, registre-se a abalizada opinião de Antônio Marcelo da Silva, que realça que o interesse público não se relaciona unicamente com a conveniência da Administração em se desfazer do

---

[372] MELLO, Celso Antônio Bandeira de. *Curso de direito administrativo*. 19. ed. São Paulo: Malheiros, 2005.

[373] CARVALHO FILHO, José dos Santos. *Manual de direito administrativo*. 30. ed. São Paulo: Atlas, 2016.

[374] MARTINS, Fernando Rodrigues. *Controle do Patrimônio Público*. 5. ed. São Paulo: Revista dos Tribunais, 2013.

bem, pois há de orientar toda a operação, inclusive a escolha do adquirente, à destinação que pretenda dar ao objeto da alienação.

> Observe-se que o interesse público deve ser *devidamente justificado*, isto é, a alienação só pode ser autorizada, em princípio, mediante um processo no qual fique demonstrada a sua conveniência.[375]

- *Avaliação prévia*

O segundo imperativo para a alienação de bem público é a sua prévia avaliação, que, acentue-se, jamais deverá ser encarada como uma mera indicação de valor, porquanto pressupõe trabalho sério e preciso – com o uso de mecanismos técnicos adequados – circunscrevendo aferição de valor que deverá traduzir a grandeza econômico-financeira do bem.

A avaliação visa a delimitar o valor do bem imóvel frente ao seu mercado específico, razão pela qual deve resultar de trabalho técnico desenvolvido por profissionais da área de engenharia, uma vez que caracteriza atividade típica da Engenharia de Avaliações, adotando metodologia de acordo com as normas técnicas da ABNT.[376]

Nesse contexto, o TCU, em auditoria nessa seara, diagnosticou irregularidade em avaliação realizada por corretores de imóveis:

> As avaliações prévias dos valores de locação constantes no processo não são válidas, pois são avaliações singelas, que não se prestam a comprovar a compatibilidade do preço do imóvel com os valores de mercado, pois não atendem aos requisitos na NBR Nº 14653 (norma da ABNT que trata da elaboração de avaliação imobiliária), tendo sido feitas por corretores de imóveis, inclusive sendo um dos laudos da própria empresa intermediadora da locação, possuindo dessa forma interesse direto na transação. Portanto, os laudos de avaliação não foram executados por profissionais da Engenharia ou Arquitetura, que são os

---

[375] SILVA, Antonio Marcello da. *Contratações administrativas*. São Paulo: Revista dos Tribunais, 1971.

[376] Resolução nº 345/90 do CONFEA: "Art. 2º Compreende-se como a atribuição privativa dos Engenheiros em suas diversas especialidades, dos Arquitetos, dos Engenheiros Agrônomos, dos Geólogos, dos Geógrafos e dos Meteorologistas, as vistorias, perícias, avaliações e arbitramentos relativos a bens móveis e imóveis, suas partes integrantes e pertences, máquinas e instalações industriais, obras e serviços de utilidade pública, recursos naturais e bens e direitos que, de qualquer forma, para a sua existência ou utilização, sejam atribuições destas profissões.
Art. 3º. Serão nulas de pleno direito as perícias e avaliações e demais procedimentos indicados no Art. 2º, quando efetivados por pessoas físicas ou jurídicas não registradas nos CREAs."

que possuem atribuição exclusiva para sua elaboração, conforme Leis nº 5.194/1966 e 12.378/2010 e Resoluções CONFEA Nº 218 e 345 (Acórdão nº 4468/2012 – Segunda Câmara).

Nessa perspectiva, Ronny Charles ressalta que, se o particular pode se dar ao luxo de permitir, em transações do cotidiano, realizar avaliações de maneira informal e empírica, é evidente que, nas grandes negociações e no manuseio e alienação de bens públicos, nas quais a indisponibilidade do interesse público exige certos cuidados, far-se-á necessária a obediência a ritos formais de estipulação de valor, resguardando a melhor apreciação do bem, em função do objetivo que se visa a atingir.

Reafirmando que, em regra, tais avaliações são executadas por técnicos (engenheiros ou arquitetos) que, ao realizarem tal tarefa, agem de acordo com diversas perspectivas e métodos (o tipo de bem, o objetivo a que se destina ou mesmo os aspectos econômicos relacionados podem influenciar o resultado das aferições), comenta, com propriedade:

> Sendo a avaliação um suporte técnico indispensável na tomada de decisões de alienação de bens públicos, sabendo-se ainda que a escolha do método pode interferir na estipulação do valor, entendemos que o objetivo obrigatório de se buscar a proposta mais vantajosa para a Administração [...] exige que o gestor escolha, em regra, o método de avaliação que importará na melhor quantificação do valor do bem. Esse pensamento deriva da intelecção dos princípios da impessoalidade e da indisponibilidade do interesse público, dos quais resulta que os bens públicos não pertencem aos gerentes nem mesmo à Administração, restando a estes a incumbência de gestão adequada e conservação eficiente de tais bens, em prol da coletividade.[377]

Destarte – como a avaliação de valor ocorre para que a Administração possa ter um parâmetro para realizar a alienação – se, no certame de alienação, o valor ofertado for inferior ao nela obtido, ele não deverá ser aceito pela Administração.

A avaliação, a princípio, deverá advir de trabalho de agentes públicos especializados, mas, é claro, também poderá ser produzida por terceiros qualificados, contratados pela Administração com esse objetivo.

---

[377] CHARLES, Ronny. *Leis de Licitações Públicas comentadas*. 6. ed. Salvador: Juspodivm, 2014.

Sobre o tema, o TCU tem sinalizado para a inadmissão de laudos de avaliação contratados por terceiros (o que, ressalta-se, difere da contratação de terceiros para a realização da tarefa):

> ACÓRDÃO nº 456/2005 – 1ª Câmara
> Os Ministros do Tribunal de Contas da União, reunidos em sessão da Primeira Câmara, em 22.03.2005, ACORDAM, por unanimidade [...] 1. Determinar à [...] que: 1.1 não acolha, nos processos de alienação de imóveis, laudos de avaliação contratados por terceiros, devendo somente efetuar a venda quando baseada em laudo de avaliação confeccionado por engenheiros de seu quadro de pessoal ou por avaliadores contratados diretamente pela Companhia, preferencialmente pela CEF ou Banco do Brasil .

- *Autorização legislativa*

Como anotamos, o dispositivo condiciona a alienação de imóveis da Administração direta e de entidades autárquicas e fundacionais dotadas de personalidade jurídica de Direito Público à autorização legislativa – que deverá ser específica, indicando o bem a ser alienado.

Assim, a existência de lei para a alienação de imóveis públicos é condição *sine qua non*, pois sua ausência determinaria a nulidade de pleno direito.

Assente-se que a alienação de bem público realizada sem prévia autorização legislativa não convalesce com o tempo. Logo, caso o negócio jurídico tenha se configurado, o bem deverá retornar ao *status quo*, uma vez que a exigência se dá "justamente para desafetar o bem público da destinação pública que anteriormente lhe tocava, tornando-o alienável, transformando-o em bem patrimonial disponível".[378]

> Civil – Alienação de bem público – Prescrição. 1. Não prescreve a ação para obter declaração de nulidade de venda de bem público, sem autorização legislativa, posto que a inalienabilidade dos bens públicos impede a sua perda e a aquisição por outrem pelo decurso de tempo. (STJ, Resp nº 1 11831/PB, rel. Min. Dias Trindade).

Não obstante, cabe ressaltar que há situações nas quais o bem, embora integrante do domínio público, sujeitar-se-á a regime jurídico peculiar e diferenciado, conforme já decidiu, inclusive, o Superior Tribunal de Justiça (STJ).

---

[378] MARTINS, Fernando Rodrigues. *Controle do Patrimônio Público*. 5. ed. São Paulo: Revista dos Tribunais, 2013.

Direito Processual Civil e Administrativo. Bem Público. Ação de Extinção de Condomínio. Fração Pertencente a Município. Possibilidade. Prévia Autorização Legislativa. Prescindibilidade.
1. É direito potestativo do condômino de bem imóvel indivisível promover a extinção do condomínio mediante alienação judicial da coisa (CC/16, art. 632; CC/2002, art. 1.322; CPC, art. 1.117, II).
Tal direito não fica comprometido com a aquisição, por arrecadação de herança jacente, de parte ideal do imóvel por pessoa jurídica de direito público.
2. Os bens públicos dominicais podem ser alienados "nos casos e na forma que a lei prescrever" (CC de 1916, art. 66, III e 67; CC de 2002, art. 101). Mesmo sendo pessoa jurídica de direito público a proprietária de fração ideal do bem imóvel indivisível, é legítima a sua alienação pela forma da extinção de condomínio, por provocação de outro condômino. Nesse caso, a autorização legislativa para a alienação da fração ideal pertencente ao domínio público é dispensável, porque inerente ao regime da propriedade condominial. 3. Recurso especial a que se nega provimento. (REsp nº 655.787/MG. 1ª T., rel. Min. Teori Zavascki, j. em 09.08.2005).

5.40 Artigo 76 – Inciso I – Alínea "f" – Dispensa de licitação para alienação de bens IMÓVEIS por meio de diversos institutos, destinados a programas de habitação ou regularização fundiária de interesse social

Como frisado, além de disciplinar as regras para a alienação de bens imóveis e móveis públicos, o art. 76 relaciona, exaustivamente, as situações cuja licitação restará dispensada, a saber:

- Dação em pagamento;
- Doação;
- Permuta;
- Investidura;
- Venda;
- Alienação gratuita ou onerosa, aforamento, concessão de direito real de uso, locação e permissão de uso;
- Legitimação de posse; e
- Legitimação fundiária.

A alínea "f" contém diversos institutos cuja adoção, no caso da alienação de imóveis públicos, configuraria a dispensa de licitação, quando esses bens se destinarem a atender motivos de interesse social, como é o caso dos programas de habitação e regularização fundiária.

O objetivo é garantir a eficiência administrativa e a agilidade nos processos que envolvam a regularização fundiária e a inclusão social, permitindo que a Administração Pública implemente essas ações de forma mais célere e sem a necessidade de competição licitatória formal, desde que atendam aos critérios estabelecidos para os bens imóveis utilizados nesses programas.

Portanto, visam permitir a adoção de medidas que beneficiem a população, sem as exigências de licitação, a fim de promover a justiça social e o desenvolvimento sustentável nas áreas atendidas por esses programas habitacionais e de regularização fundiária.

Assim, o preceptivo prevê a dispensa de licitação na hipótese de alienação gratuita ou onerosa, aforamento, concessão de direito real de uso, locação e permissão de uso de bens imóveis residenciais construídos, destinados ou efetivamente usados em programas de habitação ou de regularização fundiária de interesse social desenvolvidos por órgão ou entidade da Administração Pública.

Contudo, destaca-se um erro técnico no dispositivo, pois, ao tratar da alienação, são mencionados institutos que não se enquadram nesse conceito, como o aforamento, a concessão de direito real de uso, a locação e a permissão de uso, que não constituem formas de alienação propriamente ditas.

Nesse contexto, há de se compreender que o uso do termo "alienação" se deu considerando uma acepção ampla, abarcando não só as formas de transferência de propriedade, mas também outros institutos autorizadores do uso de bens da Administração.

Considerando a velha máxima de que não existem palavras inúteis na lei, podemos concluir que, ao mencionar que a licitação será dispensada em casos de alienação gratuita ou onerosa, o legislador pretende deixar claro que, independentemente da configuração da alienação – seja doação ou venda –, a realização de procedimento licitatório não será exigida, desde que envolva a transferência de bens imóveis residenciais construídos, destinados ou efetivamente utilizados em programas habitacionais ou de regularização fundiária de interesse social, desenvolvidos por órgãos ou entidades da Administração Pública.

Nesse curso, repisa-se, reza o preceptivo que, nas situações técnico-jurídicas a seguir elencadas – quando envolverem bens imóveis residenciais construídos, destinados ou efetivamente utilizados no âmbito de programas habitacionais ou de regularização fundiária de interesse social desenvolvidos por órgãos ou entidades da Administração Pública –, a licitação restará dispensada:

a) alienação gratuita ou onerosa;
b) aforamento;
c) concessão de direito real de uso;
d) locação; ou
e) permissão de uso.

Assim, envolvendo exclusivamente imóveis residenciais, a regra admite a ausência de licitação quando houver atribuição de direitos a um particular no sentido de integrar-se em um programa estatal de cunho habitacional ou de regularização fundiária de interesse social.

A alusão a programas habitacionais demonstra a flagrante preocupação no atendimento à população de baixa renda, reforçando o compromisso com a inclusão social e a melhoria das condições de vida das pessoas mais vulneráveis, enfoque que está diretamente ligado aos princípios da sustentabilidade social, pois busca atender às necessidades habitacionais de maneira a promover o bem-estar coletivo e a justiça social.

Já a referência à regularização fundiária reflete o empenho no sentido do asseguramento de um título jurídico de domínio, dado que, em termos gerais, tal regularização consigna processo que inclui medidas jurídicas, urbanísticas, ambientais e sociais, com o intuito de integrar assentamentos irregulares ao contexto legal das cidades.[379] Vide que, nessa hipótese, o dispositivo exige a vinculação ao interesse social, significando, nesse contexto, que, como prescreve a Lei nº 11.977/2009 (que dispõe sobre o Programa Minha Casa, Minha Vida e a regularização fundiária de assentamentos localizados em áreas urbanas), é aplicável a assentamentos irregulares ocupados por população de baixa renda nos quais a garantia do direito constitucional à moradia justifica a aplicação de instrumentos, procedimentos e requisitos técnicos especiais.

O segundo instrumento listado é o *aforamento* (ou *enfiteuse*), que configura uma das formas de utilização de bens públicos por particulares. Consoante o preconizado no art. 46 do Decreto-Lei nº 9.760/1946, os bens imóveis da União não utilizados em serviço público poderão, qualquer que seja a sua natureza, ser alugados, aforados ou cedidos. Segundo o seu §2º, o aforamento dar-se-á quando coexistirem a conveniência de radicar-se o indivíduo ao solo e a de manter-se o

---

[379] A Lei nº 11.977/2009 define regularização fundiária como o "conjunto de medidas jurídicas, urbanísticas, ambientais e sociais que visam à regularização de assentamentos irregulares e à titulação de seus ocupantes, de modo a garantir o direito social à moradia, o pleno desenvolvimento das funções sociais da propriedade urbana e o direito ao meio ambiente ecologicamente equilibrado".

vínculo da propriedade pública. O aforamento, em síntese, é instituto pelo qual o Estado permite ao particular o uso privativo de bem público a título de domínio útil, mediante a obrigação de pagar um foro anual, certo e invariável.

O instituto propicia a aquisição de direito real por parte do foreiro, que poderá ser transferido a terceiro, desde que o Estado renuncie ao direito de preferência para reaver o imóvel. Havendo a renúncia, o foreiro deverá pagar, pela transmissão do domínio útil, o denominado *laudêmio* (5% do valor atualizado do domínio pleno e das benfeitorias).

Registre-se a tendência de extinção do instituto, uma vez que o Código Civil de 2002 não mais o prevê, além da regra disposta no art. 49 das Disposições Transitórias da Constituição federal, que faculta aos foreiros, no caso de extinção, a remição dos aforamentos por meio da aquisição do domínio direto, na conformidade do que dispuserem os respectivos contratos. É de se notar, entrementes, que o §3º prescreve que o aforamento continuará sendo aplicado aos terrenos de marinha e seus acrescidos, situados na faixa de segurança, a partir da orla marítima.

> Art. 49. A lei disporá sobre o instituto da enfiteuse em imóveis urbanos, sendo facultada aos foreiros, no caso de sua extinção, a remição dos aforamentos mediante aquisição do domínio direto, na conformidade do que dispuserem os respectivos contratos.
> §1º Quando não existir cláusula contratual, serão adotados os critérios e bases hoje vigentes na legislação especial dos imóveis da União.
> §2º Os direitos dos atuais ocupantes inscritos ficam assegurados pela aplicação de outra modalidade de contrato.
> §3º A enfiteuse continuará sendo aplicada aos terrenos de marinha e seus acrescidos, situados na faixa de segurança, a partir da orla marítima.
> §4º Remido o foro, o antigo titular do domínio direto deverá, no prazo de noventa dias, sob pena de responsabilidade, confiar à guarda do registro de imóveis competente toda a documentação a ele relativa.

Nesse contexto, a alínea prevê a dispensa licitatória para o aforamento de imóveis residenciais, quando o contrato se originar de programas habitacionais ou de regularização fundiária de interesse social desenvolvidos pela Administração Pública.

O terceiro instituto listado é a *concessão de direito real de uso*, instrumento adotado para a utilização de bem público desafetado por particular, instituído pelos artigos 7º e 8º do Decreto-Lei nº 271/1967, que, com as alterações introduzidas pela Lei nº 11.481/2007, dispõe sobre loteamento urbano, responsabilidade do loteador, concessão de uso do espaço aéreo e dá outras providências.

O instituto, que não abarca apenas o uso da terra, pois pode ter por objeto o uso do espaço aéreo sobre a superfície de terrenos, caracteriza-se por ser direito real resolúvel,[380] constituindo-se através de instrumento público ou particular; ou mesmo por simples termo administrativo, sendo inscrito e cancelado em livro especial.

Tal concessão, que pode ser remunerada ou gratuita, deverá ocorrer por tempo certo ou indeterminado, e só poderá objetivar regularização fundiária de interesse social, urbanização, industrialização, edificação, cultivo da terra, aproveitamento sustentável das várzeas, preservação das comunidades tradicionais e seus meios de subsistência ou outras modalidades de interesse social em áreas urbanas.

Nessa contextura, a alínea prevê a dispensa licitatória para a concessão de direito real de imóveis residenciais, quando o ajuste se originar de programas habitacionais ou de regularização fundiária de interesse social desenvolvidos pela Administração Pública.

O quarto instituto listado é a *locação*, que constitui contrato de direito privado pelo qual o proprietário-locador transfere a posse do bem ao locatário, que se obriga a pagar certa importância – o aluguel – por período determinado de uso do bem.

Quando o locador é o Estado, o ajuste é regulado normalmente pela lei civil, demonstrando o caráter privado da contratação. Sobre a questão, entretanto, não é pacífico o entendimento, pois há os que não aceitam o regime de locação do direito civil para bens públicos, sustentando que somente se revela admissível a concessão remunerada de uso de bem público, modalidade de contrato administrativo.[381]

Carvalho Filho também se opõe a essa antiga posição doutrinária, criticando a aplicação rígida de conceitos tradicionais sobre alienação no contexto da Administração Pública:

> Essa não nos parece a melhor posição: na verdade, inexiste qualquer vedação de índole constitucional em tal sentido. Ademais, legislação

---

[380] A propriedade, de regra, tem por vocação ser perpétua. Entrementes, é admissível em situações excepcionais que já nasça fadada a acabar. Nesse caso, a propriedade será resolúvel, pois terá, no momento de sua constituição, uma causa de encerramento, que poderá se dar por termo extintivo ou por condição resolutória.

[381] Tais como, por exemplo, Maria Sylvia Zanella Di Pietro (DI PIETRO, Maria Sylvia Zanella. *Direito administrativo*. 26. ed. São Paulo: Atlas, 2013) e Hely Lopes Meirelles (MEIRELLES, Hely Lopes. *Direito Administrativo Brasileiro*. 29. ed. atualizada por Eurico de Andrade Azevedo, Délcio Balestero Aleixo e José Emmanuel Burle Filho. São Paulo: Malheiros, 2004).

> mais recente tem sido expressa no que concerne à viabilidade jurídica do instituto da locação de imóveis públicos. Resulta, pois, que não se pode deixar de reconhecer a viabilidade desse ajuste. Uma coisa é concluir ser a concessão de uso um ajuste mais adequado do que a locação; outra, inteiramente diversa, é simplesmente considerar inadmissível a locação. O que importa, na espécie, é a opção do administrador – que, diga-se de passagem, terá que avaliar cada situação e não poderá vislumbrar outro fim senão o de interesse público. Por isso mesmo, sendo indevida a escolha, o ajuste estará sujeito à invalidação, e o administrador, à responsabilidade civil, administrativa e penal.[382]

Nesse passo, a alínea prevê a dispensa licitatória no caso de locação de imóveis residenciais, quando o ajuste se originar de programas habitacionais ou de regularização fundiária de interesse social desenvolvidos pela Administração Pública.

O quinto e último instituto listado é a *permissão de uso*, que consigna ato administrativo unilateral, discricionário e precário, pelo qual a Administração consente que certa pessoa utilize um bem público privativamente, atendendo ao mesmo tempo aos interesses público e privado.

O Decreto-lei nº 9.760/1946, que dispõe sobre bens da União, não lista, entre os institutos hábeis para outorga de utilização de bens imóveis públicos, a permissão de uso. Entrementes, a Lei nº 9.636/1998, que versa sobre regularização, administração, aforamento e alienação de bens imóveis de domínio da União, passou a prever que o instrumento poderá ser adotado quando se tratar de utilização, a título precário, de áreas de domínio da União, para a realização de eventos de curta duração, de natureza recreativa, esportiva, cultural, religiosa ou educacional.[383]

Nessa contextura, a alínea prevê a dispensa licitatória no caso de permissão de uso de imóveis residenciais, quando o ajuste se originar de programas habitacionais ou de regularização fundiária de interesse social desenvolvidos pela Administração Pública.

Em suma, ao estabelecer a possibilidade de dispensa licitatória para viabilizar medidas que beneficiem a população, a fim de promover

382 CARVALHO FILHO, José dos Santos. *Manual de Direito Administrativo*. 23. ed. Rio de Janeiro: Lumen Juris, 2009.

383 "Art. 22. A utilização, a título precário, de áreas de domínio da União para a realização de eventos de curta duração, de natureza recreativa, esportiva, cultural, religiosa ou educacional, poderá ser autorizada, na forma do regulamento, sob o regime de permissão de uso, em ato do Secretário do Patrimônio da União, publicado no Diário Oficial da União."

a justiça social e o desenvolvimento sustentável nas áreas atendidas por programas habitacionais e de regularização fundiária, o dispositivo evidencia uma ação de sustentabilidade de grande relevância.

5.41 Artigo 76 – Inciso I – Alínea "g" – Dispensa de licitação para alienação gratuita ou onerosa, aforamento, concessão de direito real de uso, locação e permissão de uso de bens IMÓVEIS comerciais de âmbito local

A alínea "g" estabelece a possibilidade de dispensa de licitação no caso de diferentes formas jurídicas de transferir ou permitir o uso de bens imóveis destinados ao uso comercial, desde que inseridos em programas de regularização fundiária de interesse social.

Esse dispositivo objetiva atender pequenos comerciantes ou empreendedores locais em situações de vulnerabilidade, promovendo a inclusão socioeconômica.

O dispositivo, contudo, estabelece uma restrição importante: os imóveis que podem ser alienados com dispensa de licitação devem ter uma área de até 250m², assegurando, com isso, que a dispensa licitatória beneficie pequenos empreendimentos, ligados a populações de baixa renda ou negócios locais em áreas de regularização fundiária, evitando que imóveis maiores sejam negociados sem o devido processo licitatório, e garantindo maior controle e transparência.

Os institutos autorizados para adoção são a alienação gratuita ou onerosa, o aforamento, a concessão de direito real de uso, a locação e a permissão de uso de bens imóveis.

- Alienação gratuita ou onerosa:
  - Gratuita: transferência da propriedade de um imóvel sem custo.
  - Onerosa: transferência da propriedade mediante pagamento.
- Aforamento: espécie de contrato em que o proprietário (normalmente o Estado) cede o uso de um imóvel ao foreiro (usuário) mediante o pagamento de uma taxa anual (foro). O foreiro tem o direito de uso, mas o domínio pleno permanece com o cedente.
- Concessão de direito real de uso: concessão gratuita ou onerosa que concede o direito de uso de um imóvel público para fins específicos.

- Locação: contrato pelo qual o proprietário (locador) cede o uso temporário do imóvel ao locatário, mediante o pagamento de aluguel.
- Permissão de uso de bens imóveis: contrato no qual Poder Público permite que terceiros utilizem bens públicos, geralmente de maneira transitória e sem caráter de exclusividade.

A novidade, em relação à lei anterior, é a inserção do instituto "locação" no elenco.

Nota-se, à clarividência, a preocupação do legislador no sentido de não permitir o alcance de áreas que serviriam à especulação imobiliária.

Impende ressaltar a necessidade do máximo cuidado quanto à definição, em cada caso, de que realmente se trata de imóvel caracterizado como programa habitacional ou de regularização fundiária de interesse social. Tais parâmetros constituem objeto da Lei nº 9.636/1998, cujos preceitos funcionam como premissa necessária para a viabilização da contratação direta, que padecerá de desvio de finalidade, passível de invalidação e apuração de responsabilidade, caso não seja realizada com as devidas cautelas.

De tudo o que foi exposto, verifica-se que, ao permitir a dispensa de licitação para transferir ou permitir o uso de imóveis comerciais em programas de regularização fundiária de interesse social, esta alínea contribui para a promoção do desenvolvimento nacional sustentável, pois favorece pequenos empreendedores em situação de vulnerabilidade, fomenta a inclusão socioeconômica, organiza o uso do solo e atende a Objetivos de Desenvolvimento Sustentável (ODS).

5.42 Artigo 76 – Inciso I – Alínea "h" – Dispensa de licitação para a alienação de terras públicas rurais da União e do Incra, para fins de regularização fundiária

A alínea "h" sinaliza a dispensa de licitação para a alienação e concessão de direito real de uso, gratuita ou onerosa, de terras públicas rurais da União e do Instituto Nacional de Colonização e Reforma Agrária (Incra) onde incidam ocupações até o limite de que trata o §1º do art. 6º da Lei nº 11.952, de 25.06.2009[384] (áreas não superiores a dois

[384] Que dispõe sobre a regularização fundiária das ocupações incidentes em terras situadas em áreas da União, no âmbito da Amazônia Legal.

mil e quinhentos hectares),[385] para fins de regularização fundiária, atendidos os requisitos legais.

Vide que a dispensa abrange tanto a alienação quanto a concessão de direito real de uso, podendo ser gratuita ou onerosa.

Alienação e concessão de direito real de uso são formas diferentes de transferir ou disponibilizar um bem público para outras pessoas. Obviamente, quando se menciona que podem ser gratuitas ou onerosas, significa que a transferência ou disponibilização pode ser feita sem custo (gratuita) ou mediante contraprestação financeira (onerosa).

A *alienação*, como já explicado, é a transferência definitiva da propriedade de um bem público a um terceiro. Após a alienação, o bem deixa de pertencer à Administração Pública e passa a integrar o patrimônio do adquirente, podendo ocorrer por venda, doação, permuta ou outras formas previstas em lei. Trata-se de ato definitivo e, em regra, só pode ser realizado mediante autorização legal e, frequentemente, mediante licitação, salvo em casos de dispensa ou inexigibilidade previstos em lei, como disciplinado no inc. I do art. 76 já comentado. Quando gratuita, geralmente visa atender interesses públicos relevantes, como regularização fundiária ou programas sociais.

A *Concessão de Direito Real de Uso*, como já dito, é um instrumento jurídico que possibilita a utilização de bens públicos desafetados por particulares. Instituído pelos artigos 7º e 8º do Decreto-Lei nº 271/1967, com alterações promovidas pela Lei nº 11.481/2007, o instituto regula questões como loteamento urbano, responsabilidades do loteador, concessão de uso do espaço aéreo e outras providências. O instrumento não se limita ao uso da terra, podendo também abranger o uso do espaço aéreo sobre terrenos. Caracteriza-se como um direito real resolúvel, constituindo-se através de instrumento público ou particular; ou mesmo por simples termo administrativo, sendo inscrito e cancelado em livro especial. Pode ser remunerada ou gratuita e ocorre por tempo determinado ou indeterminado. Suas finalidades devem sempre atender a objetivos de interesse social.

Trata-se de mecanismo relevante para políticas públicas que promovem o desenvolvimento sustentável e a inclusão socioeconômica, garantindo que bens públicos possam ser utilizados de maneira estratégica para o benefício coletivo.

---

[385] "Art. 6º Preenchidos os requisitos previstos no art. 5o, o Ministério do Desenvolvimento Agrário ou, se for o caso, o Ministério do Planejamento, Orçamento e Gestão regularizará as áreas ocupadas mediante alienação.
§1º Serão regularizadas as ocupações de áreas não superiores a 2.500 ha (dois mil e quinhentos hectares)."

Essa regra de dispensa licitatória veio à luz integrando um pacote de medidas que objetivam flexibilizar a regularização de ocupações de terras públicas rurais há muito já ocupadas, garantindo, dessa forma, o direito de propriedade às pessoas naturais que, com seus trabalhos e de suas famílias, tenham tornado as terras produtivas, estando alinhada a vários Objetivos de Desenvolvimento Sustentável (ODS) da Agenda 2030 da ONU.

5.43 Artigo 76 – Inciso I – Alínea "i" – Dispensa de licitação para alienação de IMÓVEIS por intermédio de procedimentos de legitimação de posse

O inciso trata da dispensa de licitação para a legitimação de posse de que trata o art. 29 da Lei nº 6.383, de 7.12.1976, que dispõe sobre o Processo Discriminatório de Terras Devolutas da União, mediante iniciativa e deliberação dos órgãos da Administração Pública competentes.

Segundo o citado art. 29, o ocupante de terras públicas que as tenha tornado produtivas com o seu trabalho e o de sua família, fará jus à legitimação da posse de área contínua até 100 (cem) hectares, desde que não seja proprietário de imóvel rural e comprove a morada permanente e cultura efetiva, pelo prazo mínimo de 1 (um) ano.[386]

Consoante o §1º do dispositivo, a legitimação da posse consistirá no fornecimento de uma Licença de Ocupação, pelo prazo mínimo de mais 4 (quatro) anos, findo o qual o ocupante terá a preferência para aquisição do lote, pelo valor histórico da terra nua, satisfeitos os requisitos de morada permanente e cultura efetiva e comprovada a sua capacidade para desenvolver a área ocupada.

---

386 "Art. 29. O ocupante de terras públicas, que as tenha tornado produtivas com o seu trabalho e o de sua família, fará jus à legitimação da posse de área contínua até 100 (cem) hectares, desde que preencha os seguintes requisitos:
I - não seja proprietário de imóvel rural;
II - comprove a morada permanente e cultura efetiva, pelo prazo mínimo de 1 (um) ano.
§1º A legitimação da posse de que trata o presente artigo consistirá no fornecimento de uma Licença de Ocupação, pelo prazo mínimo de mais 4 (quatro) anos, findo o qual o ocupante terá a preferência para aquisição do lote, pelo valor histórico da terra nua, satisfeitos os requisitos de morada permanente e cultura efetiva e comprovada a sua capacidade para desenvolver a área ocupada.
§2º Aos portadores de Licenças de Ocupação, concedidas na forma da legislação anterior, será assegurada a preferência para aquisição de área até 100 (cem) hectares, nas condições do parágrafo anterior, e, o que exceder esse limite, pelo valor atual da terra nua.
§3º A Licença de Ocupação será intransferível intervivos e inegociável, não podendo ser objeto de penhora e arresto."

Para configuração da dispensa, todavia, a iniciativa e a deliberação deverão partir dos órgãos da Administração detentores de competência legal para tal.

A ligação direta com o desenvolvimento sustentável se dá, especialmente, ao tratar de questões sociais, econômicas e ambientais, como segurança jurídica e inclusão social, fomento à economia local, uso sustentável do solo e fortalecimento de comunidades locais.

5.44 Artigo 76 – Inciso I – Alínea "j" – Dispensa de licitação para legitimação fundiária e legitimação de posse de que trata a Lei nº 13.465/2017

A Lei nº 13.465/2017 dispõe sobre a regularização fundiária rural e urbana. Seu art. 9º preceitua que ficam instituídas no território nacional normas gerais e procedimentos aplicáveis à Regularização Fundiária Urbana (Reurb), a qual abrange medidas jurídicas, urbanísticas, ambientais e sociais destinadas à incorporação dos núcleos urbanos informais ao ordenamento territorial urbano e à titulação de seus ocupantes. Segundo o §1º, os poderes públicos deverão formular e desenvolver no espaço urbano as políticas de suas competências de acordo com os princípios de sustentabilidade econômica, social e ambiental e ordenação territorial, buscando a ocupação do solo de maneira eficiente, combinando o seu uso de forma funcional.[387]

Consoante o inc. VI de seu art. 11, legitimação de posse configura ato do Poder Público destinado a conferir título, por meio do qual fica reconhecida a posse de imóvel objeto da Reurb, conversível em aquisição de direito real de propriedade na forma desta Lei, com a identificação de seus ocupantes, do tempo da ocupação e da natureza da posse.[388]

---

[387] "Art. 9º Ficam instituídas no território nacional normas gerais e procedimentos aplicáveis à Regularização Fundiária Urbana (Reurb), a qual abrange medidas jurídicas, urbanísticas, ambientais e sociais destinadas à incorporação dos núcleos urbanos informais ao ordenamento territorial urbano e à titulação de seus ocupantes.
§1º Os poderes públicos formularão e desenvolverão no espaço urbano as políticas de suas competências de acordo com os princípios de sustentabilidade econômica, social e ambiental e ordenação territorial, buscando a ocupação do solo de maneira eficiente, combinando seu uso de forma funcional."

[388] "Art. 11. Para fins desta Lei, consideram-se: [...] VI - legitimação de posse: ato do poder público destinado a conferir título, por meio do qual fica reconhecida a posse de imóvel objeto da Reurb, conversível em aquisição de direito real de propriedade na forma desta Lei, com a identificação de seus ocupantes, do tempo da ocupação e da natureza da posse [...]".

Os art. 25 a 27 delineiam a legitimação de posse:

> Art. 25. A legitimação de posse, instrumento de uso exclusivo para fins de regularização fundiária, constitui ato do poder público destinado a conferir título, por meio do qual fica reconhecida a posse de imóvel objeto da Reurb, com a identificação de seus ocupantes, do tempo da ocupação e da natureza da posse, o qual é conversível em direito real de propriedade, na forma desta Lei.
> §1º A legitimação de posse poderá ser transferida por causa mortis ou por ato intervivos.
> §2º A legitimação de posse não se aplica aos imóveis urbanos situados em área de titularidade do poder público.
> Art. 26. Sem prejuízo dos direitos decorrentes do exercício da posse mansa e pacífica no tempo, aquele em cujo favor for expedido título de legitimação de posse, decorrido o prazo de cinco anos de seu registro, terá a conversão automática dele em título de propriedade, desde que atendidos os termos e as condições do art. 183 da Constituição Federal, independentemente de prévia provocação ou prática de ato registral.
> §1º Nos casos não contemplados pelo art. 183 da Constituição Federal, o título de legitimação de posse poderá ser convertido em título de propriedade, desde que satisfeitos os requisitos de usucapião estabelecidos na legislação em vigor, a requerimento do interessado, perante o registro de imóveis competente.
> §2º A legitimação de posse, após convertida em propriedade, constitui forma originária de aquisição de direito real, de modo que a unidade imobiliária com destinação urbana regularizada restará livre e desembaraçada de quaisquer ônus, direitos reais, gravames ou inscrições, eventualmente existentes em sua matrícula de origem, exceto quando disserem respeito ao próprio beneficiário.
> Art. 27. O título de legitimação de posse poderá ser cancelado pelo poder público emitente quando constatado que as condições estipuladas nesta Lei deixaram de ser satisfeitas, sem que seja devida qualquer indenização àquele que irregularmente se beneficiou do instrumento.

A legitimação fundiária refere-se ao processo de regularização de terras que, muitas vezes, pertencem a pessoas sem documentos formais que comprovem a posse, mas que de fato já as ocupam. Isso é especialmente relevante para a integração de comunidades mais pobres, tanto em áreas urbanas quanto rurais, que não possuem o título definitivo da terra, mas já cumprem uma função social.

Nesse contexto, esta alínea "j" prescreve a dispensa licitatória nos casos dessas legitimações, tendo ligação direta com o desenvolvimento sustentável à luz dos objetivos de promoção da justiça social e da regularização fundiária, além de garantir o acesso à terra e à segurança jurídica para comunidades e pessoas em situação de vulnerabilidade. Isso também pode gerar impactos positivos no desenvolvimento econômico, social e ambiental.

5.45 Artigo 76 – Parágrafos 3º e 4º – Condições para a dispensa na concessão de título de propriedade ou de direito real de uso de imóvel

Os parágrafos tratam das condições sob as quais a Administração Pública pode conceder título de propriedade ou direito real de uso de imóveis, inclusive com dispensa de licitação.

O §3º admite a dispensa de licitação na concessão de imóveis para pessoa natural que, nos termos de lei, regulamento ou ato normativo do órgão competente, haja implementado os requisitos mínimos de cultura, de ocupação mansa e pacífica e de exploração direta sobre área rural, observado o limite de que trata o §1º do art. 6º da Lei nº 11.952, de 25.06.2009.[389]

Reza o mencionado art. 6º que, preenchidos os requisitos previstos no art. 5º,[390] o Ministério do Desenvolvimento Agrário ou, se for o caso, o Ministério do Planejamento, Orçamento e Gestão regularizará as áreas ocupadas mediante alienação. E o §1º prescreve que serão regularizadas as ocupações de áreas não superiores a 2.500 ha (dois mil e quinhentos hectares).

Verifica-se, portanto, que se trata de medida alinhada ao desenvolvimento sustentável, pois contribui para a regularização fundiária, permitindo que famílias e comunidades vulneráveis tenham acesso à terra de forma legal e estruturada, promovendo o desenvolvimento social e territorial.

Por sua vez, o §4º elenca condições específicas para a concessão a pessoas naturais:

a) limitação a áreas ocupadas antes de 1º.12.2004.
b) cumprimento de requisitos legais para regularização fundiária e destinação de terras públicas.

---

389 Permite também para outros órgãos públicos.

390 Ser brasileiro nato ou naturalizado; não ser proprietário de imóvel rural em qualquer parte do território nacional; praticar cultura efetiva; comprovar o exercício de ocupação e exploração direta, mansa e pacífica, por si ou por seus antecessores, anterior a 22.07.2008; não ter sido beneficiado por programa de reforma agrária ou de regularização fundiária de área rural, ressalvadas as situações admitidas pelo Ministério do Desenvolvimento Agrário.

c) vedação de concessão para exploração não permitida pela legislação agrária ou normas de zoneamento ecológico-econômico.
d) extinção automática da concessão em caso de interesse público ou social, sem notificação.
e) a concessão é restrita a áreas rurais para uso agropecuário.
f) a concessão deve respeitar limites de área conforme a Lei nº 11.952/2009.

Tais condicionamentos garantem que o uso da terra seja compatível com práticas sustentáveis e que a regularização fundiária não contribua para a degradação ambiental, promovendo o equilíbrio entre desenvolvimento econômico e preservação ambiental, ambos essenciais ao desenvolvimento sustentável.

5.46 Artigo 76 – Inciso II – Alínea "a" – Dispensa de licitação para doação de bens MÓVEIS para fins e uso de interesse social

O inc. II refere-se à dispensa de licitação concernente à alienação de bens móveis.

Nos termos do art. 82 CC, são móveis os bens suscetíveis de movimento próprio, ou de remoção por força alheia, sem alteração da substância ou da destinação econômico-social.

Consoante o art. 83 CC, consideram-se móveis, para os efeitos legais, as energias que tenham valor econômico; os direitos reais sobre objetos móveis e as ações correspondentes; e os direitos pessoais de caráter patrimonial e suas respectivas ações. Além disso, o art. 84 CC dispõe que os materiais destinados a alguma construção, enquanto não forem empregados, conservam sua qualidade de móveis e que readquirem essa qualidade os provenientes da demolição de algum prédio.

Segundo este inc. II, a alienação de bens públicos móveis dependerá de licitação na modalidade leilão. Vide que a Lei nº 14.133/2021 não determina expressamente a avaliação prévia, como impunha a lei anterior. Ainda assim, é claro que a avaliação deverá ocorrer, pois o leilão estará subordinado a ela.

Tal como ocorre com os bens públicos imóveis, também os bens móveis possuem situações passíveis de dispensa licitatória.

São seis as hipóteses, a saber:

- Doação, permitida exclusivamente para fins e uso de interesse social, após avaliação de oportunidade e conveniência socioeconômica em relação à escolha de outra forma de alienação (alínea "a");

- Permuta, permitida exclusivamente entre órgãos ou entidades da Administração Pública (alínea "b");
- Venda de ações, que poderão ser negociadas em bolsa, observada a legislação específica (alínea "c");
- Venda de títulos, observada a legislação pertinente (alínea "d");
- Venda de bens produzidos ou comercializados por entidades da Administração Pública, em virtude de suas finalidades (alínea "e"); e
- Venda de materiais e equipamentos sem utilização previsível por quem deles dispõe, para outros órgãos ou entidades da Administração Pública (alínea "f").

Dessas, a alínea "a", que versa sobre a dispensa licitatória para a doação exclusivamente para fins e uso de interesse social, tem, por óbvias razões, conexão direta com o desenvolvimento sustentável, tendo como condição a avaliação de oportunidade e conveniência socioeconômica em relação à escolha de outra forma de alienação.

O art. 538 do CC informa que o instituto da doação configura o contrato em que uma pessoa, por liberalidade, transfere do seu patrimônio bens ou vantagens para o de outra.

Nessa contextura, como dito, a alínea condiciona a doação de bens públicos móveis a fins e uso de interesse social, após análise quanto à oportunidade e conveniência socioeconômica, relativamente à escolha de outra forma de alienação.

Fundamental, portanto, é a caracterização do interesse social, uma vez que qualquer doação de bem público implica a compatibilidade com o desempenho das funções estatais, que não admitem liberalidade, sendo crucial que esse interesse social seja pertinente ao interesse público.

Assim, os bens móveis poderão ser doados para utilização em projetos sociais, ou seja, aqueles que busquem o benefício de parcelas menos favorecidas da sociedade, como ocorre em atos de benemerência, não sendo lícito doar bens móveis para atividades de interesse público que não tenham fundo social.[391]

Em síntese, a dispensa licitatória para a doação de bens públicos para fins de interesse social tem como sustentáculo a promoção da

---

[391] NIEBUHR, Joel de Menezes. Dispensa e inexigibilidade de licitação pública. *In:* NIEBUHR, Joel de Menezes (coord.) *Nova lei de licitações e contratos administrativos*. 2. ed. Curitiba: Zênite, 2021.

justiça social, da regularização fundiária e do acesso à terra, beneficiando comunidades vulneráveis e gerando impactos positivos econômicos, sociais e ambientais.

Registre-se que, conforme previsto no §6º do art. 75 da Lei nº 14.133/2021, a doação de bens públicos pode ser gravada com encargos, ou seja, pode ser sujeita a condições ou obrigações que garantam a utilização dos bens de acordo com os fins para os quais foram destinados.[392] Esses encargos poderão incluir exigências de preservação ambiental, compromissos sociais ou condições de uso que assegurem que a doação traga benefícios duradouros e não resulte em danos ao bem público, nem prejudique o equilíbrio social e ambiental.

Essa possibilidade de gravar a doação com encargos é uma ferramenta importante para garantir que o uso do bem esteja em conformidade com os princípios da sustentabilidade e do interesse público, criando uma proteção adicional contra eventuais abusos ou usos inadequados.

O §7º informa que, caso o beneficiário da doação (donatário) necessite oferecer o imóvel em garantia de financiamento, poderá fazê-lo, mas a cláusula de reversão e as demais obrigações serão garantidas por hipoteca em segundo grau em favor do doador, ou seja, será criada uma hipoteca em favor do Poder Público como uma segunda garantia, o que significa dizer que, se o imóvel for usado como garantia de dívida e ocorrer inadimplência, a Administração terá prioridade sobre o imóvel após o primeiro credor.

---

[392] "§6º A doação com encargo será licitada e de seu instrumento constarão, obrigatoriamente, os encargos, o prazo de seu cumprimento e a cláusula de reversão, sob pena de nulidade do ato, dispensada a licitação em caso de interesse público devidamente justificado".

Art. 92. São necessárias em todo contrato cláusulas que estabeleçam:
I - o objeto e seus elementos característicos;
II - a vinculação ao edital de licitação e à proposta do licitante vencedor ou ao ato que tiver autorizado a contratação direta e à respectiva proposta;
III - a legislação aplicável à execução do contrato, inclusive quanto aos casos omissos;
IV - o regime de execução ou a forma de fornecimento;
V - o preço e as condições de pagamento, os critérios, a data-base e a periodicidade do reajustamento de preços e os critérios de atualização monetária entre a data do adimplemento das obrigações e a do efetivo pagamento;
VI - os critérios e a periodicidade da medição, quando for o caso, e o prazo para liquidação e para pagamento;
VII - os prazos de início das etapas de execução, conclusão, entrega, observação e recebimento definitivo, quando for o caso;
VIII - o crédito pelo qual correrá a despesa, com a indicação da classificação funcional programática e da categoria econômica;
IX - a matriz de risco, quando for o caso;
X - o prazo para resposta ao pedido de repactuação de preços, quando for o caso;
XI - o prazo para resposta ao pedido de restabelecimento do equilíbrio econômico-financeiro, quando for o caso;
XII - as garantias oferecidas para assegurar sua plena execução, quando exigidas, inclusive as que forem oferecidas pelo contratado no caso de antecipação de valores a título de pagamento;
XIII - o prazo de garantia mínima do objeto, observados os prazos mínimos estabelecidos nesta Lei e nas normas técnicas aplicáveis, e as condições de manutenção e assistência técnica, quando for o caso;
XIV - os direitos e as responsabilidades das partes, as penalidades cabíveis e os valores das multas e suas bases de cálculo;
XV - as condições de importação e a data e a taxa de câmbio para conversão, quando for o caso;
XVI - a obrigação do contratado de manter, durante toda a execução do contrato, em compatibilidade com as obrigações por ele assumidas, todas as condições exigidas para a habilitação na licitação, ou para a qualificação, na contratação direta;
XVII - a obrigação de o contratado cumprir as exigências de reserva de cargos prevista em lei, bem como em outras normas específicas, para pessoa com deficiência, para reabilitado da Previdência Social e para aprendiz;
XVIII - o modelo de gestão do contrato, observados os requisitos definidos em regulamento;

XIX - os casos de extinção.

§1º Os contratos celebrados pela Administração Pública com pessoas físicas ou jurídicas, inclusive as domiciliadas no exterior, deverão conter cláusula que declare competente o foro da sede da Administração para dirimir qualquer questão contratual, ressalvadas as seguintes hipóteses:

I - licitação internacional para a aquisição de bens e serviços cujo pagamento seja feito com o produto de financiamento concedido por organismo financeiro internacional de que o Brasil faça parte ou por agência estrangeira de cooperação;

II - contratação com empresa estrangeira para a compra de equipamentos fabricados e entregues no exterior precedida de autorização do Chefe do Poder Executivo;

III - aquisição de bens e serviços realizada por unidades administrativas com sede no exterior.

§2º De acordo com as peculiaridades de seu objeto e de seu regime de execução, o contrato conterá cláusula que preveja período antecedente à expedição da ordem de serviço para verificação de pendências, liberação de áreas ou adoção de outras providências cabíveis para a regularidade do início de sua execução.

§3º Independentemente do prazo de duração, o contrato deverá conter cláusula que estabeleça o índice de reajustamento de preço, com data-base vinculada à data do orçamento estimado, e poderá ser estabelecido mais de um índice específico ou setorial, em conformidade com a realidade de mercado dos respectivos insumos.

§4º Nos contratos de serviços contínuos, observado o interregno mínimo de 1 (um) ano, o critério de reajustamento de preços será por:

I - reajustamento em sentido estrito, quando não houver regime de dedicação exclusiva de mão de obra ou predominância de mão de obra, mediante previsão de índices específicos ou setoriais;

II - repactuação, quando houver regime de dedicação exclusiva de mão de obra ou predominância de mão de obra, mediante demonstração analítica da variação dos custos.

§5º Nos contratos de obras e serviços de engenharia, sempre que compatível com o regime de execução, a medição será mensal.

§6º Nos contratos para serviços contínuos com regime de dedicação exclusiva de mão de obra ou com predominância de mão de obra, o prazo para resposta ao pedido de repactuação de preços será preferencialmente de 1 (um) mês, contado da data do fornecimento da documentação prevista no §6º do art. 135 desta Lei.

§7º Para efeito do disposto nesta Lei, consideram-se como adimplemento da obrigação contratual a prestação do serviço, a realização da obra ou a entrega do bem, ou parcela destes, bem como qualquer outro evento contratual a cuja ocorrência esteja vinculada a emissão de documento de cobrança. (Incluído pela Lei nº 14.770, de 2023)

Um pássaro voando é um pássaro livre.
Não serve para nada. Impossível manipulá-lo, usá-lo, controlá-lo.
E esse é, precisamente, o seu segredo: a inutilidade.
Ele está além das maquinações do homem.
(Rubem Alves)

5.47 Artigo 92 – Cláusulas necessárias em todo contrato

O art. 89 da Lei nº 14.133/2021 dá início a parte do diploma que disciplina os contratos administrativos (TÍTULO III – DOS CONTRATOS ADMINISTRATIVOS). Segundo o dispositivo, os contratos tratados pela lei regular-se-ão por suas cláusulas e pelos preceitos de direito público, e a eles serão aplicados, supletivamente, os princípios da teoria geral dos contratos e as disposições de direito privado.[393]

Contrato, originado do latim *contractus*, significa pacto ou acordo de vontades. Historicamente, a teoria contratual evoluiu com base na autonomia das pessoas, sendo o contrato definido como ajuste celebrado livremente pelas partes para adquirir, resguardar, modificar ou extinguir direitos. Por essência, o contrato é bilateral, comutativo e, em regra, oneroso, exigindo agentes capazes, objeto lícito, forma adequada e manifestação livre de vontade.

Com o reconhecimento do Estado como pessoa jurídica, surgiu a possibilidade de este celebrar contratos. Diferentemente dos particulares,

---

[393] "Art. 89. Os contratos de que trata esta Lei regular-se-ão pelas suas cláusulas e pelos preceitos de direito público, e a eles serão aplicados, supletivamente, os princípios da teoria geral dos contratos e as disposições de direito privado.
§1º Todo contrato deverá mencionar os nomes das partes e os de seus representantes, a finalidade, o ato que autorizou sua lavratura, o número do processo da licitação ou da contratação direta e a sujeição dos contratantes às normas desta Lei e às cláusulas contratuais.
§2º Os contratos deverão estabelecer com clareza e precisão as condições para sua execução, expressas em cláusulas que definam os direitos, as obrigações e as responsabilidades das partes, em conformidade com os termos do edital de licitação e os da proposta vencedora ou com os termos do ato que autorizou a contratação direta e os da respectiva proposta."

o Estado deve seguir um procedimento preliminar – a licitação – antes de firmar seus contratos. Após a licitação, a Administração é obrigada a contratar o vencedor, conforme o Princípio da Adjudicação Compulsória, salvo negativa justificada deste.

Os contratos da Administração Pública subdividem-se em contratos privados e contratos administrativos. Os primeiros, regidos pelo direito privado, colocam o Estado em posição de igualdade com o particular, como ocorre em contratos de locação. Já os contratos administrativos, voltados ao interesse público, são regidos pelo direito público, com aplicação supletiva de normas privadas. Esses contratos incluem cláusulas exorbitantes, que conferem prerrogativas à Administração, admitindo restrições ao Princípio da Reciprocidade das Prestações. Assim, o contrato administrativo reflete o interesse público e privilegia o poder da Administração na sua execução.

Os sujeitos do contrato administrativo são, de um lado, a Administração Pública, que ocupa a posição de parte contratante, e, de outro, a pessoa física ou jurídica, ou ainda o consórcio de pessoas jurídicas, que celebram o contrato como partes contratadas. Conforme o art. 6º, incs. VII e VIII, contratante é a pessoa jurídica integrante da Administração Pública responsável pela contratação, enquanto contratado é a pessoa física ou jurídica, ou consórcio de pessoas jurídicas, signatária do contrato com a Administração.

Os contratos administrativos possuem características próprias, deriva0das de sua natureza peculiar, embora algumas sejam comuns a outros tipos de contratos. Entre essas características estão a bilateralidade, que reflete o acordo de vontades com direitos e deveres recíprocos; a onerosidade, que assegura a remuneração; o formalismo, que exige que o contrato seja expresso por escrito; a comutatividade, que estabelece deveres correspondentes; e a natureza personalíssima, que demanda que o particular execute o contrato diretamente, salvo autorização para transferência a terceiros. Além disso, o contrato deve ser precedido de licitação ou de sua dispensa ou inexigibilidade.

Quanto às cláusulas contratuais, todo contrato celebrado pela Administração deve fixar, com precisão, as condições para sua execução.

Curiosamente, embora a Lei nº 14.133/2021 especifique, no art. 5º, que, em sua aplicação, deva ser observado o princípio do desenvolvimento nacional sustentável, e o art. 11 aponte que o processo licitatório tem, entre seus objetivos, o de incentivar o desenvolvimento nacional sustentável, o legislador, talvez por imperícia ou desatenção, ao listar, no art. 92, as cláusulas necessárias do contrato derivado da licitação, ou do afastamento desta por dispensa ou inexigibilidade, não foi explícito quanto à inclusão de cláusulas diretamente voltadas à sustentabilidade, exceto no inc. XVII, que trata da sustentabilidade social.

Isso, porém, não deve levar o intérprete a crer que o contrato deve ser desprovido de tais cláusulas. Ao contrário, será necessário compatibilizar o princípio do desenvolvimento sustentável com o dispositivo, incluindo no contrato cláusulas que promovam explicitamente a sustentabilidade, tanto no objeto do contrato, como no regime de execução, e em outros elementos previstos, de forma compatível com o edital licitatório.

Assim, por exemplo, no que se refere à indicação do objeto e seus elementos característicos (inc. I), é essencial que o contrato inclua exigências de práticas sustentáveis, como o uso de materiais recicláveis, fontes de energia renovável ou métodos que reduzam o impacto ambiental. Isso deve estar claramente descrito como parte do objeto, de modo a garantir que a execução do contrato esteja alinhada com os princípios ambientais.

No regime de execução ou a forma de fornecimento (inc. IV), deve-se impor exigências para que o fornecimento siga práticas que minimizem resíduos ou emissões de carbono, além de incentivar o uso de soluções que promovam a eficiência energética e a gestão responsável de recursos naturais.

Na matriz de risco (inc. IX), quando pertinente, dever-se-á incluir riscos ambientais ou sociais decorrentes da execução do contrato, com a previsão de medidas mitigatórias que minimizem danos ao meio ambiente ou à sociedade, como a poluição ou impactos em comunidades locais.

Já no prazo de garantia mínima do objeto (inc. XIII), será fundamental inserir exigências que priorizem soluções que prolonguem a vida útil dos bens, de modo a reduzir a necessidade de substituições frequentes, o que, por sua vez, contribui para a redução dos impactos ambientais gerados pelo descarte e pela produção de novos produtos.

Além disso, far-se-á necessário incluir novas cláusulas específicas que tratem de aspectos relacionados à sustentabilidade no planejamento do contrato, como o monitoramento das práticas sustentáveis durante sua execução. Tais cláusulas poderão incluir a avaliação contínua do impacto ambiental e social, relatórios periódicos sobre as ações sustentáveis adotadas e a definição de indicadores de desempenho para monitorar o cumprimento de metas ambientais.

Portanto, é imprescindível que o contrato decorrente da licitação esteja alinhado com o princípio do desenvolvimento sustentável, incorporando cláusulas específicas que promovam sustentabilidade em diversas áreas, assegurando que os objetivos ambientais, sociais e econômicos sejam atendidos de forma integral.

5.48 Artigo 92 – Inciso XVII – Cláusula que estabeleça as exigências de reserva de cargos para pessoa com deficiência, reabilitado da Previdência Social e aprendiz

Na única indicação explícita de cláusula obrigatória com prática de sustentabilidade, o inc. XVII prescreve a necessidade de existir cláusula contratual que indique a obrigação de o contratado cumprir as exigências de reserva de cargos prevista em lei, bem como em outras normas específicas, para pessoa com deficiência (conforme a Lei nº 13.146/2015 e o Decreto nº 9.508/2018), para reabilitado da Previdência Social (previsto na Lei nº 8.213/1991) e para aprendiz (conforme a Lei nº 8.069/1990 e o Decreto nº 9.579/2018).

O inciso reflete um compromisso da legislação com o desenvolvimento sustentável, em sua dimensão social, buscando promover a inclusão de grupos historicamente marginalizados no mercado de trabalho.

Nessa contextura, impede destacar que, embora o inciso mencione apenas as reservas destinadas a pessoas com deficiência, reabilitados da Previdência Social e aprendizes, essa delimitação não exclui a possibilidade da indicação no edital de outras legislações aplicáveis de outras reservas adicionais, desde que atendam a critérios específicos. Para tanto, essas reservas devem ser devidamente justificadas, demonstrando relação direta com as atividades, e observando uma proporcionalidade que garanta representatividade adequada e viabilidade de cumprimento por parte do contratado.

Isso permitirá que a Administração amplie o alcance das ações afirmativas em situações que requeiram medidas específicas de inclusão social e laboral, desde que respeitados os limites legais e as condições práticas de implementação, reforçando o compromisso com o desenvolvimento sustentável em sua dimensão social, e também a sensibilidade à realidade local e ao contexto socioeconômico em que o contrato será executado. Assim, muito além do simples cumprimento de obrigações legais, a cláusula se alinhará aos princípios de justiça social e equidade, contribuindo para a redução das desigualdades, o fortalecimento da cidadania e a promoção de condições dignas de trabalho.

Como assentam Garcia e Bockmann, como a reserva de cargos configura dever decorrente de políticas afirmativas prestigiadas pela CF e positivadas na legislação infraconstitucional, é preciso, para que seja valorizada, que os contratos especifiquem tais deveres e como poderão ser cumpridos.

> Trata-se daquilo que se convencionou denominar de função regulatória da contratação pública. Utiliza-se a contratação pública como mecanismo de implementação de valores constitucionais, como a proteção das pessoas com deficiência (art. 23, II, art. 24, XIV, art. 203, IV, da Constituição) ou mesmo outros de elevada repercussão social, como a indução e fomento aos egressos do sistema prisional e as mulheres vítimas de violência doméstica. A contratação pública passa a veicular uma dimensão axiológica ampliada. A premissa é utilizar a contratação pública também para servir de instrumento para o atendimento de outras finalidades públicas definidas na Constituição Federal ou em lei.[394]

É relevante registrar que o descumprimento da exigência é causa para a extinção do contrato, conforme estabelecido no inc. IX do art. 137, devendo ser garantido ao contratado o direito ao contraditório e à ampla defesa, permitindo-lhe justificar as razões do não cumprimento.[395]

---

[394] GARCIA, Flavio Amaral; MOREIRA, Egon Bockmann. *Contratos administrativos na lei de licitações*. São Paulo: Revista dos Tribunais, 2024.

[395] "Art. 137. Constituirão motivos para extinção do contrato, a qual deverá ser formalmente motivada nos autos do processo, assegurados o contraditório e a ampla defesa, as seguintes situações: [...] IX - não cumprimento das obrigações relativas à reserva de cargos prevista em lei, bem como em outras normas específicas, para pessoa com deficiência, para reabilitado da Previdência Social ou para aprendiz."

CAPÍTULO VI
DA EXECUÇÃO DOS CONTRATOS

Art. 115. *O contrato deverá ser executado fielmente pelas partes, de acordo com as cláusulas avençadas e as normas desta Lei, e cada parte responderá pelas consequências de sua inexecução total ou parcial.*

§1º É proibido à Administração retardar imotivadamente a execução de obra ou serviço, ou de suas parcelas, inclusive na hipótese de posse do respectivo chefe do Poder Executivo ou de novo titular no órgão ou entidade contratante.

§2º (VETADO).

§3º (VETADO).

§4º *Nas contratações de obras e serviços de engenharia, sempre que a responsabilidade pelo licenciamento ambiental for da Administração, a manifestação prévia ou licença prévia, quando cabíveis, deverão ser obtidas antes da divulgação do edital.*

§5º Em caso de impedimento, ordem de paralisação ou suspensão do contrato, o cronograma de execução será prorrogado automaticamente pelo tempo correspondente, anotadas tais circunstâncias mediante simples apostila.

§6º Nas contratações de obras, verificada a ocorrência do disposto no §5º deste artigo por mais de 1 (um) mês, a Administração deverá divulgar, em sítio eletrônico oficial e em placa a ser afixada em local da obra de fácil visualização pelos cidadãos, aviso público de obra paralisada, com o motivo e o responsável pela inexecução temporária do objeto do contrato e a data prevista para o reinício da sua execução.

§7º Os textos com as informações de que trata o §6º deste artigo deverão ser elaborados pela Administração.

Se amanhã o que eu sonhei não for bem aquilo,
eu tiro um arco-íris da cartola. E refaço. Colo. Pinto e bordo.
(Cris Carvalho)

5.49 Artigo 115 – Parágrafo 4º – Obtenção de licenciamento ambiental antes do edital em contratações de obras e serviços de engenharia

O art. 115, que versa sobre a execução dos contratos, indica que os ajustes deverão ser executados fielmente pelas partes, de acordo com as cláusulas avençadas e as normas legais, e que cada parte deverá responder pelas consequências de sua inexecução total ou parcial.

Contudo, as prerrogativas da Administração nos contratos administrativos, que afloram nas cláusulas exorbitantes, determinam um abrandamento do princípio que determina a imutabilidade dos contratos.

Apesar dessa característica especial, que permite alteração do contrato unilateralmente pelo Poder Público, desde que nas maneiras que a lei autoriza, os contratos administrativos devem, em regra, ser cumpridos conforme o avençado, atendendo ao princípio *pacta sunt servanda*.

A inexecução das obrigações contratuais determina a responsabilização da parte que lhe deu causa.

Inicialmente, a parte inadimplente seria responsabilizada administrativamente. Essa responsabilização alcança o particular contratado, que estará sujeito às sanções de advertência, multa, impedimento de licitar/contratar e declaração de inidoneidade para licitar/contratar, como preconizado no art. 156.[396]

Dependendo de como ocorrer a inexecução, também é cabível a responsabilização civil, demandando o dever de a parte inadimplente indenizar a outra por perdas e danos,[397] admitindo-se, ainda, a responsabilização penal, que ocorreria na hipótese de caracterização de conduta penalmente reprovável.

Entre as preocupações a serem consideradas pelos agentes públicos responsáveis nos contratos de obras ou serviços de engenharia, destaca-se o licenciamento ambiental.

---

[396] "Art. 156. Serão aplicadas ao responsável pelas infrações administrativas previstas nesta Lei as seguintes sanções:
I - advertência;
II - multa;
III - impedimento de licitar e contratar;
IV - declaração de inidoneidade para licitar ou contratar."

[397] STJ – REsp nº 540.811/DF, 1ª T., Rel. Min. Denise Arruda: "O licitante vencedor, tal qual o Poder Público, deve cumprir as normas e condições previstas no edital [...] em razão do princípio da vinculação ao instrumento convocatório [...], sob pena de responderem pelas consequências de sua inexecução total ou parcial."

Nesse passo, quando houver necessidade de licença ambiental para a execução, a responsabilidade é, a princípio, da Administração, que, eventualmente, como dispõe o §5º do art. 25, pode transferi-la ao contratado, desde que preveja essa incumbência no edital licitatório.[398]

Assim, consciente da importância dessa medida, que tem grande impacto nos contratos, o legislador estabeleceu no §4º que, nas contratações de obras e serviços de engenharia, sempre que a Administração for responsável pelo licenciamento ambiental, a manifestação prévia ou licença prévia, quando aplicáveis, devem ser obtidas antes da divulgação do edital licitatório.

Como asseveramos:

> A licença ambiental constitui uma autorização emitida pela autoridade competente a todos que queiram exercer seu direito à livre iniciativa, desde que atendam às necessárias precauções que resguardem o direito coletivo à ambiência, ou seja, o sistema de licenciamento ambiental objetiva o asseguramento de que não sejam praticados atentados contra o meio ambiente.[399]

Entre os instrumentos da Política Nacional do Meio Ambiente, conforme estabelecido na Lei nº 6.938, de 31.08.1981, que dispõe sobre seus fins e mecanismos de formulação e aplicação, destacam-se, conforme o art. 9º, incisos III e IV, a avaliação de impactos ambientais, o licenciamento e a revisão de atividades efetiva ou potencialmente poluidoras.

Várias são as modalidades de licenças ambientais exigidas no ordenamento jurídico nacional, todas em conformidade com a Lei nº 6.938/1981, que, em seu art. 10, estabelece que a construção, instalação, ampliação e operação de estabelecimentos e atividades que utilizem recursos ambientais e que sejam consideradas efetiva ou potencialmente poluidoras, bem como aquelas capazes de causar degradação ambiental, dependerão de prévio licenciamento ambiental.[400]

---

398 "Art. 25. O edital deverá conter o objeto da licitação e as regras relativas à convocação, ao julgamento, à habilitação, aos recursos e às penalidades da licitação, à fiscalização e à gestão do contrato, à entrega do objeto e às condições de pagamento. [...] §5º O edital poderá prever a responsabilidade do contratado pela: I - obtenção do licenciamento ambiental."

399 BITTENCOURT, Sidney. *Comentários à lei de crimes contra o meio ambiente e suas infrações administrativas*. 4. ed. Leme: JHMizuno, 2016.

400 "Art. 10. A construção, instalação, ampliação e funcionamento de estabelecimentos e atividades utilizadores de recursos ambientais, efetiva ou potencialmente poluidores ou capazes, sob qualquer forma, de causar degradação ambiental dependerão de prévio licenciamento ambiental" (Redação dada pela Lei Complementar nº 140, de 2011).

Regulamentando a matéria, tem-se o Decreto federal nº 99.274/1990, cujo art. 19 define as licenças da seguinte forma: a) Licença Prévia (LP), concedida na fase preliminar do planejamento da atividade, contendo requisitos básicos que devem ser atendidos nas fases de localização, instalação e operação, observados os planos municipais, estaduais ou federais de uso do solo; b) Licença de Instalação (LI), que autoriza o início da implantação, conforme as especificações do Projeto Executivo aprovado; e c) Licença de Operação (LO), que autoriza, após as verificações necessárias, o início da atividade licenciada e o funcionamento dos equipamentos de controle de poluição, conforme o previsto na Licença Prévia e na Licença de Instalação.

A Resolução nº 237/1997 do Conselho Nacional de Meio Ambiente (CONAMA) define "Licenciamento Ambiental" como o procedimento administrativo pelo qual o órgão ambiental competente licencia a localização, a instalação, a ampliação e a operação de empreendimentos e atividades utilizadoras de recursos ambientais, consideradas efetiva ou potencialmente poluidoras, ou daquelas que, sob qualquer forma, possam causar degradação ambiental, considerando as disposições legais e regulamentares e as normas técnicas aplicáveis ao caso. A mesma resolução expõe que "Licença Ambiental" é ato administrativo pelo qual o órgão ambiental competente estabelece as condições, restrições e medidas de controle ambiental que deverão ser obedecidas pelo empreendedor, pessoa física ou jurídica, para localizar, instalar, ampliar e operar empreendimentos ou atividades utilizadoras dos recursos ambientais consideradas efetiva ou potencialmente poluidoras ou aquelas que, sob qualquer forma, possam causar degradação ambiental.

A obtenção da manifestação ou licença prévia antes da divulgação do edital de licitação configura medida que visa garantir que os impactos ambientais sejam considerados e mitigados antes do início das obras, promovendo a proteção ambiental e a sustentabilidade, numa clara preocupação com a gestão ambiental responsável nas contratações públicas.

Como anotaram Amaral e Bockmann, a previsão exige o mínimo, a fim de que a execução da obra não seja impedida depois de efetivada a contratação.

"§1º Os pedidos de licenciamento, sua renovação e a respectiva concessão serão publicados no jornal oficial, bem como em periódico regional ou local de grande circulação, ou em meio eletrônico de comunicação mantido pelo órgão ambiental competente" (Redação dada pela Lei Complementar nº 140, de 2011).

> Em outras palavras, a divulgação do edital é condicionada à obtenção da licença ambiental prévia. Esta primeira etapa precisa ser vencida pela própria Administração Pública, antes do início da fase externa da licitação. Isso importa que a Administração contratante será responsável pela fidedignidade dos dados constantes da licença prévia, nos quais de boa-fé confiarão os interessados no certame. O dever dirige-se a licenças boas, válidas e eficazes.[401]

Assente-se que o parágrafo havia sido vetado pelo Presidente da República, sob a argumentação de que o "o dispositivo contraria o interesse público, uma vez que restringe o uso do regime de contratação integrada, tendo em vista que o projeto é condição para obter a licença prévia numa fase em que ele ainda será elaborado pela futura contratada." Não obstante, o Congresso Nacional derrubou o veto presidencial.

---

401 GARCIA, Flavio Amaral; MOREIRA, Egon Bockmann. *Contratos administrativos na lei de licitações.* São Paulo: Revista dos Tribunais, 2024.

Art. 116. Ao longo de toda a execução do contrato, o contratado deverá cumprir a reserva de cargos prevista em lei para pessoa com deficiência, para reabilitado da Previdência Social ou para aprendiz, bem como as reservas de cargos previstas em outras normas específicas.
Parágrafo único. Sempre que solicitado pela Administração, o contratado deverá comprovar o cumprimento da reserva de cargos a que se refere o caput deste artigo, com a indicação dos empregados que preencherem as referidas vagas.

O sonho da igualdade só cresce no
terreno do respeito pelas diferenças.
(Augusto Cury)

5.50 Artigo 116 – Manutenção da reserva de cargos para pessoa com deficiência

Ao versar sobre a fase de habilitação das licitações, art. 63 da Lei nº 14.133/2021 determina, entre outras, que seja observada a imposição de o licitante declarar que cumpre as exigências de reserva de cargos para pessoa com deficiência e para reabilitado da Previdência Social, previstas em lei e em outras normas específicas.[402]

Por sua vez, o art. 92, inc. XVI indica como cláusula obrigatória dos contratos a que preveja a mesma obrigação.[403]

Coerentemente, este art. 116 impõe ao contratado que, ao longo de toda a execução do contrato, cumpra essa reserva de cargos para pessoa com deficiência, para reabilitado da Previdência Social ou para aprendiz, bem como as reservas de cargos previstas em outras normas específicas.

[402] "Art. 63. Na fase de habilitação das licitações serão observadas as seguintes disposições: [...]
IV - será exigida do licitante declaração de que cumpre as exigências de reserva de cargos para pessoa com deficiência e para reabilitado da Previdência Social, previstas em lei e em outras normas específicas."

[403] "Art. 92. São necessárias em todo contrato cláusulas que estabeleçam: [...] XVI - a obrigação do contratado de manter, durante toda a execução do contrato, em compatibilidade com as obrigações por ele assumidas, todas as condições exigidas para a habilitação na licitação, ou para a qualificação, na contratação direta [...]".

Nesse contexto, sempre que solicitado, o contratado deverá comprovar o cumprimento da reserva de cargos, indicando os empregados que ocuparão as vagas previstas. Vale destacar que, para monitoramento, o parágrafo único garante ao ente público a prerrogativa de fiscalizar o cumprimento desse compromisso. Até porque, conforme o inciso XVI do art. 92, o contratado tem a obrigação de manter, durante toda a execução do contrato, todas as condições exigidas para a habilitação na licitação, em conformidade com as obrigações assumidas.

Considerando que se trata de uma obrigação legal, com previsão no edital e no contrato, o descumprimento dessa obrigação implicará a possível aplicação de penalidades.

Conforme já destacamos nas apreciações dos dispositivos antes mencionados, este artigo consolida o compromisso da Administração Pública com a inclusão social e os direitos fundamentais. Não só exige que as empresas reservem vagas para pessoas com deficiência, reabilitados e aprendizes nas contratações, mas, mais importante, faz com que seja mantido, ao longo de toda a execução do contrato, o cumprimento dessa reserva, promovendo a igualdade de oportunidades e integrando grupos vulneráveis no mercado de trabalho. Assim, a norma garante que a inclusão seja contínua.

É o que também expôs José Bazilio Marçal ao dispor que o artigo reforça a obrigatoriedade de que o particular respeite, em relação ao recurso humano empregado na execução contratual, a cota reservada em lei, além de outras eventualmente estabelecidas.[404]

Como anotaram Garcia e Bockmann, o cumprimento da obrigação é condição essencial para a validade da contratação pública, pois, sem o seu devido atendimento, nem mesmo a habilitação do licitante poderá ser considerada.

> Por conseguinte, não se trata de algo a ser menosprezado pelo contratado, na suposição de que bastaria juntar documento probatório na habilitação. Este dispositivo ordena que as reservas sejam bem obedecidas do começo ao fim da execução contratual.[405]

[404] MARÇAL, José Bazilio Teixeira. Comentários. *In:* HIGA, Alberto Shinji; OLIVEIRA, Simone Zanotello; CASTRO, Marcos Pereira; MUKAI, Toshio. *Comentários à Lei de Licitações e Contratos Administrativos.* 2. ed. São Paulo: Rideel, 2023.

[405] GARCIA, Flavio Amaral; MOREIRA, Egon Bockmann. *Contratos administrativos na lei de licitações.* São Paulo: Revista dos Tribunais, 2024.

Aliás, o inciso IX do art. 137 estabelece que o descumprimento, pelo contratado, das obrigações relativas à reserva de cargos prevista em lei, bem como em outras normas específicas, para pessoa com deficiência, para reabilitado da Previdência Social ou para aprendiz, constitui motivo para a extinção do contrato pela Administração.[406]

Em excelente observação, Garcia e Bockmann perceberam que o cumprimento do dever oferece dois incentivos para uma boa gestão:

a) o primeiro, no sentido de que o contratado mantenha o banco de dados atualizado, destacado e facilmente acessível; e
b) o segundo, de que divulgue de maneira ativa, incluindo em seu site eletrônico (sempre respeitando a LGPD e a privacidade dos colaboradores).

De tudo o que foi exposto, verifica-se que o dispositivo configura medida que promove práticas responsáveis e inclusivas, permitindo que o Estado utilize contratos públicos para incentivar o bem-estar e a equidade, sendo importante que se definam mecanismos para o acompanhamento do cumprimento dessas obrigações.

---

[406] "Art. 137. Constituirão motivos para extinção do contrato, a qual deverá ser formalmente motivada nos autos do processo, assegurados o contraditório e a ampla defesa, as seguintes situações: [...] IX - não cumprimento das obrigações relativas à reserva de cargos prevista em lei, bem como em outras normas específicas, para pessoa com deficiência, para reabilitado da Previdência Social ou para aprendiz."

Art. 121. Somente o contratado será responsável pelos encargos trabalhistas, previdenciários, fiscais e comerciais resultantes da execução do contrato.
§1º A inadimplência do contratado em relação aos encargos trabalhistas, fiscais e comerciais não transferirá à Administração a responsabilidade pelo seu pagamento e não poderá onerar o objeto do contrato nem restringir a regularização e o uso das obras e das edificações, inclusive perante o registro de imóveis, ressalvada a hipótese prevista no §2º deste artigo.
§2º Exclusivamente nas contratações de serviços contínuos com regime de dedicação exclusiva de mão de obra, a Administração responderá solidariamente pelos encargos previdenciários e subsidiariamente pelos encargos trabalhistas se comprovada falha na fiscalização do cumprimento das obrigações do contratado.
§3º Nas contratações de serviços contínuos com regime de dedicação exclusiva de mão de obra, para assegurar o cumprimento de obrigações trabalhistas pelo contratado, a Administração, mediante disposição em edital ou em contrato, poderá, entre outras medidas:
I - exigir caução, fiança bancária ou contratação de seguro-garantia com cobertura para verbas rescisórias inadimplidas;
II - condicionar o pagamento à comprovação de quitação das obrigações trabalhistas vencidas relativas ao contrato;
III - efetuar o depósito de valores em conta vinculada;
IV - em caso de inadimplemento, efetuar diretamente o pagamento das verbas trabalhistas, que serão deduzidas do pagamento devido ao contratado;
V - estabelecer que os valores destinados a férias, a décimo terceiro salário, a ausências legais e a verbas rescisórias dos empregados do contratado que participarem da execução dos serviços contratados serão pagos pelo contratante ao contratado somente na ocorrência do fato gerador.
§4º Os valores depositados na conta vinculada a que se refere o inciso III do §3º deste artigo são absolutamente impenhoráveis.
§5º O recolhimento das contribuições previdenciárias observará o disposto no art. 31 da Lei nº 8.212, de 24 de julho de 1991.

É uma falta de responsabilidade esperarmos
que alguém faça as coisas por nós.
(John Lennon)

5.51 Artigo 121 e Parágrafos – Responsabilidade pelos encargos trabalhistas, previdenciários, fiscais e comerciais

O fato de uma empresa estar prestando serviços ao Poder Público não a isenta de cumprir suas obrigações. Assim, este art. 121 reforça o que é evidente: a responsabilidade pelos encargos (trabalhistas, previdenciários, fiscais e comerciais) decorrentes da execução do contrato é do contratado.

O dispositivo possui conexão com as contratações sustentáveis, estando relacionado às questões de responsabilidade social, cumprimento de direitos trabalhistas e fiscalização adequada nos contratos, deixando claro que a Administração Pública não tem qualquer responsabilidade pelo cumprimento dessas obrigações, que são de responsabilidade exclusiva da empresa contratada.

Sob outra perspectiva, fica cristalino que as empresas não estão eximidas de suas obrigações pelo simples fato de estarem prestando serviços ao Poder Público.

Esse entendimento é importante para garantir que o Poder Público não seja sobrecarregado com responsabilidades que são do contratado, além de ser uma forma de assegurar que as condições de trabalho, o cumprimento das obrigações fiscais e trabalhistas e a regularidade fiscal sejam mantidos durante a execução do contrato, garantindo o respeito aos direitos dos trabalhadores e à legalidade da execução dos contratos administrativos, promovendo responsabilidade social nas contratações governamentais.

Nesse passo, o §1º, em reforço ao preconizado no *caput*, prescreve que a inadimplência do contratado quanto aos encargos trabalhistas, fiscais e comerciais não transfere à Administração Pública a responsabilidade de pagamento, também não podendo onerar o objeto do acordo ou criar algum tipo de situação que venha a restringir a regularização e o uso das obras ou edificações, inclusive perante o registro de imóveis.

A exceção, prevista no §2º, seria a contratação de serviços contínuos com regime de dedicação exclusiva de mão de obra, que são aqueles cujo modelo de execução contratual exige, entre outros requisitos,s que: a) os empregados do contratado fiquem à disposição nas dependências do contratante para a prestação dos serviços; b) o contratado não compartilhe os recursos humanos e materiais disponíveis de uma contratação para execução simultânea de outros contratos; e c) o contratado possibilite a fiscalização pelo contratante quanto à distribuição, ao controle e à supervisão dos recursos humanos alocados aos seus contratos.[407]

Os contratos de serviços contínuos com dedicação exclusiva de mão de obra fazem com que determinada força de trabalho fique à disposição da Administração de forma privativa e em período integral, atendidas as peculiaridades do trabalho a ser desempenhado. Isso ocorre, por exemplo, nos serviços de segurança e limpeza em grandes repartições públicas.

> Se é bem verdade que cada contrato individualizará o que se pode entender por "serviço contínuo de dedicação exclusiva", com maior ou menor extensão cronológica, fato é que todos têm em comum a permanência dos trabalhadores à disposição do órgão ou entidade administrativa. Logo, nesses casos, a relação de trabalho a ser prestada pelos empregados da empresa contratada será exercitada sob o comando – mediato e/ou imediato – da Administração Pública. Por isso que o §2º desse artigo 121 define a responsabilidade da Administração como solidária pelos encargos previdenciários e subsidiária pelos trabalhistas. No primeiro caso, o credor pode escolher o devedor a quem acionar pelo débito não pago: ambos são devedores equivalentes para toda a dívida inadimplida. No segundo, a subsidiariedade instala o caráter suplementar à responsabilidade da Administração: esta só poderá ser cobrada caso o devedor principal não componha, no todo ou em parte, o débito.[408]

Ressalte-se que a questão da responsabilidade trabalhista ganhou contornos distintos com o Enunciado nº 331 do Tribunal Superior do Trabalho (TST), com nova redação em 12.09.2000, em análise a artigo de teor idêntico da antiga Lei nº 8.666/1993.

Deliberou a Corte pela responsabilidade subsidiária do tomador de serviços quanto às obrigações trabalhistas, inclusive, da Administração Pública, podendo, inclusive, acarretar a condenação da Administração contratante como devedora complementar.

Comentamos a respeito:

> Tal orientação jurisprudencial, *data máxima vênia*, beira o absurdo, porquanto envereda pelo descumprimento de dispositivo expresso em lei. Além disso, como assevera Aírton Nóbrega, favorece a inadimplência, uma vez que proclama, de logo, a possibilidade de imputar-se à outra parte a responsabilidade pelas obrigações trabalhistas não satisfeitas pelo empregador.

---

[407] Conforme indicado no inc. XVI do art. 6º.

[408] GARCIA, Flavio Amaral; MOREIRA, Egon Bockmann. *Contratos administrativos na lei de licitações*. São Paulo: Revista dos Tribunais, 2024.

> "Torna-se extremamente cômodo para o mau empresário e para os fraudadores gerirem os seus negócios sem atendimento às obrigações que lhes incumbem. O ente contratante, por decisão de cortes trabalhistas, ficará encarregado de suprir essa imoral conduta, estimulada pela pseudoproteção prestada ao trabalhador".
>
> Ademais, tal acordo constitui-se num contrato administrativo, regido por regras de direito público, sendo inaplicáveis as normas de direito trabalhista, além do reconhecimento, de certa forma, de uma relação de emprego com a Administração, o que afronta a Constituição Federal, que exige aprovação em concurso público para ingresso na Administração Pública.[409]

Pois bem, em 24.11.2010, o Plenário do STF declarou a constitucionalidade do §1º do art. 71 da Lei nº 8.666/1993, em decisão proferida no julgamento da Ação Declaratória de Constitucionalidade nº 16, ajuizada pelo governador do Distrito Federal, limitando os efeitos do Enunciado nº 331 do TST.

Importa sublinhar que, como ressaltou o então presidente da Suprema Corte, Ministro Cesar Peluso, tal decisão "não impedirá o TST de reconhecer a responsabilidade, com base nos fatos de cada causa". Conforme explicitado pelo Ministro, a responsabilidade subsidiária da Administração Pública pode ser reconhecida apenas na hipótese de omissão culposa, ou seja, quando o ente público não fiscaliza adequadamente a execução do contrato, especialmente quanto à idoneidade da empresa contratada e ao pagamento de encargos sociais e trabalhistas.

Em síntese, a deliberação do STF pela constitucionalidade do dispositivo implicou a não generalização da responsabilidade subsidiária por parte da Administração Pública, quando da contratação de serviços, mas não a afastou totalmente, dado que ela poderá ocorrer na hipótese de omissão da Administração em relação à fiscalização (*culpa in vigilando*).

Destarte, é preciso que fique comprovada, no caso de a contratada falhar nos seus compromissos nesse âmbito, a inocorrência de omissão culposa do Poder Público, sendo essa fiscalização um elemento essencial para eximir a Administração de qualquer responsabilidade subsidiária.[410] [411]

---

409 BITTENCOURT, Sidney. *Licitação passo a passo*: comentando todos os artigos da Lei nº 8.666/93, atualizada. 10. ed. Belo Horizonte: Fórum, 2019.

410 Nesse contexto, por intermédio do Recurso Extraordinário nº 760.931/DF, a Advocacia-Geral da União (AGU) sustentou junto ao Supremo Tribunal Federal (STF) que os entes públicos não podem ser condenados a arcar com dívidas das empresas terceirizadas com seus empregados.

O recurso foi interposto contra decisão do Tribunal Superior do Trabalho (TST) – que condenou a União ao pagamento de créditos trabalhistas não pagos por empresa prestadora de serviços com mão de obra terceirizada, em razão de responsabilidade subsidiária, alicerçada na Súmula TST nº 331, item IV. A Justiça do Trabalho entendeu que a responsabilidade subsidiária do ente público se assentava na chamada *culpa in vigilando*, derivada da falta de provas referentes à fiscalização do contrato. Segundo o TST, a decisão estaria afinada com o que ficou definido pelo STF no julgamento da Ação Declaratória de Constitucionalidade (ADC) nº 16.
Ressaltou a AGU, todavia, que a Suprema Corte deixou clara a constitucionalidade de dispositivo da Lei nº 8.666/1993 (art. 71, §1º), segundo o qual, nos casos de contratação de empresas prestadoras de serviços pelo Poder Público, é o contratado o responsável pelos encargos trabalhistas, fiscais e comerciais decorrentes da execução do ajuste, não sendo possível transferir a responsabilidade para a Administração Pública.
Reconheceu a AGU que, durante o julgamento da ADC nº 16, os ministros da Suprema Corte cogitaram a hipótese de que o dispositivo não impediria a responsabilização do ente público contratante, nos casos de omissão da Administração na fiscalização do cumprimento das obrigações do contratado. Entretanto, sustentou, acertadamente, que, para ser caracterizada a responsabilidade subsidiária, não bastaria a inadimplência das obrigações trabalhistas, mas a necessidade de comprovar a conduta culposa da Administração, especialmente na fiscalização do cumprimento das obrigações contratuais e legais. Nesse passo, apontou a necessidade de que o STF confirme que é inadmissível a responsabilidade objetiva dos entes públicos em contratos de terceirização por encargos trabalhistas devidos pela empresa contratada, alegando, ainda, que a responsabilidade da Administração por *culpa in vigilando* não pode ser presumida, devendo sempre haver provas de que o ente público não fiscalizou o contrato. Não bastaria, portanto, o simples fato de a empresa ter sido contratada pela Administração ou existir a inadimplência de pagamento de verbas trabalhistas pela contratada, caso contrário, seria aplicada a Teoria do Risco Integral, na qual haveria responsabilidade do Poder Público mesmo nas hipóteses de atos regulares praticados por agentes no exercício de suas funções, em flagrante ofensa ao dispositivo da CF que estabelece a responsabilidade objetiva dos entes públicos (artigo 37, §6º).
Um empate na votação suspendeu a análise pelo Plenário do STF do Recurso Extraordinário, sendo que o voto de desempate caberia ao ministro a ser nomeado para a vaga do ministro Teori Zavascki, que faleceu posteriormente.
Na sessão do dia 15.02.2017, a presidente do STF, ministra Cármen Lúcia, votou pelo provimento parcial do recurso, tendo considerado que não houve comprovação da responsabilidade da Administração pelo descumprimento da legislação trabalhista e, por isso, entendeu que a decisão do Supremo na Ação Declaratória de Constitucionalidade (ADC) 16 foi contrariada. Segundo a presidente, a previsão da Lei nº 9.032/1995, que alterou dispositivo da Lei nº 8.666/1993, restringiu a solidariedade entre a administração e o contratado somente quanto aos encargos previdenciários.
O "voto de minerva" ficou por conta do sucessor de Teori, que foi o recém-nomeado ministro Alexandre de Moraes, que ressaltou ser preciso estancar de uma vez por todas as controvérsias existentes a partir da tendência de que o ônus da prova deve recair sempre sobre a Administração. Assim, teceu críticas à possibilidade de a Administração responder por verbas trabalhistas somente por presunção, tendo sempre de haver elementos concretos de prova de falhas na fiscalização, acrescentando que "a consolidação da responsabilidade do Estado por débitos trabalhistas de terceiros acabaria por ser claro risco de desestímulo à colaboração da iniciativa privada com a administração pública", que teria de manter setores específicos para a execução da tarefa, "como se não houvesse terceirização na prática".
Com esse voto-desempate, confirmou-se o entendimento já adotado pelo STF no julgamento no sentido de que não pode haver responsabilização automática da Administração Pública, só cabendo condenação se houver prova inequívoca de sua conduta omissiva ou comissiva na fiscalização dos contratos.

Quanto aos encargos previdenciários, observa-se que, por força de alterações impostas pelas Leis nºs 11.933/2009 e 11.941/2009,[412] o art. 31 da Lei nº 8.212/1991, que dispõe sobre a organização da Seguridade Social, passou a ter o seguinte texto:

> Art. 31. A empresa contratante de serviços executados mediante cessão de mão de obra, inclusive em regime de trabalho temporário, deverá reter 11% (onze por cento) do valor bruto da nota fiscal ou fatura de prestação de serviços e recolher, em nome da empresa cedente da mão de obra, a importância retida até o dia 20 (vinte) do mês subsequente ao da emissão da respectiva nota fiscal ou fatura, ou até o dia útil imediatamente anterior se não houver expediente bancário naquele dia, observado o disposto no §5º do art. 33 desta Lei. (Redação dada pela Lei nº 11.933, de 2009).
>
> §1º O valor retido de que trata o *caput* deste artigo, que deverá ser destacado na nota fiscal ou fatura de prestação de serviços, poderá ser compensado por qualquer estabelecimento da empresa cedente da mão de obra, por ocasião do recolhimento das contribuições destinadas à Seguridade Social devidas sobre a folha de pagamento dos seus segurados. (Redação dada pela Lei nº 11.941, de 2009).
>
> §2º Na impossibilidade de haver compensação integral na forma do parágrafo anterior, o saldo remanescente será objeto de restituição. (Redação dada pela Lei nº 9.711, de 1998).
>
> §3º Para os fins desta Lei, entende-se como cessão de mão-de-obra a colocação à disposição do contratante, em suas dependências ou nas de terceiros, de segurados que realizem serviços contínuos, relacionados ou não com a atividade-fim da empresa, quaisquer que sejam a natureza e a forma de contratação. (Redação dada pela Lei nº 9.711, de 1998).
>
> §4º Enquadram-se na situação prevista no parágrafo anterior, além de outros estabelecidos em regulamento, os seguintes serviços: (Redação dada pela Lei nº 9.711, de 1998).

---

[411] Sobre o assunto, confira-se a Instrução Normativa nº 6/2018, do Secretário de Gestão, que dispôs sobre cláusulas assecuratórias de direitos trabalhistas quando da execução indireta de obras públicas, no âmbito da Administração Pública federal direta, autárquica e fundacional, que, como observaram David Lopes Frota e Bruno Mariano Frota, não possui outra intenção que não seja a de obstar a responsabilidade subsidiária da Administração contratante: "Opinamos tratar-se de um instrumento normativo passível de questionamentos. Entretanto, ainda que se contenha a cláusula obstativa da responsabilidade trabalhista e previdenciária, a Administração não se escusará em razão da omissão ou deficiência na gestão e fiscalização do contrato" (FROTA, Bruno Mariano; FROTA, David Augusto Souza Lopes. Cláusulas assecuratórias de direitos trabalhistas quando da execução indireta de obras públicas – Instrução Normativa nº 6, de 6 de julho de 2018. *Jus Navigandi*, [s. l.], 9 out. 2019).

[412] - Lei nº 11.933/2009: trata da conversão de créditos tributários da Seguridade Social.
- Lei nº 11.941/2009: trata da regularização de débitos de pessoas jurídicas com a União, especialmente no que se refere ao parcelamento e a modificações na legislação tributária.

> I - limpeza, conservação e zeladoria; (Incluído pela Lei nº 9.711, de 1998).
>
> II - vigilância e segurança; (Incluído pela Lei nº 9.711, de 1998).
>
> III - empreitada de mão-de-obra; (Incluído pela Lei nº 9.711, de 1998).
>
> IV - contratação de trabalho temporário na forma da Lei nº 6.019, de 3 de janeiro de 1974. (Incluído pela Lei nº 9.711, de 1998).
>
> §5º O cedente da mão-de-obra deverá elaborar folhas de pagamento distintas para cada contratante. (Incluído pela Lei nº 9.711, de 1998).
>
> §6º Em se tratando de retenção e recolhimento realizados na forma do *caput* deste artigo, em nome de consórcio, de que tratam os arts. 278 e 279 da Lei nº 6.404, de 15 de dezembro de 1976, aplica-se o disposto em todo este artigo, observada a participação de cada uma das empresas consorciadas, na forma do respectivo ato constitutivo. (Incluído pela Lei nº 11.941, de 2009).

Devido à obrigação de retenção, a Administração Pública passou a responder solidariamente pelos encargos previdenciários decorrentes dos contratos celebrados. No entanto, é importante ressaltar que essa solidariedade se aplica exclusivamente à obrigação de retenção sobre os pagamentos realizados ao contratado pelos serviços prestados. Outras inadimplências não são de responsabilidade da Administração, que não pode ser considerada devedora solidária ou subsidiária em relação a essas questões.

Consoante Jessé Torres, a solidariedade termina à medida que o contratante da empresa cedente da mão de obra retenha e recolha, nos prazos assinados, o percentual estabelecido sobre o valor dos serviços que contratou. Nenhuma responsabilidade lhe será imputável por irregularidade que a empresa cedente perpetre contra a seguridade social, em relação à folha de pagamento de seus empregados.[413]

Vide jurisprudência do STJ sobre a questão:

> REsp nº 460.862/CE, 1ª T., Rel. Min. Francisco Falcão, DJ de 17.05.2004: [...] I - A responsabilidade pelo cumprimento das obrigações previdenciárias é solidária entre o tomador e o executor de obras de construção, sendo somente elidida se a prestadora de serviço recolher, previamente, as ditas contribuições previdenciárias.
>
> II - A referida regra aplica-se mesmo aos entes públicos [...].
>
> REsp nº 382/157/RS, 2ª T, Rel. Min Castro Meira, DJ de 13.12.2004: [...] 2. A Administração Pública só responde solidariamente pelas contribuições previdenciárias decorrentes da execução do contrato após a

[413] PEREIRA JÚNIOR, Jessé Torres. *Comentários à Lei das Licitações e Contratações da Administração Pública*. 7. ed. Rio de Janeiro: Renovar, 2007.

edição da Lei nº 9.032/95" ("Não há responsabilidade subsidiária do Município pelo pagamento das contribuições previdenciárias devidas pelo empreiteiro de obra pública, relativamente a fatos geradores ocorrido antes do advento da Lei nº 9.032/95, em face da legislação superior que disciplinava a matéria estabelecer que esse ônus apenas caberia ao contratado").

Como antes comentado, a questão da responsabilidade por obrigações trabalhistas nos contratos administrativos sempre suscitou divergências. Contudo, firmou-se o entendimento de que a Administração somente seria responsabilizada por tais encargos quando houvesse prova de sua omissão em fiscalizar o contrato, a denominada *culpa in vigilando*. Nesse contexto, resolveu o legislador inserir na Lei nº 14.133/2021 um elenco de medidas que assegurarão o cumprimento de obrigações trabalhistas pelo contratado nas contratações de serviços contínuos com regime de dedicação exclusiva de mão de obra.

Destarte, mediante disposição em edital ou em contrato, a Administração poderá, entre outras medidas,

- Exigir caução, fiança bancária ou contratação de seguro-garantia com cobertura para verbas rescisórias inadimplidas;
- Condicionar o pagamento à comprovação de quitação das obrigações trabalhistas vencidas relativas ao contrato;
- Efetuar o depósito de valores em conta vinculada;
- Em caso de inadimplemento, efetuar diretamente o pagamento das verbas trabalhistas, que serão deduzidas do pagamento devido ao contratado;
- Estabelecer que os valores destinados a férias, a décimo terceiro salário, a ausências legais e a verbas rescisórias dos empregados do contratado que participarem da execução dos serviços contratados serão pagos pelo contratante ao contratado somente na ocorrência do fato gerador.

Trata-se, é lógico, de um rol meramente exemplificativo, podendo a Administração valer-se de outros meios lícitos para se precaver.

Registre-se as observações de Ingrid Arakaki:

> Em que pese o princípio do livre convencimento motivado, o Judiciário tem criado parâmetros do que considera ou não prova da fiscalização. Ocorre que, os contratos existentes entre particulares com a Administração Pública estão adstritos ao princípio da legalidade, assim, faz-se apenas o que expressamente é previsto em lei, inclusive nos atos fiscalizatórios.

> Assim, quando o Judiciário estipula balizas probatórias nos casos concretos, aquém do que prevê a própria legislação de regência, está, mesmo que de forma indireta, criando novas regras aos contratos de terceirização.
> Destarte, cumpridas as exigências previstas na Lei de Licitações no que tange à fiscalização do contrato, em regra, não há que se falar em falha. De modo que, demonstrando a Administração ter seguido tais preceitos, caberia a parte autora comprovar o contrário.[414]

Assente-se que o §4º indica que os valores depositados na conta vinculada são impenhoráveis, ou seja, não estão sujeitos à constrição judicial, e, por consequência, não se sujeitam à execução.[415]

Apenas para facilitar ao aplicador da lei, o legislador resolveu explicitar que o recolhimento das contribuições previdenciárias deverá observar o disposto no art. 31 da Lei nº 8.212/1991 (§5º).

Em resumo, tendo em vista as contratações sustentáveis, o art. 121 evidencia que, para garantir o cumprimento das obrigações trabalhistas e fiscais pelos contratados, é necessário promover a justiça social no ambiente de trabalho, um aspecto essencial da sustentabilidade social.

No que tange à solidariedade da Administração, ao prever que esta responderá solidariamente pelos encargos previdenciários e subsidiariamente pelos encargos trabalhistas nas contratações de serviços contínuos com dedicação exclusiva de mão de obra, caso haja falha na fiscalização, o dispositivo reforça a responsabilidade compartilhada. Tal previsão busca assegurar a qualidade do trabalho e condições sociais adequadas, fomentando práticas responsáveis e sustentáveis na gestão pública.

Quanto às medidas destinadas a garantir o cumprimento das obrigações trabalhistas, observa-se que elas têm o objetivo de assegurar os direitos dos trabalhadores, sobretudo em contratos de serviços contínuos, refletindo uma preocupação com o bem-estar social, essencial em uma abordagem sustentável nas contratações públicas.

No tocante ao recolhimento das contribuições previdenciárias, ao exigir que sejam seguidas as disposições da Lei nº 8.212/1991, o dispositivo reforça a sustentabilidade social nas contratações públicas, garantindo a segurança social dos trabalhadores e promovendo a equidade.

---

414 ARAKAKI, Ingrid Luize Bonadiman. Nova lei de licitações e a responsabilidade subsidiária da administração pública pelos encargos trabalhistas. *Migalhas*, [*s. l.*], 16 abr. 2021.

415 SALES, Fernando Augusto de Vita Borges de. *Novo CPC comentado*. São Paulo: Rideel, 2016.

Vê-se, por conseguinte, que o artigo possui relação direta com a sustentabilidade nas contratações públicas, especialmente na dimensão social, almejando não apenas o cumprimento das normas legais, mas também a promoção de condições dignas de trabalho, responsabilidade social e ética nas relações contratuais.

CAPÍTULO VII
DA ALTERAÇÃO DOS CONTRATOS E DOS PREÇOS

Art. 124. Os contratos regidos por esta Lei poderão ser alterados, com as devidas justificativas, nos seguintes casos:
I - unilateralmente pela Administração:
a) quando houver modificação do projeto ou das especificações, para melhor adequação técnica a seus objetivos;
b) quando for necessária a modificação do valor contratual em decorrência de acréscimo ou diminuição quantitativa de seu objeto, nos limites permitidos por esta Lei;
II - por acordo entre as partes:
a) quando conveniente a substituição da garantia de execução;
b) quando necessária a modificação do regime de execução da obra ou do serviço, bem como do modo de fornecimento, em face de verificação técnica da inaplicabilidade dos termos contratuais originários;
c) quando necessária a modificação da forma de pagamento por imposição de circunstâncias supervenientes, mantido o valor inicial atualizado e vedada a antecipação do pagamento em relação ao cronograma financeiro fixado sem a correspondente contraprestação de fornecimento de bens ou execução de obra ou serviço;
d) para restabelecer o equilíbrio econômico-financeiro inicial do contrato em caso de força maior, caso fortuito ou fato do príncipe ou em decorrência de fatos imprevisíveis ou previsíveis de consequências incalculáveis, que inviabilizem a execução do contrato tal como pactuado, respeitada, em qualquer caso, a repartição objetiva de risco estabelecida no contrato.
§1º Se forem decorrentes de falhas de projeto, as alterações de contratos de obras e serviços de engenharia ensejarão apuração de responsabilidade do responsável técnico e adoção das providências necessárias para o ressarcimento dos danos causados à Administração.
§2º Será aplicado o disposto na alínea "d" do inciso II do caput deste artigo às contratações de obras e serviços de engenharia, quando a execução for obstada pelo atraso na conclusão de procedimentos de desapropriação, desocupação, servidão administrativa ou licenciamento ambiental, por circunstâncias alheias ao contratado.

Se o ar não se movimenta, não tem vento;
se a gente não se movimenta, não tem vida.
(Itamar Vieira Júnior)

5.52 Artigo 124 – Parágrafo 2º – Restabelecimento do equilíbrio econômico-financeiro em função de atraso no licenciamento ambiental

O art. 124 versa sobre a alteração dos contratos administrativos, permitindo-a da forma unilateral pela Administração ou por acordo entre as partes, com diferentes justificativas.

Os contratos administrativos se caracterizam por possuírem "cláusulas exorbitantes", que conferem à Administração Pública privilégios e supremacia sobre o contratado. Isso permite, entre outras coisas, a alteração unilateral das "cláusulas de serviço", relacionadas ao objeto e execução do contrato, mas não das "cláusulas econômicas", que tratam da remuneração do contratado. Essa supremacia é fundamentada no princípio de que o interesse público prevalece sobre o interesse privado. Assim, a Administração pode alterar as cláusulas de serviço quando houver modificação de projeto ou especificações para melhor adequação técnica, ou quando for necessário ajustar o valor do contrato devido a alterações quantitativas no objeto, dentro dos limites legais.

A alteração consensual do contrato administrativo pode ocorrer em quatro hipóteses distintas, algumas facultativas e outras obrigatórias. As situações previstas para alteração por acordo das partes incluem a substituição da garantia de execução, quando conveniente, a modificação do regime de execução ou do modo de fornecimento devido à inaplicabilidade técnica dos termos contratuais originais, a mudança na forma de pagamento imposta por circunstâncias imprevistas, mantendo o valor inicial atualizado e evitando antecipação de pagamento sem a correspondente execução, e o restabelecimento do equilíbrio econômico-financeiro do contrato em casos de força maior, caso fortuito ou fato do príncipe, que inviabilizem a execução conforme o pacto, respeitando a repartição objetiva de risco entre as partes.

Essa última possibilidade, contida na alínea "d", tem a ver com a equação econômico-financeira que se constitui na relação que as partes inicialmente estabelecem no contrato, visando à justa remuneração de seu objeto. Tal correlação encargo/remuneração deve ser conservada, independentemente de qualquer fator, durante a execução do acordo.

Assim, atendendo à chamada "Teoria da Imprevisão", sempre que comprovadamente ocorrer um desequilíbrio na relação inicialmente estabelecida entre os encargos do contratado e a retribuição financeira para a justa remuneração pela execução contratual, é necessária a devida recomposição.

Registre-se, por oportuno, que não será qualquer desequilíbrio que determinará tal revisão, dado que o contratado deve suportar alguns riscos inerentes à atividade econômica a que se entregou. Somente a denominada "álea econômica extraordinária" (fatos imprevisíveis ou, ainda que previsíveis, de consequências incalculáveis, retardadores ou impeditivos da execução do objeto) autorizará o reequilíbrio e não a "álea ordinária" (riscos comuns).

Não se deve confundir o "reequilíbrio" com o "reajuste". No reajuste, devido à inflação, busca-se a revitalização do poder aquisitivo do dinheiro, alterando-se o preço da contraprestação devida pela Administração; no reequilíbrio, persegue-se o resgate do equilíbrio contratual, rompido em decorrência de encargos ou desencargos supervenientes, independentemente da natureza, os quais prejudicam uma das partes, criando-lhe uma onerosidade excessiva.

Sobre o assunto, a Advocacia-Geral da União (AGU) exarou o Despacho nº 00123/2020/CJACM/CGU/AGU, no qual explicitou que o contratado não tem direito ao reequilíbrio econômico-financeiro nas hipóteses em que a proposta do licitante subdimensionou os encargos tributários incidentes e a referida discrepância só foi identificada após a contratação e, nos casos em que os encargos tributários previstos na proposta se apresentarem superiores aos efetivamente incidentes, não há respaldo jurídico para redução unilateral de percentuais de tributos pela Administração, cabendo negociação consensual, sob pena de eventual rescisão contratual ou não prorrogação do contrato.

Note-se que, em relação ao texto da lei anterior, o dispositivo inseriu a necessidade de, no restabelecimento do equilíbrio econômico-financeiro inicial do contrato, o respeito a repartição objetiva de risco estabelecida no contrato.

Muitas circunstâncias poderão determinar esse reequilíbrio econômico-financeiro, especialmente em casos de força maior, caso fortuito, fatos do príncipe ou eventos imprevisíveis ou previsíveis de consequências incalculáveis. O legislador, entretanto, fez questão de sinalizar no §2º que essa medida é aplicável especificamente quando a execução de obras ou serviços de engenharia for impedida pelo atraso em procedimentos de desapropriação, desocupação, servidão administrativa ou licenciamento ambiental, desde que essas circunstâncias sejam alheias ao contratado.

O destaque ao licenciamento ambiental reforça sua relevância como exigência legal para atividades que possam causar impacto ambiental, conforme disposto no art. 225, §1º, IV, CF,[416] e na Lei nº 6.938/1981, que institui a Política Nacional do Meio Ambiente.

Dessa forma, o dispositivo não apenas reconhece a necessidade de adequação a normas ambientais, mas também evidencia a conexão direta entre contratações públicas e práticas sustentáveis. Ao assegurar que a conformidade ambiental seja observada como condição para o reequilíbrio econômico-financeiro dos contratos de obras e serviços de engenharia, o legislador integra a proteção ambiental aos princípios que regem a Administração Pública, contribuindo para a promoção da sustentabilidade no âmbito das contratações públicas.

Além disso, o parágrafo também prevê o restabelecimento do equilíbrio econômico-financeiro em contratos administrativos de obras ou serviços de engenharia que sejam obstados por atrasos em procedimentos de desapropriação, desocupação ou servidão administrativa, desde que tais circunstâncias sejam alheias ao contratado. Esses institutos estão intrinsecamente relacionados ao desenvolvimento sustentável, pois frequentemente envolvem o uso responsável de recursos naturais, a reorganização de espaços para atender ao interesse público e a mitigação de impactos ambientais e sociais.

A desapropriação, por exemplo, poderia ser usada para projetos de infraestrutura que melhorem o bem-estar coletivo, como áreas de preservação ambiental ou espaços urbanos inclusivos. A desocupação, por sua vez, poderia ser adotada para a remoção de moradores de áreas de risco, a fim evitar desastres naturais, como deslizamentos, garantindo a realocação para locais seguros e ambientalmente adequados. Já a servidão administrativa poderia permitir que propriedades privadas viessem a ser utilizadas para fins públicos, como a instalação de redes de infraestrutura, linhas de transmissão de energia elétrica, oleodutos ou sistemas de saneamento.

---

[416] "Art. 225. Todos têm direito ao meio ambiente ecologicamente equilibrado, bem de uso comum do povo e essencial à sadia qualidade de vida, impondo-se ao poder público e à coletividade o dever de defendê-lo e preservá-lo para as presentes e futuras gerações. §1º - Para assegurar a efetividade desse direito, incumbe ao poder público: [...] IV - exigir, na forma da lei, para instalação de obra ou atividade potencialmente causadora de significativa degradação do meio ambiente, estudo prévio de impacto ambiental, a que se dará publicidade [...]".

CAPÍTULO VIII
DAS HIPÓTESES DE EXTINÇÃO DOS CONTRATOS

Art. 137. Constituirão motivos para extinção do contrato, a qual deverá ser formalmente motivada nos autos do processo, assegurados o contraditório e a ampla defesa, as seguintes situações:
I - não cumprimento ou cumprimento irregular de normas editalícias ou de cláusulas contratuais, de especificações, de projetos ou de prazos;
II - desatendimento das determinações regulares emitidas pela autoridade designada para acompanhar e fiscalizar sua execução ou por autoridade superior;
III - alteração social ou modificação da finalidade ou da estrutura da empresa que restrinja sua capacidade de concluir o contrato;
IV - decretação de falência ou de insolvência civil, dissolução da sociedade ou falecimento do contratado;
V - caso fortuito ou força maior, regularmente comprovados, impeditivos da execução do contrato;
VI - atraso na obtenção da licença ambiental, ou impossibilidade de obtê-la, ou alteração substancial do anteprojeto que dela resultar, ainda que obtida no prazo previsto;
VII - atraso na liberação das áreas sujeitas a desapropriação, a desocupação ou a servidão administrativa, ou impossibilidade de liberação dessas áreas;
VIII - razões de interesse público, justificadas pela autoridade máxima do órgão ou da entidade contratante;
IX - não cumprimento das obrigações relativas à reserva de cargos prevista em lei, bem como em outras normas específicas, para pessoa com deficiência, para reabilitado da Previdência Social ou para aprendiz.
§1º Regulamento poderá especificar procedimentos e critérios para verificação da ocorrência dos motivos previstos no *caput* deste artigo.
§2º O contratado terá direito à extinção do contrato nas seguintes hipóteses:
I - supressão, por parte da Administração, de obras, serviços ou compras que acarrete modificação do valor inicial do contrato além do limite permitido no art. 125 desta Lei;
II - suspensão de execução do contrato, por ordem escrita da Administração, por prazo superior a 3 (três) meses;
III - repetidas suspensões que totalizem 90 (noventa) dias úteis, independentemente do pagamento obrigatório de indenização pelas sucessivas e contratualmente imprevistas desmobilizações e mobilizações e outras previstas;

IV - atraso superior a 2 (dois) meses, contado da emissão da nota fiscal, dos pagamentos ou de parcelas de pagamentos devidos pela Administração por despesas de obras, serviços ou fornecimentos;
V - não liberação pela Administração, nos prazos contratuais, de área, local ou objeto, para execução de obra, serviço ou fornecimento, e de fontes de materiais naturais especificadas no projeto, inclusive devido a atraso ou descumprimento das obrigações atribuídas pelo contrato à Administração relacionadas a desapropriação, a desocupação de áreas públicas ou a licenciamento ambiental.
§3º As hipóteses de extinção a que se referem os incisos II, III e IV do §2º deste artigo observarão as seguintes disposições:
I - não serão admitidas em caso de calamidade pública, de grave perturbação da ordem interna ou de guerra, bem como quando decorrerem de ato ou fato que o contratado tenha praticado, do qual tenha participado ou para o qual tenha contribuído;
II - assegurarão ao contratado o direito de optar pela suspensão do cumprimento das obrigações assumidas até a normalização da situação, admitido o restabelecimento do equilíbrio econômico-financeiro do contrato, na forma da alínea "d" do inciso II do *caput* do art. 124 desta Lei.
§4º Os emitentes das garantias previstas no art. 96 desta Lei deverão ser notificados pelo contratante quanto ao início de processo administrativo para apuração de descumprimento de cláusulas contratuais.

Cada coisa tem sua hora e
cada hora o seu cuidado.
(Rachel de Queiroz)

5.53 Artigo 137 – Inciso VI – Extinção do contrato por atraso na obtenção da licença ambiental

O curso natural de qualquer contrato é o seu término devido a sua conclusão. A interrupção abrupta deve ser considerada uma forma anômala de desfecho. A inadimplência, seja por demora excessiva, realização inexata ou mesmo abandono da execução do objeto, determina que a Administração tome uma conduta sancionadora, aplicando as devidas penalidades ou a sanção máxima: a extinção por inexecução.

O art. 137 versa sobre as hipóteses de extinção dos contratos administrativos.

A antiga Lei nº 8.666/1993 utilizava a expressão "rescisão" de forma abrangente para designar qualquer situação de término contratual. Com a Nova Lei de Licitações e Contratos, o legislador aprimorou a terminologia ao adotar a expressão mais abrangente e técnica "extinção", que contempla todas as modalidades de encerramento do contrato, sejam elas por acordo entre as partes, término natural do prazo ou por motivos unilaterais.

Em análise à lei anterior, observamos:

> Preliminarmente, faz-se mister anotar que o Estatuto manteve, erroneamente, a terminologia técnico-jurídica mal-empregada no diploma anterior (DL nº 2.300/86), utilizando o termo "rescisão" em qualquer situação de extinção contratual. Na verdade, a "rescisão" configura-se como espécie de extinção contratual, à qual se juntam outras duas demais espécies: "resolução" e "resilição".[417][418]

Da mesma forma era a censura de Juruena:

> Tanto o DL nº 2.300/86 (art. 45, VIII, e art. 68) como o seu substituto (artigos 78 a 80) usam o termo rescisão para qualquer hipótese de inexecução do contrato, o que não é de boa técnica. Os dispositivos deveriam mencionar "casos de extinção por inexecução" do contrato, abrindo aí a possibilidade de serem estabelecidas didaticamente as cláusulas, quer em razão da causa, quer em razão da consequência da inexecução.[419]

Outro acerto do legislador da Nova Lei foi dar cabo de má técnica adotada no diploma anterior, que reunia no mesmo artigo causas de extinção contratual motivadas por atos cometidos pelo contratado e por condutas da Administração.

Utilizando metodologia mais acertada, apartou essas causas. Contudo, não acertou por inteiro, porquanto deixou no rol extinções contratuais motivadas por situações externas, alheias à vontade das partes, e decorrentes de razões de pleno direito, em função de prerrogativa da Administração, em face do interesse público.

---

417 BITTENCOURT, Sidney. *Licitação passo a passo*: comentando todos os artigos da Lei nº 8.666/93, totalmente atualizada. 11. ed. Belo Horizonte: Fórum, 2021.

418 A resolução configura-se na extinção do contrato de pleno direito. Na resilição, as partes resolvem, em conjunto ou isoladamente, não mais continuar com o contrato. A rescisão ocorre por inadimplemento de uma das partes (descumprimento ou cumprimento irregular das cláusulas contratuais), o que provoca a extinção promovida pela outra parte.

419 SOUTO, Marcos Juruena Villela. *Licitações e contratos administrativos*. 2. ed. Rio de Janeiro: Adcoas; Esplanada, 1993.

Nessa contextura, o art. 137 elenca, em nove incisos, as situações que determinam a extinção do contrato, as quais deverão ser formalmente motivadas nos autos do processo, com garantia do contraditório e da ampla defesa:

- Não cumprimento ou cumprimento irregular de normas editalícias ou de cláusulas contratuais, de especificações, de projetos ou de prazos;
- Desatendimento das determinações regulares emitidas pela autoridade designada para acompanhar e fiscalizar sua execução ou por autoridade superior;
- Alteração social ou modificação da finalidade ou da estrutura da empresa que restrinja sua capacidade de concluir o contrato;
- Decretação de falência ou de insolvência civil, dissolução da sociedade ou falecimento do contratado;
- Caso fortuito ou força maior, regularmente comprovados, impeditivos da execução do contrato;
- Atraso na obtenção da licença ambiental, ou impossibilidade de obtê-la, ou alteração substancial do anteprojeto que dela resultar, ainda que obtida no prazo previsto;
- Atraso na liberação das áreas sujeitas à desapropriação, à desocupação ou à servidão administrativa, ou impossibilidade de liberação dessas áreas;
- Razões de interesse público, justificadas pela autoridade máxima do órgão ou da entidade contratante;
- Não cumprimento das obrigações relativas à reserva de cargos prevista em lei, bem como em outras normas específicas, para pessoa com deficiência, para reabilitado da Previdência Social ou para aprendiz.

Entre as situações que determinam a extinção do contrato, o inc. VI destaca que possui ligação direta à sustentabilidade nas contratações: o atraso na obtenção da licença ambiental, a impossibilidade de obtê-la ou a alteração substancial do anteprojeto resultante dela, mesmo que obtida no prazo previsto.

A licença ambiental é uma autorização emitida pela autoridade competente a todos que queiram exercer seu direito à livre iniciativa, desde que atendam às necessárias precauções que resguardem o direito coletivo à ambiência, objetivando o asseguramento de que não sejam praticados atentados contra o meio ambiente.[420]

Alhures, observamos que um dos aspectos inovadores da Lei nº 14.133/2021 é a possibilidade de o edital de licitação prever que o contratado seja responsável pela obtenção do licenciamento ambiental para uma obra ou serviço. É o que estabelece o inc. I do §5º do art. 25.[421]

Pois bem, se o contratado estiver incumbido dessa obtenção, mas atrasar nessa iniciativa, ou ficar, por qualquer motivo, impossibilitado de obtê-lo ou, ainda que o tenha obtido, ocorrer uma alteração substancial no anteprojeto decorrente disso, mesmo que o tenha conseguido no prazo estabelecido, tal situação será motivo de extinção do contrato. Ressalte-se que não será qualquer alteração do anteprojeto que determinará o término do ajuste, mas, sim, mudança relevante e expressiva.

E por que isso? Porque a licença ambiental é essencial para garantir que as atividades contratadas não causem danos ao meio ambiente. Atrasos ou dificuldades para obter essa licença são um forte indicador de possíveis impactos ambientais negativos. O desenvolvimento sustentável exige que os projetos sigam normas ambientais e que qualquer alteração no plano original, especialmente as que envolvem impactos ambientais significativos, seja tratada com muita responsabilidade.

5.54 Artigo 137 – Inciso IX – Extinção do contrato por não cumprimento das obrigações relativas à reserva de cargos

Como visto anteriormente, o inc. IV do art. 63 determina que, na fase de habilitação das licitações, seja exigida do licitante uma

---

420 Destacamos anteriormente que a Resolução nº 237/1997 do Conselho Nacional de Meio Ambiente (CONAMA) define "Licenciamento Ambiental" como o procedimento administrativo pelo qual o órgão ambiental competente licencia a localização, a instalação, a ampliação e a operação de empreendimentos e atividades utilizadoras de recursos ambientais, consideradas efetiva ou potencialmente poluidoras, ou daquelas que, sob qualquer forma, possam causar degradação ambiental, considerando as disposições legais e regulamentares e as normas técnicas aplicáveis ao caso. A mesma resolução expõe que "Licença Ambiental" é ato administrativo pelo qual o órgão ambiental competente estabelece as condições, restrições e medidas de controle ambiental que deverão ser obedecidas pelo empreendedor, pessoa física ou jurídica, para localizar, instalar, ampliar e operar empreendimentos ou atividades utilizadoras dos recursos ambientais consideradas efetiva ou potencialmente poluidoras ou aquelas que, sob qualquer forma, possam causar degradação ambiental.

421 "Art. 25. O edital deverá conter o objeto da licitação e as regras relativas à convocação, ao julgamento, à habilitação, aos recursos e às penalidades da licitação, à fiscalização e à gestão do contrato, à entrega do objeto e às condições de pagamento. [...]
§5º O edital poderá prever a responsabilidade do contratado pela:
I - obtenção do licenciamento ambiental."

declaração de que cumpre as exigências de reserva de cargos para pessoas com deficiência e reabilitados da Previdência Social, conforme previsto em lei e em normas específicas.[422]

Ao listar as cláusulas obrigatórias dos contratos, o art. 92 indica, no inc. XVII, a obrigação de o contratado cumprir tais exigências.[423] O art. 116 reforça essa determinação, estabelecendo que, durante toda a execução do contrato, o contratado deverá garantir o cumprimento da reserva de cargos. No parágrafo único do mesmo artigo, prevê-se que, sempre que solicitado pela Administração, o contratado deverá comprovar esse cumprimento, apresentando a relação dos empregados que ocupam as vagas reservadas.[424]

De forma coerente, este inc. IX lista o descumprimento dessas obrigações como motivo para a extinção do contrato. Trata-se, portanto, de uma causa de extinção atribuível a falhas ou ações do contratado.

Como já explicitado, o desenvolvimento sustentável não se limita à dimensão ambiental, abrangendo também a promoção da inclusão social. O não atendimento às obrigações de reserva de cargos para grupos socialmente vulneráveis configuraria uma violação de direitos e compromissos nessa seara, conflitando como os princípios que norteiam a responsabilidade social na gestão pública.

5.55 Artigo 137 – Parágrafo 2º – Direito do contratado à extinção contratual por atraso no licenciamento ambiental

O parágrafo 2º delineia causas motivadas por atos da Administração que concedem ao contratado o direito de extinção do contrato.

---

422 "Art. 63. Na fase de habilitação das licitações serão observadas as seguintes disposições: [...]
IV - será exigida do licitante declaração de que cumpre as exigências de reserva de cargos para pessoa com deficiência e para reabilitado da Previdência Social, previstas em lei e em outras normas específicas."

423 "Art. 92. São necessárias em todo contrato cláusulas que estabeleçam: [...]
XVII - a obrigação de o contratado cumprir as exigências de reserva de cargos prevista em lei, bem como em outras normas específicas, para pessoa com deficiência, para reabilitado da Previdência Social e para aprendiz [...]".

424 "Art. 116. Ao longo de toda a execução do contrato, o contratado deverá cumprir a reserva de cargos prevista em lei para pessoa com deficiência, para reabilitado da Previdência Social ou para aprendiz, bem como as reservas de cargos previstas em outras normas específicas.
Parágrafo único. Sempre que solicitado pela Administração, o contratado deverá comprovar o cumprimento da reserva de cargos a que se refere o *caput* deste artigo, com a indicação dos empregados que preencherem as referidas vagas."

As hipóteses são:

- Supressão, por parte da Administração, de obras, serviços ou compras que acarrete modificação do valor inicial do contrato além do limite permitido no art. 125 (supressões de até 25% do valor inicial atualizado do contrato que se fizerem nas obras, nos serviços ou nas compras) (inc. I);
- Suspensão de execução do contrato, por ordem escrita da Administração, por prazo superior a 3 (três) meses (inc. II);
- Repetidas suspensões que totalizem noventa dias úteis, independentemente do pagamento obrigatório de indenização pelas sucessivas e contratualmente imprevistas desmobilizações e mobilizações e outras previstas (inc. III);
- Atraso superior a dois meses, contado da emissão da nota fiscal, dos pagamentos ou de parcelas de pagamentos devidos pela Administração por despesas de obras, serviços ou fornecimentos (inc. IV); e
- Não liberação pela Administração, nos prazos contratuais, de área, local ou objeto, para execução de obra, serviço ou fornecimento, e de fontes de materiais naturais especificadas no projeto, inclusive devido a atraso ou descumprimento das obrigações atribuídas pelo contrato à Administração relacionadas à desapropriação, à desocupação de áreas públicas ou a licenciamento ambiental (inc. V).

Verifica-se que, conforme estabelece o inc. V, o contratado terá o direito de extinguir o contrato caso a Administração não libere, dentro dos prazos estipulados, a área, o local ou o objeto necessário para a execução de obras, serviços ou fornecimentos, aplicando-se também esse direito à falta de disponibilização de fontes de materiais naturais especificadas no projeto, especialmente em razão de atrasos ou descumprimento das obrigações contratuais da Administração, como desapropriações, desocupações de áreas públicas ou obtenção de licenciamento ambiental.

Se não liberado o local para a execução do contrato, nem as fontes de materiais naturais especificadas no projeto, é óbvio que o contratado não terá as mínimas condições de executar o objeto pretendido, a não ser que possa realizá-lo em outro local, o que importará no pleito de extinção do ajuste.

O legislador, em comparação a dispositivo idêntico da lei anterior, inseriu ainda, providencialmente, a atraso ou descumprimento das obrigações atribuídas pelo contrato à Administração relacionadas à desapropriação, à desocupação de áreas públicas ou a licenciamento ambiental, quando, obviamente, tais atribuições não tiverem sido transferidas ao contratado.[425]

Essa cláusula reflete a necessidade de garantir sustentabilidade nos contratos públicos em duas dimensões principais: ambiental e social. Respeitar as normas de licenciamento ambiental é crucial para que os projetos minimizem impactos negativos no meio ambiente, promovendo o uso responsável dos recursos naturais e protegendo ecossistemas.

Por outro lado, a desocupação de áreas públicas também exige atenção às implicações sociais, especialmente no que tange a possíveis reassentamentos e impactos sobre comunidades locais. A ausência de planejamento adequado ou a falta de cumprimento de obrigações relacionadas à desocupação pode gerar conflitos, prejudicar populações vulneráveis e comprometer a execução sustentável do contrato.

Portanto, a inclusão dessas condições como motivo para extinção contratual por parte da contratada ressalta a importância de uma abordagem integrada da sustentabilidade, considerando não apenas as questões ambientais, mas também os direitos das comunidades e o cumprimento das obrigações assumidas pela Administração.

Além disso, garantem à contratada o equilíbrio contratual, assegurando que a Administração cumprirá com suas obrigações para viabilizar a execução do contrato, uma vez que a falha da Administração na liberação de áreas públicas ou no fornecimento de meios necessários para o cumprimento do contrato, como licenças ambientais ou áreas desapropriadas, poderá gerar prejuízos financeiros e logísticos para a contratada.

Dessa forma, a possibilidade de extinção contratual confere à contratada um mecanismo para evitar perdas, compensar danos e resguardar seus direitos.

Do ponto de vista da sustentabilidade, esse tipo de cláusula garante que o contrato só continue quando todas as condições ambientais e sociais forem cumpridas, incentivando a responsabilidade mútua entre as partes, evitando problemas futuros, tanto operacionais quanto legais, que poderiam ser prejudiciais à contratada, como ações judiciais decorrentes de impactos ambientais ou sociais mal geridos.

425 Como amplamente explicitado ao longo deste trabalho, o licenciamento ambiental desempenha um papel crucial na garantia de que obras e serviços sejam realizados em conformidade com as normas ambientais, assegurando o uso responsável dos recursos naturais.

Art. 144. Na contratação de obras, fornecimentos e serviços, inclusive de engenharia, poderá ser estabelecida remuneração variável vinculada ao desempenho do contratado, com base em metas, padrões de qualidade, critérios de sustentabilidade ambiental e prazos de entrega definidos no edital de licitação e no contrato.
§1º *O pagamento poderá ser ajustado em base percentual sobre o valor economizado em determinada despesa, quando o objeto do contrato visar à implantação de processo de racionalização, hipótese em que as despesas correrão à conta dos mesmos créditos orçamentários, na forma de regulamentação específica.*
§2º A utilização de remuneração variável será motivada e respeitará o limite orçamentário fixado pela Administração para a contratação.

O vento é sempre o mesmo, mas sua
resposta é diferente em cada folha.
(Cecília Meireles)

5.56 Artigo 144 – Possibilidade de estabelecimento de remuneração variável em vinculada ao desempenho do contratado

O dispositivo aborda a possibilidade de instituir remuneração variável em contratos de obras, fornecimentos e serviços, atrelada ao desempenho do contratado.

Trata-se de mecanismo adotado com êxito nas Lei das Parcerias Público-privadas (PPPs) (Lei nº 11.079/20040 e, posteriormente, na lei que instituiu o Regime Diferenciado de Contratações Públicas (RDC) (Lei nº 12.462/2011).

A ideia é simples e de fácil entendimento: paga-se melhor por resultados que realmente beneficiem a Administração, evitando desperdícios e promovendo boas práticas, com foco na eficiência e na qualidade do trabalho. Essa sistemática garante o uso mais inteligente dos recursos públicos.

O modelo de pagamento vincula o *quantum* que contratado receberá aos resultados alcançados durante a execução do contrato, podendo auferir mais, se superar as expectativas, ou menos se não atingir os objetivos mínimos. Por exemplo, em uma obra de infraestrutura, parte do pagamento poderá depender da qualidade e durabilidade do projeto.

Em serviços de manutenção, o contratado poderá ser recompensado se reduzir custos sem comprometer a qualidade.

Escrevemos sobre o mecanismo:

> A lei prevê que o contrato de PPP poderá prever o pagamento ao parceiro privado de remuneração variável vinculada ao seu desempenho, conforme metas e padrões de qualidade e disponibilidade definidos no contrato. A possibilidade de a remuneração ser fixada de acordo com o desempenho do parceiro privado configura outro aspecto destacável no diploma. Atrelar o pagamento da Administração à performance do contratado é, efetivamente, uma inovação meritória. Para o alcance desse intento far-se-á necessário, contudo, que o instrumento convocatório da licitação preveja, com bastante acuidade, os critérios de medição, uma vez que, quanto maior for o padrão de qualidade dos serviços, maior será a remuneração. Da mesma forma, é claro, nos termos contratuais. Nesse particular, Toshio Mukai alude que a ideia de remuneração variável vinculada ao desempenho é de complicada aplicação, devendo ser precisamente detalhada no contrato.[426]
>
> Como bem visualizou Aline Paola de Almeida, a grande vantagem do regime de remuneração estabelecido pela lei é a plausibilidade de a Administração poder ofertar ao parceiro privado modalidades de pagamento que não se sujeitam às disponibilidades financeiras do erário, determinando que a escolha da melhor maneira de pagamento seja objeto do estudo técnico [...] com vistas à economicidade. "Neste aspecto pode ser constatada sensível redução do poder discricionário do administrador na adoção da forma de pagamento que mais se adequar ao caso em concreto".[427]

Em suma, a remuneração variável configura um incentivo à boa execução contratual, ficando claro que o mecanismo tem tudo a ver com a ideia de contração sustentável.

Nesse contexto, a Lei nº 14.133/2021 prescreve que, desde que devidamente justificado, na contratação de obras, fornecimentos e serviços, inclusive de engenharia, poderá ser estabelecida remuneração

---

426 Estudos indicam no Reino Unido uma economia percentual de 10% a 17% em termos de gastos públicos na comparação entre os contratos de PPP e os acordos tradicionais, em função, sobretudo, da vinculação dos pagamentos ao desempenho dos particulares (Cf. BRITO, Bárbara Monteiro Barbosa de; SILVEIRA, Antônio Henrique Pinheiro. Parceria público-privada: compreendendo o modelo brasileiro. *Revista do Serviço Público*, Brasília, DF, v. 56, n. 1, p.7-21, 2005).

427 BITTENCOURT, Sidney. *Parceria Público-Privada passo a passo*: comentários à Lei nº 11.079/04, que institui normas gerais para licitação e contratação de PPP na Administração Pública, alterada pelas Leis nº 12.024/09, 12.409/11, 12.766/12, 13.043/14, 13.097/15, 13.137/15 e 13.529/17. 4. ed. Belo Horizonte: Fórum, 2020.

variável vinculada ao desempenho do contratado, com base em metas, padrões de qualidade, critérios de sustentabilidade ambiental e prazos de entrega definidos no edital de licitação e no contrato, limitada ao limite orçamentário fixado pela Administração para a contratação.

É de se notar que critérios de sustentabilidade ambiental são mencionados diretamente como aspectos que poderão influenciar no pagamento. Assim, a inclusão na execução de metas sustentáveis, como redução de resíduos, uso de materiais ecológicos ou a adoção de práticas de eficiência energética, poderão incentivar a Administração a remunerar melhor o contratado. Logo, o mecanismo poderá se tornar um forte indutor de práticas que minimizem impactos ambientais.

5.57 Artigo 144 – Parágrafo 1º – Ajustes para o pagamento

Na busca da eficiência na execução contratual com a adoção da remuneração variável, o pagamento poderá ser ajustado em base percentual sobre o valor economizado em determinada despesa, quando o objeto do contrato visar à implantação de processo de racionalização. Nesse caso, as despesas correrão à conta dos mesmos créditos orçamentários, na forma de regulamentação específica.

Assim, o contratado receberia um algo a mais na remuneração se, além de executar o contrato normalmente, atingisse metas superiores

Poderia haver um "bônus" ao contratado, que teria sua remuneração incrementada, se conseguisse alcançar determinadas metas, embora, em princípio, inexista propriamente uma sanção pelo não atendimento dessas metas (que não são obrigatórias), mas, sim, o incremento da remuneração do particular se elas forem atendidas.[428]

Nessa contextura, é de suma importância a precisa definição contratual dos parâmetros para análise do pagamento.

Note-se que essa prescrição legal é particularmente relevante em contratos sustentáveis, onde a eficiência e a redução de desperdícios são pontos importantes. Em projetos que buscam a redução de consumo de recursos ou a implantação de soluções mais eficientes, por exemplo, como a gestão eficiente de água ou energia em obras ou serviços, o contratado poderia ser incentivado a economizar recursos naturais, resultando em benefícios ambientais e econômicos. Assim, este tipo de

---

428 SCHWIND, Rafael Wallbach. Remuneração variável e contratos de eficiência no regime diferenciado de contratações públicas. *In:* JUSTEN FILHO, Marçal; PEREIRA, Cesar A. Guimarães (coord.). *O regime diferenciado de contratações públicas (RDC)*: comentários à Lei nº 12.462 e ao Decreto nº 7.581. Belo Horizonte: Fórum, 2012.

remuneração contratual promoveria a eficiência e o uso responsável de recursos, que são princípios centrais no desenvolvimento sustentável.

É imperioso observar, contudo, o alerta feito por Nóbrega, Assunção e Charles, evitando-se uma percepção equivocada de que o estabelecimento da ferramenta seria a panaceia a resolver todos os males contratuais, uma vez que, em condições de assimetria de informação, a definição inadequada poderia gerar problemas, em vez de soluções:

> Embora seja inegável que a previsão normativa da remuneração contratual variável no regime geral das licitações traz novos horizontes para o contexto das contratações públicas, a necessidade de evitar avaliações de desempenho equivocadas e iludidas por um "inchaço" de desempenho certamente fará com que as modelagens contratuais precisem ser repensadas – sob pena de, no afã de se afastar dos limões, no sentido proposto por George Akerlof,[429] a Administração acabe incidindo na máxima proverbial de comprar gato por lebre.[430]

[429] O trabalho *The Market for "Lemons": Quality Uncertainty and the Market Mechanism*, de George Akerlof, é um estudo seminal na teoria econômica, abordando o problema da assimetria de informações em mercados. O artigo é amplamente reconhecido por sua contribuição à compreensão de como a qualidade incerta e a desigualdade no acesso à informação entre compradores e vendedores podem impactar negativamente.

[430] NÓBREGA, Marcos; ASSUNÇÃO, Ihuru; TORRES, Ronny Charles L. Nova lei de licitações e remuneração variável: uma abordagem à luz do nexo econômico-jurídico. *Ronny Charles*, [*s. l.*], dez. 2021.

CAPÍTULO XI
DA NULIDADE DOS CONTRATOS

Art. 147. Constatada irregularidade no procedimento licitatório ou na execução contratual, caso não seja possível o saneamento, a decisão sobre a suspensão da execução ou sobre a declaração de nulidade do contrato somente será adotada na hipótese em que se revelar medida de interesse público, com avaliação, entre outros, dos seguintes aspectos:
I - impactos econômicos e financeiros decorrentes do atraso na fruição dos benefícios do objeto do contrato;
II - riscos sociais, ambientais e à segurança da população local decorrentes do atraso na fruição dos benefícios do objeto do contrato;
III - motivação social e ambiental do contrato;
IV - custo da deterioração ou da perda das parcelas executadas;
V - despesa necessária à preservação das instalações e dos serviços já executados;
VI - despesa inerente à desmobilização e ao posterior retorno às atividades;
VII - medidas efetivamente adotadas pelo titular do órgão ou entidade para o saneamento dos indícios de irregularidades apontados;
VIII - custo total e estágio de execução física e financeira dos contratos, dos convênios, das obras ou das parcelas envolvidas;
IX - fechamento de postos de trabalho diretos e indiretos em razão da paralisação;
X - custo para realização de nova licitação ou celebração de novo contrato;
XI - custo de oportunidade do capital durante o período de paralisação.
Parágrafo único. Caso a paralisação ou anulação não se revele medida de interesse público, o poder público deverá optar pela continuidade do contrato e pela solução da irregularidade por meio de indenização por perdas e danos, sem prejuízo da apuração de responsabilidade e da aplicação de penalidades cabíveis.

Quem deseja ver o arco-íris, precisa
aprender a gostar da chuva.
(Paulo Coelho)

5.58 Artigo 147 – Inciso II – Nulidade do contrato em função de riscos sociais, ambientais e à segurança da população local

O Capítulo XI "Das Nulidades dos Contratos" é ousado e surpreende, pois rompe com a vetusta teoria das nulidades dos contratos.

Sobre o tema, a doutrina jurídica até então, na ausência de leis administrativas, desdobra-se em três diferentes correntes quanto aos atos inválidos no direito pátrio administrativo.

A primeira conclama a existência única do ato nulo, baseando-se, resumidamente, na ideia de que a invalidade sempre ofenderá um interesse público, coincidindo-se, em consequência, com a nulidade. Ademais, o "Princípio da Legalidade" opor-se-ia à manutenção de atos ilegítimos (corrente sustentada por Hely Lopes Meirelles, Diogenes Gasparini, Toshio Mukai, entre outros).

A segunda corrente sustenta a tradicional distinção entre atos nulos e anuláveis, considerando sanáveis (convalidáveis) os anuláveis e, evidentemente, insanáveis (inconvalidáveis) os nulos (corrente defendida por Celso Antônio Bandeira de Mello, Maria Sylvia Zanella Di Pietro, Diogo de Figueiredo Moreira Neto, Weida Zancaner, Antônio Carlos Cintra do Amaral, entre outros).

A última corrente, capitaneada pelo saudoso publicista Seabra Fagundes, sustenta a existência de uma divisão tríplice: nulos, anuláveis e irregulares, andando bem próxima da anterior.

Sem negar premissas às diferentes teorias, é de suma importância ressaltar que todas as correntes negam a possibilidade de convalidação dos atos nulos.

Bandeira de Mello, adotando tese de Cintra do Amaral, destaca que "o critério decisivo para distinguir os tipos de invalidade reside na possibilidade ou impossibilidade de convalidar-se o vício do ato".[431] Zanella Di Pietro, comentando e ratificando o entendimento, acrescenta: "Os atos nulos são os que não podem ser convalidados; entram nessa categoria: os atos que a lei assim declare".[432]

Assim, a possibilidade de convalidação apenas dar-se-ia quanto aos atos inválidos considerados anuláveis. Bandeira de Mello acrescenta: "Só os anuláveis podem ser convalidados; os nulos não".[433]

---

[431] MELLO, Celso Antônio Bandeira de. *Elementos de direito administrativo*. 3. ed. São Paulo: Malheiros, 1992.

[432] DI PIETRO, Maria Sylvia Zanella. *Direito administrativo*. 2. ed. São Paulo: Atlas, 1991.

[433] MELLO, Celso Antônio Bandeira de. *Elementos de direito administrativo*. 3. ed. São Paulo: Malheiros, 1992.

Pois bem, a Nova Lei, materializando o que Teixeira Júnior e Nóbrega denominaram de "legalidade funcional", transpassa essas velhas teorias à medida que impõe a obrigatoriedade de a Administração analisar pelo menos onze requisitos no momento de decidir ou não pela suspensão da execução ou anulação de determinando contrato.[434]

Assim, sinaliza o art. 147 que, constatada irregularidade no procedimento licitatório ou na execução contratual, caso não seja possível o saneamento, a decisão sobre a suspensão da execução ou sobre a declaração de nulidade do contrato somente será adotada na hipótese em que se revelar medida de interesse público, com avaliação, entre outros, dos seguintes aspectos:

- Impactos econômicos e financeiros decorrentes do atraso na fruição dos benefícios do objeto do contrato;
- Riscos sociais, ambientais e à segurança da população local decorrentes do atraso na fruição dos benefícios do objeto do contrato;
- Motivação social e ambiental do contrato;
- Custo da deterioração ou da perda das parcelas executadas;
- Despesa necessária à preservação das instalações e dos serviços já executados;
- Despesa inerente à desmobilização e ao posterior retorno às atividades;
- Medidas efetivamente adotadas pelo titular do órgão ou entidade para o saneamento dos indícios de irregularidades apontados;
- Custo total e estágio de execução física e financeira dos contratos, dos convênios, das obras ou das parcelas envolvidas;
- Fechamento de postos de trabalho diretos e indiretos em razão da paralisação;
- Custo para realização de nova licitação ou celebração de novo contrato; e
- Custo de oportunidade do capital durante o período de paralisação.

E mais: como impõe o §1º, caso a paralisação ou a anulação não se revele medida de interesse público, o Poder Público deverá optar pela continuidade do contrato e pela solução da irregularidade por

[434] TEIXEIRA JÚNIOR, Flávio Germano de Sena; NÓBREGA, Marcos. A Teoria das Invalidades na nova lei de Contratações Públicas e o equilíbrio dos interesses envolvidos. *Revista Brasileira de Direito Público*, Belo Horizonte, ano 19, n. 72, p. 117-141, 2021.

meio de indenização por perdas e danos, sem prejuízo da apuração de responsabilidade e da aplicação de penalidades cabíveis.

Como sintetizam Teixeira Júnior e Souza, o que se vê é a substituição da teoria das nulidades contida na antiga Lei nº 8.666/1993 pela teoria das nulidades que privilegia o dever de concretude em detrimento de formalismos, representando verdadeiro destrave jurídico à situação das obras paralisadas.[435]

Tais regras decorrem, é claro, de premissas traçadas no art. 21 e §1º da Lei de Introdução às Normas de Direito Brasileiro (LINDB), as quais pontuam que a decisão que, nas esferas administrativa, controladora ou judicial, decretar a invalidação de ato, contrato, ajuste, processo ou norma administrativa deverá indicar de modo expresso suas consequências jurídicas e administrativas, e elencar as condições para que a regularização ocorra de modo proporcional, equânime e sem prejuízo aos interesses gerais, não se podendo impor aos sujeitos atingidos ônus ou perdas que, em função das peculiaridades do caso, sejam anormais ou excessivos.

Contudo, apesar de ter o condão de "destravar juridicamente obras paralisadas", avistam-se complicações na aplicação prática, podendo o uso do interesse público para fundamentar a decisão da autoridade competente sobre a suspensão ou a declaração de nulidade do contrato, diante da constatação de irregularidades insanáveis, ainda que se lance mão de um elenco de situações a serem consideradas, constituir uma porta aberta para fraudes e desvios.

Ao classificar o artigo como inovador, Antonio Anastasia, ministro do TCU, enfatizando que a medida é de fundamental para a manutenção dos serviços públicos essenciais, como, por exemplo, a coleta de lixo urbano, destacou a importância de os órgãos de controle, ao apreciarem casos concretos, perceberem as circunstâncias que levaram o gestor público a tomar a decisão permitida no dispositivo.

> Temos que ser mais corajosos, pois, do contrário, se ficarmos inertes, haverá o famoso apagão das canetas e, ao mesmo tempo, não teremos a boa prestação dos serviços públicos que são necessários.[436]

---

[435] TEIXEIRA JÚNIOR, Flávio Germano de Sena; NÓBREGA, Marcos. A Teoria das Invalidades na nova lei de Contratações Públicas e o equilíbrio dos interesses envolvidos. *Revista Brasileira de Direito Público*, Belo Horizonte, ano 19, n. 72, p. 117-141, 2021.

[436] MINISTRO do TCU cita 10 pontos polêmicos da Nova Lei de Licitações no encerramento de fórum promovido pelo TCE/SC. *Tribunal de Contas de Santa Catarina*, [s. l.], 1º set. 2022.

É certo que a intenção da regra, com a flexibilidade na aplicação do direito que o dispositivo proporciona, é oferecer maior segurança jurídica aos interesses e aos objetivos potenciais de uma licitação.

Dessa forma, ao se deparar com uma possível nulidade de um ato licitatório ou contratual, o gestor público deverá ponderar cuidadosamente as consequências práticas da decisão a ser tomada.

Assim, a Administração está autorizada a avaliar os atos à luz do interesse público. Caso conclua que é mais vantajoso manter a licitação ou o contrato, mesmo diante da constatação de um vício de legalidade, poderá optar por sua continuidade, desde que sejam tomadas as providências necessárias para o saneamento das irregularidades.

Contudo, como assenta Francisco Alves, haverá o dever de demonstração dos valores relacionados aos aspectos econômicos suscitados no dispositivo, sendo incabível a utilização genérica da satisfação do interesse público, sem o respaldo das premissas supramencionadas.[437]

Averbe-se a existência de certa resistência ao preconizado no preceptivo por parte da doutrina, calcando-se na teoria de que o ato nulo não encontra guarida no ordenamento jurídico. Vide, por exemplo, a assertiva de Capagio e Baratieri:

> A redação da lei peca no que tange ao instituto jurídico aplicável. Se o ato é nulo, não resta qualquer escolha entre declarar sua nulidade ou não, porque o ato nulo não encontra guarida no ordenamento jurídico.[438]

Como se observou, o art. 147 apresenta diversos aspectos que devem ser avaliados antes de uma decisão sobre a anulação ou suspensão de um contrato. Um desses aspectos é abordado no inc. II, que trata da análise de *riscos sociais, ambientais* e *à segurança da população local* decorrentes do atraso na fruição dos benefícios do objeto contratual.

Os *riscos sociais* ocorrerão quando os atrasos na execução comprometerem a entrega de infraestrutura necessária para serviços essenciais, como abastecimento de água, educação, saúde ou mobilidade urbana.

Os *riscos ambientais* dar-se-ão quando os atrasos gerarem impactos significativos no meio ambiente, principalmente em obras que envolvem recursos naturais ou ecossistemas.

---

[437] ALVES, Francisco Sérgio Maia Alves. *Lei de licitações e contratos comentada*. Belo Horizonte: Fórum, 2022.

[438] CAPAGIO, Álvaro do Canto; BARATIERI, Noel Antonio. O parecer jurídico. *In:* HARGER, Marcelo (coord.). *Aspectos polêmicos sobre a nova lei de licitações e contratos administrativos*: Lei nº 14.133/2021. Belo Horizonte: Fórum, 2022.

Os *riscos à segurança da população local* ocorrerão quando os atrasos resultarem em riscos à saúde pública e à segurança da comunidade.

A avaliação desses riscos durante a análise sobre a possibilidade de nulidade ou suspensão de um contrato é fator garantidor da responsabilidade na execução de contratos públicos, assegurando que o desenvolvimento sustentável seja respeitado ao longo de todo o ciclo de vida dos projetos.

5.59 Artigo 147 – Inciso III – Nulidade do contrato em função da motivação social e ambiental do contrato

Outro aspecto a ser observado antes de uma decisão sobre a anulação ou suspensão de um contrato administrativo envolve a motivação social e ambiental do contrato.

Trata-se de atitude que conecta a decisão sobre a nulidade ou suspensão de contratos à análise de seu impacto no desenvolvimento sustentável e na promoção do interesse público.

Motivação social se refere aos benefícios diretos ou indiretos que o contrato proporcionará à sociedade, como a melhoria de condições de vida, a redução de desigualdades sociais ou a promoção do bem-estar coletivo, como a construção de escolas em regiões carentes e a implantação de sistemas de transporte público acessível.

Já a *motivação ambiental* açambarca os objetivos do contrato relacionados à preservação, recuperação ou melhoria do meio ambiente, como trabalhos de saneamento básico ou construção de áreas verdes para proteção de ecossistemas.

Assim, ao exigir que o gestor público avalie tais fatores, o dispositivo persegue o equilíbrio entre a regularidade administrativa e os benefícios concretos proporcionados à população e ao meio ambiente, refletindo um compromisso com os princípios do desenvolvimento sustentável

Art. 178. O Título XI da Parte Especial do Decreto-Lei nº 2.848, de 7 de dezembro de 1940 (Código Penal), passa a vigorar acrescido do seguinte Capítulo II-B:

"CAPÍTULO II-B –

DOS CRIMES EM LICITAÇÕES E CONTRATOS ADMINISTRATIVOS

[...]

Omissão grave de dado ou de informação por projetista

Art. 337-O. Omitir, modificar ou entregar à Administração Pública levantamento cadastral ou condição de contorno em relevante dissonância com a realidade, em frustração ao caráter competitivo da licitação ou em detrimento da seleção da proposta mais vantajosa para a Administração Pública, em contratação para a elaboração de projeto básico, projeto executivo ou anteprojeto, em diálogo competitivo ou em procedimento de manifestação de interesse:

Pena – reclusão, de 6 (seis) meses a 3 (três) anos, e multa.

§1º Consideram-se condição de contorno as informações e os levantamentos suficientes e necessários para a definição da solução de projeto e dos respectivos preços pelo licitante, incluídos sondagens, topografia, estudos de demanda, condições ambientais e demais elementos ambientais impactantes, considerados requisitos mínimos ou obrigatórios em normas técnicas que orientam a elaboração de projetos.

§2º Se o crime é praticado com o fim de obter benefício, direto ou indireto, próprio ou de outrem, aplica-se em dobro a pena prevista no caput deste artigo.

[...]

A pena, para ser eficaz, deve ser certa, moderada e
justa, como um remédio que, na dose certa,
cura, mas, na dose errada, pode matar.
(Raul Zaffaroni)

5.60 Artigo 178 – Alteração do Código Penal (Decreto-Lei nº 2.848/1940) – Art. 337-O: Omissão grave de dado ou informação por projetista

A Lei nº 14.133/2021 trouxe mudanças importantes ao Título XI da Parte Especial do Código Penal (Decreto-Lei nº 2.848/1940), com a inclusão do Capítulo II-B e a criação dos artigos 337-E a 337-P, que instituem e atualizam crimes relacionados às licitações e contratações públicas.

Em decorrência, no art. 193, o diploma revogou os arts. 89 a 108 da Lei nº 8.666/1993, que tratavam dos crimes e penas no âmbito das licitações e contratos administrativos.

As alterações se deram especialmente quanto à redefinição de alguns dos delitos e a alteração/majoração de seus preceitos secundários, passando a prever a pena de reclusão como regra – na sistemática anterior era a de detenção.

Entre as novas disposições, tem-se o art. 337-O, que tipifica como crime omitir, modificar ou entregar à Administração Pública levantamento cadastral ou condição de contorno em relevante dissonância com a realidade, em frustração ao caráter competitivo da licitação ou em detrimento da seleção da proposta mais vantajosa para a Administração Pública, em contratação para a elaboração de projeto básico, projeto executivo ou anteprojeto, em diálogo competitivo ou em procedimento de manifestação de interesse, com pena de reclusão, de seis meses a três anos, e multa.

Assim, deu-se a criação de um novo tipo penal denominado "omissão grave de dado ou de informação por projetista".[439]

Proíbe-se tanto a omissão quanto as ações de modificar e entregar para a Administração levantamento cadastral ou condição de contorno em relevante dissonância com a realidade, em contratação para a elaboração de projeto básico, projeto executivo ou anteprojeto, em diálogo competitivo ou em procedimento de manifestação de interesse (PMI): a) que frustre o caráter competitivo da licitação; ou b) em detrimento da seleção da proposta mais vantajosa para a Administração Pública.

O levantamento cadastral é a pesquisa de dados necessários para a formação de um cadastro, incluindo informações como sondagens, topografia, estudos de demanda e condições ambientais. A conduta considerada criminosa envolve omitir ou modificar esse levantamento ou a condição de contorno de forma relevante, afetando o processo licitatório. Essa dissonância pode prejudicar a competitividade da licitação ou levar à seleção de uma proposta menos vantajosa para a Administração Pública. O projeto básico, conforme a Lei nº 14.133/2021, inclui elementos como levantamentos topográficos, sondagens e estudos

---

[439] Este dispositivo é muito criticado pela doutrina especializada. Cezar Romero Bitencourt, por exemplo, classifica a norma como prolixa, confusa, obscura, em péssimo português, com construção frasal incompreensível, equivocada e sem nenhuma concordância nominal, de difícil leitura e improvável compreensão (BITENCOURT, Cezar Romero. *Tratado de Direito Penal*: Parte especial – Crimes contra a Administração Pública e crimes praticados por prefeitos. 18. ed. São Paulo: Saraiva, 2024. v. 5).

necessários para a execução da obra, além de soluções técnicas detalhadas. O projeto executivo detalha esses elementos para a execução completa da obra, e o anteprojeto contém subsídios para a elaboração do projeto básico, com elementos como a análise da demanda e o levantamento cadastral. O diálogo competitivo é uma modalidade de licitação em que a Administração Pública dialoga com licitantes previamente selecionados para desenvolver alternativas que atendam às suas necessidades, e o procedimento de manifestação de interesse permite que a iniciativa privada proponha estudos e projetos para auxiliar as licitações.

As condutas puníveis envolvem a omissão, modificação ou entrega de levantamentos cadastrais ou condições de contorno em dissonância com a realidade, resultando em prejuízo à competitividade da licitação ou à seleção da proposta mais vantajosa. O crime visa proteger a moralidade administrativa.

A consumação ocorre com a omissão, modificação ou entrega incorreta de informações, e a tentativa é cabível nas condutas de modificação e entrega. O dolo genérico é o elemento subjetivo do crime, configurado pela intenção de prejudicar o processo licitatório. A pena prevista é de reclusão de seis meses a três anos, podendo ser dobrada se houver intenção de obter benefício. A ação penal é pública e incondicionada, promovida pelo Ministério Público.

Este artigo está relacionado à sustentabilidade porque criminaliza a omissão ou o fornecimento incorreto de levantamentos cadastrais e de condições de contorno, incluindo informações ambientais como topografia, sondagens, estudos de demanda e condições ambientais específicas, englobando dados importantes sobre o terreno, o impacto do projeto nos recursos naturais e na biodiversidade, além dos requisitos técnicos obrigatórios previstos em normas e licenciamentos ambientais. Ao exigir rigor na elaboração desses levantamentos, o dispositivo busca prevenir danos ambientais e assegurar que os projetos públicos estejam alinhados com os princípios do desenvolvimento sustentável.

ADEODATO, Sérgio; VILLELA, Malu; BETIOL, Luciana Stocco; MONZONI, Mario. *Madeira de ponta a ponta*: o caminho desde a floresta até o consumo. São Paulo: FGV RAE, 2011.

AGUIAR, Juliana de Azevedo. A nova lei de licitações como instrumento transversal de política pública para uma maior equidade de gênero. *In:* OLIVEIRA, Rafael Carvalho Rezende (coord.). *A nova lei de licitações e contratos administrativos em debate*. Rio de Janeiro: Processo, 2024.

ALMEIDA, Cícero. Transformações e avanços nas licitações públicas. *Revista de Licitações e Contratos Administrativos*, São Paulo, ano XIV, n. 134, 2024.

ALVES, Felipe Dalenogare; MATOS, Marilene Carneiro. *Manual de Licitações e Contratos Administrativos*. São Paulo: Saraiva Jur, 2024.

ALVES, Francisco Sérgio Maia Alves. *Lei de licitações e contratos comentada*. Belo Horizonte: Fórum, 2022.

ARAKAKI, Ingrid Luize Bonadiman. Nova lei de licitações e a responsabilidade subsidiária da administração pública pelos encargos trabalhistas. *Migalhas*, [*s. l.*], 16 abr. 2021. Disponível em: https://www.migalhas.com.br/depeso/343829/nova-lei-de-licitacoes-e-a-responsabilidade-pelos-encargos-trabalhista. Acesso em: 14 mar. 2022.

ARAÚJO, Roberto. A gestão que gera lucratividade sustentável. *Instituto Ethos*, [*s. l.*], 9 abr. 2014. Disponível em: https://www.ethos.org.br/a-gestao-que-gera-lucratividade-sustentavel/. Acesso em: 14 abr. 2025.

AVELAR, Mariana Magalhães. Da habilitação. *In:* FORTINI, Cristiana; OLIVEIRA, Rafael Sérgio Lima de; CAMARÃO, Tatiana (coord.). *Comentários à lei de licitações e contratos administrativos*: Lei nº 14.133, de 1º de abril de 2021. Belo Horizonte: Fórum, 2022. v. 1.

AZEVEDO, Rodrigo Soares. A alteração da lei de licitações e a nova hipótese de dispensa de licitação. *Licitante Vencedor*, [*s. l.*], 31 out. 2017. Disponível em: http://licitantevencedor.com.br/3617-2/. Acesso em: 7 mar. 2021.

BARKI, Teresa Villac Pinheiro; SILVA, Renato Cader da. Compras públicas compartilhadas: a prática das licitações sustentáveis. *Revista do Serviço Público*, [*s. l.*], v. 63, n. 2, 2012.

BECHO, Renato Lopes. A participação de cooperativas nas licitações da Administração Pública. *Revista da Ajufe*, São Paulo, v. 20, n. 66, p. 227-261, 2001.

BERTEMES, Emerson Feller. *A dimensão social da sustentabilidade na nova lei de licitações e contratos administrativos*. 2023. Projeto de Pesquisa (Mestrado em Ciência Jurídica) – Escola de Ciências Jurídicas e Sociais, Universidade do Vale do Itajaí, Itajaí, 2023.

BETIOL, Luciana Stocco; CADER, Renato. Compras públicas sustentáveis: uma análise sobre a competitividade e a economia verde. *Revista de Direito Público*, São Paulo, v. 12, n. 1, 2012.

BETIOL, Luciana Stocco. Licitações sustentáveis: o poder de compra do governo em prol da sustentabilidade. *Revista Construção Mercado*, São Paulo, n. 131, 2009.

BICALHO, Alécia Paolucci Nogueira. A ressignificação do princípio da finalidade da licitação à luz do desenvolvimento nacional sustentável. *Fórum de Contratação e Gestão Pública*, Belo Horizonte, ano 12, n. 139, 2013.

BICALHO, Alécia Paolucci Nogueira; PEREIRA, Flávio Henrique Unes. As mudanças na nova Lei de Licitações e Contratos. *Jota*, [*s. l.*], 19 dez. 2016. Disponível em: https://www.jota.info/especiais/mudancas-na-nova-lei-de-licitacoes-e-contratos-19122016. Acesso em: 12 mar. 2021.

BIDERMAN, Rachel. O poder do Leviatã. *Planeta Sustentável*, [*s. l.*], [2024]. Disponível em: http://planetasustentavel.abril.com.br/noticia/cidade/artigo-governo-rachel-biderman-poder-leviata-686927.shtml. Acesso em: 21 mar. 2024.

BITENCOURT, Cezar Romero. *Tratado de Direito Penal*: Parte especial – Crimes contra a Administração Pública e crimes praticados por prefeitos. 18. ed. São Paulo: Saraiva, 2024. v. 5.

BITTENCOURT, Sidney. *A participação de cooperativas em licitações públicas*. Rio de Janeiro: Temas & Ideias, 2001.

BITTENCOURT, Sidney. Alteração de composição de consórcio criado com o objetivo de atender a Administração Pública. *In:* BITTENCOURT, Sidney (org.). *Temas controvertidos sobre licitações e contratos administrativos*. Rio de Janeiro: Temas & Ideias, 1999.

BITTENCOURT, Sidney. *As Licitações Públicas e o Estatuto Nacional das Microempresas*. 2 ed. Belo Horizonte: Fórum, 2010.

BITTENCOURT, Sidney. *Comentários à Lei Anticorrupção*. 4. ed. Curitiba: Juruá, 2022.

BITTENCOURT, Sidney. *Comentários à lei de crimes contra o meio ambiente e suas infrações administrativas*. 4. ed. Leme: JHMizuno, 2016.

BITTENCOURT, Sidney. *Contratando sem licitação*: contração direta por dispensa ou inexigibilidade. 2. ed. Rio de Janeiro: Almedina, 2020.

BITTENCOURT, Sidney. *Licitação através do Regime Diferenciado de Contratações Públicas*. Belo Horizonte: Fórum, 2012.

BITTENCOURT, Sidney. *Licitação de registro de preços*. 3 ed. Belo Horizonte: Fórum, 2013.

BITTENCOURT, Sidney. *Licitação passo a passo*: comentários a todos os artigos da Lei nº 8.666/93. 6. ed. Belo Horizonte: Fórum, 2010.

BITTENCOURT, Sidney. *Licitação passo a passo*: comentando todos os artigos da Lei nº 8.666/93, atualizada. 7. ed. Belo Horizonte: Fórum, 2014.

BITTENCOURT, Sidney. *Licitação passo a passo*: comentando todos os artigos da Lei nº 8.666/93, atualizada. 10. ed. Belo Horizonte: Fórum, 2019.

BITTENCOURT, Sidney. *Licitação passo a passo*: comentando todos os artigos da Lei nº 8.666/93, totalmente atualizada. 11. ed. Belo Horizonte: Fórum, 2021.

BITTENCOURT, Sidney. *Licitações de tecnologia da informação*. Belo Horizonte: Fórum, 2014.

BITTENCOURT, Sidney. *Licitações internacionais*. 3. ed. Belo Horizonte: Fórum, 2011.

BITTENCOURT, Sidney. *Licitações públicas para concursos*. 2. ed. Brasília: Leya; São Paulo: Alumnus, 2015.

BITTENCOURT, Sidney. *Novo Pregão Eletrônico*: Comentários ao novo Decreto nº 10.024, de 20 de setembro de 2019. Leme: JHMizuno, 2020.

BITTENCOURT, Sidney. O que tem o menor de idade a ver com as licitações? A despropositada alteração da Lei nº 8.666/93 pela Lei nº 9.854, de 27.10.1999. *Direito Administrativo, Contabilidade e Administração Pública*, [s. l.], v. 3, n. 12, 1999.

BITTENCOURT, Sidney. *Parceria público-privada passo a passo*. 2. ed. Belo Horizonte: Fórum, 2010.

BITTENCOURT, Sidney. *Parceria Público-Privada passo a passo*: comentários à Lei nº 11.079/04, que institui normas gerais para licitação e contratação de PPP na Administração Pública, alterada pelas Leis nº 12.024/09, 12.409/11, 12.766/12, 13.043/14, 13.097/15, 13.137/15 e 13.529/17. 4. ed. Belo Horizonte: Fórum, 2020.

BITTENCOURT, Sidney. *Pregão Presencial*: comentários ao Decreto nº 3.555/2000 e ao regulamento do pregão. 2. ed. Belo Horizonte: Fórum, 2012.

BITTENCOURT, Sidney. *A participação de cooperativas em licitações públicas*. Rio de Janeiro: Temas & Ideias, 2001.

BITTENCOURT, Sidney. *Temas controvertidos sobre Licitações & Contratos Administrativos*. Rio de Janeiro: Temas & ideias, 1999.

BONATTO, Hamilton. Notas sobre obras e serviços de engenharia na nascitura lei de licitações e contratos. *O licitante*, [s. l.], 2020. Disponível em: https://repositorio.ufsc.br/bitstream/handle/123456789/221847/6.%20Artigo%20NOTAS%20SOBRE%20OBRAS%20E%20SERVICOS%20DE%20ENGENHARIA%20NA%20NASCITURA%20LEI.pdf. Acesso em: 14 fev. 2021.

BONATTO, Hamilton; COSTA, Rafael. Licitação de serviços técnicos de natureza predominantemente intelectual. *Consultor Jurídico*, [s. l.], 28 mar. 2024. Disponível em: https://www.conjur.com.br/2024-mar-28/licitacao-de-servicos-tecnicos-de-natureza-predominantemente-intelectual/. Acesso em: 6 nov. 2024.

BRASIL. Ministério do Planejamento, Orçamento e Gestão. *Intenção de Registro De Preços - IRP*: Manual do Gerenciador. Brasília, DF: MPOG, 2007. Disponível em: http://pt.scribd.com/doc/150345318/Manual-Irp-Comprasnet. Acesso em: 17 abr. 2025.

BRAUCH, Martin Dietrich. *Licitações e Contratações Sustentáveis no Governo do Estado de São Paulo*: Um estudo de caso aprofundado. Winnipeg: The International Institute for Sustainable Development, 2012.

BRESSER-PEREIRA, Luiz Carlos. *O conceito histórico de desenvolvimento econômico*. São Paulo: Editora 34, 2002.

BRESSER-PEREIRA, Luiz Carlos. O conceito histórico de desenvolvimento econômico. *Bresser-Pereira*, [s. l.], 2 mar. 2006. Trabalho originalmente preparado para curso de desenvolvimento econômico na Fundação Getúlio Vargas. Disponível em: http://www.bresserpereira.org.br/papers/2006/06.7-ConceitoHistoricoDesenvolvimento.pdf. Acesso em: 17 abr. 2025.

BREVILATO, Fabiana. Convênios administrativos federais: uma abordagem sobre o nexo de causalidade entre os recursos repassados e as despesas realizadas. *Revista de Direito da Unigranrio*, [s. l.], v. 3, p. 1-25, 2010. Disponível em: http://publicacoes.unigranrio.edu.br/index.php/rdugr/article/view/971/594. Acesso em: 10 dez. 2024.

BRITO, Bárbara Monteiro Barbosa de; SILVEIRA, Antônio Henrique Pinheiro. Parceria público-privada: compreendendo o modelo brasileiro. *Revista do Serviço Público*, Brasília, DF, v. 56, n. 1, p.7-21, 2005.

BRUCH, Kelly Lissandra. Convênios Administrativos. *Revista Discurso Jurídico*, Campo Mourão, v. 4, n. 2, p. 91-121, 2008.

BUCCI, Maria Paula Dallari (org.). *Políticas públicas*: reflexões sobre o conceito jurídico. São Paulo: Saraiva, 2006.

CADER, Renato. A sustentabilidade das compras compartilhadas – entrevista com Renato Cader. *Revista Envolverde Jornalismo & Sustentabilidade*, [s. l.], 26 nov. 2012. Disponível em: http://envolverde.com.br/ambiente/entrevistas-ambiente/a-sustentabilidade-das-compras-compartilhadas-entrevista-com-renato-cader/. Acesso em: 17 abr. 2025.

CAMARÃO, Tatiana. A elaboração de Projetos Básicos e Termo de Referência: a observância de padrões de Sustentabilidade. *In*: CONGRESSO BRASILEIRO DE DIREITO E SUSTENTABILIDADE, 2., Belo Horizonte. *Anais* [...]. Belo Horizonte: Instituto Brasileiro de Altos Estudos de Direito Público, 2012.

CAMARÃO, Tatiana. Nova Lei de Licitações: os desafios das mudanças na garantia de execução contratual. *Jusbrasil*, [s. l.], 1º set. 2017. Disponível em: https://professoratatianacamarao.jusbrasil.com.br/artigos/494654015/nova-lei-de-licitacoes-os-desafios-das-mudancas-na-garantia-de-execucao-contratual. Acesso em: 14 mar. 2021.

CAMARÃO, Tatiana. Objetivo de selecionar o resultado de contratação mais vantajoso, observado o ciclo de vida. *In:* FORTINI, Cristiana; OLIVEIRA, Rafael Sérgio Lima de; CAMARÃO, Tatiana (coord.). *Comentários à Lei de Licitações e Contratos Administrativos*: Lei nº 14.133, de 1º de abril de 2021. Belo Horizonte: Fórum, 2022. v. 1.

CANDEIA, Remilson Soares. *Curso de Licitações e Contratos Administrativos*. São Paulo: Dialética, 2023.

CANTARINO, André. Planejamento: a pedra de toque da Nova Lei de Licitações. *Lage e Portilho Jardim*: Advocacia e Consultoria, [*s. l.*], 26 maio 2021. Disponível em: https://lageportilhojardim.com.br/blog/planejamento-nova-lei-de-licitacoes/. Acesso em: 12 set. 2024.

CAPAGIO, Álvaro do Canto; BARATIERI, Noel Antonio. O parecer jurídico. *In:* HARGER, Marcelo (coord.). *Aspectos polêmicos sobre a nova lei de licitações e contratos administrativos*: Lei nº 14.133/2021. Belo Horizonte: Fórum, 2022.

CAPAGIO, Álvaro do Canto; COUTO, Reinaldo. *Nova Lei de Licitações e Contratos Administrativos*: Lei n. 14.133/2021. São Paulo: Saraiva Jur, 2021.

CARELLI, Rodrigo de Lacerda. *Cooperativas de mão-de-obra*: Manual contra a fraude. São Paulo: LTr, 2002.

CARVALHO FILHO, José dos Santos. *Manual de Direito Administrativo*. 23. ed. Rio de Janeiro: Lumen Juris, 2009.

CARVALHO FILHO, José dos Santos. *Manual de direito administrativo*. 30. ed. São Paulo: Atlas, 2016.

CARVALHO, Guilherme. Licitação e ações afirmativas: Decreto Federal nº 11.430/2023. *Consultor Jurídico*, [*s. l.*], 17 mar. 2023. Disponível em: https://www.conjur.com.br/2023-mar-17/licitacoes-contratos-licitacao-acoes-afirmativas-decreto-federal-114302023/. Acesso em: 7 out. 2024.

CARVALHO, Paulo César Silva de. O governo compra mal porque compra pelo menor preço? *O Pregoeiro*, [*s. l.*], p. 12-14. maio 2009.

CARVALHO, Raquel. Dos fundamentos das ações afirmativas ao Decreto Federal nº 9.450/2018: o poder de compra do Estado em favor dos presos e egressos do sistema penitenciário. *Direito Administrativo para Todos*, [*s. l.*], 25 jul. 2018. Disponível em: https://raquelcarvalho.com.br/2018/07/25/dos-fundamentos-das-acoes-afirmativas-ao-decreto-federal-no-9-450-2018-o-poder-de-compra-do-estado-em-favor-dos-presos-e-egressos-do-sistema-penitenciario/. Acesso em: 1º nov. 2024.

CHARLES, Ronny. *Leis de licitações públicas comentadas*. 6. ed. Salvador: Juspodivm, 2014.

CHARLES, Ronny. *Leis de Licitações Públicas comentadas*. 7. ed. Salvador: Juspodivm, 2015.

CHIARADIA, Benedito Dantas. *As licitações e os contratos administrativos*. Rio de Janeiro: GZ, 2013.

CHIAVENATO, Idalberto. *Teoria Geral da Administração*. 6 ed. Rio de Janeiro: Elsevier, 2001.

CITADINI, Antônio Roque. Os certificados de qualidade e o Tribunal de Contas do Estado. *Roque Citadini*: Conselheiro do Tribunal de Contas do Estado de São Paulo, [*s. l.*], 28 ago. 2000. Disponível em: https://citadini.com.br/?p=195. Acesso em: 4 fev. 2021.

COELHO, Inocêncio Mártires. *Interpretação Constitucional*. 3. ed. São Paulo: Saraiva, 2007.

COPOLA, Gina. As licitações sustentáveis na Lei nº 14.133, de 2021. *Solução em Licitações e Contratos*, São Paulo, n. 78, 2024.

CORRÊA, Vera Lucia de Almeida. A participação de cooperativas nas licitações públicas. *Revista Interação*, n. 1, 2000.

COSTA, Carlos Eduardo Lustosa da. *As licitações sustentáveis na ótica do controle externo*. 2011. Trabalho de Conclusão de Curso (Especialização em Auditoria e Controle Governamental) – Instituto Serzedello Corrêa, Brasília, DF, 2011. Disponível em: https://sites.tcu.gov.br/trabalhos-pos-graduacao/pdfs/As%20licita%C3%A7%C3%B5es%20sustent%C3%A1veis%20na%20%C3%B3tica%20do%20controle%20externo.pdf. Acesso em: 17 abr. 2025.

COSTA, Karina Amorim Sampaio. Considerações sobre as alterações na Lei nº 8.666/1993. *Informático Fórum Jacoby de Gestão Pública*, Belo Horizonte, ano 4, n. 887, 2011.

COSTA, Rafael Pacheco da Silva. Dispensa de licitação: novos limites e mais agilidade procedimental. *In*: FURTADO, Madeline Rocha (coord.). *A Nova Lei de Licitações e Contratos*: onde estamos? E para onde vamos? Vila Velha: Consultre, 2021.

COUTO, Anderson Rubens de Oliveira; RAMOS, Henrique Barros Pereira; GRAZZIOTIN, Paulo. Obrigatoriedade, dispensa, inexigibilidade e vedação de licitação. *Fórum de Contratação e Gestão Pública*, Belo Horizonte, ano 8, n. 93, set. 2009.

DALLARI, Adilson. Sem planejamento orçamentário, licitação não evita corrupção. *Consultor Jurídico*, [s, l.], 16 fev. 2017. Disponível em: http://www.conjur.com.br/2017-fev-16/interesse-publico-planejamento-orcamentario-licitacao-nao-evita-corrupcao. Acesso em: 5 jan. 2021.

DENES, Madson. O que é *Just in Time*? Modelo de gestão adotado pelo Japão faz sucesso em todo o mundo. *Administradores*, [*s. l.*], 27 mar. 2008. Disponível em: http://www.administradores.com.br/artigos/carreira/o-que-e-just-in-time/21936/. Acesso em: 17 abr. 2025.

DI PIETRO, Maria Sylvia Zanella. *Direito administrativo*. 14. ed. São Paulo: Atlas, 2002.

DI PIETRO, Maria Sylvia Zanella. *Direito administrativo*. 2. ed. São Paulo: Atlas, 1991.

DI PIETRO, Maria Sylvia Zanella. *Direito administrativo*. 22. ed. São Paulo: Atlas, 2009.

DI PIETRO, Maria Sylvia Zanella. *Direito administrativo*. 26. ed. São Paulo: Atlas, 2013.

DI PIETRO, Maria Sylvia Zanella. *Direito administrativo*. 32. ed. São Paulo: Atlas, 2020.

DI PIETRO, Maria Sylvia Zanella. *Parcerias na Administração Pública*. 2. ed. São Paulo: Atlas, 1997.

DI PIETRO, Maria Sylvia Zanella. Sustentabilidade nas contratações públicas. *Solução em Licitações e Contratos*, São Paulo, n. 78, 2024.

DI PIETRO, Maria Sylvia Zanella; MARRARA, Thiago. Objetivos e princípios da contratação pública na Lei nº 14.133/2021. *In:* GUIMARÃES, Edgar; MOTTA, Fabrício; FERRAZ, Luciano; MARRARA, Thiago; AMORIM, Victor. *Manual de licitações e contratos administrativos: Lei 14.133, de 1º de abril de 2021*. Coordenação de Maria Sylvia Zanella Di Pietro. 3. ed. Rio de Janeiro: Forense, 2023.

DINIZ, Anderson Morais. *Tratado da Nova Lei de Licitações e Contratos Administrativos*: Lei 14.133/21 Comentada por Advogados Públicos. Organização de Leandro Sarai. 4. ed. Salvador: Juspodivm, 2024.

DISSEI, Domingos. A importância do Projeto Básico. *Tribunal de Contas do Município de São Paulo*, São Paulo, 12 ago. 2021. Disponível em: https://fida.tcm.sp.gov.br/Pagina/35077. Acesso em: 12 set. 2024.

DOMPIERI, Bruno Motta. Nova Lei de Licitações e Contratações Sustentáveis. *Jusbrasil*, [*s. l.*], 24 out. 2023. Disponível em: https://www.jusbrasil.com.br/artigos/nova-lei-de-licitacoes-e-contratacoes-sustentaveis/2014339219. Acesso em13 set. 2024.

DURÃO, Pedro. *Convênios e Consórcios Administrativos*: gestão, teoria e prática. Curitiba: Juruá, 2004.

EASTMAN, Chuck; TEICHOLZ, Paul; SACKS, Rafael. *Manual de BIM*: um guia de modelagem da informação da construção para arquitetos, engenheiros, gerentes, construtores e incorporadores. Tradução de Kathleen. Porto Alegre: Bookman, 2013.

FALTA política para mudanças climáticas. *O Globo*, [*s. l.*],10 set. 2013.

FARIA, Fernanda Cury de; RIBEIRO, Marcia Weber Lotto. A dispensa de licitação fundamentada no art. 24, XIII da Lei Federal nº 8.666/93. *Revista Semana Acadêmica*, [*s. l.*], v. 1, n. 12, 2012. Disponível em: https://semanaacademica.org.br/artigo/dispensa-de-licitacao-fundamentada-no-art-24-xiii-da-lei-federal-no-866693. Acesso em: 11 fev. 2023.

FERNANDES, Ana Luiza Jacoby; FERNANDES, Jorge Ulisses Jacoby; FERNANDES, Murilo Jacoby. *Contratação Direta sem Licitação na Nova Lei de Licitações*: Lei nº 14.133/2021. 11. ed. Belo Horizonte: Fórum, 2021.

FERNANDES, Ana Luiza Jacoby; FERNANDES, Jorge Ulisses Jacoby; FERNANDES, Murilo Jacoby. *Tratado de Licitações e Contratos Administrativos*: Lei nº 14.133/2021. Arts. 1º ao 52, Belo Horizonte: Fórum, 2024.

FERNANDES, Jorge Ulisses Jacoby. *Contratação direta sem licitação*: modalidades, dispensa e inexigibilidade de licitação. 5. ed. Brasília: Brasília Jurídica, 2004.

FERNANDES, Jorge Ulisses Jacoby. *Parecer JUJF*, [*s. l.*], jul. 2007. Disponível em: www.jacoby.pro.br. Acesso em: 10 jan. 2015.

FERRAZ, Luciano. Função regulatória da licitação. *Revista do Tribunal de Contas do Estado de Minas Gerais*, [*s. l.*], v. 72, n. 3, 2009.

FERRAZ, Luciano. Função regulatória da licitação. *Revista Eletrônica de Direito Administrativo Econômico*, [*s. l.*], n. 19, 2009.

FERREIRA, Daniel. Inovações para a incrementação da responsabilidade socioambiental das empresas: o papel das licitações e dos contratos administrativos, *Revista JML de Licitações e Contratos*, [*s. l.*], n. 3, 2012.

FERREIRA, Maria Augusta Soares de Oliveira. A nova Lei da Política Nacional sobre Mudanças do Clima e a Gestão Pública Socioambiental. *Revista AEC*. Disponível em: https://www.revistaaec.com/index.php/revistaaec/article/view. Acesso em: 20 dez. 2024.

FIORILLO, Celso Antonio Pacheco. *Curso de direito ambiental brasileiro*. 4. ed. São Paulo: Saraiva, 2003.

FONTENELLE, Bruno. O desenvolvimento sustentável nas licitações do Brasil e da União Europeia. *Revista de Ciências do Estado*, Belo Horizonte, v. 8, n. 2, 2023.

FORTINI, Cristiana; OLIVEIRA, Rafael Sérgio Lima de; CAMARÃO, Tatiana (coord.). *Comentários à Lei de Licitações e Contratos Administrativos*: Lei nº 14.133, de 1º de abril de 2021. Belo Horizonte: Fórum, 2022. v. 1.

FRAZÃO, Alexandre Costeira. A nova Lei de Licitações e Contratos Administrativos e o princípio da "vantajosidade". *LinkedIn*, [*s. l.*], 18 jan. 2017. Disponível em: https://www.linkedin.com/pulse/nova-lei-de-licita%C3%A7%C3%B5es-e-contratos-administrativos-o-costeira-fraz%C3%A3o. Acesso em: 16 dez. 2024.

FREITAS, Juarez. Licitações e sustentabilidade: ponderação obrigatória dos custos e benefícios sociais, ambientais e econômicos. *Interesse Público*, Belo Horizonte, ano 13, n. 70, 2011.

FREITAS, Juarez. Licitações públicas sustentáveis: dever constitucional e legal. *Revista do Instituto do Direito Brasileiro*, Lisboa, ano 2, n. 1, 2013.

FROTA, Bruno Mariano; FROTA, David Augusto Souza Lopes. Cláusulas assecuratórias de direitos trabalhistas quando da execução indireta de obras públicas – Instrução Normativa nº 6, de 6 de julho de 2018. *Jus Navigandi*, [*s. l.*], 9 out. 2019. Disponível em: https://jus.com.br/artigos/77101/clausulas-assecuratorias-de-direitos-trabalhistas-quando-da-execucao-indireta-de-obras-publicas-instrucao-normativa-n-6-de-6-de-julho-de-2018. Acesso em: 20 abr. 2025.

GALARDA, Carlos. *Licitações*: técnica e preço. Curitiba: Juruá, 1999.

GARCIA, Ewerton. Sustentabilidade não é sinônimo de custo alto: investimentos em alternativas ecológicas também podem trazer retorno em redução de custos, aumento dos lucros e da competitividade. *O Globo*, [*s. l.*], 24 dez. 2013.

GARCIA, Flavio Amaral; MOREIRA, Egon Bockmann. *Contratos administrativos na lei de licitações*. São Paulo: Revista dos Tribunais, 2024.

GARCIA, Flávio Amaral; RIBEIRO, Leonardo Coelho. Licitações públicas sustentáveis. *Revista de Direito Administrativo*, Rio de Janeiro, v. 260, 2012.

GARCIA, Maria (coord.). *Estudos sobre a Lei de Licitações e Contratos*: contendo a Lei de Licitações e Contratos com anotações e remissões. Rio de Janeiro: Forense Universitária, 1996.

GAROFANO, Rafael. R. Os contratos de parceria na perspectiva da Administração consensual: para uma (necessária) reformulação na teoria dos contratos administrativos. *Revista de direito administrativo contemporâneo*, São Paulo, ano 1, 2013.

GOMES, Joaquim Benedito Barbosa. *Ação afirmativa e princípio constitucional da igualdade*: o direito como instrumento de transformação social – A experiência dos EUA. Rio de Janeiro: Renovar, 2001.

GRILLO, Fernanda Fontenelle. Disposições setoriais: compras, obras e serviços de engenharia e serviços em geral (art. 40 a 50). *In:* DIAS, Maria Tereza Fonseca (org.). *A nova lei de licitações e contratos administrativos (Lei nº 14.133/2021)*: principais inovações e desafios para sua implantação. São Paulo: Editora Dialética, 2023.

GUIMARÃES, Edgar. Inovações no planejamento na fase interna das contratações. *In:* DI PIETRO, Maria Sylvia Zanella. *Licitações e Contratos Administrativos*: inovações da Lei 14.133 de abril de 2021. 2 ed. Rio de Janeiro: Forense, 2022.

INSTITUTO AKATU. *Pesquisa Akatu 2012 rumo à sociedade do bem-estar*: assimilação e perspectivas do consumo consciente no brasil – percepção da responsabilidade social empresarial pelo consumidor brasileiro. São Paulo: Instituto Akatu, 2013.

INSTITUTO DE TECNOLOGIA SOCIAL. *Caderno de Debate*: Tecnologia social: direito à ciência e ciência para a cidadania. São Paulo: ITS, 2004. Disponível em: https://repositorio.mcti.gov.br/handle/mctic/5172. Acesso em: 20 abr. 2025.

JUNGES, José Roque. *(Bio)ética ambiental*. 2. ed. São Leopoldo: Unisinos, 2010.

JUSTEN FILHO, Marçal. *Comentários à Lei de Licitações e Contratações Administrativas*. São Paulo: Revista dos Tribunais, 2021.

JUSTEN FILHO, Marçal. *Comentários à Lei de Licitações e Contratos Administrativos*. 11. ed. São Paulo: Dialética, 2006.

JUSTEN FILHO, Marçal. *Comentários à Lei de Licitações e Contratos Administrativos*. 12. ed. São Paulo: Dialética, 2008.

JUSTEN FILHO, Marçal. *Comentários à Lei de Licitações e Contratos Administrativos*. 13. ed. São Paulo: Dialética, 2009.

JUSTEN FILHO, Marçal. Desenvolvimento nacional sustentado: contratações administrativas e o regime introduzido pela Lei 12.349. *Justen, Pereira, Oliveira e Talamini Advogados*: Boletim Informativo, [*s. l.*], n. 50, abr. 2011. Disponível em: https://justen.com.br/edicao-50-abril-2011/. Acesso em: 27 ago. 2024.

LEÃO, Eliana Goulart. *O sistema de registro de preços*: uma revolução nas licitações. Campinas: Bookseller, 1997.

LEFÈVRE, Mônica Bandeira de Mello. O procedimento licitatório e a fase de habilitação no Regime Diferenciado de Contratações Públicas. *In*: JUSTEN FILHO, Marçal; PEREIRA, César A. Guimarães. *O regime diferenciado de contratações públicas (rdc)*: comentários à Lei Nº 12.462 e ao Decreto Nº 7.581 (atualizados pela Lei Nº 12.980 e pelo Decreto Nº 8.251, de Maio de 2014). Belo Horizonte: Fórum, 2014.

LEITÃO, Gisella. *Licitações públicas antidiscriminatórias*: as ações afirmativas na Lei nº 14.133/2021. Belo Horizonte: Fórum, 2024.

LERNER, Jaime. Usar menos o carro e separar o lixo caseiro. *O Globo*, [*s. l.*], 6 jun. 2012. Economia.

LIMA, Jonas. Consórcios se tornaram regra após mudanças na Lei de Licitações. *Consultor Jurídico*, [*s. l.*], 26 jan. 2024. Disponível em: https://www.conjur.com.br/2024-jan-26/consorcios-se-tornaram-regra-apos-mudancas-na-lei-de-licitacoes/. Acesso em: 27 set. 2024.

LIMA, Jonas. EUA reforçam preferências nacionais: qual a lição ao Brasil? *Sollicita*, [*s. l.*], 2 fev. 2021. Disponível em: https://portal.sollicita.com.br/Noticia/17313. Acesso em: 17 fev. 2021.

LIMA, Jonas. Senado aprova nova Lei de Licitações. *Consultor Jurídico*, [*s. l.*], 10 dez. 2020. Disponível em: https://www.conjur.com.br/2020-dez-10/senado-aprova-lei-licitacoes-texto-segue-sancao. Acesso em: 16 dez. 2020.

LONGEN, Márcia Zilá. O fornecimento de mão de obra como atividade sujeita ao ISSQN: uma análise comparativa com o agenciamento de mão de obra e a terceirização de serviços. *Jus Navigandi*, [*s. l.*], 24 fev. 2015. Disponível em: https://jus.com.br/artigos/32397/o-fornecimento-de-mao-de-obra-como-atividade-sujeita-ao-issqn. Acesso em: 13 nov. 2024.

MACÊDO, Anderson Lino Braz de. *Licitação sustentável*: a prática da aquisição como ferramenta de proteção ambiental. João Pessoa: Editora UFPB, 2021.

MAGALHÃES, Josevan Duarte. A Intenção de Registro de Preços (IRP) no Comprasnet: uma ferramenta de excelência na gestão pública. Por que não utilizá-la? *Boletim de Licitações e Contratos*, São Paulo, v. 25, n. 1, p. 40-49, jan. 2012.

MARÇAL, José Bazilio Teixeira. Comentários. *In:* HIGA, Alberto Shinji; OLIVEIRA, Simone Zanotello; CASTRO, Marcos Pereira; MUKAI, Toshio. *Comentários à Lei de Licitações e Contratos Administrativos*. 2. ed. São Paulo: Rideel, 2023.

MARTINS, Fernando Rodrigues. *Controle do Patrimônio Público*. 5. ed. São Paulo: Revista dos Tribunais, 2013.

MEDAUAR, Odete. *Direito administrativo moderno*. 15 ed. São Paulo: Revista dos Tribunais, 2011.

MEDEIROS-COSTA, Caio César de; TERRA, Antônio Carlos Paim. *Compras públicas*: para além da economicidade. Brasília: Enap, 2019.

MEIRELLES, Hely Lopes. *Direito Administrativo Brasileiro*. 20. ed. atualizada por Eurico de Andrade Azevedo, Délcio Balestero Aleixo e José Emmanuel Burle Filho. São Paulo: Malheiros, 1995.

MEIRELLES, Hely Lopes. *Direito Administrativo Brasileiro*. 29. ed. atualizada por Eurico de Andrade Azevedo, Délcio Balestero Aleixo e José Emmanuel Burle Filho. São Paulo: Malheiros, 2004.

MEIRELLES. Hely Lopes. *Licitação e Contrato Administrativo*. 11. ed. atualizada por Eurico de Andrade Azevedo e Celia Marisa Prendes, São Paulo: Malheiros, 1996.

MELLO, Celso Antônio Bandeira de. *Curso de direito administrativo*. 19. ed. São Paulo: Malheiros, 2005.

MELLO, Celso Antônio Bandeira de. *Curso de Direito Administrativo*. 25. ed. São Paulo: Malheiros, 2008.

MELLO, Celso Antônio Bandeira de. *Elementos de direito administrativo*. 3. ed. São Paulo: Malheiros, 1992.

MENDES, Jefferson Marcel Gross. Dimensões da sustentabilidade. *Revista das Faculdades Santa Cruz*, [*s. l.*], v. 7, n. 2, 2009. Disponível em: http://www.santacruz.br/v4/download/revista-academica/13/cap5.pdf. Acesso em: 17 dez. 2024.

MENDES, Raul Armando. *Comentários ao Estatuto das Licitações e Contratos Administrativos*: com apontamentos sobre a Lei Paulista nº 6.544/89. 2. ed. São Paulo: Saraiva, 1991.

MENDONÇA, André Luiz Dumortout de; GONÇALVES, Álvaro Thomaz. *Dicionário de sociedades comerciais e mercado de capitais*. Rio de Janeiro: Forense, 1983.

MIESSA, Élisson. *Processo do Trabalho*. 6. ed. Salvador: Juspodivm, 2018.

MINISTRO do TCU cita 10 pontos polêmicos da Nova Lei de Licitações no encerramento de fórum promovido pelo TCE/SC. *Tribunal de Contas de Santa Catarina*, [*s. l.*], 1º set. 2022. Disponível em: https://www.tcesc.tc.br/ministro-do-tcu-cita-10-pontos-polemicos-da-nova-lei-de-licitacoes-no-encerramento-de-forum. Acesso em: 20 abr. 2025.

MIRANDA, Henrique Savonitti. *Licitações e contratos administrativos*. São Paulo: Revista dos Tribunais, 2021.

MONZONI NETO, Mario; CARVALHO, Andre; CANELAS, Pedro; VELLOSO, Gustavo; BARTOLOMEI, Mariana; LIMA, Gabriel. Políticas para a promoção da economia verde: a experiência internacional e o Brasil. São Paulo: IEDI: FGV, 2010. Disponível em: https://eaesp.fgv.br/producao-intelectual/politicas-para-promocao-economia-verde-experiencia-internacional-e-brasil. Acesso em: 18 abr. 2025.

MOREIRA NETO, Diogo de Figueiredo. *Curso de direito administrativo*: parte introdutória, parte geral e parte especial. Rio de Janeiro: Forense, 1999.

MOREIRA, Egon Bockmann; GUIMARÃES, Fernando Vernalha. *Licitação pública*. São Paulo: Malheiros, 2012.

MOTTA, Amílcar. Ofício nº 38/83-AM da Procuradoria-Geral do Estado do Rio de Janeiro, exarado no Processo nº E-03/18132/83.

MOTTA, Carlos Pinto Coelho. *Eficácia nas licitações e contratos*. 10. ed. Belo Horizonte: Del Rey, 2005.

MOURA, Edson Mazini. *Parecer Dadm-C/EM/06/C, de 13 nov. 2012*.

MUKAI, Toshio. Comentários. *In:* HIGA, Alberto Shinji; OLIVEIRA, Simone Zanotello; CASTRO, Marcos Pereira; MUKAI, Toshio. *Comentários à Lei de Licitações e Contratos Administrativos*. 2. ed. São Paulo: Rideel, 2023.

NETO, Ana Maria. Comentários às alterações da 8.666/93, introduzidas pela Lei nº 13.500/2017. *Instituto de Logística Pública*, [s. *l.*], 30 out. 2017. Disponível em: http://www.logisticapublica.com/comentarios-as-alteracoes-da-8-66693-introduzidas-pela-lei-13-5002017/. Acesso em: 1º fev. 2021.

NEVES, Daniel Amorim Assumpção. *Novo Código de Processo Civil Comentado*. Salvador: Juspodivm, 2016.

NIEBUHR, Joel de Menezes. Dispensa e inexigibilidade de licitação pública. *In:* NIEBUHR, Joel de Menezes (coord.) *Nova lei de licitações e contratos administrativos*. 2. ed. Curitiba: Zênite, 2021.

NIEBUHR, Joel de Menezes. *Licitação pública e contrato administrativo*. 5 ed. Belo Horizonte: Fórum, 2022.

NIEBUHR, Joel de Menezes. *Pregão presencial e eletrônico*. 8. ed. Belo Horizonte: Fórum, 2020.

NIEBUHR, Joel Menezes (coord.). *Nova lei de licitações e contratos administrativos*. 2. ed. Curitiba: Zênite, 2021.

NIEBUHR, Pedro. Licitações Sustentáveis. *In:* NIEBUHR, Joel Menezes (coord.). *Nova lei de licitações e contratos administrativos*. 2. ed. Curitiba: Zênite, 2021.

NÓBREGA, Marcos. A prova da qualidade de produtos apresentados nas propostas. *In:* FORTINI, Cristiana; OLIVEIRA, Rafael Sérgio Lima de; CAMARÃO, Tatiana (coord.). *Comentários à Lei de Licitações e Contratos Administrativos*: Lei nº 14.133, de 1º de abril de 2021. Belo Horizonte: Fórum, 2022. v. 1.

NÓBREGA, Marcos; ASSUNÇÃO, Ihuru; TORRES, Ronny Charles L. Nova lei de licitações e remuneração variável: uma abordagem à luz do nexo econômico-jurídico. *Ronny Charles*, [*s. l.*], dez. 2021. Disponível em: https://ronnycharles.com.br/wp-content/uploads/2021/12/Artigo-Remuneracao-variavel-MN-IHURU-E-RONNY-final.pdf. Acesso em: 9 dez. 2024.

OBRA DE ARTE. *In*: CONCEITO de. [*S. l.*]: Conceito.de, 2022. Disponível em: http://conceito.de/obra-de-arte. Acesso em: 13 nov. 2024.

OLIVEIRA, Antônio Flávio de. Comentários à Lei de Licitações e Contratações Públicas. *Fórum de Contratação e Gestão Pública*, Belo Horizonte, v. 12, n. 144, dez. 2013.

OLIVEIRA, Fabio Corrêa de. Licitações Destinadas à Restauração de Obras de Arte e Bens de Valor Histórico. *Revista da AGU*, [*s. l.*], v. 9, n. 3, 2017.

OLIVEIRA, José Carlos de. Licitação: Dispensa, Inexigibilidade, Serviços Técnicos e Especializados. *Acervo Digital Unesp*, [*s. l.*], 9 out. 2012. Disponível em: https://acervodigital.unesp.br/handle/123456789/47732. Acesso em: 6 nov. 2024.

OLIVEIRA, Rafael Carvalho. *Nova Lei de Licitações e Contratos Administrativos*. 2 ed. Rio de Janeiro: Forense, 2021.

OLIVEIRA, Rafael Sérgio Lima de. 10 tópicos mais relevantes do projeto da nova Lei de licitação e contrato. *Observatório da Nova Lei de Licitações*, [*s. l.*], 18 dez. 2020. Disponível em: http://www.novaleilicitacao.com.br/2020/12/18/10-topicos-mais-relevantes-do-projeto-da-nova-lei-de-licitacao-e-contrato/. Acesso em: 4 jan. 2021.

OLIVEIRA, Rafael Sérgio Lima de. O diálogo competitivo do projeto de lei de licitação e contrato brasileiro. *Portal L&C*, Brasília, DF, [2017]. Disponível em: https://www.licitacaoecontrato.com.br/assets/artigos/o-dialogo-competitivo-do-projeto-de-lei-de-licitacao-e-contrato-brasileiro-20052021.pdf. Acesso em: 7 nov. 2020.

OLIVEIRA, Rafael Sérgio Lima de. O diálogo competitivo. *In:* FORTINI, Cristiana; OLIVEIRA, Rafael Sérgio Lima de; CAMARÃO, Tatiana (coord.). *Comentários à Lei de Licitações e Contratos Administrativos*: Lei nº 14.133, de 1º de abril de 2021. Belo Horizonte: Fórum, 2022. v. 1.

PARZIALE, Aniello. Diálogo competitivo acabará com a contratação de objetos desatualizados pelo Poder Público, afirma especialista. *Observatório da Nova Lei de Licitações*, [*s. l.*], 7 jan. 2020. Disponível em: http://www.novaleilicitacao.

com.br/2020/01/07/dialogo-competitivo-acabara-com-a-contratacao-de-objetos-desatualizados-pelo-poder-publico-afirma-especialista/. Acesso em: 27 jan. 2021.

PEDRA, Anderson Sant'Ana. Princípios da contratação pública (art. 5º). *In:* FORTINI, Cristiana; OLIVEIRA, Rafael Sérgio Lima de; CAMARÃO, Tatiana (coord.). *Comentários à Lei de Licitações e Contratos Administrativos*: Lei nº 14.133, de 1º de abril de 2021. Belo Horizonte: Fórum, 2022. v. 1.

PÉRCIO, Gabriela Verona; RAMOS, Flávio. Preferência para produtos manufaturados e serviços nacionais em licitações: uma análise crítica à luz do desenvolvimento nacional sustentável. *Interesse Público*, Belo Horizonte, ano 14, n. 71.

PEREIRA JÚNIOR, Jessé Torres. *Comentários à Lei das Licitações e Contratações da Administração Pública*. 7. ed. Rio de Janeiro: Renovar, 2007.

PEREIRA JÚNIOR, Jessé Torres. Modalidades de licitação. *Observatório da Nova Lei de Licitações*, [*s. l.*], 12 dez. 2019. Disponível em: http://www.novaleilicitacao.com.br/2019/12/12/modalidades-de-licitacao/. Acesso em: 14 jan. 2021.

PEREIRA JUNIOR, Jessé Torres; DOTTI, Marinês Restelatto. A Administração Pública e o consumo sustentável. *Revista Zênite*: Informativo de Licitações e Contratos, Curitiba, n. 232, 2013.

PEREIRA JUNIOR, Jessé Torres; DOTTI, Marinês Restelatto. Diretrizes operacionais vinculantes do Regime Diferenciado das Contratações Públicas. *Boletim Governet de Licitações e Contratos*, [*s. l.*], n. 92, 2012.

PEREIRA JÚNIOR, Jessé Torres; DOTTI, Marinês Restelatto. Ilicitude de condições restritivas da participação em licitações, impostas por atos convocatórios. *Fórum de Contratação e Gestão Pública*, Belo Horizonte, ano 9, n. 97, 2010.

PEREIRA JUNIOR, Jessé Torres; DOTTI, Marinês Restelatto. *Políticas públicas nas licitações e contratações administrativas*. 2. ed. Belo Horizonte: Fórum, 2012.

PEREIRA, Miguel Ribeiro. *Manual sobre a nova lei de licitações e contratos administrativos*. Belo Horizonte: Fórum, 2024.

PINTO, José de Souza. *Sustentabilidade na gestão pública*. Rio de Janeiro: Ideias, 1999.

PORTA, Marcos de Lima: DAL POZZO, Antonio Araldo Ferraz. Artigo 5º. *In:* DAL POZZO, Augusto Neves; CAMMAROSANO, Márcio; ZOCKUN, Maurício. *Lei de licitações e contratos administrativos comentada*: Lei nº 14.133/21. São Paulo: Revista dos Tribunais, 2021.

PORTO-GONÇALVES, Carlos Walter. *A globalização da natureza e a natureza da globalização*. Rio de Janeiro: Civilização Brasileira, 2006.

PROJECTO LANDMARK. *Boas práticas de contratação pública socialmente responsável*: abordagens aos processos de verificação na Europa. Tradução de

ROVER, Oscar José. *Noções básicas de planejamento*. Campina Grande: UFCG, 2010.

SÁ, Vanessa de Mesquita e. Afinal, para que estudo técnico preliminar? *In*: LEMOS JUNIOR, Andryu; STROPPA, Christianne; CRUZ, Márcio Motta Lima da (coord.). *Nova Lei de Licitações e Contratos Administrativos*: estudos em homenagem ao professor Ronny Charles Lopes de Torres. Salvador: Juspodivm, 2024.

SALES, Fernando Augusto de Vita Borges de. *Novo CPC comentado*. São Paulo: Rideel, 2016.

SALOMÃO, Ricardo. Emenda Constitucional nº 19/98 e o Fim da Incidência da Lei nº 8666/93 sobre as Licitações e Contratos das Sociedades de Economia Mista. *Ciência Jurídica*, Belo Horizonte, v. 12, n. 83, p. 371-376, 1999.

SAMPAIO, Ricardo Alexandre. A fixação de critérios de sustentabilidade para as contratações públicas: dever legal. *Blog Zênite*, Curitiba, 18 set. 2012. Disponível em: http://www.zenite.blog.br/a-fixacao-de-criterios-de-sustentabilidade-para-as-contratacoes-publicas-dever-legal/. Acesso em: 16 dez. 2024.

SANTANA, Jair Eduardo. Materiais ecológicos (sustentáveis) de determinadas marcas podem ser indicados para as obras públicas? *Revista Negócios Públicos*, [*s. l.*], fev. 2009.

SANTANA, Jair Eduardo; MELO, Verônica Vaz de. Relativização da obrigatoriedade do pregão eletrônico diante da necessidade de se promover o desenvolvimento local e regional. *O Pregoeiro*, [*s. l.*], v. 9, n. 103, 2013.

SANTOS, Andre Luiz Trajano dos. As contribuições da Lei nº 14.133/21 para a agenda ESG: uma perspectiva das compras públicas sustentáveis. *In:* OLIVEIRA, Rafael Carvalho Rezende (coord.). *A nova lei de licitações e contratos administrativos em debate*. Rio de Janeiro: Processo, 2024.

SANTOS, Fabrício Vieira dos. Licitação sustentável: contribuição estatal para atingir o meio ambiente ecologicamente equilibrado. *Fórum de Contratação e Gestão Pública*, Belo Horizonte, ano 9, n. 107, nov. 2010.

SANTOS, Fabrício Vieira dos. *Licitação sustentável*: instrumento concretizador do direito ao meio ambiente. Campo Grande: Life, 2013.

SANTOS, Jefferson Lemes dos. A nova lei de licitações e a tramitação prioritária de controvérsias sobre licitações. *Justen, Pereira, Oliveira & Talamini Advogados*: Boletim Informativo, [*s. l.*], n. 189, 2022. Disponível em: https://justen.com.br/artigo_pdf/a-nova-lei-de-licitacoes-e-a-tramitacao-prioritaria-de-controversias-sobre-licitacoes. Acesso em: 7 out. 2024.

SANTOS, José Anacleto Abduch. Licitações e contratos na nova Lei das Estatais: breves apontamentos. *Revista Zênite*: Informativo de Licitações e Contratos, Curitiba, n. 270, p. 776-787, 2016.

Tiago Tavares. [*S. l.*]: Landmark, [entre 2011 e 2014]. Disponível em: https://www.oneplanetnetwork.org/sites/default/files/landmarkboaspraticas_final_pt-geral_1.pdf. Acesso em: 16 dez. 2024.

PUCCETTI, Renata Fiori; ESTEFAM, Felipe Faiwichow. Artigos 11 a 17. *In:* DAL POZZO, Augusto Neves; CAMMAROSANO, Márcio; ZOCKUN, Maurício. *Lei de licitações e contratos administrativos comentada*: Lei nº 14.133/21. São Paulo: Revista dos Tribunais, 2021.

REIS, Luciano Elias. *Compras públicas inovadoras*: o desenvolvimento científico, tecnológico e inovativo como perspectiva do desenvolvimento nacional sustentável. Belo Horizonte: Fórum, 2022.

RIBEIRO, Cássio Garcia; INÁCIO JÚNIOR, Edmundo. *O mercado de compras governamentais brasileiro [2006-2017]*: mensuração e análise. Brasília: IPEA, 2019.

RIGOLIN, Ivan Barbosa. Desmitificando os convênios. *Fórum de Contratação e Gestão Pública,* Belo Horizonte, n. 55, jul. 2006.

RIGOLIN, Ivan Barbosa. Dispensa e inexigibilidade de licitação. *Fórum de Contratação e Gestão Pública,* Belo Horizonte, ano 3, n. 34, out. 2004.

RIGOLIN, Ivan Barbosa. Lei das licitações é novamente alterada: a MP nº 495, de 19.7.10. *Fórum de Contratação e Gestão Pública,* Belo Horizonte, ano 9, n. 104, 2010.

RIGOLIN, Ivan Barbosa. *Lei nº 14.133/2021 comentada*: uma visão crítica. Belo Horizonte: Fórum, 2022.

RIGOLIN, Ivan Barbosa. Licitações: a nova lei. *Revista Síntese de Licitações, Contratos e Convênios,* [*s. l.*], n. 63, 2021.

RIGOLIN, Ivan Barbosa. Licitações e Contratos. *Revista Zênite*: Informativo de Licitações e Contratos, Curitiba, n. 171, mai. 2008

RIGOLIN, Ivan Barbosa. O excitante problema dos menores de idade nas licitações. A Lei nº 9.854, de 27.10.1999, não haverá o que fazer em Brasília? *Direito Administrativo, Contabilidade e Administração Pública,* [*s. l.*], v. 4, n. 1, jan. 2000.

RIGOLIN, Ivan Barbosa. RDC: Regime Diferenciado de Contratações Públicas. *Fórum de Contratação e Gestão Pública,* Belo Horizonte, v. 10, n. 117, p. 59-64, 2011.

RODRIGUES, Clesivania Santos; VELEZ, Luciene; ALVES, Fábio Cidrin. Diretrizes para implementação de coleta seletiva de acordo com o Decreto nº 5940/06. *In*: BRASIL. Ministério da Ciência e Tecnologia. *Curso de Capacitação dos Servidores Públicos para implementação do Decreto nº 5.940/06 e da Agenda Ambiental na Administração Pública*: apostila II. Brasília, DF: MCT, [2006]. p. 11-25. Disponível em: http://www.trt7.jus.br/files/institucional/gestao_ambiental/Apostila%20II_MMA_A3P.pdf. Acesso em: 16 dez. 2024.

RODRIGUES, Eduardo Azeredo. *O princípio da eficiência à luz da teoria dos princípios.* Rio de Janeiro: Lumen Juris, 2014.

Esta obra foi composta em fonte Palatino Linotype, corpo 10
e impressa em papel Pólen Bold 70g (miolo) e Supremo 250g (capa)
pela Gráfica Forma Certa.

VARESCHINI, Julieta Mendes Lopes. *Contratação Direta.* Curitiba: JML, 2014. v. 2.

VEIGA, José Eli da. Malogros do governo Dilma. *Jornal Valor Econômico,* [*s. l.*], 30 set. 2013.

VENTIM, Liane. Compatibilizar o uso da licitação como fomento, respeitando o princípio da competitividade. *Netsaber,* [*s. l.*], [2014]. Disponível em: https://artigos.netsaber.com.br/resumo_artigo_15726/artigo_sobre_compatibilizar-o-uso-da-licitaao-como-fomento--respeitando-o-principio-da-competitividade-. Acesso em: 2 jan. 2015.

VIANNA, Flavia Daniel; BERLOFFA, Ricardo Ribas da Costa. Os diversos direitos de preferência em licitações e sua aplicação à luz do Decreto nº 8.538, de 6 de outubro de 2015. *Revista ILC,* ano XXIII, n. 264, 2015.

VIEIRA, Agostinho. O embrulho é verde, mas a nota é vermelha. *O Globo,* [*s. l.*], 8 jun. 2012. Caderno Economia verde.

VIEIRA, André Luís. Contratações públicas sustentáveis. *Fórum de Contratação e Gestão Pública,* Belo Horizonte, ano 9, n. 100, 2010.

VIGGIANO, Mário Hermes Stanziona. Obras públicas e sustentabilidade: mitigando impactos com a abordagem ambiental binária. *In:* RODRIGUES, Caroline; LEAL, Jander (org.). *Brevidades sobre Sustentabilidade nas contratações públicas.* São Paulo: Sollicita, 2023.

VILELLA, Malu; BETIOL, Luciana Stocco; TEIXEIRA, Marco Antonio Carvalho; UEHARA, Thiago Hector Kanashiro; MONZONI NETO, Mario Prestes; GOMES, Marcus Vinícius Peinado. Consumo responsável de madeira amazônica: a adoção do instrumento da licitação sustentável por governos subnacionais membros da rede amigos da Amazônia. *Cadernos Gestão Pública e Cidadania,* [*s. l.*], v. 16, n. 58, São Paulo: 2011.

WALD, Arnoldo. *Estudos e pareceres de direito comercial*: problemas comerciais e fiscais da empresa contemporânea. São Paulo: Revista dos Tribunais, 1972.

ZAGO, Lívia Maria Armentano K. Princípios, aplicabilidade, modalidade. *In:* MEDAUAR, Odete (org.). *Licitações e contratos administrativos*: coletânea de estudos. São Paulo: NDJ, 1998.

ZAGO, Marina Fontão. *Poder de compra estatal como instrumento de políticas públicas.* Brasília: Enap, 2018.

ZIMMERMANN, Cirlene Luiza. A Administração Pública e o consumo sustentável. *Revista Zênite*: Informativo de Licitações e Contratos, Curitiba, n. 232, 2013.

SZKLAROWSKY, Leon Frejda. Convênios, consórcios administrativos, ajustes e outros instrumentos congêneres. *Jus Navigandi*, [*s. l.*], 12 out. 1997. Disponível em: http://jus.com.br/artigos/456/convenios-consorcios-administrativos-ajustes-e-outros-instrumentos-congeneres. Acesso em: 17 dez. 2024.

TARREGA, Maria Cristina Vidotte Blanco. *Associações consorciais*. Barueri: Manole, 2004.

TEIXEIRA JÚNIOR, Amilcar Barca; CIOTTI, Lívio Rodrigues. *Participação de cooperativas em procedimentos licitatórios*. Belo Horizonte: Mandamentos, 2002.

TEIXEIRA JÚNIOR, Flávio Germano de Sena; NÓBREGA, Marcos. A Teoria das Invalidades na nova lei de Contratações Públicas e o equilíbrio dos interesses envolvidos. *Revista Brasileira de Direito Público*, Belo Horizonte, ano 19, n. 72, p. 117-141, 2021.

TEIXEIRA, Maria Fernanda de Faria Barbosa. *Desafios e oportunidades para a inserção do tripé da sustentabilidade nas contratações públicas*: um estudo dos casos do Governo Federal Brasileiro e do Governo do Estado de São Paulo. 2013. Dissertação (Mestrado em Desenvolvimento Sustentável) – Universidade de Brasília, Brasília, DF, 2013. Disponível em: https://repositorio.unb.br/handle/10482/13866. Acesso em: 18 abr. 2025.

TOLOSA FILHO, Benedicto de. Os efeitos da MP nº 495/2010 nas contratações públicas. *Informativo de Licitações e Contratos*, Curitiba, v. 17, n. 202, 2010.

TOLOSA FILHO, Benedicto de; PAYÁ, Renata Fernandes de Tolosa. *Entendendo, implantando e mantendo o sistema de registro de preços*. Rio de Janeiro: Temas & Ideias, 1999.

TORRES, Marcelo Douglas de Figueiredo. *Estado, democracia e administração pública no Brasil*. Rio de Janeiro: Fundação Getúlio Vargas, 2004.

TORRES, Ricardo Lobo. *Curso de Direito Financeiro e Tributário*. 11. ed. Rio de Janeiro: Renovar, 2004.

TORRES, Ronny Charles Lopes de. *Leis de licitações públicas comentadas*. 15. ed. Salvador: Juspodivm, 2024.

TORRES, Ronny Charles Lopes de. *Leis de licitações públicas comentadas*. 14. ed. Salvador: Juspodivm, 2023.

VALENTE, Manoel Adam Lacayo. *Marco legal das licitações e compras sustentáveis na Administração Pública*: estudo. Brasília, DF: Biblioteca Digital da Câmara dos Deputados, 2011. Disponível em: http://bd.camara.leg.br/bd/handle/bdcamara/5704. Acesso em: 17 dez. 2024.

VALLE, Vanice Regina Lírio do. *Convênios administrativos*. [*S. l.*]: Centro de Aperfeiçoamento Profissional, 1997. Apostila.

VALLE, Vanice Regina Lírio do. Sistema de registro de preços: algumas considerações práticas. *In:* BITTENCOURT, Sidney (org.). *Temas controvertidos sobre licitações e contratos administrativos*. Rio de Janeiro: Temas & Ideias, 1999.

SILVA, Vania Menezes Pereira da. O dinamismo das normas administrativas nas contratações públicas: impedâncias na implementação de novos procedimentos. *Revista Obras Civis*, [*s. l.*], ano 2, n. 2. 2010.

SMITH, Luis Gustavo Alves. Contratação direta de instituição brasileira voltada à pesquisa, ensino ou desenvolvimento institucional ou dedicada à recuperação social do preso: limitações ao poder discricionário. *Revista Zênite*: Informativo de Licitações e Contratos, Curitiba, n. 123, maio 2004.

SOARES, Júnia Rosa. A política nacional de infraestrutura: o imperativo categórico da sustentabilidade. *In:* WARPECHOWSKI, Ana Cristina Moraes; GODINHO, Heloísa Helena Antonacio Monteiro; IOCKEN, Sabrina Nunes (coord.). *Políticas públicas e os ODS da Agenda 2030*. Belo Horizonte: Fórum, 2021.

SOCIEDADE BRASILEIRA DE COACHING. Eficácia: Significado, sinônimos e diferenças de eficácia e eficiência. *Blog SBCoaching*, [*s. l.*], [2021]. Disponível em: https://www.sbcoaching.com.br/blog/eficacia/. Acesso em: 14 fev. 2021.

SOUTO, Marcos Juruena Villela. *Direito Administrativo Contratual*. 3. ed. Rio de Janeiro: Lumen Juris, 2004.

SOUTO, Marcos Juruena Villela. Igualdade e competitividade em face da participação de cooperativas nas licitações. *Informativo de Licitações e Contratos*, Curitiba, n. 48, fev. 1998.

SOUTO, Marcos Juruena Villela. *Licitações e contratos administrativos*. 2. ed. Rio de Janeiro: Adcoas; Esplanada, 1993.

SOUZA, Lilian Castro de. Política nacional do meio ambiente e licitações sustentáveis. *In:* SANTOS, Murilo Giordan; BARKI, Teresa Villac Pinheiro (coord.). *Licitações e contratações públicas sustentáveis*. Belo Horizonte: Fórum, 2013.

STROPPA, Christianne de Carvalho. *As micro e pequenas empresas (MPEs) e a função social da licitação*. 2006. Dissertação (Mestrado em Direito) – Pontifícia Universidade Católica de São Paulo, São Paulo, 2006. Disponível em: https://repositorio.pucsp.br/jspui/handle/handle/6254. Acesso em: 2 nov. 2024.

SUDRÉ, Lu. Crescimento da exploração do trabalho infantil é risco iminente durante pandemia. *Brasil de Fato*, São Paulo, 12 jun. 2020. Disponível em: https://www.brasildefato.com.br/2020/06/12/crescimento-da-exploracao-do-trabalho-infantil-e-risco-iminente-durante-pandemia. Acesso em: 24 fev. 2021.

SUNDFELD, Carlos Ari. Contratação sem licitação para o desenvolvimento institucional (art. 24, XIII da Lei nº 8.666/1993) – limites e controle. *Revista de Direito Administrativo*, Rio de Janeiro, v. 267, p. 55-108, 2014.

SUNDFELD, Carlos Ari; JURKSAITIS Guilherme Jardim. Artigos 18 a 24. *In:* FORTINI, Cristiana; OLIVEIRA, Rafael Sérgio Lima de; CAMARÃO, Tatiana (coord.). *Comentários à Lei de Licitações e Contratos Administrativos*: Lei nº 14.133, de 1º de abril de 2021. Belo Horizonte: Fórum, 2022. v. 1.

SCHWIND, Rafael Wallbach. Remuneração variável e contratos de eficiência no regime diferenciado de contratações públicas. *In:* JUSTEN FILHO, Marçal; PEREIRA, Cesar A. Guimarães (coord.). *O regime diferenciado de contratações públicas (RDC)*: comentários à Lei nº 12.462 e ao Decreto nº 7.581. Belo Horizonte: Fórum, 2012.

SERRÃO, Mônica; ALMEIDA, Aline; CARESTIATO, Andréa. *Sustentabilidade*: Uma questão de todos nós. Rio de Janeiro: SENAC, 2012.

SIENGE. *Tecnologia BIM*: Guia Completo. *Sienge Blog*, [*s. l.*], [2023]. Disponível em: https://www.sienge.com.br/guia-completo-sobre-tecnologia-bim/. Acesso em: 7 out. 2024.

SILVA, Antonio Marcello da. *Contratações administrativas*. São Paulo: Revista dos Tribunais, 1971.

SILVA, Antonio Sergio da; SOUZA, José Gilberto de; LEAL, Antonio Cezar. A sustentabilidade e suas dimensões como fundamento da qualidade de vida. *Revista Geografia em Atos*, Presidente Prudente, n. 12, v. 1, 2012.

SILVA, Caroline Rodrigues da. Breves anotações sobre a etapa preparatória. *In:* RODRIGUES, Caroline; LEAL, Jander (org.). *Brevidades sobre Sustentabilidade nas contratações públicas*. São Paulo: Sollicita, 2023.

SILVA, Christian Luiz da Silva. *Reflexões sobre o desenvolvimento sustentável: agentes e interações sob a ótica multidisciplinar*. 1. ed. Petrópolis: Vozes, 2005.

SILVA, De Plácido e. *Vocabulário jurídico*. 3. ed. Rio de Janeiro: Forense, 1991. v. I.

SILVA, Erivam Paulo da. *O uso do poder de compra do Estado como instrumento de política pública*: a Lei Complementar nº 123/2006, sua implementação. 2008. Dissertação (Mestrado em Administração Pública) – Escola Brasileira de Administração de Empresas, Fundação Getúlio Vargas, Rio de Janeiro, 2008. Disponível em: http://bibliotecadigital.fgv.br/dspace/handle/10438/3408. Acesso em: 16 dez. 2024.

SILVA, Gustavo Pamplona. Função Social dos Contratos Públicos e as Instituições de Assistência ao Deficiente. *Migalhas*, [*s. l.*], 18 jun. 2009. Disponível em: https://www.migalhas.com.br/depeso/86929/funcao-social-dos-contratos-publicos-e-as-instituicoes-de-assistencia-ao-deficiente. Acesso em: 2 nov. 2024.

SILVA, Gustavo Pamplona. Instituições de assistência ao deficiente: a função social dos contratos públicos. *Revista Zênite*: Informativo de Licitações e Contratos, Curitiba, v. XVI, n. 85, p. 640-642, 2009.

SILVA, Maria Beatriz Oliveira da. Desenvolvimento sustentável: um conceito em disputa, um direito a ser (re)afirmado. *Revista Justiça do Direito*, Passo Fundo, v. 23, n. 1, 2009. Disponível em: https://seer.upf.br/index.php/rjd/article/view/2128. Acesso em: 18 abr. 2025.

SILVA, Renato Cader da; BARKI, Teresa Villac Pinheiro. Compras públicas compartilhadas: a prática das licitações sustentáveis. *Revista do Serviço Público*, [*s. l.*], v. 63, n. 2, 2012.